教育部人文社会科学研究项目

"辽朝教育及其社会影响研究"(10YJA770012)结项成果

教育部哲学社会科学研究重大委托项目

(16JZDW005)资助出版

教育与辽代社会

高福顺 著

人民出版社

目　录

第一章 导 论

　　辽是以中国北疆游牧民族契丹族为核心建立起来的政权，是继唐帝国之后重新建立东北亚新秩序的核心王朝。契丹族是世居中国北疆的古老民族，由东胡族的后裔鲜卑族发展而来。在历史上，契丹族名称的出现，可以追溯到公元 4 世纪末，首先为其作传的是《魏书》："契丹国，在库莫奚东，异种同类，俱窜于松漠之间。登国中，国军大破之，遂逃迸，与库莫奚分背。经数十年，稍滋蔓，有部落，于和龙之北数百里。"[①] 可见，在南北朝时期，契丹族在松漠之间（今西拉木伦河、老哈河流域一带）过着"畜牧畋渔以食，皮毛以衣，转徙随时，车马为家"[②] 的游牧生活，并长期与中原王朝之间保持着密切的往来关系。隋唐以来，唐朝为了控制与管理中国北疆，在契丹族活动的区域设置松漠都督府，并以契丹族首领为都督，实行有效的管理与统辖。唐天祐四年（907），迭剌部首领耶律阿保机取代遥辇氏的统治，成为契丹族的首领。辽太祖神册元年（916），耶律阿保机正式称帝，改用汉制称"天皇帝"，建元"神册"，至天祚帝保大五年（1125），辽为金、宋联军灭亡，历九帝，凡 209 年，与五代共始，与北宋同终，是秦汉以来国祚最长、疆域最广的以非汉族为核心建立的政权。元末史家评论曰："太祖以迭剌部之众代遥辇氏，起临

---

① 《魏书》卷一百《契丹传》，中华书局 2017 年点校本，第 2408 页。
② 《辽史》卷三十二《营卫志中》，中华书局 2016 年点校本，第 423 页。

潢，建皇都；东并渤海，得城邑之居百有三。太宗立晋，有幽、涿、檀、蓟、顺、营、平、蔚、朔、云、应、新、妫、儒、武、寰十六州，于是割古幽、并、营之境而跨有之。东朝高丽，西臣西夏，南子石晋而兄弟赵宋，吴越、南唐航海输贡。嘻，其盛矣！"[1]辽史专家陈述先生在谈及辽代历史地位时亦指出："契丹和后梁太祖朱温同年开国，辽金两朝和五代两宋南北相峙三百多年，辽金在经济文化上虽有落后的一面，但在军事、政治上却长期占优势地位。就当时实际情况看，可以说辽金是中国史上的第二次北朝，对于祖国的历史文化，特别是民族融合、经济文化的交互影响和发展前进，起着极其重要的承前启后的作用。""所以说辽金在祖国历史上是两个重要的朝代，也属于变动较大的阶段，在某种意义上可以说划时代的变动。辽金三百年是祖国几千年历史上很重要的三百年。"[2]"辽代不但在事实上融化了万里长城，而且在唐朝东北、北方边疆的基础上，做了进一步的开发建设"[3]，"金朝百余年，实际是辽的继续"[4]。因此，辽代不仅具有上承隋唐、下启金元的历史作用，而且对于中国北疆游牧地区与中原汉族地区的政治、经济、文化诸方面的交流互动，以及民族融合亦做出了突出贡献。从这个意义上讲，研究辽代历史就成为我们史学工作者责无旁贷的任务。基于此，本选题拟以辽代的思想文化教育为视阈进行深入、系统、全面地研究，详赡地梳理思想文化教育在辽代社会生活中的发展、演变的历史轨迹及其与辽代社会互动过程中所具有的意义及其影响，进而阐明辽代在中国古代史谱系上的历史地位与作用。

---

[1] 《辽史》卷三十七《地理志一》，中华书局 2016 年点校本，第 495 页。
[2] 陈述：《辽金两朝在祖国历史上的地位》，参见陈述主编：《辽金史论集》（一），上海古籍出版社 1987 年版，第 2—3 页。
[3] 陈述：《辽代史话》，河南人民出版社 1981 年版，第 5 页。
[4] 陈述：《契丹政治史稿》，人民出版社 1986 年版，第 14 页。

一、教育与辽代社会互动研究的重要性

教育作为人类文化知识传承的重要途径和工具，不仅是社会一切实践活动的需要，而且是人类自身生产的需要，在人类社会生产、生活中起到举足轻重的作用。现代教育理论认为："教育作为社会生存、延续和发展手段，作为物质再生产和人类自身再生产的手段，存在于历史的任何时期。从这种意义上讲，它是一个永恒的范畴。只要人类社会存在，它将永远存在于社会生活之中。然而，教育又是一个历史现象，因为教育目的、教育内容、教育形式、教育方法等，又总是在变化着。"[①] 中国教育的历史源远流长，早在商周时期中国就已建立比较完整的教育体系，并且总结出丰富的教育经验。古代中国教育的发达促进了中华民族文化的繁荣与昌盛，中华民族文化的繁荣与昌盛又促进了古代中国教育的迅速发展。这种良性的互动，使得中华民族文化，几千年来始终处于世界的领先地位。

在古代中国教育的研究中，就目前我们所能见到的学术著作而言，无论是通史性的著作，还是断代性的著作，关乎辽代思想文化教育的内容相对都比较少，历来都未得到足够的重视，有的研究著述甚至闭口不谈。[②] 涉及辽代思想文化教育的学术著作在论述上也相对比较简单、粗略，没有形成对辽代思想文化教育的系统的、全方位的研究。然而，辽是以中国北疆游牧民族契丹族为核心所建立起来的古代中国王朝，为了巩固政权，维护统治，从建国伊始就大力推行"尊孔崇儒"的文教政策，从政治、经济、文化诸层面，广泛地汲取中原思想文化与教育理念，努力平衡中国北疆游牧经济区域与中原农耕经济区域的思想文化教育水平，客观上加速了契丹等北疆游牧民族的儒化

---

① 林琳主编：《中国古代教育史》，黑龙江人民出版社 2006 年版，第 1 页。
② 参见李文泽：《辽朝的官方教育与科举制度研究》，《四川大学学报》1999 年第 4 期。

进程，促进了中华民族文化的大融合和中华多元一体格局的形成，因此，系统地、全方位地研究辽代思想文化教育及其与辽代社会的互动关系，以及辽代思想文化教育在古代中国教育发展史中的地位和作用，具有颇为重要的理论意义与现实意义。

首先，从总体上看，辽代的思想文化教育处于一个相当重要的历史时期，是中国北疆游牧民族具体接受中原思想文化教育的重要历史阶段，上承隋唐，下启金元，为金元时代在中国北疆游牧民族地区实施"尊孔崇儒"文教政策，全面接受中原思想文化教育，加速中国北疆游牧地区儒化进程，推动中华民族多元一体格局的民族大融合的形成，奠定了坚实基础。因此，分析、研究辽代思想文化教育绝非可有可无，而应该大力充实和加强。目前，在辽代思想文化教育研究领域，还有诸多问题没有得到应有的重视，没有得到很好的解决，甚至在某些方面还相当薄弱，甚至是无人问津，加强辽代思想文化教育及其与辽代社会互动的系统的全方位的研究，对古代中国教育发展史的研究无疑具有重要的启示与裨益。

其次，辽代思想文化教育在古代中国教育发展史上也颇具特色，因为它是以中国北疆游牧民族契丹族为核心建立的政权第一次在中国北疆游牧区域系统广泛地施行中原思想文化教育，对古代中国教育的整体发展，对加速中国北疆游牧民族地区儒化进程都有重要贡献，因此，研究辽代思想文化教育就必须结合契丹社会的政治、经济、科技、宗教、民族传统等诸方面因素进行系统的、全方位的研究，将辽代思想文化教育与辽代社会生活实践结合起来。只有这样，才能真正认识辽代思想文化教育的社会意义和历史作用。过去关于辽代思想文化教育的研究，多偏重于教育制度的研究，很少涉及其他领域，而且研究内容也相对比较简略，很难系统地反映辽代思想文化教育发展的全貌。基于此，研究辽代思想文化教育应该从辽代文教政策、辽代官学教育、辽代私学教育、辽代儒学社会化教育、辽代宗教教育、辽代科技教育等领域入手，从多角度多层面分析、论述辽代思想文化教育发展的基本面相。

第三，辽代思想文化教育研究的目的在于对现实社会提供借鉴与指导，以古鉴今，经世致用。正如孙培青《中国教育史·前言》所指出的那样："今天的教育科学不是个别人的发明创造，而是古今中外教育实践经验的总结和许多先行者教育理论思维的结晶。……中国有悠久的历史，灿烂的文化，历来重视教育，形成优良传统。历史上成功的经验，失败的教训，辩证的教育教学思想，持久的尊师重教传统，虽经数千年岁月的磨砺、风雨的冲刷，仍然给进入社会主义现时代的教育留下深刻的影响，这是不可忽视的现实。"① 从这个意义上说，系统地、全方位地研究辽代思想文化教育及其与辽代社会的互动也是时代发展的需要。

二、辽代教育学术史回顾

辽代思想文化教育的研究，肇始于20世纪30年代。1932年12月，陈东原先生于《学风》发表《辽金元之科举与教育》（2卷10期）一文，应该算是关于辽代思想文化教育研究的肇始之作。此后，国内外学界陆续发表几篇关于辽代思想文化教育领域的论文，数量相当有限。从总体上看，自20世纪30年代至改革开放之前，中国学界在学术刊物上所发表的有限的几篇文章皆是围绕辽代思想文化教育相关的科举问题而展开的研究，真正以辽代思想文化教育作为研究对象的应是1987年陈述先生所发表的论文《辽代教育史论证》，此篇论文可以说是辽代思想文化教育研究的经典之作。该文从学校教育、科举试士、贵族教育、民间文化技术学习、专业教育、寺院教育等几个方面

---

① 孙培青主编：《中国教育史》之"前言"，华东师范大学出版社1999年版，第1页。

对辽代思想文化教育诸领域做了较为深入的讨论，具有统领性，开启了中国学界全面研究辽代思想文化教育的先河。自此之后，中国学界的一些学者开始注意辽代思想文化教育问题的研究。不过，大多数研究还是囿于传统思维模式，主要围绕教育制度而展开，对辽代思想文化教育系统性全方位的研究，尤其是与辽代社会互动关系的研究，尚付诸阙如。

从学术论文方面说，国内及港台研究辽代思想文化教育的主要论文有陈东原《辽金元之科举与教育》（1932）、方壮猷《辽金元科举年表》（1944）、黄凤岐《契丹族尊孔崇儒述略》（1986）、陈述《辽代教育史论证》（1987）、马赫《辽代文化与"华夷同风"》（1987）、黄凤岐《辽朝的教育》（1989）、黄凤岐《辽朝的教育》（1989）、范寿琨《辽代的学校教育和科举》（1991）、苗泼《论辽代对儒释道的兼收并蓄》（1992）、李敬武《论辽代从尊儒到崇佛的演变》（1993）、杨树森《浅说辽代的孝道和忠君》（1994）、曹显征《论辽朝契丹人的社会教育行为》（1995）、武玉环《辽代儒学的发展及其历史作用》（1996）、黄凤岐《论辽代的教育与科举》（1997）、武玉环《论契丹民族华夷同风的社会观》（1998）、武玉环《论辽代的文化政策与思想控制》（1998）、顾宏义《辽代儒学传播与教育的发展》（1998）、李文泽《辽代的官方教育与科举制度研究》（1999）、曹显征《辽代的孝道教育》（2000）、曹显征《辽代的忠君教育》（2000）、黄凤岐《论金朝的教育与科举》（2002）等。国外研究辽代思想文化教育的主要论文主要有金渭显《契丹教育与科举制度考》（1986）、金渭显《契丹的府州县学考》（1992）。从所列举的研究成果看，研究内容多为官学教育，有关辽代思想文化教育问题，如辽代私学教育、儒学社会化教育、宗教教育、科技教育等领域均未引起学界的太多关注，尚有待学界深入研究。

从著作方面来说，与辽代思想文化教育研究相关的著作唯有程方平先生著《辽金元教育史》一部。① 这部著作可以说是研究辽代思想文化教育的开拓之作，内容涉及辽代教育的文教政策、学校教育、私学教育、科举制度、科技教育等领域，但因著者的主要关注点为辽金元三朝教育，以及金元时期的教育思想和教育思想家的研究，因而该书关于辽代思想文化教育的内容略显单薄，相对简单。据粗略统计，辽代思想文化教育的内容大约有 2 万字左右，尚属于"粗线条式"的研究，辽代的一些重要思想文化教育问题均没有展开深入细致的探讨，甚至还有一些重要思想文化教育问题略而不谈，可以说该书虽有开启之功，但未能毕其役，这是比较遗憾的。之所以如此，恐怕是受辽代思想文化教育史料匮乏的限制而造成的。其他的著作如冯继钦、孟古托力、黄凤岐著《契丹文化史》②，王鸿宾、向南、孙孝恩主编《东北教育通史》③，李国钧、王炳照主编、乔卫平著《中国教育制度通史（宋辽金元）》（第三卷）④ 等著作也或多或少地关注了辽代思想文化教育问题，所着笔墨皆无多，但这些著作从不同侧面反映了辽代思想文化教育的基本内容，还是很有参考价值的。

三、教育与辽代社会互动研究的史料运用问题

在教育与辽代社会互动研究过程中，遇到诸多难点问题，归纳起来，主要集中于三个方面：

首先，史料问题。《辽史》是研究辽代思想文化教育的最基本史料。众所周知，有辽一代 200 余年，事务繁杂，但《辽史》仅修五

① 程方平：《辽金元教育史》，重庆出版社 1993 年版。
② 冯继钦、孟古托力、黄凤岐：《契丹文化史》，黑龙江人民出版社 1994 年版。
③ 王鸿宾、向南、孙孝恩主编：《东北教育通史》，辽宁教育出版社 1992 年版。
④ 李国钧、王炳照主编：《中国教育制度通史（宋辽金元）》（第三卷），山东教育出版社 2000 年版。

册,与《金史》相比,可谓少之又少。见于《辽史》的有关辽代思想文化教育史料更是如此,不仅零散、碎片化,而且数量相当有限,叙录教育的内容,几乎皆是寥寥数语,非常笼统,若不采用相关史料对比分析,很难认清它的"庐山真面目"。况且,《辽史》的修撰又颇为仓促,舛误甚多,因而对史料进行考证选用,也需要投入足够的精力,尚需谨慎。从此角度看,在考察辽代思想文化教育时,除有限的《辽史》史料外,文人笔记、文集,以及考古、碑碣等资料就显得弥足珍贵。不过,就此部分史料而言,也相当匮乏。清朝史家周春辑辽代诗文时曾这样描述:"辽自肇基临潢,南有燕云,传位九世,历年二百。其间非无事迹可记,而《辽史》所载《文学传》,仅得萧韩家奴等六人,文辞之盛,远逊金源。余尝过白沟河,叹宋之屡弱;经北苑访萧后所谓梳妆台者,而喟然于后之被谗,乙辛之黠。又尝以事历边塞,问长春之废淀,吊龙纪之荒城,与夫扶余旧壤,东丹故宫,寒雨冷烟,碑残石断,欲求耶律遗事,无有存者,吁可叹哉!"[①]对此,近人陈述先生在辑录辽代遗文时也有类似的评价:"契丹建国之初,以鞍马为家,太祖阿保机经略方内,未遑艺文之事。逮东丹王监抚东藩,始好典册。德光入汴,取晋图书礼器而北,制度渐修。至圣宗与宋盟好,科目日隆,雅辞相尚,一时以文学名者,如王鼎、张俭、萧韩家奴、耶律孟简之流,斐然成章。惜辽国书禁甚严,传入中土者,法至死。道教清宁末,又禁私刊文字。故流传者无多。复以亡国于女真,五京兵燹,典籍佚散。元修《辽史》,已有文献失征之叹,仓卒成书,未足具见一代之制作。故其佚文坠简,今日弥足珍贵矣。"[②]今人向南先生在整理辽代石刻资料时更是感慨道:"辽朝在中国历史发展中占有重要地位,但是对于辽朝历史的研究,迄今却一直

---

① 蒋祖怡、张涤云整理:《全辽诗话》之"嘉庆丁巳秋日无锡秦瀛序",岳麓书社 1992 年版,第 1 页。
② 参见陈述:《全辽文》之"序例",中华书局 1982 年版,第 3 页。

处于落后状态，而其中某些领域甚至是几近空白。究其原因，除掉受正统观念的桎梏外，主要是苦于文献资料的匮乏。契丹起于松漠，建国之初崇尚武功，礼文之事，固所未遑。继而又书禁甚严，不仅禁止文字出境，而且民间私刊书籍亦以死论罪，故在当时就流传无多。后来女真、蒙古迭起，五京兵燹，缣帛扫地，从此辽朝典籍文献散佚殆尽。至元人修史之时，几乎无直接文字可依，只能求助宋、金人的间接记载，再加上国柄将移，匆匆从事，敷衍塞责，期年而毕，缺略讹误，不可殚指，给后来学者研究有辽一代历史带来极大困难。所以自元以后，辽史研究整整沉寂了三百余年。"①可见，史料之不足征，是研究辽代思想文化教育最大障碍。时至今日，辽代的思想文化教育研究相对其他朝代而言，仍显得相当薄弱。

其次，理论问题。辽代是契丹游牧民族在中国北疆游牧区域建立的政权，他们所统治地区的民众既有以畜牧经济为主的游牧民族如契丹、奚、阻卜、回鹘等，又有以农耕经济为主的定居民族如汉族、渤海族等。辽代面对汉契民族风俗杂糅民情弗便的复杂局面，却果断推行"兼制中国，官分南、北，以国制治契丹，以汉制待汉人"的"因俗而治"的基本国策②，体现在思想文化教育领域就是：既广泛地仿照中原儒家的思想文化教育理念，制定各项思想文化教育措施，同时又结合统治区域的思想文化教育发展水平的实际情况，杂糅契丹民族的文化传统，从而形成独特的教育特色和地理分布特征。在此历史背景下，考察辽代思想文化教育时，就不能教条地生搬硬套中原诸王朝的教育研究模式和教育理论，只能参照中原教育理论和教育研究模式，结合契丹传统文化特色，总结出辽代思想文化教育的基本特征，并在此基础上正确评价辽代思想文化教育的历史地位与作用。

---

① 参见向南：《辽代石刻文编》之"前言"，河北教育出版社 1995 年版，第 1—2 页。
② 《辽史》卷四十五《百官志一》，中华书局 2016 年点校本，第 773 页。

第三，概念问题。从教育体系看，主要分为两大系统，即官学教育与私学教育，但从辽代社会的实际情况看，仅仅从官学教育和私学教育两个层面来研究辽代思想文化教育，很难反映辽代思想文化教育发展的全貌，只有系统地、全方位地研究思想文化教育及其与辽代社会生活的互动关系，才能如实地反映辽代思想文化教育的全貌，因而辽人社会行为中的其他教育形式便成为辽代官学教育和私学教育的补充形式，如儒学教育、佛学教育、医学教育、尚武教育、家庭教育、女子教育等，这些教育形式既与官学教育、私学教育存在密切联系，又与它们有着较明显的区别。为了研究上的方便，我们在体例上作了如下处理：把不方便在官学教育、私学教育中进行阐述的内容，如上述的儒学教育、宗教教育、科技教育等内容分章别目加以系统阐述。经过如此处理，在阐述辽代思想文化教育时就不至于出现逻辑上的混乱和体例设计上的麻烦，研究起来也能更加方便顺畅一些。实际上，其更主要的目的是促进辽代思想文化教育研究进一步活化，将辽代思想文化教育与辽代社会生活结合起来研究，从静态层面走向动态层面，力求更加全面、系统地阐明辽代思想文化教育及其在辽代社会生活中的意义与历史影响。

四、教育与辽代社会互动研究的方法与思路

通过上述对前人研究的回顾，我们发现过去对辽代思想文化教育问题的研究存在明显的不足，概而言之，对教育制度研究相对较多，也较深入，而对于私学教育、儒学教育、佛学教育、医学教育、尚武教育、家庭教育、女子教育的研究明显不足，从教育角度进行探讨的专题文章也相当有限。这种畸轻畸重的局面，使辽代思想文化教育的系统研究很难得以顺利展开。面对如此的研究局面，有必要对辽代思想文化教育进行一番系统的、全方位的学术史的梳理，这既是我们进

行辽代思想文化教育的重要前提条件，也能开启思路、避免重复劳动。另外，我们还发现前贤的研究，从宏观上探讨辽代思想文化教育的较多，而对微观问题的研究较少，很多问题的研究都是"框架式""粗线条"的，没有细化与深入。尽管如此，前贤的研究却成为本书研究的基础，并给出诸多极具启发性的意见，帮助本选题理清研究思路，也提供了很好的研究方法。总体说来，本书主要遵循以下研究方法：

第一，采用历史学的研究方法。在历史唯物主义指导下，以唯物辩证法的方法论为基础，通过对辽代思想文化教育史料的整理、分析和考辨，力图厘清有辽一代 200 余年间思想文化教育发展的基本线索，全面考察辽代思想文化教育的发展过程，历史地再现辽代思想文化教育体系的全貌。从辽代思想文化教育体系看，大致可以将其分成两大系统，即官学教育和私学教育。官学教育主要指由辽官方主办的教育，即由辽代设置管理机构，制订行之有效的教育制度，任命各级教职人员，建立为国家培养人才的各类学校。私学教育主要指非辽代官方主办的，不纳入国家正规学校制度之内的，由私人主办的各类教育活动。在这两个层面之外，为了更全面地展示辽代思想文化教育发展的全貌，我们又划分出社会教育专题。社会教育主要是指辽代实施的社会教化如儒学教育、佛学教育等方面与技术性、技艺性较强的专门学科如医学教育、天文教育等。由于本书从不同的角度、从不同的层面来构架研究内容，因而在考察某一问题时经常会出现内容上的交叉现象，如何选择角度避免重复，这是本书在研究方法上应该注意的问题之一。

第二，采用历史地理学的研究方法。以往的研究大多只注重辽代思想文化教育诸要素的时间上的描述，往往忽视这些要素在空间上的描述，从而造成研究中的一些缺憾。本书力争多注重空间描述，以达时空的统一。从辽代的官学教育、私学教育、社会教育等在辽统治的不同地域内的发生、发展，可以透视它们在不同地域内的成熟程度，探索辽代思想文化教育的基本特征，进而总结出契丹"儒化"的本质（"华夷同风"），以及中华民族向多元一体格局迈进的历史必然性。

第三，借鉴史学研究的"二重证据法"，加强辽代思想文化教育的微观研究。从以往的辽代思想文化教育研究成果看，研究宏观问题的较多，而研究微观问题的较少，这或许是受到辽代思想文化教育史料匮乏的限制。本书除运用正史资料如《辽史》《旧五代史》《新五代史》《宋史》《金史》等外，还大量引用地理总志、地方志、行程录、野史笔记、诗文、会典会要、历代类书、历史地图、壁画，如《契丹国志》《辽史拾遗》《辽史拾遗补》《全辽文》《辽代石刻文编》《辽史纪事本末》《五代会要》《续资治通鉴》《续资治通鉴长编》《续通典》《续文献通考》等传世文献和考古、碑碣资料，力争在前贤研究的基础上对辽代思想文化教育进行总体上的描述，并就本选题所涉及的若干专题提供一些基础资料，加以考订解析，以补前贤之阙遗。

第二章 辽代的文教政策及其发展演变

辽代文教政策的形成，与辽朝制定的基本国策息息相关，受辽统治者的思想意识，以及辽代社会政治、经济、文化等诸多因素的制约。为了协调辽代教育与辽代社会发展的关系，使辽代社会达到长治久安、健康向上发展的目的，辽统治者就必须确立适合辽代社会发展的行之有效的文教政策。辽代文教政策对于辽代教育建立、发展颇为重要，它直接影响着辽代教育的发展方向、发展速度和发展规模。因此，辽代文教政策在辽代教育发展史上占有重要地位，是研究辽代教育发展演变必须给予足够重视的问题。

第一节　辽代文教政策产生的历史背景

辽代契丹族在未接受中原儒家思想文化之前，尚处于"草居野次，靡有定所"[1]，"本无文纪，惟刻木为信"[2]的游牧生活状态。在此历史背景下，契丹族根本谈不上如何接受儒家思想文化教育，更谈不上

---

[1] 《辽史》卷三十二《营卫志中》，中华书局 2016 年点校本，第 427 页。
[2] （宋）王溥：《五代会要》卷二十九《契丹》，中华书局 1998 年版，第 349 页。

有怎样的文教政策。然而，在辽太祖耶律阿保机"变家为国"①，势力逐渐膨胀，实际管辖区越来越大之后，统治者认为用纯粹的武功已不足以应付多变的复杂的契丹社会发展局势。于是，辽太祖在崇尚武功的同时，开始注重文治教化的作用，自此以后，辽代才逐渐形成具有契丹族特色的文教政策。

一、契丹文字的创制

在长期的社会生活实践中，辽太祖吸取与唐、五代接触的经验教训，在民族意识促使下，充分意识到契丹族在向风慕化，学习中原儒家文明的同时，必须保持与发展本民族的文化，其重要举措之一就是创制契丹文字，"以代刻木之约"②。对于辽代创制文字的目的，陈述先生是这样表述的："阿保机能汉语而不肯对部人说汉语，又自制本族文字与汉字并行，这种作法有他一定的目的，也是具有实际意义的。不对部人说汉话，要求部人保持勇武；自制契丹文字，便于吸收中原文化。乍看似有矛盾，实则相辅相成，彼此一致。对部落里绝大部分牧民们要勇武骑射；对少数统治阶级贵族集团，则善战之外，还要学习中原文化，增强管理能力。"③因此，契丹文字的制成是一把"双刃剑"，它在保护契丹民族固有传统文化上起到一定的积极作用，但它也加速了契丹社会的儒化进程。

契丹文字的创制并非一帆风顺，对有无必要创制契丹民族文字，辽代君臣经过一番激烈争论。契丹族的有识之士如耶律突吕不、耶律

① （宋）叶隆礼：《契丹国志》卷二十三《族姓原始》，上海古籍出版社 1985 年点校本，第 221 页。
② （宋）叶隆礼：《契丹国志》卷二十三《国土风俗》，上海古籍出版社 1985 年点校本，第 222 页。
③ 陈述：《契丹政治史稿》，人民出版社 1986 年版，第 100 页。

鲁不古等都积极倡导创制契丹文字。《辽史·耶律突吕不传》载：突吕不"幼聪敏嗜学。事太祖见器重。及制契丹大字，突吕不赞成为多。未几，为文班林牙，领国子博士、知制诰"①。又《辽史·耶律鲁不古传》载："初，太祖制契丹国字，鲁不古以赞成功，授林牙、监修国史。"②耶律突吕不因支持创制契丹文字有功，被擢升为文班林牙，领国子博士。耶律鲁不古因赞成创制契丹文字，被授予林牙，监修国史。可见，辽代在创制契丹文字的问题上，辽代君臣经过一番激烈的争论，最终以赞成者胜出而宣告结束。

在朝廷上下有了共同认识之后，辽太祖于神册五年（920）正月乙丑，下诏"始制契丹大字"③，同年九月壬寅，"大字成，诏颁行之"④。后来，由于契丹大字相对繁琐，辽太祖又命其弟迭剌创制契丹小字。《辽史·皇子表》载：迭剌"性敏给。太祖曰：'迭剌之智，卒然图功，吾所不及；缓以谋事，不如我。'回鹘使至，无能通其语者，太后谓太祖曰：'迭剌聪敏可使。'遣迓之。相从二旬，能习其言与书，因制契丹小字，数少而该贯"⑤。根据上述史料记载，契丹文字有两种：一种是契丹大字，创制契丹大字的时间为神册五年（920），"是一种表意成分较多的文字"⑥；另一种是契丹小字，"是一种拼音文字"⑦，创制契丹小字的时间史料未作明确记载，仅知在回鹘使来辽贡献之后。⑧查阅辽太祖神册年间回鹘使的贡献记录，有如下四条：

---

① 《辽史》卷七十五《耶律突吕不传》，中华书局 2016 年点校本，第 1368 页。
② 《辽史》卷七十六《耶律鲁不古传》，中华书局 2016 年点校本，第 1375 页。
③ 《辽史》卷二《太祖本纪下》，中华书局 2016 年点校本，第 18 页。
④ 《辽史》卷二《太祖本纪下》，中华书局 2016 年点校本，第 18 页。
⑤ 《辽史》卷六十四《皇子表》，中华书局 2016 年点校本，第 1069—1071 页。
⑥ 清格尔泰、吴英喆、吉如何：《契丹小字再研究》，内蒙古大学出版社 2017 年版，第 4 页。
⑦ 清格尔泰、吴英喆、吉如何：《契丹小字再研究》，内蒙古大学出版社 2017 年版，第 4 页。
⑧ 在过去的研究中，经常认为"契丹小字"的创制与回鹘文有直接关系。最近，刘凤翥先生指出："接待回鹘使者学习回鹘语言文字与创制契丹小字是两码事。二者没有联系。契丹小字与回鹘字更没有任何关系。"参见刘凤翥：《契丹文字讲义》，讲座地点：赤峰学院，讲座时间：2007 年 6 月。第 2 页。

（1）神册三年（918）二月癸亥，"晋、吴越、渤海、高丽、回鹘、阻卜、党项及幽、镇、定、魏、潞等州各遣使来贡"①。（2）神册三年（918）三月，"高丽泊西北诸蕃皆遣使来贡。回鹘献珊瑚树"②。（3）天赞三年（924）九月，"回鹘霸里遣使来贡"③。（4）天赞四年（925）四月癸酉，"回鹘乌母主可汗遣使贡谢"④。如果考虑契丹小字的创制比契丹大字为晚的事实，契丹小字的创制时间应在天赞期间，即或天赞三年九月之后，或天赞四年四月之后。又《契丹国志·太祖大圣皇帝》载：太祖天赞五年（926），"渤海既平，乃制契丹文字三千余言"⑤。另，《辽史·太祖本纪下》载：天显元年（926）二月壬辰，"以青牛白马祭天地。大赦，改元天显"⑥。据此可知，天显元年二月壬辰以前称天赞五年是正确的。结合《辽史》与《契丹国志》之记事，契丹小字的创制似乎当在天赞四年四月之后，天赞五年七月之前契丹小字创制完成。此时，正是辽太祖征渤海期间，辽太祖还未来得及下诏颁行契丹小字，便在班师途中驾崩。这也许就是史料中只记载诏颁契丹大字，而未记载诏颁契丹小字的原因。

关于契丹文字的形体，诸多文献均作了较详细的描述，如《五代会要·契丹》载："汉人陷番者，以隶书之半，就加增减，撰为胡言。同光之后，稍稍有之。"⑦又《新五代史·四夷附录第一》载："至阿保机，稍并服旁诸小国，而多用汉人，汉人教之以隶书之半增损之，作文字数千，以代刻木之约。"⑧又《契丹国志·族姓原始》载："至阿保

---

① 《辽史》卷一《太祖本纪上》，中华书局 2016 年点校本，第 12 页。
② 《辽史》卷七十《属国表》，中华书局 2016 年点校本，第 1242 页。
③ 《辽史》卷二《太祖本纪下》，中华书局 2016 年点校本，第 22 页。
④ 《辽史》卷二《太祖本纪下》，中华书局 2016 年点校本，第 23 页。
⑤ （宋）叶隆礼：《契丹国志》卷一《太祖大圣皇帝》，上海古籍出版社 1985 年点校本，第 7 页。
⑥ 《辽史》卷二《太祖本纪二》，中华书局 2016 年点校本，第 24 页。
⑦ （宋）王溥：《五代会要》卷二十九《契丹》，中华书局 1998 年版，第 349 页。
⑧ 《新五代史》卷七十二《四夷附录第一》，中华书局 2015 年点校本，第 1004 页。

机，稍并服诸小国，而多用汉人。汉人教之以隶书之半增损之，作文字数千，以代刻木之约。"① 又《书史会要》载：辽太祖"多用汉人，教以隶书之半增损之，制契丹字数千，以代刻木之约"②。这说明汉字在契丹族文化生活中的影响很大，汉字与契丹文字之间存在颇为密切的关系。汉字与契丹文字的这种密切关系已得到专家学者的肯定："契丹大字直接脱胎于汉字，带有很深的汉字痕迹，除上面所指出的以外，还保留了源于汉字的'方块'字形。如果进一步将汉字和契丹大字加以比较，可以看出，契丹大字的创制者至少对汉字进行了减少笔划和减少字数这两方面的改造，通过这种改造而制成契丹大字。""契丹小字是参照汉字和契丹大字的字形造成原字，并参照汉字的反切创出拼音的方法，以原字作为基本读写单位拼成字（词）的。"③ 可以说，契丹大字走的是"去其繁，从其简"的道路，而契丹小字走的是一条拼音化的道路。④ 从契丹文字的创制思路不难看出，契丹族与汉族之间密切的文化交流，以及契丹民族文化发展的成就，"无论契丹大字还是契丹小字，都是契汉两族人民共同的智慧结晶，体现了我国各民族间文化交流的悠久传统"⑤。契丹文字的出现，是汉契民族之间文化交往之最有力证据。

　　契丹文字创制后，生活在辽统治地域内的诸多士人都通晓契丹文字，"韩家奴欲帝知古今成败，译《通历》《贞观政要》《五代史》"⑥。圣宗皇帝欲令臣下熟知经史，"亲以契丹字译白居易《讽谏集》，召番

---

① （宋）叶隆礼：《契丹国志》卷二十三《国土风俗》，上海古籍出版社 1985 年点校本，第 221—222 页。
② （明）陶宗仪《书史会要》，上海书店 1984 年版，第 351 页。
③ 清格尔泰、刘凤翥等著：《契丹小字研究》，中国社会科学出版社 1985 年版，第 6 页。
④ 于宝林：《契丹文字制字时借用汉字的初步研究》，参见陈乃雄、包联群编：《契丹小字研究论文选编》，内蒙古人民出版社 2001 年版，第 702—706 页。
⑤ 清格尔泰、刘凤翥、陈乃雄、于宝林、邢复礼：《关于契丹小字研究》，陈乃雄、包联群编：《契丹小字研究论文选编》，内蒙古人民出版社 2001 年版，第 153 页。
⑥ 《辽史》卷一百三《萧韩家奴传》，中华书局 2016 年点校本，第 1598 页。

臣等读之"①。从圣宗"召番臣等读之"来分析，在当时辽统治域内，不仅番臣通晓契丹文字，就连汉臣也通晓契丹文字。又《辽史·耶律庶成传》载："初，契丹医人鲜知切脉审药，上命庶成译《方脉书》行之，自是人皆通习，虽诸部族亦知医事。"②据此记载可知，兴宗重熙年间，译成契丹文字的医书受到普遍欢迎，"人皆通习"，地处边远的诸部族，也因此开始知晓医事。这充分说明通晓契丹文字者在辽统治域内是比较多的。

虽然通晓契丹文字者在辽代比较普遍，但契丹文字在辽代的使用范围似乎并不广泛，从已掌握的零散材料看，大致在刻石记功、著诸部乡里之名、书函、旗帜、刻符牌、写诗、译书、考试、撰刻哀册与墓志等方面被大量使用，③如《辽史·太祖本纪下》载：天赞三年（924）九月甲子，"诏砦辟遏可汗故碑，以契丹、突厥、汉字纪其功"④。很显然，这是刻石记功时使用的情形。又如《辽史·耶律庶箴传》载：耶律庶箴擢升都林牙后，上表乞广本国姓氏曰："我朝创业以来，法制修明；惟姓氏止分为二，耶律与萧而已。始太祖制契丹大字，取诸部乡里之名，续作一篇，著于卷末。臣请推广之，使诸部各立姓氏，庶男女婚媾有合典礼。"⑤但是，由于兴宗以"旧制不可遽厘"，未予采纳。虽然广姓氏未予采纳，但以契丹文字著诸部乡里之名却被广泛使用。《辽史·国语解》所载之内容就是最好例证。又如《五代会要·契丹》载："王晏球又获契丹绢书二封来进，上命宣示群臣，莫有识其文字者。"⑥这是契丹文字使用之在书函方面的例证。又

---

① （宋）叶隆礼:《契丹国志》卷七《圣宗天辅皇帝》，上海古籍出版社1985年点校本，第71页。
② 《辽史》卷八十九《耶律庶成传》，中华书局2016年点校本，第1485页。
③ 黄凤岐:《契丹史研究》，内蒙古科学技术出版社1999年版，第200页；清格尔泰、刘凤翥等著:《契丹小字研究》，内蒙古人民出版社2001年版，第12—14页。
④ 《辽史》卷二《太祖本纪下》，中华书局2016年点校本，第22页。
⑤ 《辽史》卷八十九《耶律庶箴传》，中华书局2016年点校本，第1486页。
⑥ （宋）王溥:《五代会要》卷二十九《契丹》，中华书局1998年版，第349页。

如《金史·选举志三》载："国史院书写。正隆元年，定制，女直书写，试以契丹字书译成女直字，限三百字以上。契丹书写，以熟于契丹大小字，以汉字书史译成契丹字三百字以上，诗一首，或五言七言四韵，以契丹字出题。"[①] 可见，国史院之契丹书写之官职必须通过契丹文字考试才能获得。这是契丹文字使用在考试方面的例证。从上述例证可以看出，契丹文字创制后，不仅在辽境内广泛使用，而且在金朝前期也被使用，一直延续到金章宗时期。《金史·章宗本纪一》载：章宗明昌二年（1191）四月癸巳，"谕有司，自今女直字直译为汉字，国史院专写契丹字者罢之"，十二月乙酉，"诏罢契丹字"。[②] 至此，契丹文字真正退出官方舞台，慢慢地湮灭于历史长河之中。从此，"契丹字逐渐被遗忘，明清以后已成为一种无人通晓的死文字"[③]。

尽管契丹文字已经成为鲜为人知的文字，但契丹文字的创制在中国北疆民族制字史上具有里程碑式的意义，对后来的女真文字、西夏文字、蒙古文字以及其他一些民族文字的创制都产生了直接或间接的影响，[④] 尤其是契丹文字在中原儒家思想文化向草原游牧地区推广方面起到了锦上添花的作用，加速了契丹社会诵经习儒的儒化进程，为辽在统治域内施行"尊孔崇儒"的文教政策奠定了坚实基础。

二、辽代统治者重视儒家思想文化教育

辽太祖建国后，面临的最紧迫问题之一就是确立治国思想与文教政策。为此，辽太祖还亲自主持召开群臣会议，讨论辽应该确立怎样的治国思想和推行怎样的文教政策。《辽史·耶律倍传》载："时太

---

① 《金史》卷五十三《选举志三》，中华书局 1975 年标点本，第 1182 页。
② 《金史》卷九《章宗本纪一》，中华书局 1975 年标点本，第 218—220 页。
③ 清格尔泰、吴英喆、吉如何：《契丹小字再研究》，内蒙古大学出版社 2017 年版，第 4 页。
④ 清格尔泰、刘凤翥等著：《契丹小字研究》，中国社会科学出版社 1985 年版，第 19 页。

祖问侍臣曰：'受命之君，当事天敬神。有大功德者，朕欲祀之，何
先？'皆以佛对。太祖曰：'佛非中国教。'倍曰：'孔子大圣，万世所
尊，宜先。'太祖大悦，即建孔子庙，诏皇太子春秋释奠。"①通过此次
治国理政思想大讨论，辽正式确立以儒家思想为治国安邦的主体思想
和"尊孔崇儒"的文教政策。此次群臣会议，对于辽代教育而言具有
相当重要的意义，它标志着辽以儒家思想为治国安邦的主体思想和以
儒家思想文化为核心的文教政策的正式确立。

在"尊孔崇儒"的儒家思想指导下，辽太祖于神册三年（918）
五月乙亥，"诏建孔子庙、佛寺、道观"②，并于神册四年（919）八月
丁酉，"谒孔子庙，命皇后、太子分谒寺观"③，以示对中原儒、释、道
三学的重视。此后不久，辽太祖令韩延徽"树城郭，分市里，以居汉
人之降者。又为定配偶，教垦艺，以生养之"。其令人满意的效果是
"以故逃亡者"④。又令韩知古"援据故典，参酌国俗，与汉仪杂就之，
使国人易知而行"⑤，达成了规范辽代社会秩序的愿景。这些举措，在
不同层面上使契丹文化与中原儒家思想文化逐渐融合，使契丹人与汉
人在一定程度上增进了认同感，而一系列安置中原汉人政策的成功所
带来的国力的日渐强大，则进一步促进契丹人研习中原儒家思想文化
的积极性。这种"良性循环"，使辽之国势日益隆盛。

辽太宗对中原儒家思想文化的向慕和接纳更胜于辽太祖，《旧五
代史·契丹传》载："德光本名耀屈之，后慕中华文字，遂改焉。"⑥辽
太宗改名本身就已经显示出他爱慕中原儒家思想文化的心态。当会同
元年（938）获取燕云十六州之后，面对汉、契民族风俗杂糅民情弗

---

① 《辽史》卷七十二《耶律倍传》，中华书局 2016 年点校本，第 1333—1334 页。
② 《辽史》卷一《太祖本纪上》，中华书局 2016 年点校本，第 13 页。
③ 《辽史》卷二《太祖本纪下》，中华书局 2016 年点校本，第 17 页。
④ 《辽史》卷七十四《韩延徽传》，中华书局 2016 年点校本，第 1357 页。
⑤ 《辽史》卷七十四《韩知古传》，中华书局 2016 年点校本，第 1359—1360 页。
⑥ 《旧五代史》卷一百三十七《契丹传》，中华书局 2015 年点校本，第 2134 页。

便的复杂局面，遂果断制定"因俗而治"的基本国策，"以国制治契丹，以汉制待汉人"①。正是基于对中原儒家思想文化的认同，辽太宗才于会同三年（940）十一月丁丑，"诏有司教民播种纺绩。除姊亡妹续之法"②。十二月丙辰，"诏契丹人授汉官者从汉仪，听与汉人婚姻"③。可见，辽代"尊孔崇儒"文教政策的定位，在辽太祖、辽太宗时期就已凸显出来。正如《辽史·仪卫志一》对辽太祖、辽太宗所评价的那样："辽太祖奋自朔方，太宗继志述事，以成其业。于是举渤海，立敬瑭，破重贵，尽致周、秦、两汉、隋、唐文物之遗余而居有之。路车法物以隆等威，金符玉玺以布号令。是以传至九主二百余年，岂独以兵革之利，士马之强哉。文谓之仪，武谓之卫，足以成一代之规摹矣。"④林鹄先生亦评价说："太祖为其继承人以及次子设计的汉式教育，在辽代早期的整体文化氛围中，显得特别富有深意，无疑带有强烈的主动性和个人政治取向。阿保机对儿子的未来的设计，恐怕就是他对大契丹国的未来的期望。一个高度汉化的继承人，其对中原的野心，以及称帝建元、立皇太子、建皇都、尊崇孔圣等汉化措施，这种种迹象之综合，反映出阿保机理想中的大契丹国是一个以中原为中心的汉化王朝。"⑤从古今对辽代初期教育的评价，基本反映出以儒家思想为治国安邦的主体思想和"尊孔崇儒"的文教政策为其基本面相。

此后，继立的圣宗、兴宗、道宗等诸帝，由于都是在儒家思想文化的熏陶下成长起来的，所以他们继续推行太祖、太宗时期确定的文教政策，并坚定不移地贯彻以儒家思想作为治国安邦的主导思想

---

① 《辽史》卷四十五《百官志一》，中华书局 2016 年点校本，第 773 页。
② 《辽史》卷四《太宗本纪下》，中华书局 2016 年点校本，第 53 页。
③ 《辽史》卷四《太宗本纪下》，中华书局 2016 年点校本，第 53 页。
④ 《辽史》卷五十五《仪卫志一》，中华书局 2016 年点校本，第 999 页。
⑤ 林鹄：《南望：辽前期政治史》，生活·读书·新知三联书店 2018 年版，第 52 页。

和"尊孔崇儒"的文教政策。圣宗"幼喜书翰，十岁能诗"①，尝曰："乐天诗集是吾师。"②既长，"好读唐《贞观事要》，至太宗、明皇实录则钦伏，故御名连明皇讳上一字；又亲以契丹字译白居易《讽谏集》，召番臣等读之。尝云：'五百年来中国之英主，远则唐太宗，次则后唐明宗，近则今宋太祖、太宗也。'"③圣宗认为唐太宗是一代雄才大略的杰出皇帝，可以成为效法的楷模，因而，圣宗不仅潜心究于经史，殚精考于治要，完全按照儒家的政治思想来治理国家，而且还重用一批汉族士人，为其出谋划策，如张俭、邢抱朴、马得臣、萧朴等人"皆以明经致位"。可见，"尊孔崇儒"文教政策在圣宗朝彰显至极。

兴宗朝崇尚儒学之风更加兴盛。兴宗"好儒术，通音律"④，在宴饮游乐之时，经常与儒臣近侍和诗助兴。同时，兴宗还亲自到元和殿策试进士，为辽代施行"尊孔崇儒"文教政策起到导向作用，也开创了辽代御试进士之先河（实际上，圣宗朝已有"御前引试"之说）。《辽史·兴宗本纪一》载：重熙五年（1036）十月壬子，"御元和殿，以《日射三十六熊赋》《幸燕诗》试进士于廷，赐冯立、赵徽四十九人进士第。以冯立为右补阙，赵徽以下皆为太子中舍，赐绯衣、银鱼，遂大宴。御试进士自此始"⑤。为适应"尊孔崇儒"文教政策在辽代的迅速发展，辽兴宗于重熙十五年（1046）还下诏指出："古之治天下者，明礼义，正法度。我朝之兴，世有明德。虽中外向化，然礼书未作，无以示后世。卿可与庶成酌古准今，制为礼典。事或有疑，

---

① 《辽史》卷十《圣宗本纪一》，中华书局 2016 年点校本，第 115 页。
② 参见陈述：《全辽文》卷一，中华书局 1982 年版，第 18 页。
③ （宋）叶隆礼：《契丹国志》卷七《圣宗天辅皇帝》，上海古籍出版社 1985 年点校本，第 71 页。
④ 《辽史》卷十八《兴宗本纪一》，中华书局 2016 年点校本，第 239 页。
⑤ 《辽史》卷十八《兴宗本纪一》，中华书局 2016 年点校本，第 246 页。

与北、南院同议。"① 兴宗虽然把制订礼乐之事委于萧韩家奴、耶律庶成等契丹族的著名士人，但兴宗制订礼乐本身，以及"酌古准今"和"北、南院同议"的要求，就充分说明契丹族儒化的进程，以及汉族、契丹族士人共同参与礼乐制定的史实。此后，兴宗"又诏译诸书，韩家奴欲帝知古今成败，译《通历》《贞观政要》《五代史》"②，进一步将辽代儒学推向一个新的高度。

道宗朝对儒学的推崇，更是前所未有。道宗即位伊始便"诏设学养士，颁五经传疏，置博士、助教各一员"③，积极兴办学校，推广儒学教育。道宗为提高自身的儒学素养，常常"召权翰林学士赵孝严、知制诰王师儒等讲《五经》大义"④。由于道宗儒学水平的提高，观经史常能神领心解，曾有汉儒侍读《论语》至"北辰居其所而众星拱之"一句时，道宗曰："吾闻北极之下为中国，此岂其地耶？"当读至"夷狄之有君"时，汉儒疾读不敢讲。道宗又曰："上世獯鬻、猃狁荡无礼法，故谓之'夷'，吾修文物，彬彬不异中华，何嫌之有？"卒令讲之。⑤ 关于此事，宋人所撰《松漠纪闻》也有记载。⑥ 可见，道宗认为经过太宗、圣宗、兴宗诸朝的努力，辽代社会的儒家思想文化已经相当发达，不亚于中原儒家文化区，甚至辽道宗"以《君臣同志华夷同风诗》进皇太后"⑦ 来表明辽代儒家思想文化发展的伟大成就。

总而言之，从辽代帝王的言行上看，他们颇为重视儒家思想，不仅努力提高自身的儒家思想文化水平，潜心究于儒家经史，而且还殚

① 《辽史》卷一百三《萧韩家奴传》，中华书局 2016 年点校本，第 1598 页。
② 《辽史》卷一百三《萧韩家奴传》，中华书局 2016 年点校本，第 1598 页。
③ 《辽史》卷二十一《道宗本纪一》，中华书局 2016 年点校本，第 287 页。
④ 《辽史》卷二十四《道宗本纪四》，中华书局 2016 年点校本，第 329 页。
⑤ （宋）叶隆礼：《契丹国志》卷九《道宗天福皇帝》，上海古籍出版社 1985 年点校本，第 95 页。
⑥ （宋）洪皓《松漠纪闻》，参见李澍田主编：《长白丛书》（初集），吉林文史出版社 1986 年版，第 22 页。
⑦ 《辽史》卷二十一《道宗本纪一》，中华书局 2016 年点校本，第 289 页。

精考于治要，处处以儒家思想作为治国安邦的指导思想。

三、辽代官僚贵族崇尚儒家思想文化教育

在辽代诸帝热衷于儒家思想的影响下，辽代官僚贵族也掀起习读儒家经史的高潮，涌现出大批儒士名臣，如张俭，统和十四年（996），"一举冠进士甲科，一命试顺州从事"[①]，累迁同知枢密院事、武定军节度使、南院枢密使、左丞相，"帝不豫，受遗诏辅立太子，是为兴宗，赐贞亮弘靖保义守节耆德功臣，拜太师、中书令，加尚父"[②]。"重熙元年冬十一月，以训导之力，进位为太师"，"历官三十一次，作相二十一考，功臣至一十字"。[③]杨皙，"幼通五经大义。圣宗闻其颖悟，诏试诗，授秘书省校书郎。太平十一年，擢进士乙科，为著作佐郎。重熙十二年，累迁枢密都承旨，权度支使。登对称旨，进枢密副使。历长宁军节度使、山西路转运使，知兴中府。清宁初，入知南院枢密使，与姚景行同总朝政。……咸雍初，徙封齐，召赐同德功臣、尚书左仆射，兼中书令，拜枢密使，改封晋，给宰相、枢密使两厅傔从，封赵王"[④]。杨佶，"幼颖悟异常，读书自能成句，识者奇之。弱冠，声名籍甚。统和二十四年，举进士第一"，累迁谏议大夫、翰林学士、南院枢密使，"其居相位，以进贤为己任，事总大纲，责成百司，人人乐为之用"。[⑤]刘伸，"少颖悟，长以辞翰闻。重熙五年，登进士第"，历彰武军节度使掌书记、大理正、中京副留守、西

---

① 《张俭墓志》（重熙二十二年），参见向南：《辽代石刻文编》，河北教育出版社1995年版，第266页。
② 《辽史》卷八十《张俭传》，中华书局2016年点校本，第1408页。
③ 《张俭墓志》（重熙二十二年），参见向南：《辽代石刻文编》，河北教育出版社1995年版，第267—268页。
④ 《辽史》卷八十九《杨皙传》，中华书局2016年点校本，第1487页。
⑤ 《辽史》卷八十九《杨佶传》，中华书局2016年点校本，第1488—1489页。

京副留守、大理少卿、大理卿、南京副留守、崇义军节度使、三司副使、户部使、南院枢密副使、上京留守等职。道宗尝谓大臣曰："今之忠直，耶律玦、刘伸而已！"①王棠，"博古，善属文。重熙十五年擢进士。乡贡、礼部、廷试对皆第一"，累迁上京盐铁使、东京户部使、枢密副使，拜南府宰相。"练达朝政，临事不怠，在政府修明法度。"②王鼎，"幼好学，居太宁山数年，博通经史。……清宁五年，擢进士第。调易州观察判官，改涞水县令，累迁翰林学士。当代典章多出其手。上书言治道十事，帝以鼎达政体，事多咨访。鼎正直不阿，人有过，必面诋之。寿隆（昌）初，升观书殿学士"③。可见，以研习儒家经史成长起来的汉、渤海族的儒臣不仅仕至宰执，而且对辽代社会崇儒向学亦会起到极大的推动作用。

除汉、渤海族外，还有诸多契丹人因熟识儒家经史而成为辽代的名臣儒士。如耶律倍，"幼聪敏好学，外宽内挚"，"初市书至万卷，藏于医巫闾绝顶之望海堂。通阴阳，知音律，精医药、砭焫之术。工辽、汉文章，尝译阴符经。善画本国人物，如射骑、猎雪骑、千鹿图，皆入宋秘府"。④耶律资忠，"博学，工辞章，年四十未仕。圣宗知其贤，召补宿卫。数问以古今治乱，资忠对无隐。开泰中，授中丞，眷遇日隆"；其兄耶律国留，"善属文，圣宗重之。时妻弟之妻阿古与奴通，将奔女直国，国留追及奴，杀之，阿古自经。阿古母有宠于太后，事闻，太后怒，将杀之。帝度不能救，遣人诀别，问以后事。国留谢曰：'陛下悯臣无辜，恩漏九泉，死且不朽！'既死，人多冤之。在狱著《兔赋》《痁寐歌》，为世所称"⑤。耶律庶成，"幼好学，

---

① 《辽史》卷九十八《刘伸传》，中华书局 2016 年点校本，第 1558—1559 页。
② 《辽史》卷一百五《王棠传》，中华书局 2016 年点校本，第 1613 页。
③ 《辽史》卷一百四《王鼎传》，中华书局 2016 年点校本，第 1601—1602 页。
④ 《辽史》卷七十二《耶律倍传》，中华书局 2016 年点校本，第 1333—1335 页。
⑤ 《辽史》卷八十八《耶律资忠传》，中华书局 2016 年点校本，第 1478 页。

书过目不忘。善辽、汉文字，于诗尤工。重熙初，补牌印郎君，累迁枢密直学士。与萧韩家奴各进《四时逸乐赋》，帝嗟赏。初，契丹医人鲜知切脉审药，上命庶成译方脉书行之，自是人皆通习，虽诸部族亦知医事。时入禁中，参决疑议。偕林牙萧韩家奴等撰《实录》及《礼书》。与枢密副使萧德修定法令，上诏庶成曰：'方今法令轻重不伦。法令者，为政所先，人命所系，不可不慎。卿其审度轻重，从宜修定。'庶成参酌古今，刊正讹谬，成书以进。帝览而善之。……有诗文行于世"①。萧德，"性和易，笃学好礼法。太平中，领牌印、直宿。累迁北院枢密副使，敷奏详明，多称上旨。诏与林牙耶律庶成修律令，改契丹行宫都部署，赐宫户十有五"②。萧惟信，"父高八，多智数，博览古今。……惟信资沉毅，笃志于学，能辨论。重熙初始仕，累迁左中丞。十五年，徙燕赵国王傅，帝谕之曰：'燕赵左右多面谀，不闻忠言，浸以成性。汝当以道规诲，使知君父之义。有不可处王邸者，以名闻。'惟信辅导以礼。十七年，迁北院枢密副使"③。萧韩家奴，"少好学，弱冠入南山读书，博览经史，通辽、汉文字"。重熙初，萧韩家奴"同知三司使事。四年，迁天成军节度使，徙彰愍宫使。帝与语，才之，命为诗友。……诏作《四时逸乐赋》，帝称善"。尔后，萧韩家奴又被"擢翰林都林牙，兼修国史。仍诏谕之曰：'文章之职，国之光华，非才不用。以卿文学，为时大儒，是用授卿以翰林之职。朕之起居，悉以实录。'自是日见亲信，每入侍，赐坐。遇胜日，帝与饮酒赋诗，以相酬酢，君臣相得无比"。又"诏与耶律庶成录遥辇可汗至重熙以来事迹，集为二十卷，进之。十五年，复诏曰：'古之治天下者，明礼义，正法度。我朝之兴，世有明德，虽中外向化，然礼书未作，无以示后世。卿可与庶成酌古准今，制为礼

① 《辽史》卷八十九《耶律庶成传》，中华书局 2016 年点校本，第 1485—1486 页。
② 《辽史》卷九十六《萧德传》，中华书局 2016 年点校本，第 1540 页。
③ 《辽史》卷九十六《萧惟信传》，中华书局 2016 年点校本，第 1541 页。

典。事或有疑，与北、南院同议.'韩家奴既被诏，博考经籍，自天子达于庶人，情文制度可行于世，不缪于古者，譔成三卷，进之。又诏译诸书，韩家奴欲帝知古今成败，译《通历》《贞观政要》《五代史》"。① 由此可见，不仅汉、渤海等族士人精通儒家经史，而且契丹等中国北疆游牧民族的官僚贵族也熟知儒家经史。

综上所述，由于契丹文字的创制，以及辽代帝王、官僚贵族，甚至是普通百姓对儒家思想文化的崇尚，儒家思想观念深入人心。辽统治者还把儒家思想作为统治辽代社会的伦理道德行为规范准则，这为辽代"尊孔崇儒"文教政策的创立、发展、演变创造了良好的氛围。

第二节　辽代文教政策的基本内容

辽代文教政策，是辽基本国策的重要组成部分，它既受辽代基本国策的制约，又为辽代基本国策服务，因此，辽代文教政策基本内容的确立就是围绕辽之"因俗而治"基本国策而展开的。综观辽代以文治国的基本内容，表现在文教政策上主要有如下几点：

一、辽代"尊孔崇儒"、三教并行政策的施行

辽建立之初就在统治域内坚定不移地推行"尊孔崇儒"文教政策，这从辽代文教政策的产生与发展过程就可以充分体现出来。但是，辽统治者在推崇儒学教育的同时，也在辽代社会生活中施行佛学教育和道学教育，实行三教并重的原则，以儒为主，以佛、道为辅来

---

① 《辽史》卷一百三《萧韩家奴传》，中华书局 2016 年点校本，第 1593—1598 页。

维持和巩固辽代社会秩序，这是辽代文教政策的核心内容。

契丹人的原始宗教是萨满教，但随着契丹势力的日益强大，辽统治者为达到长治久安的目的，崇佛信道成为辽代教育的另一项重要内容。辽代提倡佛学教育是从辽太祖建国之前开始的，《辽史·太祖本纪上》载：唐天复二年（902）九月，"城龙化州于潢河之南，始建开教寺"①。辽太祖三年（909）四月乙卯，"诏左仆射韩知古建碑龙化州大广寺以纪功德"②。这足以说明佛学在辽太祖心目中的地位是颇为重要的。辽太祖为提高佛学教育的影响，不仅诏建佛寺、道观，而且还"命皇后、皇太子分谒寺观"③。其后继者太宗、世宗、穆宗、景宗，尤其是兴宗、道宗、天祚帝时期，更是对佛教信奉有加，为祈祷佛祖保佑而饭僧之事，屡见史册。由于辽统治者对佛学的崇信，佛学教育在辽代的发展颇为迅速，至圣宗朝，佛学教育已呈现出过盛过滥的趋势，以至于圣宗不得不于统和九年（991）正月丙子，"诏禁私度僧尼"④，统和十五年（997）十月丁酉，诏"禁诸山寺毋滥度僧尼"⑤。道宗对佛学及僧尼更加宠遇，以至于上至达官贵族，下到普通民众，皆崇信佛学，并愿受戒为僧尼。天祚帝亦相当崇信佛学，甚至于天庆三年（1113）正月曰戌下诏："禁僧尼破戒。"⑥对于辽代崇信佛法，宋朝使臣曾经做过这样议论："北朝皇帝好佛法，能自讲其书。每夏季辄会诸京僧徒及其群臣，执经亲讲。所在修盖寺院，度僧甚众。因此僧徒纵恣，放债营利，侵夺小民，民甚苦之。"⑦可见，佛教在辽代社会颇为盛行。

---

① 《辽史》卷一《太祖本纪上》，中华书局 2016 年点校本，第 2 页。
② 《辽史》卷一《太祖本纪上》，中华书局 2016 年点校本，第 4 页。
③ 《辽史》卷二《太祖本纪下》，中华书局 2016 年点校本，第 17 页。
④ 《辽史》卷十三《圣宗本纪四》，中华书局 2016 年点校本，第 153 页。
⑤ 《辽史》卷十三《圣宗本纪四》，中华书局 2016 年点校本，第 162 页。
⑥ 《辽史》卷二十七《天祚皇帝本纪一》，中华书局 2016 年点校本，第 365 页。
⑦ （宋）苏辙：《栾城集》卷四十二《北使还论北边事札子五道·论北朝政事大略》，上海古籍出版社 1987 年标点本，第 940 页。

为了推行佛学教育，培养佛学专门人才，统治者还建立了一套较为完整的选拔制度。据金朝人韩长嗣撰《兴中府尹银青改建三学寺及供给道粮千人邑碑》（大定七年）载："三学者其来远矣，爰自于唐肇起之也。迨及有辽，建三学寺于府西，择一境僧行清高者为纲首，举连郡经、律、论学优者为三法师，递开教门，指引学者。"① 又据《卧如寺碑》（大康七年）"谨案"曰："释典初入中国止有大小乘经之别，后乃分其等类，别其名目。如西土原有此经，入中国后经高僧翻译者曰'经'，支那撰述者曰'论'，而经论之中全讲法戒者曰'律'，此沙门行阐题衔曰'讲经业论'，盖与儒家言习某经者等义。辽金设经律论三学以试释子，以其考优者为法师，此行阐题衔盖即试优者也。"② 可见，辽代佛学教育具有比较完整的教育体系，对"释子"的研习，对"法师"的选拔，都已经形成比较严格的制度。

在辽代，道学教育虽不及儒、佛，但也同样受到辽统治者的重视。自辽太祖诏建道观，令皇后、皇太子分谒之后，道学教育很快就在辽统治境内发展起来。东丹王耶律倍译《阴符经》之后，道学教育便在辽统治境内进一步推广。圣宗对三教主张兼收并蓄，不仅精于儒学，"至于道释二教，皆洞其旨"③。为提高道学教育在辽代的影响，圣宗于统和四年（986）十月壬戌幸南京时，"以银鼠、青鼠及诸物赐京官、僧道、耆老"④。道宗不仅崇信道学，还对道上人士封官加爵，"如王纲、姚景熙、冯立辈皆道流中人，曾遇帝于微行，后皆任

① 《兴中府尹银青改建三学寺及供给道粮千人邑碑铭》（大定七年），参见王新英：《全金石刻文辑校》，吉林文史出版社 2013 年版，第 148 页。
② （清）黄彭年：《畿辅通志》卷一百四十三《金石六》，上海商务印书馆 1934 年版，第 5539 页。
③ （宋）叶隆礼：《契丹国志》卷七《圣宗天辅皇帝传》，上海古籍出版社 1985 年点校本，第 72 页。
④ 《辽史》卷十一《圣宗本纪二》，中华书局 2016 年点校本，第 133 页。

显官"①。由此可见，辽代君臣崇信道教之一斑。辽统治者为使臣民更好地接受道学教育，还在道观设置专门讲授道德经的法师，这在道宗寿昌六年（1100）所建《龙兴观创造香幢记》(寿昌六年)②中有明确记载，道观设法师布道，为辽代普及道学教育提供了便利条件。

辽统治者实行以儒学为主，糅合佛、道思想的政策，不仅适应了辽代社会发展的趋势，而且也更有利于辽的统治，使辽代社会生活能够安定、和谐、健康地发展。

二、辽代设置教育管理机构

辽建立后，为培养效忠的治世人才，仿照中原教育制度，从中央到地方普遍设置教育管理机构和学校，建立起一套较为完整的官学教育体系。就官学教育管理机构而言，辽于上京、中京分别设置国子监，对官学教育实施有效管理。在此基础上，又在五京设置五京学，五京学是当时辽在统治域内设置的京府级最高学府，分设博士、助教以教授就学的生徒。五京学的设置对辽代儒学教育的发展无疑起到积极的推动作用，为辽代培养了大批治世人才。由于五京学的地位与作用在辽代官学教育中颇为突出，从而吸引大批生徒前去就学，习读"《（五）经》及传疏"③。

---

① （宋）叶隆礼：《契丹国志》卷八《道宗文成皇帝传》，上海古籍出版社 1985 年点校本，第 82 页。

② 《龙兴观创造香幢记》(寿昌六年) 记载："夫大象希声，非内诚去迹，讵可冥符。而末俗恒流，假外物陈仪，始能致敬。且牺樽象斝，所以备奠于宣王。故石炉星坛，是可□□于道祖。今我观院，虽殿堂像设，夙有庄严，而祭醮供仪，素乏□□。乃采诸翠琰，砾以香幢。每圣诞嘉辰，且元令节，或清斋涓忏，□旦良宵。用然沈水之烟，式化真仙之侣。所□九清降祉，百圣垂洪。延皇寿以无疆，保黔黎而有赖。风雨时调，禾谷岁登。干戈载征战之劳，遐迩被洁清之气。时寿昌六年岁次庚辰八月未朔二十三日丁巳坤时建。当院讲经道士许玄龄书，涿水濮阳吴卿儒造并□。"参见向南：《辽代石刻文编》，河北教育出版社 1995 年版，第 508 页。

③ 《辽史》卷四十八《百官志四》，中华书局 2016 年点校本，第 901 页。

在五京学的带动下，辽代的府州县学也相应地发展起来。据《辽史·百官志四》记载，主要有黄龙府学和兴中府学等。同时，辽代在观察使州、团练使州、防御使州皆设置有州学，除边疆地区的某些刺史州未设州学外，其余刺史州基本也都设有州学，唯独节度使州未曾设置州学。在州学之下，辽还设置县学，从《辽史·百官志四》"县职名总目"条有"县学"之记载，就足以说明县学的存在。

总之，辽朝从中央、五京到地方的府、州、县，均有官学的设置，这充分反映了辽代坚定不移地推行以儒家思想作为统治的主体思想和"尊孔崇儒"的文教政策，同时也反映了辽代群臣对儒家思想文化的渴求，把诵经习儒作为社会生活的重要组成部分。

三、辽代收求中原儒家典籍

辽统治者为提高统治域内居民的儒家思想文化素养，为辽初既定的"尊孔崇儒"文教政策提供基础保障，不断向中原儒家文化区收求儒家经典。当辽太宗灭亡后晋北归时，尽"取晋图书、礼器而北"[1]，令"晋诸司僚吏、嫔御、宦寺、方技、百工、图籍、历象、石经、铜人、明堂刻漏、太常乐谱、诸宫县、卤簿、法物及铠仗，悉送上京"[2]，使后晋文物尽入于辽。道宗清宁十年（1064）十一月丁丑，又"诏求乾文阁所阙经籍，命儒臣校雠"[3]。可见，辽统治者颇为重视文物典籍的收集和保护。对于辽朝收求中原儒家典籍的方式，郭康松先生曾指出，除武力掠夺外，辽朝还通过使臣求赐、贸易走私等渠道广收中原文化典籍。[4] 对此，宋朝使臣苏辙曰："本朝民间开版印行文字，

---

① 《辽史》卷一百三《文学传上》，中华书局 2016 年点校本，第 1593 页。
② 《辽史》卷四《太宗本纪下》，中华书局 2016 年点校本，第 64 页。
③ 《辽史》卷二十二《道宗本纪二》，中华书局 2016 年点校本，第 300 页。
④ 郭康松、陈莉：《辽、金对中原典籍的收求》，《北方文物》2000 年第 1 期。

臣等窃料北界无所不有。臣等初至燕京，副留守邢希古相接送，令引接殿侍元辛传语臣辙云：'令兄内翰《眉山集》已到此多时，内翰何不印行文集，亦使流传至此？'及至中京，度支使郑颛押宴，为臣辙言先臣洵所为文字中事迹，颇能尽其委曲。及至帐前，馆伴王师儒谓臣辙：'闻常服茯苓，欲乞其方。'盖臣辙尝作《服茯苓赋》，必此赋亦已到北界故也。臣等因此料本朝印本文字多已流传在彼，其间臣僚章疏及士子策论，言朝廷得失、军国利害，盖不为少。兼小民愚陋，惟利是视，印行戏亵之语，无所不至。若使尽得流传北界，上则泄漏机密，下则取笑夷狄，皆极不便。访闻此等文字贩入虏中，其利十倍。人情嗜利，虽重为赏罚，亦不能禁。"① 对于宋朝文字多流入契丹，苏辙还曾作诗云："谁将家集过幽都，逢见胡人问大苏。"② 可见，辽宋文字走私贸易获利巨大，大量中原典籍流入辽统治域内，从而丰富了辽代文物典籍的储备，为辽代顺利推行"尊孔崇儒"文教政策打下了坚实的基础。

四、辽代实行科举制度

实行科举制度，对辽代文教政策的施行起到导向作用。为稳定统治，选拔治国人才，辽太宗时下令恢复中原儒家文化区的科举考试制度。由于辽代科举史料的匮乏，我们已经无从确知太宗朝科举制度的实态，但依据《金史·选举志一》"序"所载："辽起唐季，颇用唐进士法取人"③，辽初基本上沿用唐、五代以来的科举取士之法。由于科

---

① （宋）苏辙：《栾城集》卷五十二《北使还论北边事札子五道·论北朝所见于朝廷不便事》，上海古籍出版社 1987 年标点本，第 937—938 页。
② （宋）苏辙：《栾城集》卷十六《奉使契丹二十八首·神水馆寄子瞻兄四绝》，上海古籍出版社 1987 年标点本，第 398 页。
③ 《金史》卷五十一《选举志一》，中华书局 1975 年标点本，第 1129 页。

举考试内容都是以儒家经典为核心的，因而尊崇孔子，提倡儒学就成为辽代社会生活的时尚，儒家经典中的《周易》《毛诗》《尚书》《春秋左氏传》《礼记》等自然而然便成为辽代官学教育和私学教育的主要内容。[①] 事实证明，辽代所实行的科举制度，不仅为汉族士人提供仕宦途径，扩大了辽朝社会的统治基础，而且对辽代推行的"尊孔崇儒"文教政策以及儒家思想文化在中国北疆游牧地区的普及与传播也起到积极的导向作用。

五、辽朝统治者擢用汉族士人

为招揽统治所需的汉族士人，自辽太祖开始，就施行大量任用汉族士人的政策。至太宗时，继续推行任用汉族士人的政策，提拔一大批汉族士人从事礼仪教育事务，借以保证"以汉制待汉人"的既定国策。如韩延徽在太宗朝，受封鲁国公，任南京三司使，"为佐命功臣之一"[②]。张砺被太宗擢为翰林学士，"砺临事必尽言，无所避，上益重之"，寻迁为翰林承旨，兼吏部尚书，"从太宗伐晋，入汴，诸将萧翰、耶律郎五、麻答辈肆杀掠，砺奏曰：'今大辽始得中国，宜以中国人治之，不可专用国人及左右近习。苟政令乖失，则人心不服，虽得之，亦将失之。'"[③] 室昉，"太宗入汴受册礼，诏昉知制诰，总礼仪事"，圣宗朝，"进《尚书·无逸篇》以谏，太后闻而嘉奖。……是时，昉与韩德让、耶律斜轸相友善，同心辅政，整析蠹弊，知无不言，务在息民薄赋，以故法度修明，朝无异议"[④]。张俭历侍圣、兴二朝，"阶官勋宪，事任职秩。亢极人臣，敻越今昔"，"历官三十一次，作相

---

① 高福顺：《科举与辽代社会》，中国社会科学出版社 2015 年版，第 81—83 页。
② 《辽史》卷七十四《韩延徽传》，中华书局 2016 年点校本，第 1358 页。
③ 《辽史》卷七十六《张砺传》，中华书局 2016 年点校本，第 1380—1381 页。
④ 《辽史》卷七十九《室昉传》，中华书局 2016 年点校本，第 1401—1402 页。

二十一考，功臣至一十字"，[①] 足见张俭在辽朝社会所发挥的至关重要
的作用。从上述所举汉族士人事例可以看出，仕宦于辽朝的汉族士人
在制定朝廷礼乐、缓和民族矛盾等方面都发挥了举足轻重的作用。辽
朝统治者大量起用汉族士人的政策，也直接刺激了辽代民众尊孔崇儒
的心态，形成谙习经史的风尚，为辽代文教政策的推行铺平了道路。

六、辽朝统治者促进汉契民族文化交流

辽代是中国北方人口频繁迁移的重要阶段，既包括北方汉族人
口迫于战乱向北移徙、契丹南下对汉人的俘掠、东灭渤海强迫内迁，
也包括宫卫军户向辽南京、西京等地的迁移。这种各族人口的大迁
移，使辽朝人口的空间分布与民族构成发生空前变化，形成汉、契
丹、奚、渤海、室韦等族杂居共处的局面。[②] 据孟广耀先生研究，天
庆四年（1114），辽总体人口为 890 万，其中契丹占 16.85%、汉占
42.70%、女真占 10.11%、渤海及奚五国部等占 14.04%、大漠南北各
部各族占 16.30%。[③] 可见，汉族人口在辽朝人口中占有绝对的比例，
而且他们又有很大一部分与中国北疆游牧民族杂居共处，如《契丹国
志·四京本末》载："由古北口至中京北，皆奚境。奚本与契丹等，
后为契丹所并。所在分奚、契丹、汉人、渤海杂处之。"[④] 又《契丹
志》引胡峤《陷北记》载："又行三日，遂至上京，所谓西楼也。西
楼有邑屋市肆，交易无钱而用布。有绫、锦诸工作，宦者、翰林、伎
术、教坊、角抵、秀才、僧尼、道士等，皆中国人，而并、汾、幽、

---

① 《张俭墓志》（重熙二十二年），参见向南：《辽代石刻文编》，河北教育出版社 1995 年
版，第 268 页。

② 韩光辉：《辽代中国北方人口的迁移及其社会影响》，《北方文物》1989 年第 2 期。

③ 参见孟广耀：《北部边疆民族史研究》，黑龙江教育出版社 2002 年版，第 719 页。

④ （宋）叶隆礼：《契丹国志》卷二十二《四京本末》，上海古籍出版社 1985 年点校本，
第 216 页。

蓟之人尤多。"①又如《贾师训墓志》(寿昌三年)载：贾师训"曾奏事御所，有诏迁奚中，其部所居汉民四百户。宰相承诏移出，公独侍，上问之，公前对曰：'自松亭已北，距黄河，其间泽利潭榆松山北安数州千里之地，皆簪壤也。汉民杂居者半，今一部之民可徙，则数州之人尽可徙矣。然则恐非国家之利，亦如辽东旧为渤海之国，自汉民更居者众，讫今数世无患，愿陛下裁察。'上悟，其事遂止"。②另，《辽史·地理志一》有关汉、渤海民族迁徙，与北疆游牧民族杂居之记载更是比比皆是，如上京临潢府所属的"临潢县。太祖天赞初南攻燕、蓟，以所俘人户散居潢水之北，县临潢水，故以名"，"长泰县。本渤海国长平县民，大祖伐大諲譔，先得是邑，迁其人于京西北，与汉民杂居"，"定霸县。本扶余府强师县民，太祖下扶余，迁其人于京西，与汉人杂处，分地耕种"，"潞县。本幽州潞县民，天赞元年，太祖破蓟州，掠潞县民，布于京东，与渤海人杂处"。③据此，不难窥视辽向北疆游牧民族地区移徙汉、渤海民族之一斑。入辽汉人都是在儒家思想文化熏陶下成长起来的，他们势必要给契丹等北疆游牧民族带来习儒诵经风气。此外，占人口一定比例的渤海人，在唐朝时期就深受儒家思想文化的影响，儒化程度很高，他们也会与汉人一样，影响着契丹等族向风慕华的心态。正因如此，辽代中国北疆游牧地区的儒家思想文化教育得到迅速发展，进而缩小了与中原儒家文化区的差距。

---

① (宋)叶隆礼：《契丹国志》卷二十五引胡峤《陷北记》，上海古籍出版社1985年点校本，第238页。
② 《贾师训墓志》(寿昌三年)，参见陈述：《全辽文》卷九，中华书局1982年版，第254页。
③ 《辽史》卷三十七《地理志一》，中华书局2016年点校本，第497—498页。

第三节　辽代教育的发展演变

辽代教育经历了从无到有、从简陋到完善的逐步发展过程。如前所述，在契丹族建立辽政权之前，契丹社会还处于较为原始的部落联盟状态，"顺寒暑，逐水草畜牧"，"刻木为契"，"侵伐则十部相与议，兴兵致役，合契而后动。猎则部得自行"。[①] 根本谈不上教育。辽太祖"变家为国"之后，辽政权才出现了以儒家思想为核心的教育，又经太宗的不懈努力，辽代教育初步确立起来。经景宗、圣宗、兴宗的积极建设，辽代教育获得持续、稳定的发展，至道宗时，又在宋朝兴学助教的影响下，达到前所未有的程度，从中央到地方普遍设置官学，并颁《五经》及其"传疏"作为官学教育的基本教材，置博士、助教以教之，最终形成遍及全国的较为完整的教育体系。纵观辽代教育的发展，大体经历了创立、发展和兴盛三个时期。

一、辽代教育的创立

辽代教育的创立大体上包括辽太祖、辽太宗、辽世宗、辽穆宗四朝时期，即从公元 916 年始，到公元 969 年止，前后延续了 50 余年时间。在此 50 余年中，根据辽代教育的特点，大体上可以划分为前后两个时期，前期从辽建国始（916）至太宗天显十二年（937）止，后期从太宗会同元年（938）始至穆宗十九年（969）止。

在前期，由于辽政权"庶事草创"[②]，凡营都邑，建宫殿，正君臣，定名分，制法度，皆属创立之中，因而作为辽代统治政策组成部分的

---

① 《辽史》卷三十四《兵卫志上》，中华书局 2016 年点校本，第 449 页。
② 《辽史》卷七十四《韩延徽传》，中华书局 2016 年点校本，第 1358 页。

辽代教育也处于初级阶段，其主要表现有以下三点：

第一，辽太祖为统一思想，召开群臣会议，确立"尊孔崇儒"的文教政策，使儒学教育在辽代社会生活中占主导地位。前已论及，此不赘述。第二，辽太祖在营建上京时便在上京临潢府设置辽代官学教育的管理机构国子监①，同时设置辽最高学府上京国子学，使辽代教育体制初步建立起来。第三，辽太祖不仅诏建孔子庙，而且还亲谒孔子庙，用实际行动表明辽统治者在崇尚武功的同时，也颇为重视文治教化的作用，积极开展以儒家思想为核心的教育活动。这一时期辽代教育的特点是，在中国北疆游牧地区推行，是大部分契丹人接触和了解儒家思想文化的初步阶段，其影响范围较小，影响力相对比较薄弱。

在后期，辽太宗趁中原战乱之机取得燕云十六州，面对政治、经济、文化皆异于中国北疆游牧地区的燕云地区，在全国范围内果断地推行"以国制治契丹，以汉制待汉人"的"因俗而治"的基本国策②，使太祖时期建立起来的教育制度得以进一步巩固和发展，其主要表现有以下两点：第一，太宗在继承辽太祖时期的教育思想与文教政策的基础上，在南京建立南京太学以及地方州县学，继续推行既定的官学教育模式，从而使南京地区的教育在原有基础上得到进一步发展，出

---

① 顾宏义先生认为："今人有据《辽史·百官志三》中'上京国子监，太祖置'这一条记载，认为辽上京国子监在神策三年建孔庙时同时兴建。〔按：陈述《辽代教育史论证》，《辽金史论集》（一），上海古籍出版社 1987 年版〕其实《辽史》的这条史料记载是有问题的。其一，如上所述，当时辽代社会中还未有设国子监以传播儒学之需要，因为此时境内汉人大多为奴仆，无求学之资格，而契丹人尚未有传习儒学之愿望。其二，辽代官职分南面、北面，以南面官治理汉人，北面官治理契丹人。南面官制初步形成于辽太宗时期。会同元年，太宗'既得燕代十有六州，乃用唐制，复设南面三省、六部、台院、寺监、诸卫、东宫之官'，此为辽代设置南面官之始；而在辽太祖时，因境内汉人事务不多，故仅设一'汉儿司'加以总管。〔按：《辽史》卷四十七《百官志三》〕因此，辽太祖时不可能设立以传授儒学为专职的教育机构国子监，国子监的设立当在辽太宗以后。"参见顾宏义：《辽代儒学传播与教育的发展》，《华东师范大学学报》1998 年第 3 期。

② 《辽史》卷四十五《百官志一》，中华书局 2016 年点校本，第 773 页。

现"人多技艺，秀者学读书，次者习骑射"①的现象，使燕云地区成为辽代教育最为发达的地区。第二，辽太宗在汉族聚居的南京地区，采用原来汉族士人所熟知的选拔人才措施，开科举以选士人，以笼络汉族士人进入仕宦之途，这不仅稳定了新获得的燕云地区，而且还拓宽了选拔人才的渠道，扩大了辽的统治基础。

经过辽太宗的不懈努力，辽代教育得到迅速发展，出现欣欣向荣的景象。可是，自辽太宗之后，由于辽世宗、辽穆宗的即位，引发契丹贵族内部一系列的争权叛乱事件，政局不稳，因而世宗、穆宗都把主要精力用于稳定政权上，无暇顾及"礼文之事"，从而使辽代教育陷入几乎停顿的状态。虽然如此，辽代教育还是取得前所未有的成绩，其突出的特点是，辽代教育不仅在北疆游牧地区展开，而且又在儒家思想文化基础雄厚的汉人聚居区展开，这为契丹等中国北疆游牧民族与中原汉族之间的文化交流，儒家思想文化由燕云地区向北疆游牧地区的广泛传播提供了便利条件。

总之，由于连年的战争，北方经济、文化遭到比较大的破坏，社会生活也处于较为动荡的环境中，因而辽初教育的发展受到极大的影响。不过，辽太祖、太宗在崇尚武功的同时，也没有忽视文治教化的作用，积极提倡儒家经史的诵习，坚定不移地发展辽代教育。正是在辽太祖、太宗的努力下，辽代教育才得以在破坏停废的状态下逐渐地恢复、发展，并取得一定的成绩，这为景宗、圣宗时期教育的持续发展打下坚实基础。

---

① （宋）叶隆礼:《契丹国志》卷二十二《四京本末》，上海古籍出版社1985年点校本，第217页。

二、辽代教育的发展

辽代教育的发展时期大体上包括景宗、圣宗、兴宗三朝，即从公元 969 年始，至公元 1055 年止，前后延续 80 余年的时间。

经过世宗、穆宗两朝的反复较量，围绕皇位继承问题的争夺终于以景宗的即位而暂告结束，国内形势渐趋稳定，文化教育开始继续发展。其标志就是从景宗时起，辽代又恢复太宗会同初年的科举制度，《辽史·景宗本纪上》载：景宗保宁八年（976）十二月戊午，"诏南京复礼部贡院"①。可见，景宗时继续在南京地区施行太宗时期的以科举方式选拔汉族士人的制度。科举制度的施行，直接刺激了教育的发展，汉族士人皆以进士及第为奋斗目标。正因为如此，辽代的教育又在几乎停顿的状态下艰难起航，驶向预定的目标。

圣宗即位以后，在耶律斜轸、耶律休哥和韩德让等朝廷重臣的辅佐下，通过整顿吏治，改革弊政，轻徭薄赋，辽代社会终于出现安定的局面。在这样的历史背景下，辽圣宗继续推行景宗朝的教育思想与文教政策，其主要表现有二：第一，在景宗复开南京贡院的基础上，辽圣宗又于统和六年（988），在全国范围内"诏开贡举"②。自此以后，辽代科举取士对象由仅限于南京地区而推向全国，扩大了科举取士范围，这对辽代教育在全国范围内兴起和普及起到积极的推动作用。第二，诏修孔庙，兴办学校。《辽史拾遗·地理志五》载：圣宗统和十三年（995）八月，"诏归化等处守臣修山泽祠宇，先哲庙貌，以时祀之。于是诸州孔子庙及奉黄帝祠，儒州舜祠，大翩山王次仲祠，俱为一新"③。可见，从京都到地方，孔庙与学校相继得以建设、完善。

---

① 《辽史》卷八《景宗本纪上》，中华书局 2016 年点校本，第 104 页。
② 《辽史》卷十二《圣宗本纪三》，中华书局 2016 年点校本，第 143 页。
③ （清）厉鹗：《辽史拾遗》卷十五《地理志五》，参见王云五主编：《丛书集成初编》，上海商务印书馆 1936 年版，第 125 页。

由于圣宗极力兴办学校，积极推行科举制度，使得辽代士人习读经史成为社会生活中的时尚，以至于圣宗于统和十三年（995）不得不为南京太学特赐土地一区，以满足其发展需要。

圣宗统和二十二年（1004），辽宋双方缔结"澶渊之盟"，从而结束近半个世纪的战争，自此以后 100 余年时间里，辽宋双方再也没有发生过较大规模的战争。和平的环境，为辽代教育的快速发展提供了必要条件，其主要表现有以下三点：第一，学唐比宋成为辽代社会生活的时尚。随着辽宋双方使者的频繁往来，圣宗颇为重视辽代使臣或馆伴使的文化水准。据《宋朝事实类苑》载："自与朝廷通好已来，岁选人材，尤异聪敏知文史者，以备南使，故中朝声教，皆略知梗概。"[1] 不仅如此，辽圣宗对宋使的文化水平也颇为重视，据《契丹国志·圣宗天辅皇帝》载："每年信使入境，先取宋朝《登科记》，验其等甲高低、及第年月。其赐赍物，则密令人体探。"[2] 可见，辽朝统治者根据宋朝使臣的文化高下来决定赏赐差额，这是在其他朝代很少能够看到的现象。由于圣宗颇为重视教育，重视士人的文化水准，使辽朝逐渐树立起学比唐朝、赶超宋朝的风气，赶唐超宋成为辽代教育的目标。正如陈述先生所评价的那样："契丹人开始建国，在时间上就是上接唐代的。……结盟以后，统治阶级的各阶层，从宫廷到朝臣，学习李唐形成了一时的风尚。政府颁行了《五经》传疏，皇帝也学习《贞观政要》。读书人要读唐代的历史，演唱斗趣人都要采用唐代的题材。其实从根本上看，学唐比宋是一个问题的两面，为了比宋就要学唐，越学唐就越有本钱可以比宋。这也表明契丹社会本身的发展，正

---

① （宋）江少虞：《宋朝事实类苑》卷七十七《安边御寇》，上海古籍出版社 1981 年版，第 1016 页。
② （宋）叶隆礼：《契丹国志》卷七《圣宗天辅皇帝》，上海古籍出版社 1985 年点校本，第 72 页。

是朝着较高的阶段迈进。"①在这样的氛围下，辽代教育获得较大发展。第二，继续推进科举制度向前发展。辽代科举取士人数自澶渊之盟后有了较大发展，在圣宗统和二十二年（1004）以前，科举取士数量极为有限，一般为2—3名，最多也仅为6名。而在圣宗统和二十二年以后，科举取士人数迅速增加，一般情况下皆在20名以上，多者达72名。②这些数据说明，辽代教育的发展为辽代科举制度提供了大量储备人才，而科举及第者日渐增多又进一步刺激了辽代教育的发展。随着科举制度的不断发展与完善，圣宗于太平十年（1027）七月壬午，下"诏来岁行贡举法"③，以法律的形式对科举制度的内容、施行做了明确的规定，使辽代科举制度有法可依，有据可行。"贡举法"为科举制度在辽代的推行提供了理论依据和制度保障。第三，重视入辽新罗人的教育。如圣宗开泰元年（1012）十二月甲申，"归州言其居民本新罗所迁，未习文字，请设学以教之，诏允所请"④。对于新罗所迁之民，也要设学教养之，说明辽代教育不仅在汉、契丹、渤海等民族聚居区或民族杂居区施行，而且也要在"未习文字"的新罗人聚住区施行。可见，辽代教育在圣宗的重视下出现迅速发展的局面。

兴宗即位后，继续推行太祖以来制定的教育思想与文教政策，并于重熙五年（1036）四月丁卯，"颁新定条制"⑤。"新定条制"的内容

---

① 陈述：《辽代史话》，河南人民出版社1981年版，第48页。
② 高福顺：《科举与辽代社会》，中国社会科学出版社2015年版，第104—105页。
③ 《辽史》卷十七《圣宗本纪八》，中华书局2016年点校本，第231页。
④ 《辽史》卷十五《圣宗本纪六》，中华书局2016年点校本，第188页。
⑤ 《辽史》卷十八《兴宗本纪一》，中华书局2016年点校本，第245页。

由于史未明载不得而知，但从兴宗经常"御试进士""赋诗""赐诗"①的情况判断，"新定条制"重申辽代既定的"尊孔崇儒"教育思想与文教政策的可能性是相当大的。正因为兴宗积极推行太祖以来制定的教育思想和文教政策，使儒家思想文化教育在辽各地都获得较大发展，以至于辽道宗以"君臣同志华夷同风"诗进献皇太后，表明辽统治者认为统治域内的儒家思想文化水准已经与中原儒家文化区没有什么大的差异了。这说明经过兴宗朝的努力，辽代教育得到突飞猛进的发展，契丹人的儒家思想文化素养得到较大提高，可以与中原儒家文化区相媲美。

总之，辽代教育经过景宗、圣宗、兴宗三朝的发展，已经达到新的高峰，为道宗、天祚帝时期辽代教育的兴盛打下坚实基础。

三、辽代教育的兴盛

辽代教育的兴盛时期大体上包括道宗、天祚帝两朝，即自公元1056 年始至公元 1125 年止，前后延续约 70 年的时间。

在道宗时期，宋朝在政治、经济改革的推动下，形成规模很大的兴学运动，其中，第一次兴学运动发生于宋仁宗庆历四年（辽兴宗重熙十三年，1044），史称"庆历兴学"；第二次兴学运动开始于宋神宗熙宁四年（辽道宗咸雍七年，1071），到宋神宗元丰元年（辽道宗

---

① 《辽史》卷十八《兴宗本纪一》记载：辽兴宗重熙五年（1036）十月壬子，"御元和殿，以日射三十六熊赋、幸燕诗试进士于廷；赐冯立、赵徽四十九人进士第。以冯立为右补阙，赵徽以下皆为太子中舍，赐绯衣、银鱼，遂大宴。御试进士自此始"。（中华书局 2016 年点校本，第 246 页）重熙六年（1037）六月壬申朔，"上酒酣赋诗，吴国王萧孝穆、北宰相萧撒八等皆属和，夜中乃罢。……癸未，赐南院大王耶律胡睹衮命，上亲为制诰词，并赐诗以宠之"。（中华书局 2016 年点校本，第 247 页）重熙六年（1037）七月壬寅，"以皇太弟重元生子，赐诗及宝玩器物，曲赦死罪以下"。（中华书局 2016 年点校本，第 247 页）《辽史》卷二十《兴宗本纪三》记载：重熙二十四年（1055）二月己丑朔，"召宋使钓鱼、赋诗"。（中华书局 2016 年点校本，第 282 页）

大康四年，1078）继续推行，史称"熙宁、元丰兴学"；第三次兴学
运动发生于宋徽宗崇宁元年（辽天祚帝乾统二年，1102），史称"崇
宁兴学"。①宋朝的三次兴学运动对辽朝教育产生很大影响，从兴宗
末年开始也出现兴学高潮。其主要表现有以下三点：第一，继续加强
官学教育的管理和坚持宣扬儒家思想文化。《辽史·道宗本纪一》载：
道宗清宁六年（1060）六月丙寅，"中京置国子监，命以时祭先圣先
师"②。这说明道宗朝继续积极推行太祖、太宗以来的教育思想和文教
政策，积极开展以儒家思想为核心的教育活动。第二，积极倡导各地
兴建官学。《辽史·道宗本纪一》载：道宗清宁元年（1054）十二月
戊戌，"诏设学养士，颁《五经》传疏，置博士、助教各一员"③。可
见，辽统治者以诏令的形式，要求各地积极兴办官学，并明确规定官
学的教材内容和教官人数。正因为如此，西京"至道宗，乃诏设学养
士。于是有西京学，有奉圣、归化、云、德、宏、蔚、妫、儒等州学
各建孔子庙，颁赐《五经》诸家传疏，令博士、助教教之，属县附
焉"④。又《续文献通考》载："时五京、黄龙、兴中二府，及诸州县皆
有学，其设官并同咸雍时。"⑤这说明辽代的官学已经遍布五京、二府
及诸州县，掀起兴办官学的高潮。第三，继续推行科举制度。辽道宗
即位后，辽代科举取士活动在圣宗、兴宗的基础上得到进一步发展。
从科举取士人数上看，经常会超过100名，一般情况下也都在50名
以上。⑥这充分表明，学校的普及，提高了辽代社会各民族的文化水
平，使科举取士的影响日益扩大，广大士人趋之若鹜，自小"习进

① 苗春德主编：《宋代教育》，河南大学出版社1992年版，第20—26页。
② 《辽史》卷二十一《道宗本纪一》，中华书局2016年点校本，第292页。
③ 《辽史》卷二十一《道宗本纪一》，中华书局2016年点校本，第287页。
④ （清）厉鹗：《辽史拾遗》卷十六《补选举志》，参见王云五主编：《丛书集成初编》，上
海商务印书馆1936年版，第333页。
⑤ （清）乾隆官修：《续文献通考》卷五十《学校考》"郡国乡党之学"条，浙江古籍出版
社2000年版，第3241页。
⑥ 高福顺：《科举与辽代社会》，中国社会科学出版社2015年版，第108页。

士"①"业进士"②,以求登第入仕,光宗耀祖。就连享有世选、恩荫特权的贵族官宦子孙,也以科场擢第为荣耀,因此参加科举取士活动的士人不断增加。

总之,在道宗、天祚帝前期,辽代教育进入鼎盛时期,但随着辽代末年的政治腐败,财政困难,辽代教育出现由盛转衰的趋势。从科举制度上看,出现通过"献钱""纳粟"以"特补进士出身"入朝为官的现象。③在学校教育上也是盛极而衰,官学在辽金战争中遭到极大破坏,出现颓毁之势。

---

① 《张思忠墓志》(重熙八年),参见陈述:《全辽文》卷七,中华书局1982年版,第150页。
② 《梁援墓志》(乾统元年),参见向南:《辽代石刻文编》,河北教育出版社1995年版,第522页。
③ (宋)叶隆礼:《契丹国志》卷十一《天祚皇帝中》,上海古籍出版社1985年点校本,第117页。

第三章　辽代官学教育

官学教育是相对于私学教育而言的。中国官学教育起源较早，《孟子·滕文公章句上》曰："设为庠序学校以教之：庠者养也，校者教也，序者射也。夏曰校，殷曰序，周曰庠，学则三代共之，皆所以明人伦也。"[①] 据研究，夏朝的官学教育，不仅有国学教育，而且也有乡学教育。[②] 随着朝代的更迭，官学教育内容也在不断地发生变化，因而，不同朝代的官学教育存在着不同的类别和教育方式。就辽代官学教育而言，它存在着广义和狭义的区分。广义的官学教育是指由官府主办的各类教育，也就是说由官府设置相应的管理机构，制订行之有效的教育制度，任命各级各业的教职人员，为国家培养不同类型治世人才的教育，如学校教育、私学教育、社会教育、贵族教育、皇族教育等等。狭义的官学教育是指由官府主办的以儒学教育为主体的各级学校教育，如国子学、五京学、府州县学等等。我们这里所要讨论的辽代官学教育是指狭义的官学教育。

---

① 《孟子注疏》卷五上《滕文公章句上》，参见（清）阮元校刻：《十三经注疏》（清嘉庆刊本），中华书局 2016 年影印本，第 5876 页上栏。
② 张惠芬、金忠明编著：《中国教育简史》（修订版），华东师范大学出版社 2003 年版，第 22 页。

第一节 辽代官学教育管理机构

辽代文教政策确立以后，随之而来的就是教育行政管理机构的设置。辽代最高教育行政管理机构是礼部，专门负责教育行政管理的机构是国子监。此外，辽诸司机构也具有一定的教育职能，管辖他们所属的各类学校，如司天监、大惕隐司等，但这些机构所管理的教育均不在本节的讨论之列，故不赘述。

一、辽代的礼部

建国初期，辽代官制有较大的变化。《辽史·太祖本纪下》载：辽太祖神册六年（921）五月丙戌朔，"诏定法律，正班爵"①。所谓"正班爵"，就是对辽代官职系统之统属进行分职定位，以便各司其职，各事其务。此为辽代官制的第一次大调整，"凡辽朝官，北枢密视兵部、南枢密视吏部，北、南二王视户部，夷离毕视刑部，宣徽视工部，敌烈麻都祝礼部，北、南府宰相总之。惕隐治宗族，林牙修文告，于越坐而论议以象公师"②。据此，辽初的礼部就应是"敌烈麻都"，但《辽史·百官志一》仅记载有"敌烈麻都司""掌礼仪"。③由此可以推知，太祖时期的辽代教育应归属于敌烈麻都司管理。

太宗时，为对后晋石敬瑭所献之燕云十六州进行稳固统治，辽太宗对辽代官职系统之统属又进行一次大调整，"诏以皇都为上京，府曰临潢。升幽州为南京，南京为东京。改新州为奉圣州，武州为归化州。升北、南二院及乙室夷离堇为王，以主簿为令，令为刺史，刺史

---

① 《辽史》卷二《太祖本纪下》，中华书局 2016 年点校本，第 19 页。
② 《辽史》卷四十五《百官志一》，中华书局 2016 年点校本，第 774 页。
③ 《辽史》卷四十五《百官志一》，中华书局 2016 年点校本，第 784 页

为节度使，二部梯里已为司徒，达剌干为副使，麻都不为县令，县达
剌干为马步"①，"官分南、北，以国制治契丹，以汉制待汉人。国制简
朴，汉制则沿名之风固存也。辽国官制，分北、南院。北面治宫帐、
部族、属国之政，南面治汉人州县、租赋、军马之事。因俗而治，得
其宜矣"②。自此以后，辽代职官系统出现北面官与南面官之分。礼部
属南面官系统统属，初为"中书省兼礼部"③，后又归尚书省省属，为
尚书省统辖的六部之一。

　　关于辽代礼部的职能，《辽史》未作记载，但也不是不可以求知，
实际上可通过唐朝礼部之职能来间接获知辽代礼部之职能，其理论根
据就是辽承唐制，主要依据有三：第一，辽代职事机构多沿用唐朝制
度。《辽史·百官志三》载："契丹国自唐太宗置都督、刺史，武后加
以王封，玄宗置经略使，始有唐官爵矣。其后习闻河北藩镇受唐官
名，于是太师、太保、司徒、司空施于部族。太祖因之。"④ 又载："辽
有北面朝官矣，既得燕、代十有六州，乃用唐制，复设南面三省、六
部、台、院、寺、监、诸卫、东宫之官。诚有志帝王之盛制，亦以招
徕中国之人也。"⑤ 此外，《辽史·百官志四》载："辽东、西，燕、秦、
汉、唐已置郡县，设官职矣。高丽、渤海因之。至辽，五京列峙，包
括燕、代，悉为畿甸。二百余年，城郭相望，田野益辟。冠以节度，
承以观察、防御、团练等使，分以刺史、县令，大略采用唐制。"⑥
根据上述记载推断，辽代的太师、太保、司徒、司空，三省、六部、
台、院、寺、监、诸卫、东宫之类的中央官职，以及节度、观察、防
御、团练等地方行政区划建置，皆承继于唐制，而且"公卿庶官，皆

---

① 《辽史》卷四《太宗本纪下》，中华书局 2016 年点校本，第 49 页。
② 《辽史》卷四十五《百官志一》，中华书局 2016 年点校本，第 773 页。
③ 《辽史》卷四十七《百官志三》，中华书局 2016 年点校本，第 863 页。
④ 《辽史》卷四十七《百官志三》，中华书局 2016 年点校本，第 863 页。
⑤ 《辽史》卷四十七《百官志三》，中华书局 2016 年点校本，第 864 页。
⑥ 《辽史》卷四十八《百官志四》，中华书局 2016 年点校本，第 906 页。

仿中国，参用中国人"①。由此观之，作为辽代官学教育机构的国子监也一定承袭、模拟唐朝国子监的建置模式，其机构设置及其职能大体也应与唐朝相仿佛。第二，辽太祖认同中原儒家思想文化，大量起用汉族士人辅佐政务。《旧五代史·契丹传》载：契丹"其俗旧随畜牧，素无邑屋，得燕人所教，乃为城郭宫室之制于漠北，距幽州三千里，名其邑曰西楼邑，屋门皆东向，如车帐之法"②，"由是渐盛"③。太祖神册三年（918）二月癸亥，"城皇都，以礼部尚书康默记充版筑使"④，在塞北草原仿照中原建城立市。五月乙亥，又"诏建孔子庙、佛寺、道观"⑤，以示对中原的儒、佛、道的重视。令韩延徽"树城郭，分市里，以居汉人之降者。又为定配偶，教垦艺，以生养之"⑥。又令韩知古"援据故典，参酌国俗，与汉仪杂就之，使国人易知而行"⑦。据上述记载可知，在辽初，辽太祖除了沿用部分旧俗外，就是任用汉族士人，采用唐、五代以来的中原制度治理契丹国家。至太宗统治时期，这种倾向更加明显，尤其是官分南北以后，南面官制度一依唐法。第三，当代学者也都赞成辽承唐制这样的观点，如苗泼先生专就此问题撰文指出："整个辽朝一代，几乎在各个领域内都有'用唐之制'的痕迹。唐制为辽所用，获得了积极的效果，对巩固辽朝的统治、完善辽朝各项政策和制度起到了举足轻重的作用。"⑧ 王德忠先生也论述道："后晋以后，投靠辽朝的汉族官员日益增多，辽朝即模仿中原政权的职官制度设官以安置之，构成了后来南面官系统的基础。并入幽

---

① （宋）司马光：《资治通鉴》卷二百八十一，后晋天福二年十二月条，中华书局 1956 年版，第 9185 页。
② 《旧五代史》卷一百三十七《契丹传》，中华书局 2015 年点校本，第 2132 页。
③ 《旧五代史》卷一百三十七《契丹传》，中华书局 2015 年点校本，第 2130 页。
④ 《辽史》卷一《太祖本纪上》，中华书局 2016 年点校本，第 12 页。
⑤ 《辽史》卷一《太祖本纪上》，中华书局 2016 年点校本，第 13 页。
⑥ 《辽史》卷七十四《韩延徽传》，中华书局 2016 年点校本，第 1357 页。
⑦ 《辽史》卷七十四《韩知古传》，中华书局 2016 年点校本，第 1359—1360 页。
⑧ 苗泼：《论辽袭唐制》，《昭乌达蒙族师专学报》1988 年第 2 期。

云十六州，辽朝基本上继承了这里原有的统治机构，也为南面官制度全面建设和发展提供了条件。……辽朝并入幽云十六州，几乎原封不动地保留了这些州县的统治机构，所以，十六州是辽朝地方州县制中最完整、最具有典型意义的部分。"[1] 李文泽先生在研究辽代官学教育与科举制度以后也有这样的认知："辽代的教育、科举制度上承唐、五代，仿效宋代，下启金、元时代，是中国古代少数民族在中原地域建国以来的创始。契丹统治者所推行的'以国制治契丹，以汉制待汉人'的政策，一方面是对北方汉民族文明的延续，另一方面却又禁止契丹民族接受先进的汉文化，制约了契丹文明的进程。"[2] 韩国学者金渭显先生在研究辽代教育与科举制度之后也这样认为："二元制度形成后，在契丹内的汉人社会中，设置了沿袭唐制的南面官制。所以就设置学校，开始施行科举。"[3] 综上所述，辽代礼部之制度承继唐代礼部之制度应是毫无疑问的。当然，任何一种制度的继承，都不可能是简单的"复制""照搬照抄"，而是在继承中发展、继承中改造，但其核心内容、合理内核是不会改变的，辽承唐制理应如此，因此，笔者在用唐朝礼部制度来窥视辽代礼部制度时主要是从其内核着眼的。

此外，"金承辽后，凡事欲轶辽世"[4]，"天辅七年以左企弓行枢密院于广宁，尚踵辽南院之旧。天会四年，建尚书省，遂有三省之制。至熙宗颁新官制及换官格，除拜内外官，始定勋封食邑入衔，而后其制定。然大率皆循辽、宋之旧"[5]。可见，金朝官制是在继承辽、宋官制的基础上增损改易而成。由此观之，从金朝礼部制度来窥视辽代礼部制度之内核也是可行的。

---

① 王德忠：《论辽朝"因俗而治"统治政策形成的历史条件》，《求是学刊》1999 年第 5 期。
② 李文泽：《辽代的官方教育与科举制度研究》，《四川大学学报》1999 年第 4 期。
③ ［韩］金渭显：《契丹教育和科举制度考》，《明知大论文集》第 17 辑，1986 年。
④ 《金史》卷五十一《选举志一》，中华书局 1975 年标点本，第 1130 页。
⑤ 《金史》卷五十五《百官志一》，中华书局 1975 年标点本，第 1216 页。

关于唐朝礼部的职能,《新唐书·百官志一》载:唐朝礼部"掌礼仪、祭享、贡举之政。其属有四:一曰礼部,二曰祠部,三曰膳部,四曰主客。礼部郎中、员外郎,掌礼乐、学校、衣冠、符印、表疏、图书、册命、祥瑞、铺设,及百官、宫人丧葬赠赙之数,为尚书、侍郎之贰"[①]。可见,唐朝的教育行政管理由礼部的礼部郎中、员外郎职掌。关于金朝礼部的职能,《金史·百官志一》载:金朝礼部"掌凡礼乐、祭祀、燕享、学校、贡举、仪式、制度、符印、表疏、图书、册命、祥瑞、天文、漏刻、国忌、庙讳、医卜、释道、四方使客、诸国进贡、犒劳张设之事"[②]。可见,金朝教育行政管理由礼部职掌。从唐、金的礼部职掌看,履行教育行政管理仅仅是他们的基本职能之一。礼部在教育行政管理方面,主要职掌全国贡举的施行和学校管理的基本方针和基本政策,从全局的角度对学校加以控制,以确保各级各类学校的办学方向和办学宗旨。唐朝礼部的行政长官为礼部尚书、礼部郎中、礼部员外郎。金朝礼部的行政长官为礼部尚书、礼部侍郎、礼部郎中和礼部员外郎。辽承唐制,下启金元,辽代礼部的职能也应与唐朝礼部的职能和金朝礼部的职能相仿,履行教育行政管理应是辽代礼部的基本职能之一,主要负责全国贡举的施行和学校管理的基本方针和基本政策,确保辽代在全国上下推行"尊孔崇儒"文教政策。辽代礼部的行政长官应是礼部尚书、礼部侍郎、礼部郎中、礼部员外郎。[③]与唐、金所设置职官基本一致。

二、辽代的国子监

作为礼部统属的国子监是辽代最高教育行政管理机构,专门负责

---

① 《新唐书》卷四十六《百官志一》,中华书局 1975 年标点本,第 1194 页。
② 《金史》卷五十五《百官志一》,中华书局 1975 年标点本,第 1234 页。
③ 《辽史》卷四十七《百官志三》,中华书局 2016 年点校本,第 872 页。

教育行政管理，也就是说，国子监是直接管理辽代官学的机构。关于辽代国子监的职能，《辽史》也未明载，同辽代礼部职能的推论原理一样，辽代国子监的职能与唐、金国子监的职能大体相仿佛。《旧唐书·职官志三》载：国子监置"祭酒一员，司业二员。祭酒、司业之职，掌邦国儒学训导之政令，有六学。凡春秋二分之月，上丁释奠于孔宣父，祭以太牢，乐用登歌轩悬。祭酒为初献，司业为亚献。凡教授之经，以《周易》《尚书》《周礼》《仪礼》《礼记》《毛诗》《春秋左氏传》《公羊传》《谷梁传》各为一经，《孝经》《论语》兼习之。每岁终，考其学官训导功业之多少，为之殿最。丞一人，主簿一人，录事一人，府七人，史十三人，亭长六人，掌固八人。丞掌判监事。凡六学生每岁有业成上于监者，以其业与祭酒、司业试所习业，上尚书礼部"①。《新唐书·百官志三》载：国子监置"祭酒一人，从三品；司业二人，从四品下。掌儒学训导之政，总国子、太学、广文、四门、律、书、算凡七学。天子视学，皇太子齿胄，则讲义。释奠，执经论议，奏京文武七品以上观礼。凡授经，以《周易》《尚书》《周礼》《仪礼》《礼记》《毛诗》《春秋左氏传》《公羊传》《谷梁传》各为一经，兼习《孝经》《论语》《老子》，岁终，考学官训导多少为殿最。丞一人，从六品下，掌判监事。每岁，七学生业成，与司业、祭酒莅试，登第者上于礼部。主簿一人，从七品下。掌印，句督监事。七学生不率教者，举而免之"②。《金史·百官志二》载："国子监。国子学、太学隶焉。祭酒，正四品。司业，正五品，掌学校。丞二员，从六品，明昌二年增一员。兼提控女直学。"③根据上述唐朝国子监和金朝国子监所设官职及其职能可推知，辽代国子监的官职及其职能是：第一，辽上京国子监所设官职应有祭酒、司业、丞、主簿、录事、府、史、亭

①　《旧唐书》卷四十四《职官志三》，中华书局 1975 年标点本，第 1891 页。
②　《新唐书》卷四十八《百官志三》，中华书局 1975 年标点本，第 1265 页。
③　《金史》卷五十六《百官志二》，中华书局 1975 年标点本，第 1271 页。

长、掌固等，而《辽史·百官志三》"国子监"条下仅记载有"祭酒、司业、监丞、主簿"[1]等官职，与《新唐书》记载相一致，说明《辽史》也许与《新唐书》一样，把《旧唐书》所记载的国子监中较低级的官职省略了。第二，国子监是辽代官学教育的行政管理机构，职掌辽代官学教育之政令。祭酒主掌全面事务。司业职掌学校，按儒学训导之政令，总理官学诸科。监丞掌判监事。每岁，凡诸学生业成者，与司业、祭酒莅式，登第者上报于尚书礼部。主簿掌官印，并都督监事。诸学生不率教者，举而免之。

在辽代，由于五京的设置和都城由上京迁移至中京等因素影响，辽代国子监先后记录有上京国子监、中京国子监和西京国子监。从已掌握的史料观之，上京、中京国子监确实设置过，而西京国子监确属子乌虚有，辽代根本就未设置过。

上京国子监设置的较早，辽建国伊始，便在上京临潢府设置国子监，用以管理辽代教育。《辽史·百官志四》"五京学职名总目"条载："上京别有国子监，见朝官。"[2]关于上京国子监设置的情况，《辽史·地理志一》是这样记载的："西南国子监，监北孔子庙，庙东节义寺。"[3]据此可知，上京国子监位于上京临潢府城之西南，与孔庙南北相对。上京国子监设置时间在辽初，《辽史·百官志三》载："上京国子监，太祖置。"[4]这说明上京国子监设置的年代为太祖朝。若从辽初的"尊孔崇儒"大讨论，以及太祖神册三年（918）五月乙亥条所载"诏建孔子庙、佛寺、道观"[5]和太祖神册四年（919）八月乙丑条所载"谒孔子庙，命皇后、皇太子分谒寺观"[6]来推断，上京国子监的

---

① 《辽史》卷四十七《百官志三》，中华书局 2016 年点校本，第 788 页。
② 《辽史》卷四十八《百官志四》，中华书局 2016 年点校本，第 901 页。
③ 《辽史》卷三十七《地理志一》，中华书局 2016 年点校本，第 499 页。
④ 《辽史》卷四十七《百官志三》，中华书局 2016 年点校本，第 880 页。
⑤ 《辽史》卷一《太祖本纪上》，中华书局 2016 年点校本，第 13 页。
⑥ 《辽史》卷二《太祖本纪下》，中华书局 2016 年点校本，第 17 页。

设置年代最迟应该与孔庙的设置年代相同，即与皇城（上京临潢府）的建筑年代相同。若这一推测能够成立，可将上京国子监的设置年代推定为太祖神册三年（918），也就是说，辽太祖在建筑皇都、设置辽代中央诸司机构时，上京国子监这个官学教育管理机构就已经在辽太祖的考虑范畴之内。上京国子监之官职，从前引的"上京别有国子监，见朝官"的记载可知，属中央朝官系统。辽太祖将上京国子监之官职纳入朝官系统，一方面说明辽统治者对上京国子监的重视，用意是加强官学教育的管理和实施力度；另一方面显然与辽初确立的"尊孔崇儒"文教政策密切相关。

中京国子监的设置相对较晚，为辽道宗清宁年间。《辽史·道宗本纪一》载：清宁六年（1060）六月丙寅，"中京置国子监，命以时祭先圣先师"①。又《续文献通考·学校考一》载："道宗清宁六年六月，中京置国子监。"② 据此可知，中京国子监确实存在，而且是在辽道宗清宁六年六月设置的。中京国子监的设置，比上京国子监晚了约一个半世纪，比中京建都亦晚了约半个世纪。

在这里，尚有一个疑问，就是上京国子监与中京国子监之间的关系问题：两者是并存的，还是后者取代前者？由于辽代史料未作任何记载，尚不得而知。不过，根据国子监的职能分析，应该是中京国子监取代上京国子监，成为辽代最高的官学教育行政管理机构。其理由就是，辽代不太可能同时存在两个或两个以上的最高官学教育行政管理机构，辽代政治中心的转移是导致中京国子监取代上京国子监的主要因素。

辽政权建立初期的政治中心设置于上京临潢府，最初称"皇都"。《辽史·地理志一》载："太祖取天梯、蒙国、别鲁等三山之势，于苇

---

① 《辽史》卷二十一《道宗本纪一》，中华书局 2016 年点校本，第 292 页。
② （清）乾隆官修：《续文献通考》卷四十七《学校考一》，浙江古籍出版社 2000 年版，第 3211 页。

甸射金龊箭以识之，谓之龙眉宫。神册三年城之，名曰皇都。天显十三年，更名上京，府曰临潢。"①又《辽史·太宗本纪下》载：太宗会同元年（938）十一月，"是月，晋复遣赵莹奉表来贺，以幽、蓟、瀛、莫、涿、檀、顺、妫、儒、新、武、云、应、朔、寰、蔚十六州并图籍来献。于是诏以皇都为上京，府曰临潢。升幽州为南京，南京为东京"②。《读史方舆纪要》亦曰："朱梁贞明四年，阿保机始城临潢，谓之皇都。石晋天福初，德光称为上京府，曰临潢。"③综合上述记载可知，辽代上京于辽太祖神册三年（918）诏建，定名为"皇都"。太宗会同元年（938）诏改上京，府曰临潢府。④辽宋"澶渊之盟"以后，随着辽代政治、经济、文化中心的南移，辽朝的政治中心由上京临潢府转移到中京大定府已成为历史发展的必然，⑤于是，圣宗决定选择奚王牙帐地营建中京，将政治中心由上京临潢府迁至中京大定府。《辽史·地理志三》载："圣宗常过七金山土河之滨，南望云气，有郛郭楼阙之状，因议建都。择良工于燕、蓟，董役二岁，郛郭、宫掖、楼阁、府库、市肆、廊庑，拟神都之制。统和二十四年，五帐院进故奚王牙帐地。二十五年，城之，实以汉户，号曰中京，府曰大定。"⑥又《辽史·兵卫志下》载："圣宗统和二十三年，城七金山，建大定府，

① 《辽史》卷三十七《地理志一》，中华书局 2016 年点校本，第 496—497 页。
② 《辽史》卷四《太宗本纪下》，中华书局 2016 年点校本，第 49 页。
③ （清）顾祖禹：《读史方舆纪要》卷八《历代州域形势八·宋下》，上海书店出版社 1998 年影印本，第 73 页。
④ 肖爱民先生认为："五京、捺钵不是辽朝的政治中心，斡鲁朵、行宫、行宫部落作为辽朝政治中心也不准确"，"以辽朝人所用的'行朝'一词，表达的就是迁徙移动的朝廷之意，即迁徙移动的中央政府，是对全国行使行政权力的政治中心"，"把'行朝'作为辽朝的政治中心，既能与契丹人的汉化相表里，还能体现出辽朝的行国和城国兼有，且以行国为最突出的特征。"参见肖爱民：《辽朝政治中心研究》，人民出版社 2014 年版，第 149—151 页。
⑤ 曹显征：《辽中期徙都中京原因管窥》，《昭乌达蒙族师专学报》1989 年第 2 期。
⑥ 《辽史》卷三十九《地理志三》，中华书局 2016 年点校本，第 545—546 页。

号中京。统县九，辖军、府、州、城二十三。"① 又《辽史·圣宗本纪五》载：统和二十五年（1007）正月，诏"建中京"。又《辽史·圣宗本纪五》载：圣宗统和二十六年（1008）五月己巳，"遣使贺中京成"。② 综合上述史料记载可知，辽代中京于圣宗统和二十三年（1005）拟建，统和二十五年（1007）正月正式诏建，统和二十六年（1008）五月己巳（1008 年 6 月 10 日）前已建设完成，若结合《读史方舆纪要》之记载分析，辽中京大定府的修筑似乎于统和二十五年十二月癸丑（1008 年 1 月 31 日）前既已大功告成。

关于迁都及迁都时间问题，《辽史》虽未明言，但从《读史方舆纪要》记载所透露出的史学信息分析，中京大定府始建成后，辽代的政治中心便由上京临潢府迁移到中京大定府。《读史方舆纪要·历代州域形势八》载：宋景德四年（1007），"隆绪城辽西为中京，府曰大定，自上京徙都焉"③。很显然，《读史方舆纪要》已指明辽迁都时间于圣宗城建中京告成后不久。另，依《辽史》所载似乎也可求证辽代的政治中心于中京建成后不久即由上京临潢府迁至中京大定府，《辽史·营卫志中》载："皇帝四时巡守，契丹大小内外臣僚并应役次人，及汉人宣徽院所管百司皆从。汉人枢密院、中书省唯摘宰相一员，枢密院都副承旨二员，令史十人，中书令史一人，御史台、大理寺选摘一人扈从。每岁正月上旬，车驾启行。宰相以下，还于中京居守，行遣汉人一切公事。除拜官僚，止行堂帖权差，俟会议行在所取旨，出给诰敕。文官县令、录事以下更不奏闻，听中书铨选；武官须奏闻。"④ 又《辽史·刘六符传》载："道宗即位，将行大册礼，北院枢

---

① 《辽史》卷三十六《兵卫志下》，中华书局 2016 年点校本，第 484 页。
② 《辽史》卷十四《圣宗本纪五》，中华书局 2016 年点校本，第 178 页。
③ （清）顾祖禹：《读史方舆纪要》卷八《历代州域形势八·宋下》，上海书店出版社 1998 年影印本，第 73 页。
④ 《辽史》卷三十二《营卫志中》，中华书局 2016 年点校本，第 426 页。

密使萧革曰：'行大礼备仪物，必择广地，莫若黄川。'六符曰：'不然。礼仪国之大体，帝王之乐不奏于野。今中京四方之极，朝觐各得其所，宜中京行之。'上从其议。"① 很显然，中京城建设完成后，辽统治者便将政治中心由上京临潢府迁徙至中京大定府。按辽中央官衙的行政部署规则，汉人枢密院、中书省的长官都要居守中京大定府，各种大型政治活动也都要在中京大定府举行。由于辽代政治中心迁移至中京大定府，辽中央诸司机构也随之迁移至中京大定府就是理所当然的。然而，从《辽史》所载国子监的纪事看，直到辽道宗清宁六年（1060）六月才于中京大定府设置国子监，比中京大定府建元时间整整晚了半个世纪。难道作为辽最高官学教育行政管理机构的国子监没有和其他中央诸司机构一起迁移至中京大定府？还是当时辽代的政治中心在中京大定府建成后没有立即迁移？这显然是个较大的疑问。从目前的研究成果看，陈述《契丹社会经济史稿》②、杨树森《辽史简编》③、舒焚《辽史稿》④、杨若薇《契丹王朝政治军事制度研究》⑤、漆侠、乔幼梅《辽夏金经济史》⑥、项春松《辽代历史与考古》⑦、白寿彝总主编《中国通史》（第七卷）⑧、黄凤岐《契丹史研究》⑨ 等著作，皆或多或少地对中京的建置过程或城市型制或沿革等进行过阐述，但大多都不涉及迁都及迁都时间问题，唯项春松先生在此问题上作了明确阐述："圣宗统和二十年（1004）（笔者按：此处的"统和二十年"，显

---

① 《辽史》卷八十六《刘六符传》，中华书局 2016 年点校本，第 1458 页。
② 陈述：《契丹社会经济史稿》，生活·读书·新知三联书店 1963 年版，第 89—92 页。
③ 杨树森：《辽史简编》，辽宁人民出版社 1984 年版，第 188—190 页。
④ 舒焚：《辽史稿》，湖北人民出版社 1984 年版，第 344—336 页。
⑤ 杨若薇：《契丹王朝政治军事制度研究》，中国社会科学出版社 1991 年版，第 178—182 页。
⑥ 漆侠、乔幼梅：《辽夏金经济史》，河北大学出版社 1994 年版，第 90—94 页。
⑦ 项春松：《辽代历史与考古》，内蒙古人民出版社 1996 年版，第 55—70 页。
⑧ 白寿彝总主编：《中国通史》（第七卷），上海人民出版社 1999 年版，第 706—707 页。
⑨ 黄凤岐：《契丹史研究》，内蒙古科学技术出版社 1999 年版，第 76—78 页。

然为"统和二十二年"之误）五帐院进故奚王府牙帐地，始议建中京于七金山下。既城，则迁都于中京。"①项先生的结论也是源于顾祖禹《读史方舆纪要》。②通过对上述著作的检索和整理，我们发现迁都时间确实是一个根据目前所掌握的材料难于解决的问题。不过，上京国子监与中京国子监不应同时存在还是符合历史实际的。

在辽代史料中，辽于西京大同府似乎也曾设置过国子监。《山西通志》引张起岩《崇文堂记》载："云中在辽金为陪京，学即辽国子监，宏敞静深冠他所。"③清朝乾隆年间之史家厉鹗在辑佚辽代西京道史料时于"西京道"条目下曰："西京大同府。元魏宫垣占城之北面，双阙尚在。清宁八年，建华岩寺，奉安诸帝石像铜像。国子监补。梳裹楼补。"④很显然，厉鹗对《山西通志》引《崇文堂记》的记载没有疑义，大概也赞同西京大同府曾设置过国子监，否则，厉鹗不会把"国子监"作为条目之一列于西京道条目之下。不过，西京国子监的设置，以国子监的职能观之，似乎超出辽代国子监设置的常理，其理由如下：第一，国子监是官学教育的最高行政管理机构，通常设置于辽政治中心所在地。辽之所以在上京临潢府和中京大定府分别设置国子监，其主要原因就是上京临潢府、中京大定府分别是辽代中前期、后期的政治中心所在地，因而上京国子监于辽建国初期便已设置，而中京国子监直到中京大定府成为辽政治中心以后于道宗清宁六年（1060）六月正式设置。故此，上京国子监和中京国子监的设置符合辽代国子监设置的常理。而西京虽然是辽代的五京之一，但它建立

---

① 项春松：《辽代历史与考古》，内蒙古人民出版社1996年版，第57页。
② 申友良先生认为："公元1007年辽代契丹族统治将都城迁至中京城，即今辽中京地区大明城。"（参见申友良：《论辽代中京地区的开发》，《辽宁大学学报》2001年第6期）在这里，申先生虽然指出了迁都时间，但未注明史源，不知依据何典。
③ （清）厉鹗：《辽史拾遗》卷十五《地理志五》，参见王云五主编：《丛书集成初编》，上海商务印书馆1936年版，第301页。
④ （清）厉鹗：《辽史拾遗》卷十五《地理志五》，参见王云五主编：《丛书集成初编》，上海商务印书馆1936年版，第301页。

的最晚，且始终处于陪都的地位，理应不该设置国子监。正因如此，西京设置国子监就很容易令人产生疑云：辽代在西京设置国子监的目的是什么呢？很显然，学界难以回答此疑问。第二，上京国子监和中京国子监的设置于《辽史》都有明确记载，设置时间也较为明确，唯独未载西京国子监。关于《辽史》的修撰，始于辽后期，《辽史·天祚皇帝本纪一》载：天祚帝乾统三年（1103）十一月乙巳，"召监修国史耶律俨纂太祖诸帝《实录》"①，"修《皇朝实录》七十卷"②。金朝时有两次撰修《辽史》：第一次在金熙宗皇统间，熙宗命"特进移剌固修辽史"③，皇统八年（1148）四月甲寅，"《辽史》成"④。第二次在金世宗、章宗间，世宗大定二十九年（1189），党怀英"与凤翔府治中郝俣充《辽史》刊修官"，"怀英致仕后，章宗诏直学士陈大任继成《辽史》云"。⑤元朝修《辽史》多处提及"旧史""旧志"，当"纂修时悉本俨、大任二书也"。⑥以《辽史》的修撰过程观之，对于在西京大同府设置国子监这种重大事件，耶律俨为当朝人修当朝史，他能漏载吗？退一步讲，章宗朝修《辽史》时，"凡民间辽时碑铭墓志及诸家文集，或记忆辽旧事，悉上送官"⑦，此说明党怀英、陈大任等在撰修《辽史》的史料上收集得颇为广泛、细致，按理也不应遗漏西京国子监的史学信息。若耶律俨抑或陈大任《辽史》有西京国子监的记载，难道元朝撰修《辽史》时会将西京国子监剔除吗？答案恐怕是否定的。元末史家撰修《辽史》时未记载西京国子监的唯一理由，即是未获得有关辽代设置西京国子监的资料，抑或认为《崇文堂记》等所载

---

① 《辽史》卷二十七《天祚皇帝本纪一》，中华书局 2016 年点校本，第 358 页。
② 《辽史》卷九十八《耶律俨传》，中华书局 2016 年点校本，第 1558 页。
③ 《金史》卷八十九《移剌子敬传》，中华书局 1975 年标点本，第 1988 页。
④ 《金史》卷四《熙宗本纪》，中华书局 1975 年标点本，第 84 页。
⑤ 《金史》卷一百二十五《党怀英传》，中华书局 1975 年标点本，第 2726—2727 页。
⑥ （清）赵翼：《廿二史札记校证》卷二十七，"辽史"条，中华书局 1984 年标点本，第 584 页。
⑦ 《金史》卷一百二十五《党怀英传》，中华书局 1975 年标点本，第 2727 页。

西京国子监的史学信息不可靠，故不予采信。总之，上述一系列的疑问，似乎只能以辽时西京大同府未设置过国子监这一事实来解释。第三，以史源学的角度观之，厉鹗《辽史拾遗》关于西京设置国子监的史料来源并非十分可靠。由《崇文堂记》所记"云中在辽金为陪京"一语可知，《崇文堂记》应是元朝及元朝以后史家之撰述，最迟不会晚于厉鹗所处的清乾隆年间。检索《元史艺文志辑本》《明史》《清史稿》均未见著录《崇文堂记》，可见此书之影响甚小，流传甚窄。就《山西通志》而言，现有明成化年间胡谧修纂的十七卷本、清康熙年间刘梅修纂的三十二卷本、雍正年间石麟等奉敕修纂的一百三十卷本和光绪年间王轩等修纂的一百八十四卷本。从编纂过程看，康熙本是"因旧本重编，凡五易稿而始成"，雍正本仍"因旧本续加增订"，"凡遗闻故事，比旧加详"。①可见，续纂之《山西通志》皆在祖本的基础上增修而成。检索《四库全书》之石麟本，却不见《崇文堂记》及其所载上述之文。按常理推之，若祖本记载西京国子监之事实，那么石麟本断然不会剔除之，唯一的可能就是石麟本认为西京国子监根本不存在，故而剔除之。因此，清乾隆年间的史家厉鹗所辑之上述史料是源于何本《山西通志》还应深入探究。综上三点推测之，西京国子监似无设置的可能性。

国子监的职官系统属于朝官系统。《辽史·百官志四》载："上京别有国子监，见朝官"，"中京别有国子监，与朝官同"。②可见，辽上京国子监和中京国子监之祭酒、司业、监丞、主簿等职官均列于朝官体系之中，与其他京官系统之官员有本质的区别。

---

① （清）纪昀等：《钦定四库全书总目（整理本）》卷68《地理类一》，中华书局1997年版，第943页。
② 《辽史》卷四十八《百官志四》，中华书局2016年点校本，第901页。

第二节　辽代中央官学

辽统治者为了加强统治，培养忠于辽的治世人才，例循唐五代故事，拟仿中原官学教育之制度，于上京、中京设立国子学，于上京、中京、南京、东京和西京设置五京学，[①]在地方上，设置府州县学等地方官学教育机构。经过有辽一代的努力，从中央到地方基本形成较为完整的官学教育体系。按照辽代官学教育的特点，本节所讨论的辽代中央官学，除隶属国子监之国子学外，还包括设置于上京临潢府的上京学、设置于中京大定府的中京学、设置于东京辽阳府的东京学、设置于南京析津府的南京学和设置于西京大同府的西京学，一般情况下，通称"五京学"。国子学、五京学是有辽一代的最高学府，在辽代的教育活动中发挥着重大作用。

一、辽代的国子学

辽在国子监之下设置有全国最高学府国子学。如前所述，辽朝国子学与唐朝国子学、金朝国子学一样，皆隶属于国子监，这是辽承唐制、下启金元实态的又一案例。《辽史·百官志三》"国子监"条载："国子学。"[②]虽然仅有国子学之名，但已足以证实辽在国子监之下设置有国子学。在国子学机构里，主要设置有"博士""助教"[③]等学官。

辽代国子学的博士、助教职能，以及生徒来源，《辽史·百官志》

---

① 王鸿宾等认为："有辽一代没有中央官学，而只有五京之学。所谓五京学，即指上京国子监、南京太学、中京国子监、东京国子监和西京国子监。辽五京具有中央和地方官学的二重性质。"参见王鸿宾、向南、孙孝恩主编：《东北教育通史》，辽宁教育出版社1992年版，第104页。
② 《辽史》卷四十七《百官志三》，中华书局2016年点校本，第880页。
③ 《辽史》卷四十七《百官志三》，中华书局2016年点校本，第880页。

未作记录，因而也只能从唐朝和金朝的国子学博士、助教的职能及生徒来源窥视之。《旧唐书·职官志三》载："（国子学）博士掌教文武官三品已上、国公子孙，二品已上曾孙为生者。生初入，置束帛一篚，酒一壶，修一案。每岁生有能通两经已上求出仕者，则上于监。堪秀才进士者，亦如之。"①《新唐书·百官志三》载：国子学助教"掌佐博士分经教授"②。又《新唐书·选举志上》载："国子学，生三百人，以文武三品以上子孙若从二品以上曾孙及勋官二品、县公、京官四品带三品勋封之子为之"，"凡博士、助教，分经授诸生，未终经者无易业。凡生，限年十四以上，十九以下"。③就金朝的国子学博士、助教的职能言之，《金史·百官志二》载：国子学博士"分掌教授生员、考艺业"；国子学助教"分掌教诲诸生"。④又《金史·选举志一》载："凡养士之地曰国子监，始置于天德三年，后定制，词赋、经义生百人，小学生百人，以宗室及外戚皇后大功以上亲、诸功臣及三品以上官兄弟子孙年十五以上者入学，不及十五者入小学。"⑤根据唐朝和金朝国子学的记载推知辽代国子学的实态如下：第一，博士主掌分经教授诸生、考艺业；第二，助教辅佐博士分经教诲诸生；第三，生徒来源为辽代地位显赫的家族，即契丹贵族子孙，抑或是在朝任职高官的汉族及其他民族的子孙。唐朝、金朝所规定的生徒年龄限定在辽代肯定是存在的，至于年龄的大小与唐朝、金朝的规定也许会有一些出入。

关于国子生所习之经史，《新唐书·选举志上》载："凡《礼记》《春秋左氏传》为大经，《诗》《周礼》《仪礼》为中经，《易》《尚书》《春秋公羊传》《谷梁传》为小经。通二经者，大经、小经各一，若中

---

① 《旧唐书》卷四十四《职官志三》，中华书局 1975 年标点本，第 1891 页。
② 《新唐书》卷四十八《百官志三》，中华书局 1975 年标点本，第 1266 页。
③ 《新唐书》卷四十四《选举志上》，中华书局 1975 年标点本，第 1159—1160 页。
④ 《金史》卷五十六《百官志二》，中华书局 1975 年标点本，第 1271 页。
⑤ 《金史》卷五十一《选举志一》，中华书局 1975 年标点本，第 1131 页。

经二。通三经者，大经、中经、小经各一。通五经者，大经皆通，余经各一，《孝经》《论语》皆兼通之。凡治《孝经》《论语》共限一岁，《尚书》《公羊传》《谷梁传》各一岁半，《易》《诗》《周礼》《仪礼》各二岁，《礼记》《左氏传》各三岁。学书，日纸一幅，间习时务策，读《国语》《说文》《字林》《三苍》《尔雅》。"①《金史·选举志一》载："凡经，《易》则用王弼、韩康伯注，《书》用孔安国注，《诗》用毛苌注、郑玄笺，《春秋左氏传》用杜预注，《礼记》用孔颖达疏，《周礼》用郑玄注、贾公彦疏，《论语》用何晏集注、邢昺疏，《孟子》用赵岐注、孙奭疏，《孝经》用唐玄宗注，《史记》用裴骃注，《前汉书》用颜师古注，《后汉书》用李贤注，《三国志》用裴松之注，及唐太宗《晋书》、沈约《宋书》、萧子显《齐书》、姚思廉《梁书》《陈书》、魏收《后魏书》、李百药《北齐书》、令狐德棻《周书》、魏征《隋书》、新旧《唐书》、新旧《五代史》，《老子》用唐玄宗注疏，《荀子》用杨倞注，《扬子》用李轨、宋咸、柳宗元、吴秘注，皆自国子监印之，授诸学校。"②辽代国子生所习之经史，是否与唐朝国子学和金朝国子学的生徒所习经史相一致，现也不得而知，但据《辽史》只言片语记载分析，应与唐、金相仿。《辽史·圣宗本纪六》载：圣宗开泰元年（1012）八月丙申朔，"（铁骊）那沙乞赐佛像、儒书，诏赐护国仁王佛像一，《易》《诗》《书》《春秋》《礼记》各一部"③。《辽史·道宗本纪一》载：道宗清宁元年（1055）十二月戊戌，"诏设学养士，颁五经传疏，置博士、助教各一员"④。《辽史·道宗本纪二》载：道宗清宁十

---

① 《新唐书》卷四十四《选举志上》，中华书局1975年标点本，第1160页。
② 《金史》卷五十一《选举志一》，中华书局1975年标点本，第1131—1132页。
③ 《辽史》卷十五《圣宗本纪六》，中华书局2016年点校本，第187页。
④ 《辽史》卷二十一《道宗本纪一》，中华书局2016年点校本，第287页。另外，《辽史》卷四十八《百官志四》"五京学职名总目"条记载："道宗清宁五年，诏设学养士，颁经及传疏，置博士、助教各一员。"（中华书局2016年点校本，第901页）可见，《道宗本纪》与《百官志》在所系时间上存在不同，不知孰是。

年（1064）十一月丁丑，"诏求乾文阁所阙经籍，命儒臣校雠"。① 据此分析，辽代国子生所习之经史，与唐朝国子学和金朝国子学的国子生所习之经史，不会有太大差异。

关于辽代国子学设置时间，据《辽史》对耶律突吕不、武白曾担任过国子学之国子博士的记载可推知，国子学自辽初设置以来，直至辽圣宗统和年间始终存在。《辽史·耶律突吕不传》载："突吕不，字铎衮，幼聪敏嗜学。事太祖见器重。及制契丹大字，突吕不赞成为多。未几，为文班林牙，领国子博士、知制诰。"② 可见，耶律突吕不在辽初曾担任过国子博士之职官。又据《辽史·百官志三》"武白为上京国子博士"③ 的记载可知，武白也曾担任过国子博士之官职。《辽史·武白传》载："武白，不知何郡人。为宋国子博士，差知相州，至通利军，为我军所俘。诏授上京国子博士。改临潢县令，迁广德军节度副使。"④ 又《续资治通鉴长编》宋真宗景德二年（1005）正月癸酉条载："赠国子博士武白为光禄少卿。白受命知相州，道遇寇死焉。"⑤ 可见，武白原为宋朝国子博士，受命差知相州时，为辽代所俘，至辽，诏授上京国子博士。这足以说明上京国子学自辽初设置以来至武白生活的圣宗朝一直存在。

关于中京国子学，在正常情况下，设置中京国子监就应设置相对应的中京国子学，不过，于辽代史料中从未检索到关于中京国子学的经事，因而辽统治者在迁都中京以后，是否设置中京国子学，现已渺不可考，只有待于将来新史料的发现。

---

① 《辽史》卷二十二《道宗本纪二》，中华书局 2016 年点校本，第 300 页。
② 《辽史》卷七十五《耶律突吕不传》，中华书局 2016 年点校本，第 1368 页。
③ 《辽史》卷四十七《百官志三》，中华书局 2016 年点校本，第 880 页。
④ 《辽史》卷八十二《武白传》，中华书局 2016 年点校本，第 1426 页。
⑤ （宋）李焘：《续资治通鉴长编》卷五十九，宋真宗景德二年正月条，中华书局 1992 年标点本，第 1313 页。

二、辽代的五京学

五京学是辽代分别设置于上京临潢府、中京大定府、南京析津府、东京辽阳府和西京大同府的"京学",其地位仅次于国子学,也是辽代最有影响的高等学府,在辽代的教育普及中发挥着重要作用。从史料记载看,五京学并非同时设置,它是随着五京的设置和完善而逐渐形成的。《辽史·地理志一》载:"太宗以皇都为上京,升幽州为南京,改南京为东京,圣宗城中京,兴宗升云州为西京,于是五京备焉。"[1]可见,五京的建置从太宗时开始,至兴宗朝才宣告完备,而隶属于五京的五京学当然也随着五京的城建,以及辽代教育的不断深入发展而最终完备起来。

1. 辽代的上京学

辽太祖耶律阿保机在开始注重以文治国之后,辽代上京地区的文化教育开始有所发展,开创了中原儒家思想文化在中国北疆游牧区广泛传播的先河,其显著的表现就是在上京临潢府设置国子学的同时,还设置上京学。《辽史·百官志四》"五京学"条载:"上京学。"[2]又《辽史·百官志四》载:"辽有五京。上京为皇都,凡朝官、京官皆有之;余四京随宜设官,为制不一。大抵西京多边防官,南京、中京多财赋官。五京并置者,列陈之;特置者,分列于后。"[3]据《辽史》之"百官"纪事原则,可确知"国子学"与"上京学"是同时设置于上京临潢府的具有不同性质的官学,两者有本质上的差异,因为"国子学""上京学"出现在不同的百官条目之下。如前所述,"国子学"为辽代中央直辖的官学,隶属于国子监之下,其官职属于朝官系统,而上京学为上京临潢府所直辖的京府级官学,其官职属于京官系统,如《辽史·百

---

[1] 《辽史》卷三十七《地理志一》,中华书局 2016 年点校本,第 496 页。
[2] 《辽史》卷四十八《百官志四》,中华书局 2016 年点校本,第 901 页。
[3] 《辽史》卷四十八《百官志四》,中华书局 2016 年点校本,第 895 页。

官志四》"五京学职名总目"条在列置上京学、东京学、中京学、南京学、西京学之后曰："已上五京官。"[1]可见，作为国子学、上京学的学官博士、助教，其身份和地位是有差异的。在国子学任职的博士、助教被划入朝官体系，而在上京学任职的博士、助教则被划入京官体系。

关于上京学设置的时间，由于《辽史》仅有"上京学"之名而无文，加之其他史料也未涉及上京学之纪事，因而上京学始建年代不详。不过，参考《辽史·百官志四》载："南京学。亦曰南京太学，太宗置。"[2]再参考《辽史·太宗本纪下》载：天显十三年（938）十一月，"是月，晋复遣赵莹奉表来贺，以幽、蓟、瀛、莫、涿、檀、顺、妫、儒、新、武、云、应、朔、寰、蔚十六州并图籍来献。于是诏以皇都为上京，府曰临潢。升幽州为南京，南京为东京。"[3]上京学设置年代大概与南京学设置年代为同时，大概符合历史实际，但最早绝不会早于南京学的设置。

2. 辽代的中京学

辽代中京大定府地处农业经济与牧业经济的交汇地带，深受毗邻的南京道深厚的儒家思想文化的影响，文化教育相对比较发达，是中原儒家思想文化向北疆游牧地区传播的通道，因而中京地区的文化教育在辽代的教育中具有举足轻重的地位。

辽代在中京大定府除设置国子监外，还设置中京学。《辽史·百官志四》"五京学职名总目"条载："中京学。"[4]可见，中京大定府如上京临潢府，也设置有京学。另，《续文献通考·学校考》"郡国乡党之学"条载："时五京、黄龙、兴中二府，及诸州县皆有学，其设官

---

[1]《辽史》卷四十八《百官志四》，中华书局2016年点校本，第901页。
[2]《辽史》卷四十八《百官志四》，中华书局2016年点校本，第901页。
[3]《辽史》卷四《太宗本纪下》，中华书局2016年点校本，第49页。
[4]《辽史》卷四十八《百官志四》，中华书局2016年点校本，第901页。

并同咸雍时。"① 可见，清代史家也赞同中京大定府设置有中京学之说法。由于《辽史·百官志》仅载"中京学"之名而无文，因而中京学始设年代难于查考。不过，从中京国子监的设置年代来分析，中京学的设置应在辽道宗清宁之前。若参考辽圣宗对官学与科举的重视程度，也许统和年间城建中京大定府时就已设置中京学。

3. 辽代的南京学

辽代南京文化教育积淀深厚，该区域的儒家思想文化教育与其他四京相比，相对比较发达，南京成为带动整个辽代儒家思想文化教育向纵深发展的核心区域。

辽取得燕云后，很快在南京析津府设置南京学，也称南京太学。《辽史·百官志四》载："南京学。亦曰南京太学，太宗置。"② 辽于南京析津府设置南京太学具有相当重要的意义，这是南京地区第一次正式设置京府级的最高学府，对南京地区儒家思想文化教育事业的发展无疑将起到积极的推动作用，为辽代培养大批治世人才奠定良好基础。同时，南京太学的设置，也奠定了南京地区作为辽代学术、文化中心的地位，为辽代普及全国的儒家思想文化教育起到积极的示范作用。辽代文化教育发展演变的历史无可辩驳地证明，正是在南京太学的影响下，中原儒家思想文化才得以在辽代统治域内广泛传播，进而促进汉契民族在政治、经济、文化教育、思想意识等各个领域出现大交流、大融合的良好局面。

在辽代教育中，由于南京太学的地位与作用凸显，从而吸引大批生徒前去就学读书，以至于辽圣宗时期，原有的教育条件已经无法满足南京太学发展的实际需要，管理南京太学的职官不得不上奏朝廷，请求扩建南京太学，以满足学额日益增长的需要。辽圣宗是在儒学文

① （清）乾隆官修：《续文献通考》卷五十《学校考》，浙江古籍出版社2000年版，第3241页。
② 《辽史》卷四十八《百官志四》，中华书局2016年点校本，第901页。

化熏陶下成长起来的帝王，以推行"尊孔崇儒"文教政策为己任，对南京太学能够有如此的发展规模感到相当欣慰，特下诏赐地扩建南京太学。《辽史·圣宗本纪四》载：辽圣宗统和十三年（995）九月戊午，"以南京太学生员浸多，特赐水硙庄一区"。[①]

4. 辽代的东京学

东京地区地处辽之东北边陲，虽然经过燕、秦、汉、魏、隋、唐诸朝的开发，尤其是渤海政权的开发建设，已初具较高的儒家思想文化教育基础，但区域不平衡性颇为显著，西部以农业经济为主的地区相对较先进，而其他以渔猎经济为主的地区，儒家思想文化教育还颇为落后，因而，辽代东京学的设置对东京地区教育的发展起到积极的推动作用。《辽史·百官志四》"五京学"条载："东京学。"[②] 由于仅记载有"东京学"之名而无文，因而东京学始建年代尚不可知。不过，据《辽史·百官志四》记载南京学的情况大体可以作出这样的逻辑推断：辽太宗既然同时诏置上京、南京、东京，再加之他对儒家思想文化的崇尚和认同，以及"尊孔崇儒"文教政策在全国之施行，那么他在南京析津府设置南京（太）学的同时，也应该在上京临潢府、东京辽阳府设置上京学和东京学。若这一推论能够成立，东京学设置年代就应该在太宗朝，与南京学的设置为同时。

5. 辽代的西京学

辽代西京地处农业经济与牧业经济的交汇地带，深受中原地区儒家思想文化的影响，儒家思想文化教育比较发达，是中原儒家思想文化向北疆游牧地区传播的通道，因而西京地区的儒家思想文化教育在辽代的儒家思想文化教育中具有举足轻重的地位。

西京大同府设有西京学，这从《辽史·百官志四》"五京学职名

---

① 《辽史》卷十三《圣宗本纪四》，中华书局 2016 年点校本，第 159 页。
② 《辽史》卷四十八《百官志四》，中华书局 2016 年点校本，第 901 页。

总目"下载"西京学"之目就可确知。又《续文献通考·学校考》"郡国乡党之学"条载："时五京、黄龙、兴中二府，及诸州县皆有学，其设官并同咸雍时。"[①] 可见，清乾隆年间官修的《续文献通考》也认为辽代在西京设有西京学。由于《辽史·百官志》仅载"西京学"之目而无文，因而西京学始设年代难以查考，但从西京大同府始设年代来分析，西京学的始设时间应在兴宗重熙十三年（1045）以后。《续文献通考》卷五十前引之文当是对道宗清宁元年（1055）十二月戊戌"诏设学养士，颁五经传疏，置博士、助教各一员"[②] 之记载的注释，以此分析可知，西京学的始设年代应在道宗咸雍（1065—1074）之前。又《辽史拾遗·补选举志》"学校"条引《宣府镇志》载："契丹初兴，惟尚武艺，燕、赵间学校，俱仍唐旧，间罹兵燹，十存二三。取用文士，多由是奋。兴宗重熙五年，始御元和殿，以《日射三十六熊赋》《幸燕诗》试进士于廷，著为令式。至道宗，乃诏设学养士，于是有西京学，有奉圣、归化、云、德、宏、蔚、妫、儒等州学，各建孔子庙，颁赐《五经》诸家传疏，令博士、助教教之，县属附焉"，[③] 可见，《宣府镇志》把西京学的始设年代定于"诏设学养士"之后。综上分析，将西京学始设时间定于道宗"诏设学养士"后与道宗咸雍之前的某一年是没有问题的。关于西京学的学官和教材，从前引的"（道宗）诏设学养士，颁《五经》传疏，置博士、助教各一员"的记载来看，西京学设有博士、助教等学官，用以管理和教授在西京学就学的生徒。西京学所使用的教材应是"《五经》传疏"，即儒家经典中的《易》《诗》《书》《春秋》《礼记》五经及其传疏。从《辽

① （清）乾隆官修：《续文献通考》卷五十《学校考》，浙江古籍出版社 2000 年版，第 3241 页。
② 《辽史》卷二十一《道宗本纪一》，中华书局 2016 年点校本，第 287 页。
③ （清）厉鹗：《辽史拾遗》卷十六《补选举志》，参见王云五主编：《丛书集成初编》，上海商务印书馆 1936 年版，第 333 页。

史·百官志四》"五京学职名总目"条载有"以上五京官"来看，西京学设置的博士、助教应属于辽代京官体系。

辽代五京学的生徒来源。从五京学在辽代的地位，以及南京学也称南京太学的情况来看，五京学的生徒来源主要应该是在五京任职的京官系统的高级官员子弟。从辽承唐制、下启金元来看，辽代五京学似乎与唐朝太学和金朝太学相当，可以从唐朝太学和金朝太学设置的情形来窥视之。《旧唐书·职官志三》载："太学博士掌教文武五品已上及郡县公子孙，从三品曾孙之为生者。教法并如国子。"[1] 又《新唐书·百官志三》载：太学"掌教五品以上及郡县公子孙、从三品曾孙为生者，五分其经以为业，每经百人"[2]。《金史·选举志一》载："大定六年始置太学，初养士百六十人，后定五品以上官兄弟子孙百五十人，曾得府荐及终场人二百五十人，凡四百人。"[3] 根据唐金史料记载可推知，辽代五京学所招收的生徒应该来源于仅次于入国子学之地位的贵族子孙，即任职于京官系统的契丹高级官员子孙，或是在京任职高级官员的汉族及其他民族官员的子孙。此外，根据辽代国子学的情形，五京学对入学的生徒员额，以及在习读经史、年龄限定上也都应有相应的规定，今已难于考知。

第三节　辽代地方府州县学

辽除于上京、中京设置国子学、于五京设置五京学之外，于地方诸府、州、县还设置有府学、州学、县学等地方官学。从《辽史·百

---

① 《旧唐书》卷四十四《职官志三》，中华书局 1975 年标点本，第 1891—1892 页。
② 《新唐书》卷四十八《百官志三》，中华书局 1975 年标点本，第 1266 页。
③ 《金史》卷五十一《选举志一》，中华书局 1975 年标点本，第 1131 页。

官志四》之"观察使职名总目""团练使司职名总目""防御使司职名总目""州刺史职名总目"条列置有"州学"可知，辽于地方上的观察使州、团练使州、防御使州、刺史州等皆设置有州学。另外，清代学者厉鹗辑佚《辽史拾遗》时曾有如下案语："鹗案：此但据西京诸州言之，五京诸州俱有学也。"① 又《续文献通考·学校考》"郡国乡党之学"条载："时五京、黄龙、兴中二府，及诸州县皆有学，其设官并同咸雍时。"② 这说明清代学者也赞同辽代地方诸府州县"俱有学"的观点。然而，清代学者所云"五京诸州俱有学""诸州县皆有学"，未免过于乐观。从辽代地方官学的实际情况看，一般在比较发达地区的府、州、县设置有府学、州学和县学，而在边远地区或儒家思想文化较为薄弱地区并未设置府学、州学和县学。

一、辽代的上京州县学

上京州县学是指上京道（府）下辖之诸州、县所设之地方官学。如前所述，上京的建置相对较早，始建于辽太祖神册三年（918），定名皇都。太宗会同元年（938）诏改上京，府曰临潢。上京道辖区面积相对较大，大体包括今贝加尔湖以南，阿尔泰山以东，中蒙边界及内蒙古二连浩特、通辽以北，内蒙古额尔纳旗、黑龙江齐齐哈尔、吉林白城以西地区。③

据《辽史·百官志四》所载之统计，上京道（地区）设置州学的观察使州共有2州，即永州、静州，设置州学的刺史州共有5州，即乌州、降圣州、维州、防州和招州等。在上述设学诸州中，《辽史》只存

---

① （清）厉鹗：《辽史拾遗》卷十六《补选举志》，参见王云五主编：《丛书集成初编》，上海商务印书馆1936年版，第333页。
② （清）乾隆官修：《续文献通考》卷五十《学校考》，浙江古籍出版社2000年版，第3241页。
③ 《中国历代政区沿革》，河北教育出版社1996年版，第237页。

州学名目，而无州学纪事，因此，州学设置的具体情况，尚无从查考。

表 3—1　上京道州县学古今地名对照表

府、州	府州下辖的州	府州军的性质	府州下辖县城	府州治所	今之地望	设置时间	州学设置及其类别
临潢府			临潢县	临潢县	内蒙古巴林左旗东南波罗城	太祖天赞初置县，天显十三年置临潢府	上京学
			长泰县		内蒙古巴林左旗东南波罗城	太祖伐渤海置县	
			定霸县		内蒙古巴林左旗东南波罗城	统和八年置县，开泰二年复置	
			保和县		内蒙古巴林左旗东南波罗城	统和八年置县	
			潞　县		内蒙古巴林左旗东南波罗城	太祖天赞元年置县	
			易俗县		内蒙古巴林左旗东南波罗城	太平九年置县	
			迁辽县		内蒙古巴林左旗东南波罗城	太平九年置县	
			渤海县		内蒙古巴林左旗东南波罗城附近	太平九年置县	
			兴仁县		内蒙古巴林左旗东南波罗城	开泰二年置县	
			宣化县		内蒙古巴林左旗东南波罗城	太祖时置县	

续表

府、州	府州下辖的州	府州军的性质	府州下辖县城	府州治所	今之地望	设置时间	州学设置及其类别
祖州		天成军上节度	长霸县	长霸县	内蒙古巴林左旗西南石房子村	天显二年置县	
			咸宁县		内蒙古巴林左旗石房子村	破辽阳后置县	
			越王城		内蒙古巴林左旗石房子村东南	太祖伯父于越王述鲁伐党项、吐浑置	
怀州		奉陵军上节度	扶余县	扶余县	内蒙古巴林左旗西岗岗庙古城	世宗大同元年置州；世宗置县	
			显理县		内蒙古巴林左旗境	世宗置县	
庆州		玄宁军上节度	玄德县	玄德县	内蒙古巴林右旗西北查干木伦河西岸白塔子	兴宗置州；圣宗统和八年州废，后复置州	
			孝安县		内蒙古林西县北四方城		
			富义县		内蒙古翁牛特旗东境，一说在内蒙古林西县境	太宗置义州，兴宗降为义丰县，后更名今县	
泰州		德昌军节度	乐康县	乐康县	吉林洮南市东北城四家子		
			兴国县		黑龙江泰来县西北塔子城	兴宗置县	
长春州		韶阳军下节度	长春县	长春县	吉林大安市东南他虎城	兴宗重熙八年置	

府、州	府州下辖的州	府州军的性质	府州下辖县城	府州治所	今之地望	设置时间	州学设置及其类别
乌州		静安军刺史	爱民县	爱民县	吉林双辽市西	辽北大王拨剌置城，后官收之	刺史州州学
永州		永昌军观察	长宁县	长宁县	内蒙古翁牛特旗东境老哈河与西喇木伦河汇合处之西	太祖置县；景宗乾亨三年置州	观察使州州学
			义丰县		河北承德市滦县	重熙元年废义州改置今县	
			慈仁县		确址无考，当在内蒙古翁牛特旗东境	重熙元年州废改今县	
仪坤州		启圣军节度	广义县	广义县	内蒙古翁牛特旗西北	太祖时建州	
龙化州		兴国军下节度	龙化县	龙化县	内蒙古奈曼旗西北八仙筒附近	太祖时置县	
	未详州	刺史州					
降圣州		开国军下刺史	永安县	永安县	内蒙古敖汉旗东北	太祖置县；穆宗置州	刺史州州学
饶州		匡义军中节度	长乐县	长乐县	内蒙古巴林右旗西南巴林桥西北	太祖建县	
			临河县		内蒙古巴林右旗西南西拉木伦河北岸	太宗建县	
			安民县		内蒙古林西县东南	太宗建县	

续表

府、州	府州下辖的州	府州军的性质	府州下辖县城	府州治所	今之地望	设置时间	州学设置及其类别
徽州[※]		宣德军节度			辽宁阜新市西北	景宗女建州城	
成州[※]		长庆军节度			辽宁阜新市西北	圣宗女建州城	
懿州[※]		广顺军节度			辽宁阜新市东北塔营子村北	圣宗女建州城	
渭州[※]		高犴军节度			辽宁彰武县东北太平庄	耶律隆庆女置州	
壕州[※]					辽宁彰武县东南	国舅宰相南征，俘汉民置	
原州[※]					辽宁康平县西北	国舅金德俘汉民建城	
福州[※]					内蒙古科尔沁左翼后旗东北	国舅萧宁南征俘汉民建	
横州[※]					辽宁彰武县西南白城子	国舅萧克忠建	
凤州[※]					吉林公主岭市西北城子村	南王府五帐分地	
遂州[※]					辽宁彰武县西北	南王府五帐分地	
丰州[※]					内蒙古翁牛特旗西	遥辇氏僧隐牧地	
顺州[※]					辽宁阜新蒙古族自治县东南英城子	横帐南王府掠燕、蓟、顺州之民建城	

续表

府、州	府州下辖的州	府州军的性质	府州下辖县城	府州治所	今之地望	设置时间	州学设置及其类别
闾州[※]					辽宁阜新市东十家子车站附近	罗古王牧地	
松山州[※]					内蒙古巴林左旗南境	横帐普古王牧地	
豫州[※]					内蒙古扎鲁特旗西北	横帐陈王牧地	
宁州[※]					内蒙古扎鲁特旗西北民主村古城	横帐管宁王牧地	
静州[#]		观察			内蒙古科尔沁右翼前旗东北前公主陵城	天庆六年置	观察使州州学
镇州[#]		建安军节度			蒙古国布尔根省哈达桑东，青托罗盖古城	统和二十二年皇太妃奏置	
维州[#]		刺史			蒙古国布尔根省哈达桑古城		刺史州州学
防州[#]		刺史			蒙古国土拉河中游西岸		刺史州州学
河董城[#]					本回鹘可敦城，蒙古国东方省乔巴山市西克鲁伦河北岸		
静边城					内蒙古满洲里市附近		
皮被河城[#]					蒙古国肯特省翁都尔汗宗贺列姆古城		

续表

府、州	府州下辖的州	府州军的性质	府州下辖县城	府州治所	今之地望	设置时间	州学设置及其类别
招州#		绥远军刺史			蒙古国北杭爱省乌格依湖北	开泰三年以女直户置	刺史州州学
塔懒主城#					蒙古国肯特省翁都尔汗	大康九年置	

说明：表中标"※"者为"头下军州"；标"#"者为"边防城"。
古今地名资料来源：1. 复旦大学历史地理研究所、《中国历史地名辞典》编委会编撰：《中国历史地名辞典》，江西教育出版社 1986 年版；2. 张修桂、赖青寿编著：《〈辽史·地理志〉汇释》，安徽教育出版社 2001 年版。

　　据《辽史·地理志一》载，辽代于上京道设置的行政区划除上京临潢府外，府州级的行政区划单位主要分为三种类型：

表 3—2　上京道州级行政区划分类图表

　　第一种类型为普通的州。这种类型的州又分为三种类型，即节度使州、观察使州和刺史州。其中，节度使州凡 8 州，即祖州、怀州、庆州、泰州、长春州、仪坤州、龙化州、饶州；观察使州凡 1 州，即永州；刺史州凡 3 州，即乌州、降圣州和龙化州下辖的未详州。在上述诸州中，节度使州无一州设置州学，州学设置数为零；观察使州仅1州，并设置有州学，设置州学数占比100%；刺史州有两州设置州学，州学数占比66.67%，若将"未详州"忽略不计，上京道刺史州设置州学之占比则为100%。

第二种类型为头下州。《辽史·地理志一》载："头下军州，皆诸王、外戚、大臣及诸部从征俘掠，或置生口，各团集建州县以居之。横帐诸王、国舅、公主许创立州城，自余不得建城郭。朝廷赐州县额。其节度使朝廷命之，刺史以下皆以本主部曲充焉。官位九品之下及井邑商贾之家，征税各归头下，唯酒税课纳上京盐铁司。"[1]可见，头下州属于"私城"性质，朝廷只是赐州县额，派遣节度使监之，而较小者如刺史以下皆自置之。这种类型的州又分为两种类型，即节度使州与非节度使州。其中，节度使州凡4州，即徽州、成州、懿州、渭州；非节度使州凡12州，即壕（应作"豪"）州、原州、福州、横州、凤州、遂州、丰州、顺州、闾州、松山州、豫州、宁州。上述诸州中，无论是节度使州，还是非节度使州，皆未设置州学，州学数占比为零。

第三种类型为边防城。《辽史·地理志一》载："辽国西北界防边城，因屯戍而立，务据形胜，不资丁赋。"[2]可见，边防城的主要职责是屯戍边务。这种类型的州又分为四种类型，即节度使州、观察使州、刺史州和城。其中，节度使州凡1州，即镇州；观察使州凡1州，即静州；刺史州凡3州，即维州、防州、招州；城凡4城，即河董城、静边城、皮被河城、塔懒主城。上述诸州中，节度使州未设置州学，州学数占比为零；观察使州仅1州，并设置有州学，州学数占比100%；刺史州之三州，均设置有州学，州学数占比100%；城均未设置州学。

---

① 《辽史》卷三十七《地理志一》，中华书局2016年点校本，第506—507页。
② 《辽史》卷三十七《地理志一》，中华书局2016年点校本，第509页。

综上，辽代于上京道设置州一级的行政区划凡 37 州（城），[①] 其中，节度使州为 13 州；观察使州为 2 州；刺史州为 6 州；非节度使州头下州为 12 州；城为 4 城。其中，设置州学者为 7 州，占州总数的 18.92%。可见，上京地区的地方官学（即州学）并不十分发达，这既与中国北疆游牧地区人口相对稀少、分散有关，也从一个侧面说明上京地区的地方官学教育相对较为滞后。

县学。从《辽史·百官志四》"县职名总目"下有"县学"[②] 之记载可知，上京地区下辖诸县可能设置有县学。由于现已掌握的辽代史料中尚找不到有关上京道县学的记事，因而上京道县学设置的规模究竟如何，已不可知。不过，从州学设置主要集中于观察使州和刺史州，而节度使州、头下州等没有设置州学的实际情况来看，观察使州和刺史州下辖诸县设置县学的可能性比较大，而节度使州、头下州下辖诸县设置县学的可能性比较小，几乎是不可能的。

二、辽代的中京府州县学

中京府州县学是指中京道（府）下辖之诸府、州、县所设之地方

---

① 冯永谦先生认为《辽史·地理志》对上京道之州有失载者，即春州（今内蒙古突泉县宝石乡宝城村）、懽州（今辽宁阜新蒙古族自治县大巴镇半截塔村北部）、灵安州（今内蒙古库伦旗扣河子镇黑城子村古城）、黑河州（今内蒙古巴林右旗白音乡前进村古城）、瞿州（确址待考）、义州（今内蒙古巴林左旗土木富洲乡蒙古营子村古城）、唐州（今地待考，可能在今内蒙古巴林左旗或巴林右旗的北部）、通化州（今内蒙古陈巴尔虎旗浩特套海古城）、镇北州（确址待考，在吉林西北部一带）、怀密州（确址待考，在今内蒙古科尔沁右翼中旗、扎鲁特旗一带）、莫州（今科尔沁左翼后旗乌勒顺艾勒乡苏庙古城）、奉州（约在今科右前旗、洮南市和阜新蒙古族自治县、彰武县一带）、禄州（应在今内蒙古库伦旗境内）、全州（约在今内蒙古巴林左旗境内）、威武州、崇德州、会蕃州、新州、大林州、紫河州、驼州（以上七州今地无法确指，当在今蒙古国的哈腊艾腊格、乔伦和宗莫及其附近一带）等 21 州。参见冯永谦：《辽史地理志考补——上京地区、东京道失载之州军》，《社会科学战线》1998 年第 4 期。
② 《辽史》卷四十八《百官志四》，中华书局 2016 年点校本，第 915 页。

官学。如前所述，中京是辽宋"澶渊之盟"以后，辽圣宗利用奚王所献之地置中京大定府。圣宗统和二十三年（1005）拟建，二十五年（1007）正月诏建，统和二十六年（1008）前建成。中京道的建置相对较晚，其辖区面积也相对较小，大体包括今长城以北的河北北部、辽宁西部及内蒙古赤峰以南地区。①

据《辽史·百官志四》所载之统计，中京道（地区）的兴中府设置有兴中府学，观察使州设置有州学者凡3州，即高州、武安州和利州，刺史州设置有州学者凡13州，即恩州、惠州、榆州、泽州、北安州、潭州、松山州、安德州、黔州、严州、隰州、迁州和润州。《辽史》只存州学名目而无文，因此，中京道州学设置的具体情况，已无从查考。唯《辽史·耶律孟简传》载有耶律孟简出为高州观察使时，"修学校，招生徒"②，据此可知诸州的观察使或刺史对所职掌之州的官学教育还是比较重视的。

表 3—3 中京道州县学古今地名对照表

府、州	府州下辖的州	府州军的性质	府州下辖县城	府州治所	今之地望	设置时间	州学设置及其类别
大定府			大定县	大定县	内蒙古宁城县西老哈河北岸大名城	统和二十五年城大定府；以诸国俘户居之	中京学
			长兴县		内蒙古宁城县西老哈河北岸大名城		
			富庶县		辽宁建平县东	开泰二年析京民置	

① 《中国历代政区沿革》，河北教育出版社1996年版，第237页。
② 《辽史》卷一百四《耶律孟简传》，中华书局2016年点校本，第1605页。

续表

府、州	府州下辖的州	府州军的性质	府州下辖县城	府州治所	今之地望	设置时间	州学设置及其类别
			劝农县		内蒙古宁城县西南二台子村	开泰二年析京民置	
			文定县		辽宁建平县西北	开泰二年析京民置	
			升平县		确址无考	开泰二年析京民置	
			归化县		内蒙古宁城县西南老哈河上游黑城子西		
			神水县		辽宁朝阳市西南	开泰二年置	
			金源县		辽宁朝阳市朝阳县西北喀喇沁	开泰二年析京民置	
	恩州	怀德军下刺史	恩化县	恩化县	内蒙古赤峰市东南坤都河下游北岸	太宗建州；恩化县开泰中置	刺史州州学
	惠州	惠和军中刺史	惠和县	惠和县	辽宁建平县北建平镇北	太祖置州，圣宗置惠和县	刺史州州学
	高州	观察	三韩县	三韩县	内蒙古赤峰市东北	圣宗伐高丽，以俘户置高州	观察使州州学
	武安州	观察	沃野县	沃野县	内蒙古敖汉旗东白塔子村	太祖俘汉民置新州；辽统和八年改之	观察使州州学
	利州	中观察	阜俗县	阜俗县	辽宁喀喇沁左翼蒙古族自治县	统和四年置县，二十六年置刺史州，开泰元年升	观察使州州学

府、州	府州下辖的州	府州军的性质	府州下辖县城	府州治所	今之地望	设置时间	州学设置及其类别
	榆州	高平军下刺史	和众县	和众县	辽宁凌源市西	太宗时解里置州，开泰中没入	刺史州州学
			永和县		辽宁葫芦岛市西北	统和二十二年置县	
	泽州	广济军下刺史	神山县	神山县	河北平泉市南察罕城	太祖立寨，开泰中置泽州	刺史州州学
			滦河县		河北迁西县北喜峰口内滦阳城		
	北安州	兴化军上刺史	兴化县	兴化县	河北承德市西南滦河镇西南	圣宗以汉户置	刺史州州学
	潭州	广润军下刺史	龙山县	龙山县	辽宁喀喇沁左翼蒙古族自治县南分营子村	开泰中置州，开泰二年置县	刺史州州学
	松山州	胜安军下刺史	松山县	松山县	内蒙古赤峰市西南	开泰中置州；开泰二年置县	刺史州州学
	成州	兴府军节度	同昌县	同昌县	辽宁阜新市西北	晋国长公主以媵户置，复改军名	
兴中府			兴中县	兴中县	辽宁朝阳市	太祖建霸州城；重熙十年升府。太祖建霸城县，重熙中置府，更名	兴中府学
			营丘县		确址无考	析霸城置	
			象雷县		确址无考，当在辽宁建平县境内	开泰二年置，初隶中京	

续表

府、州	府州下辖的州	府州军的性质	府州下辖县城	府州治所	今之地望	设置时间	州学设置及其类别
			闾山县		确址无考，当在辽宁朝阳市迤西一带	开泰二年置，初隶中京	
	安德州	化平军下刺史	安德县	安德县	辽宁朝阳市东南柏山上	统和八年置县，后置州	刺史州州学
	黔州	阜昌军下刺史	盛吉县	盛吉县	辽宁北票市东南	初隶中京，后置府来属；太祖置县	刺史州州学
宜州		崇义军上节度	弘政县	弘政县	辽宁锦州市义县	兴宗时置州，世宗置县	
			闻义县		确址无考，当在今义县境	世宗置	
锦州		临海军中节度	永乐县	永乐县	辽宁锦州市	太祖以汉俘户建州	
			安昌县		辽宁锦州市西南虹螺岘古城		
	严州	保肃军下刺史	兴城县	兴城县	辽宁辽阳市东燕州城	圣宗建城	刺史州州学
川州		长宁军中节度	弘理县	弘理县	辽宁北票市西北（一治弘理，二治咸康，三治宜民）	会同三年诏为白川州，察割叛没入，改川州。统和八年以诸宫提辖司户置	
			咸康县		辽宁辽阳市东北		
			宜民县		辽宁北票市东北	统和中置	

续表

府、州	府州下辖的州	府州军的性质	府州下辖县城	府州治所	今之地望	设置时间	州学设置及其类别
建州		保静军上节度	永霸县	永霸县	辽宁朝阳市西南黄河滩喀喇城	太祖置州；圣宗迁于河北唐崇州故城	
			永康县		辽宁朝阳市西南		
来州		归德军下节度	来宾县	来宾县	辽宁葫芦岛市绥中县西南前卫	圣宗以女真五部置，初刺史，后升节度	
	隰州	平海军下刺史	海滨县	海滨县	辽宁葫芦岛市兴城县西南	圣宗括帐户迁信州，大雪不能进，建城	刺史州州学
	迁州	兴善军下刺史	迁民县	迁民县	河北山海关附近	圣宗平大延琳，迁归州民于此置州	刺史州州学
润州		海阳军下刺史	海阳县	海阳县	河北秦皇岛市抚宁区东北海阳镇	圣宗平大延琳，迁宁州民居此置州	刺史州州学

古今地名资料来源：1. 复旦大学历史地理研究所、《中国历史地名辞典》编委会编撰《中国历史地名辞典》，江西教育出版社 1986 年版；2. 张修桂、赖青寿编著《〈辽史·地理志〉汇释》，安徽教育出版社 2001 年版；3. 谭其骧主编，张锡彤、王锺翰、贾敬颜、郭毅生、陈连开等著《〈中国历史地图集〉释文汇编》（东北卷），中央民族学院出版社 1988 年版。

据《辽史·地理志三》载，中京道下属的府州级行政区划主要分为两种类型：

表 3—4 中京道州级行政区划分类图表

兴中府隶属于中京大定府之下，与地方州级行政区划单位相仿，但地位要比普通的州高。关于兴中府设置的时间，《辽史·地理志三》"兴中府"条载："兴中府。本霸州彰武军，节度。……太祖平奚及俘燕民，将建城，命韩知方择其处。乃完葺柳城，号霸州彰武军，节度。统和中，制置建、霸、宜、锦、白川等五州。寻落制置，隶积庆宫。后属兴圣宫。重熙十年升兴中府。"[1] 又《辽史·地理志三》"兴中县"条载："兴中县。本汉柳城县地。太祖掠汉民居此，建霸城县。重熙中置府，更名。"[2] 据此可知，兴中府建置时间当为辽兴宗重熙十年（1042）。辽代设置兴中府后，便于兴中府设置府学。《辽史·百官志四》"南面大蕃府官·兴中府"载："兴中府学。"[3] 虽然仅记录兴中府学之名，但这已经足以说明辽代于兴中府设置府学这一史实。兴中府学设置时间大概也应该在置府之时。

中京道的州，主要有三种类型，即节度使州、观察使州和刺史州。其中，节度使州凡6州，即成州、宜州、锦州、川州、建州和来州；观察使州凡3州，即高州、武安州和利州；刺史州凡13州，即恩州、惠州、榆州、泽州、北安州、潭州、松山州、安德州、黔州、严州、隰州、迁州和润州。中京大定府的上述诸州中，节度使州无一州设置州学，州学数占比为零；观察使州3州，均设置有州学，州学数占比100%；刺史州13州，均设置有州学，州学数占比100%。

综上，辽代于中京道设置州一级的行政区划凡23府州[4]，其中，

① 《辽史》卷三十九《地理志三》，中华书局2016年点校本，第550页。
② 《辽史》卷三十九《地理志三》，中华书局2016年点校本，第550页。
③ 《辽史》卷四十八《百官志四》，中华书局2016年点校本，第905页。
④ 冯永谦先生认为《辽史·地理志》对中京道之州有失载者，即南和（今辽宁建昌县二道湾子乡西簸箕村后城子屯古城）、和（今辽宁建昌县谷杖子乡安杖子村古城）、杭（今地待考）、沂（今地待考）、义（今地待考）、招延（今辽宁建昌县和河北青龙一带）、穆（今辽宁阜新市清河门区细河堡乡驻地细河堡村古城）、椋（今内蒙古宁城或其邻近地区）、兰（今辽宁凌源市境内）、灵（今大凌河流域一带）等10州。参见冯永谦：《今辽史地理志考补：中京道、南京道、西京道失载之州军》，《北方文物》1998年第3期。

府为1府；节度使州为6州；观察使州为3州；刺史州为13州。其中，设置府州学者为17州，占州总数的73.91%。可见，中京地区的地方官学（即府州学）教育相对发达，州学设置颇为普遍，这与中京地区为中原儒家思想文化向北疆游牧地区传播的通道的地位相符。

辽代中京地区与上京地区一样，在州学之下可能亦设置有县学。其依据还是《辽史·百官志四》"县职名总目"条有"县学"之记录。由于辽代史料找不到有关中京道县学的记事，因而中京道县学设置的具体情况，已渺不可考。不过，从中京地区府州学设置主要集中于兴中府、观察使州和刺史州，而节度使州未设置州学的实际情况分析，兴中府、观察使州和刺史州下辖诸县设置县学的可能性比较大，而节度使州设置县学的可能性相当小，几乎是不可能的。

三、辽代的南京州县学

南京州县学是指南京道（府）下辖之诸州、县所设之地方官学。《辽史·地理志四》载："自唐而晋，高祖以辽有援立之劳，割幽州等十六州以献。太宗升为南京，又曰燕京。"[1] 又《辽史·太宗本纪下》载：会同元年（938）十一月，"是月，诏以皇都为上京，府曰临潢。升幽州为南京，南京为东京"[2]。可见，南京始于太宗天显十三年（938）取得燕云十六州之后。南京治析津府（今北京市），下辖府一：析津；节度州一：平；刺史州八：顺、檀、涿、易、蓟、景、滦、营。辽代南京辖区大体包括今河北长城以南，北京昌平、河北易县以东，天津及河北霸州、容城以北，东至渤海。[3]

据《辽史·百官志四》所载之统计，南京道（地区）设置的诸

① 《辽史》卷四十《地理志四》，中华书局2016年点校本，第562页。
② 《辽史》卷四《太宗本纪下》，中华书局2016年点校本，第49页。
③ 参见《中国历代政区沿革》，河北教育出版社1996年版，第237页。

州，除节度使州平州外，^①其余 8 个刺史州均设置有州学，即顺州、檀州、涿州、易州、蓟州、景州、滦州和营州。其中，涿州州学设置较早，据清光绪朝所修《畿辅通志·经政二十一·学校一》"涿州"条载："州学在州治西南，旧在城东。唐贞元五年卢龙节度使刘济创建。辽统和中移建今地。金大定二十五年，县令郭预重建。"^②根据上述记载，再结合穆宗应历十年（960）所撰《三盆山崇圣院碑记》有"涿州学廪膳生□卢进达书"^③纪事可知，涿州州学的设置，至迟应在穆宗应历十年（960）之前，辽圣宗统和年间曾移建于涿州西南。滦州州学，据清光绪朝所修《畿辅通志·经政二十二·学校二》载："州学在州治西北，辽清宁五年始建，元至正四年州尹孙明重修。"《畿辅通志》又引元朝郑好义《纪略》云："滦学创自清宁五年，迨至正甲申奉议孙公由宪司应台省来知是州，见殿庑荒颓，慨然有兴复志，遂忘旦暮，鸠工庀材，学正周士，亦复详为擘昼，不敢惮劳。故能相与以有成也，是焉可以不记？"^④据此可知，滦州州学应设置于辽道宗清宁年间（1055—1064）。道宗寿昌（1095—1101）末，萧文知易州时，"悉去旧弊，务农桑，崇礼教，民皆化之"^⑤，说明易州在道宗朝又曾进行过兴学缮校的活动。

---

① 在南京道的节度使州中，《辽史》卷四十八《百官志四》"节度使职名总目"条记载有"幽州卢龙军节度使司"和"平州辽兴军节度使司"两个节度使州，而《辽史》卷四十《地理志四》仅记载"平州、辽兴军、上、节度"。可见，《地理志》与《百官志》记载差异很大，不知孰是。今以《地理志》为准。

② （清）黄彭年：《畿辅通志》卷一百一十四《经政二十一·学校一》，上海商务印书馆 1934 年初版，第 4504 页。

③ 《三盆山崇圣院碑记》（应历十年），参见向南：《辽朝石刻文编》，河北教育出版社 1995 年版，第 30 页。

④ （清）黄彭年：《畿辅通志》卷一百一十五《经政二十二·学校二》，参见上海商务印书馆 1934 年版，第 4541 页。

⑤ 《辽史》卷一百五《萧文传》，中华书局 2016 年点校本，第 1609 页。

表3—5 南京道州县学古今地名对照表

府、州	州下辖的州	州军的性质	州下辖的县	府州治所	今之地望	设置时间	州学设置及其类别
析津府			析津县	析津县	北京西南	太宗置府;原蓟北县,开泰改今名	南京学
			宛平县		北京西南	本幽都县,开泰元年更今名	
			昌平县		北京昌平区西		
			良乡县		北京西南良乡镇		
			潞县		北京通州区		
			安次县		河北安次县西北		
			永清县		河北永清县		
			武清县		天津武清区	辽分武清、三河、潞三县户置	
			香河县		河北香河县		
			玉河县		北京西		
			漷阴县		北京通州区东南	就城故漷阴镇,后改为县	
	顺州	归化军中刺史	怀柔县	怀柔县	北京顺义区	辽初军曰归宁,后更名	刺史州州学
	檀州	武威军下刺史	密云县	密云县	北京密云区	辽加今军号	刺史州州学
			行唐县		北京密云区东	太祖置县	

府、州	州下辖的州	州军的性质	州下辖的县	府州治所	今之地望	设置时间	州学设置及其类别
	涿州	永泰军上刺史	范阳县	范阳县	河北涿州市		刺史州州学
			固安县		河北固安县		
			新城县		河北高碑店市东南新城		
			归义县		河北雄县西北		
	易州	高阳军上刺史	易县	易县	河北保定市易县	统和七年克攻之，升高阳军	刺史州州学
			涞水县		河北涞水县		
			容城县		河北容城县西北	侨治涿州新城县	
	蓟州	尚武军上刺史	渔阳县	渔阳县	天津蓟州区		刺史州州学
			三河县		河北三河市东		
			玉田县		河北唐山市玉田县		
	景州	清安军下刺史	遵化县	遵化县	河北东光县西北	本蓟州遵化县，重熙中置州	刺史州州学
平州		辽兴军上节度	卢龙县	卢龙县	河北卢龙县	太祖天赞二年取之，以定州俘户置其地	
			安喜县		河北迁安市东北	太祖以定州安喜县俘户置	
			望都县		河北卢龙县南	太祖以定州望都县俘户置	

续表

府、州	州下辖的州	州军的性质	州下辖的县	府州治所	今之地望	设置时间	州学设置及其类别
	滦州	永安军中刺史	义丰县	义丰县	河北滦州市	太祖以俘户置；世宗置县	刺史州州学
			马城县		河北滦州市东南	辽割隶滦州	
			石城县		河北唐山市东北	辽徙置以就盐官	
	营州	邻海军下刺史	广宁县	广宁县	河北昌黎县	太祖以居定州俘户置。	刺史州州学

古今地名资料来源：1.复旦大学历史地理研究所、《中国历史地名辞典》编委会编撰《中国历史地名辞典》，江西教育出版社 1986 年版；2.张修桂、赖青寿编著《〈辽史·地理志〉汇释》，安徽教育出版社 2001 年版。

　　根据上表，辽代在南京道设置州一级行政区划凡 9 州，除节度使州平州未设置州学、州学数占比为零外；8 个刺史州均设置有州学，州学数占比 88.89%，可见，南京地区的地方官学（即州学）相当发达，除节度使州外的所有的州都设置有州学。这与南京地区为带动整个辽代儒家思想文化教育向纵深发展的核心区域的地位相符合。

　　辽代南京地区，与上京地区一样，在州学之下设置有县学，其主要依据还是《辽史·百官志四》"县职名总目"条有"县学"之记载。此外，从记录南京地区的地方志书中也检索到一些蛛丝马迹，如道宗咸雍进士大公鼎任良乡县令时，"省徭役，务农桑，建孔子庙学，部民服化"[①]。道宗咸雍进士马人望任新城县令时，建新城县学。《畿辅通志·经政二十一·学校一》"新城县"条载："县学在县治西北，辽县

---

① 《辽史》卷一百五《大公鼎传》，中华书局 2016 年点校本，第 1608 页。

令马人望重建。"① 道宗寿昌元年（1095），萧萨巴建永清县学。《畿辅
通志·经政二十一·学校一》"永清县"条载："县学在县治东南，旧
在县治西南，辽寿隆（谨按县志作元寿昌，今考正。）元年啜里军都
押司萧萨八建（县志作萧萨入，误。）。"② 天祚皇帝乾统（1101—1110）
年间建玉田县学。《畿辅通志·经政二十四·学校四》载："县学在
县治西，辽乾统中建。"③ 又《日下旧闻考·京畿附编》引《玉田县志》
载："儒学在县治西，创于辽乾统中，今大觉寺是其遗址。"④ 另外，据
王鉴于乾统七年（1107）十一月所撰《三河县重修文宣王庙记》载：
刘瑶任三河县令期间，不仅"佩服忠义，砥砺廉平，和而不流，宽而
能断，动发百为，道存利物"，而且"常以虚怀待士。领袖生徒，纪
纲文会，因集宣圣庙"，见孔庙"栋朽榱崩，久致凋弊"，"聚谋兹事，
移位修建"，以"阐扬儒教，辅助国风"。⑤ 由此可知，刘瑶任三河县
令期间，在三河县也曾掀起一次兴学缮校的活动。综合南京道上述县
学多于道宗朝、天祚帝朝设置来看，在道宗清宁元年（1055）十二月
戊戌，"诏设学养士，颁《五经》传疏，置博士、助教各一员"⑥ 以后，
辽代南京地方州县学在辽道宗的大力支持下，又掀起一次"设学养
士"高潮，并一直持续到天祚帝时期。

① （清）黄彭年：《畿辅通志》卷一百一十四《经政二十一·学校一》，参见上海商务印书
馆 1934 年版，第 4519 页。
② （清）黄彭年：《畿辅通志》卷一百一十四《经政二十一·学校一》，参见上海商务印书
馆 1934 年版，第 4491 页。
③ （清）黄彭年：《畿辅通志》卷一百一十七《经政二十四·学校四》，参见上海商务印书
馆 1934 年版，第 4636 页。
④ 《日下旧闻考》卷一百四十四《京畿附编》引《玉田县志》，北京古籍出版社 2001 年
版，第 2305 页。
⑤ 《三河县重修文宣王庙记》（乾统七年），参见陈述：《全辽文》卷十，中华书局 1982 年
版，第 293—295 页。
⑥ 《辽史》卷二十一《道宗本纪一》，中华书局 2016 年点校本，第 287 页。

四、辽代的东京府州县学

东京府州县学是指东京道（府）下辖之诸府、州、县所设之地方官学。《辽史·地理志二》载："天显三年，迁东丹国民居之，升为南京。……天显十三年，改南京为东京，府曰辽阳。"[1]可见，辽代东京建置始于天显三年（928），当时称南京。天显十三年（938），太宗取得燕云十六州后，诏改东京。东京道治所为辽阳府（今辽宁辽阳市），"辖州、府、军、城八十七"[2]，大体包括今外兴安岭以南，鞑靼海峡及日本海以西，大兴安岭、黑龙江齐齐哈尔、吉林四平、辽宁锦州以东，辽东半岛及朝鲜新义州、咸兴以北地区。[3]

据《辽史·百官志四》所载之统计，东京道（地区）设置的府学凡5府，即黄龙府、镇海府、率宾府、定理府、铁利府；设置州学的观察使州凡4州，即益州、宁州、归州和宁江州；设置州学的团练使州凡1州，即安州；设置州学的防御使州凡3州，即广州、冀州和衍州。设置州学的刺史州凡34州，即穆州、贺州、卢州、铁州、崇州、耀州、嫔州、辽西州、康州、宗州、海北州、岩州、集州、祺州、遂州、韩州、银州、安远州、威州、清州、雍州、湖州、渤州、郢州、铜州、涞州、吉州、麓州、荆州、胜州（即滕州）、顺化城、连州、肃州和乌州。

---

① 《辽史》卷三十八《地理志二》，中华书局2016年点校本，第518—519页。
② 《辽史》卷三十八《地理志二》，中华书局2016年点校本，第519页。
③ 《中国历代政区沿革》，河北教育出版社1996年版，第237页。

表 3—6　东京道州县学古今地名对照表

府、州	府州下辖的州	府州军的性质	府州下辖的县	府州治所	今之地望	设置时间	州学设置及其类别
辽阳府			辽阳县	辽阳县	辽宁辽阳市老城区	太宗天显三年升为南京；天显十三年诏改东京，府曰辽阳府	东京学
			仙乡县		辽宁海城市西北		
			鹤野县		辽宁辽阳市西南唐马寨		
			析木县		辽宁辽阳市东南析木城		
			紫蒙县		确址无考		
			兴辽县		确址无考		
			肃慎县		确址无考	以渤海户置	
			归仁县		确址无考		
			顺化县		确址无考		
开州		镇国军节度	开远县	开远县	辽宁凤城市	开泰三年迁双、韩二州户置州	
	盐州				今地无考		
	穆州	保和军刺史	会农县	会农县	辽宁岫岩满族自治县东南洋河附近		刺史州州学
	贺州	刺史			今地无考		刺史州州学

续表

府、州	府州下辖的州	府州军的性质	府州下辖的县	府州治所	今之地望	设置时间	州学设置及其类别
定州		保宁军	定东县	定东县	朝鲜平安北道义州以东	统和十三年升军，迁辽西民实之	
保州		宣义军节度	来远县	来远县	朝鲜平安北道义州与新义州之间	开泰三年取高丽保、定二州	
	宣州	定远军刺史			朝鲜平安北道义州城	开泰三年徙汉户置州	
	怀化军	下刺史			今地无考，当在朝鲜平安北道义州与新义州之间一带	开泰三年置	
辰州		奉国军节度	建安县	建安县	辽宁盖州市	初曰长平军	
卢州		玄德军刺史	熊岳县		辽宁盖州市西南熊岳城		刺史州州学
来远城					辽宁丹东市九连城东鸭绿江中黔定岛上	统和中伐高丽，建城防戍	
铁州		建武军刺史	汤池县	汤池县	辽宁大石桥市东南汤池镇		刺史州州学
兴州		中兴军节度	常安县	常安县	辽宁沈阳市东北懿路村		
汤州					辽宁辽阳市西北		
崇州		隆安军刺史	崇信县	崇信县	辽宁沈阳市东南		刺史州州学

府、州	府州下辖的州	府州军的性质	府州下辖的县	府州治所	今之地望	设置时间	州学设置及其类别
海州		南海军节度	临溟县	临溟县	辽宁海城市	太平中，移泽州民实之	
	耀州	刺史	岩渊县	岩渊县	辽宁营口市西北岳州城		刺史州州学
	嫔州	柔远军刺史			辽宁海城市西北		刺史州州学
渌州		鸭渌军节度	弘闻县		吉林临江市西南葫芦套对岸长城门		
			神乡县		今地无考，当在吉林临江市附近		
	桓州				吉林集安市西通沟		
	丰州				吉林抚松县境		
	正州		东那县		吉林通化市东北		
	慕州				吉林柳河县附近		

续表

府、州	府州下辖的州	府州军的性质	府州下辖的县	府州治所	今之地望	设置时间	州学设置及其类别
显州		奉先军上节度	奉先县	奉先县	辽宁北镇市西南北镇庙	世宗析辽东长乐县民以为陵户，置县	
			山东县		辽宁北镇市	穆宗割渤海永丰县民为陵户，置县	
			归义县		确址无考，当在辽宁北镇市境	世宗时置县	
	嘉州	嘉平军下刺史			今地无考		
	辽西州	阜成军中刺史	长庆县	长庆县	辽宁义县东南大凌河东岸	世宗置州；统和八年以诸宫提辖司人户置	刺史州州学
	康州	下刺史	率宾县	率宾县	今地无考	世宗迁渤海渤海率宾府人户置	刺史州州学
宗州		下刺史	熊山县	熊山县	今地无考	耶律隆运以所俘汉民置。圣宗立为州	刺史州州学

府、州	府州下辖的州	府州军的性质	府州下辖的县	府州治所	今之地望	设置时间	州学设置及其类别
乾州		广德军上节度	奉陵县	奉陵县	辽宁北镇市西南	统和三年置州，以奉景宗乾陵	
			延昌县		确址无考，当在辽宁北镇市境	析延昌宫户置	
			灵山县		确址无考，当在辽宁北镇市境		
			司农县		确址无考，当在辽宁北镇市境		
	海北州	广化军中刺史	开义县	开义县	辽宁义县南开州屯	世宗以所俘汉户置	刺史州州学
贵德州		宁远军下节度	贵德县	贵德县	辽宁抚顺市城北高尔山前	太宗时察割以所俘汉民置。圣宗建贵德军，后更名	
			奉德县		确址无考，当在辽宁抚顺市境		

续表

府、州	府州下辖的州	府州军的性质	府州下辖的县	府州治所	今之地望	设置时间	州学设置及其类别
沈州		昭德军中节度	乐郊县	乐郊县	辽宁沈阳市老城区	太祖俘蓟州三河民，建三河县，后更名	
			灵源县		确址无考，当在辽宁沈阳市境	太祖俘蓟州吏民，置渔阳县，后更名	
	岩州	白岩军下刺史	白岩县	白岩县	今地无考		刺史州州学
集州		怀众军下刺史	奉集县	奉集县	辽宁沈阳市东南奉集堡		刺史州州学
广州		防御	昌义县	昌义县	辽宁沈阳市西南大高华堡	太祖建铁利州，统和八年省，开泰七年以汉户置	防御使州州学
辽州		始平军下节度	辽滨县	辽滨县	辽宁新民市东北辽滨塔村	太祖改为州，军曰东平，太宗更为始平军	
			安定县		确址无考，当在辽宁新民市一带		
	祺州	祐圣军下刺史	庆云县	庆云县	辽宁康平县东南	太祖建檀州，后更名	刺史州州学
遂州		刺史	山河县	山河县	辽宁彰武县西北	耶律颇德置，穆宗时颇德嗣绝，没入焉	刺史州州学

续表

府、州	府州下辖的州	府州军的性质	府州下辖的县	府州治所	今之地望	设置时间	州学设置及其类别
通州		安远军节度	通远县	通远县	吉林四平市西一面城	太祖改龙州，圣宗更今名	
			安远县		确址无考，当在辽宁开原市境内		
			归仁县		辽宁昌图县北四面城		
			渔谷县		确址无考，当在辽宁开原市境内		
韩州		东平军下刺史	柳河县	柳河县	辽宁昌图县西北八面城东南	圣宗并三河、榆河二州置	刺史州州学
双州		保安军下节度	双城县	双城县	辽宁沈阳市西北石佛寺	沤里僧王从太宗南征，以俘镇、定二州民置州	
银州		富国军下刺史	延津县	延津县	辽宁铁岭市	太祖以银冶更名	刺史州州学
			新兴县		确址无考，当在辽宁铁岭市迤东一带		
			永平县		确址无考，当在辽宁铁岭市境内	太祖以俘户置	

续表

府、州	府州下辖的州	府州军的性质	府州下辖的县	府州治所	今之地望	设置时间	州学设置及其类别
同州		镇安军下节度	东平县	东平县	辽宁开原市南中固镇	太祖置，军曰镇东，后更名	
			永昌县		确址无考，当在辽宁开原、铁岭二市之间		
	未详州						
咸州		安东军下节度	咸平县	咸平县	辽宁开原市北老城镇	开泰八年置州，以所俘汉民实之	
信州		彰圣军下节度	武昌县	武昌县	吉林公主岭市西北新城集，一说在今辽宁铁岭县北	开泰初以俘汉民置州	
			定武县		确址无考，当在辽宁铁岭市东北一带	初名定功县，后改	
	未详州						
	未详州						
	未详州						
宾州		怀化军节度			吉林农安县东北广元店古城	统和十七年置刺史，后升	

续表

府、州	府州下辖的州	府州军的性质	府州下辖的县	府州治所	今之地望	设置时间	州学设置及其类别
龙州，黄龙府			黄龙县		吉林农安县	开泰九年，以宗、檀二州汉户一千复置	黄龙府学
			迁民县		确址无考，当在吉林农安县境内		
			永平县		确址无考，当在吉林农安县境内		
	益州	观察	静远县	静远县	吉林农安县北小城子古城		观察使州州学
	安远州	怀义军刺史			今地无考		刺史州州学
	威州	武宁军刺史			吉林农安县西四十里之小城子		刺史州州学
	清州	建宁军刺史			今地无考		刺史州州学
	雍州	刺史			今地无考		刺史州州学
湖州		兴利军刺史	长庆县	长庆县	今地无考		刺史州州学
渤州		清化军刺史	贡珍县	贡珍县	今地无考		刺史州州学
郓州		彰圣军刺史	延庆县	延庆县	今地无考		刺史州州学

续表

府、州	府州下辖的州	府州军的性质	府州下辖的县	府州治所	今之地望	设置时间	州学设置及其类别
铜州		广利军刺史	析木县	析木县	辽宁海城市东南析木镇		刺史州州学
涑州		刺史			吉林省吉林市北乌拉街西土城子		刺史州州学
率宾府		刺史			今地无考		刺史州州学
定理府		刺史			辽宁抚顺市北		刺史州州学
铁利府		刺史			辽宁抚顺市北		刺史州州学
安定府				当在安州	俄罗斯滨海边疆区奥耳加一带		
长岭府					吉林梅河口市山城镇，一说即今吉林桦甸市北苏密城		
镇海府		防御	平南县		辽宁岫岩满族自治县西南		防御使州州学
冀州		防御			今地无考	圣宗建，升永安军	防御使州州学
东州					今地无考		
尚州					今地无考		
吉州		福昌军刺史			今地无考		刺史州州学

续表

府、州	府州下辖的州	府州军的性质	府州下辖的县	府州治所	今之地望	设置时间	州学设置及其类别
麓州		下刺史			今地无考		刺史州州学
荆州		刺史			今地无考		刺史州州学
懿州		宁昌军节度	宁昌县	宁昌县	辽宁阜新蒙古族自治县东北塔营子村北	太平三年越国公主置	
			顺安县				
滕州		昌永军刺史			吉林公主岭市怀德镇东北		刺史州州学
顺化城		向义军下刺史			辽宁瓦房店市南	开泰三年以汉户置	刺史州州学
宁州		观察	新安县	新安县	内蒙古扎鲁特旗西北民主村古城	统和二十九年以渤海降户置	观察使州州学
衍州		安广军防御	宜丰县	宜丰县	辽宁辽阳市东南	以汉户置，初刺史，后升军	防御使州州学
连州		德昌军刺史	安民县	安民县	今地无考		刺史州州学
归州		观察	归胜县	归胜县	辽宁盖县西南归胜城	统和二十九年以渤海降户置	观察使州州学
苏州		安复军节度	来苏县	来苏县	大连市东北金州区	兴宗置州	
			怀化县		确址无考		

续表

府、州	府州下辖的州	府州军的性质	府州下辖的县	府州治所	今之地望	设置时间	州学设置及其类别
复州		怀德军节度	永宁县		辽宁瓦房店市西北复州城	兴宗置州	
			德胜县				
肃州		信陵军刺史	清安县	清安县	辽宁昌图县,一说即昌图县南一营盘子	重熙十年,州民亡入女直,取之复置	刺史州州学
安州		刺史			辽宁昌图县北四面城		团练使州州学
荣州					辽宁康平县东北		
率州					今地无考		
荷州					今地无考		
源州					今地无考		
渤海州					今地无考		
宁江州		混同军观察	混同县	混同县	吉林松原市东石头城子	清宁中置州,初置防御州,后又升为观察州	观察使州州学
河州		德化军			吉林梅河口市西南山城镇		
祥州		瑞圣军节度	怀德县	怀德县	吉林农安县东北万金塔古城	兴宗以铁骊户置	

古今地名资料来源:1.复旦大学历史地理研究所、《中国历史地名辞典》编委会编撰《中国历史地名辞典》,江西教育出版社1986年版;2.张修桂、赖青寿编著《〈辽史·地理志〉汇释》,安徽教育出版社2001年版;3.谭其骧主编,张锡彤、王锺翰、贾敬颜、郭毅生、陈连开等著《〈中国历史地图集〉释文汇编》(东北卷),中央民族学院出版社1988年版;4.张博泉、苏金源、董玉瑛著《东北历代

疆域史》, 吉林人民出版社 1981 年版; 5. 李健才《东北史地考略》, 吉林文史出版社 1986 年版。

　　据《辽史·地理志二》载, 东京道下属的府州级的行政区划单位主要有府、州、城等三种类型:

表 3—7　东京道州级行政区划分类图表

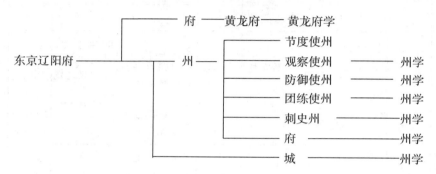

　　在此需要指出的是, 把《辽史·百官志四》所列诸州, 与《辽史·地理志二》(见表 3—6 所示)相比较,《地理志二》无胜州、乌州之记载。但据《辽史·百官志四》"校勘记"第十五条载:"又地理志胜州作朕州; 无乌州, 有安州。"可见,"校勘记"认为朕州与胜州为一州, 只是记载出现歧异。查乌州,《辽史·兵卫志下》"五京乡丁·临潢府·乌州"条有"乌州爱民县丁二千"的记载。[①] 又《辽史·地理志一》"上京道·乌州"条有"乌州, 静安军, 刺史。本乌丸之地, 东胡之种也。辽北大王拨剌占为牧, 建城, 后官收。隶兴圣宫。有辽河、夜河、乌丸川、乌丸山。统县一: 爱民县。拨剌王从军南征, 俘汉民置于此。户一千"的记载。[②] 从这两条史料记载来看, 乌州当为上京道属州。但《辽史·营卫志上》"女古斡鲁朵"条又载:"州五: 庆、隰、乌上京、乌东京、霸。"可见, 乌州在辽代有二: 一

————————

① 《辽史》卷三十六《兵卫志下》, 中华书局 2016 年点校本, 第 475 页。
② 《辽史》卷三十七《地理志一》, 中华书局 2016 年点校本, 第 503 页。

在上京道辖区，一在东京道辖区。由此观之，《辽史·地理志二》失载了东京道之乌州，①由是，乌州及其州学在东京道辖区内的确存在。②

府学。辽代在东京道设置的府学有黄龙府学、镇海府学、率宾府学、定理府学、铁利府学。《辽史·百官志四》"南面大蕃府官·黄龙府"条载："黄龙府学。"③从此条目下列置有"博士、助教"来看，黄龙府学在教学上与东京学一样，也同样设置有博士、助教等教职人员，管理和教授于黄龙府学就学的官学生。关于黄龙府学的设置时间，由于文献记载阙略，无从查考。不过，从《辽史·地理志二》"龙州，黄龙府"条有"本渤海扶余府。太祖平渤海还，至此崩，有黄龙见，更名。保宁七年，军将燕颇叛，府废。开泰九年，迁城于东北，以宗州、檀州汉户一千复置"④的记载来推断，黄龙府学的设置最早不会早于辽圣宗开泰年间。

在东京道，除黄龙府设置府学外，镇海府、率宾府、定理府、铁利府也设置有府学。不过，《辽史·百官志四》将镇海府列置于"防御使司职名总目"下的"州学"类目中，而将率宾府、定理府、铁利府列置于"州刺史职名总目"下的"州学"类目中。⑤查《辽史·地理志二》"镇海府"条仅载"镇海府，防御。兵事隶南女直汤河司。统县一：平南县"，"率宾府"条仅载"率宾府，刺史。故率宾国地"，"定理府"条仅载"定理府，刺史。故挹娄国地"，"铁利府"条仅载"铁利府，刺史。故铁利国地"。⑥而对比"龙州，黄龙府"条所载黄龙府"统州五，县三"的情况推断⑦，镇海、率宾、定理、铁利四府虽

---

① 冯永谦：《辽史地理志考补：上京道、东京道失载之州军》，《社会科学战线》1998 年第 4 期。
② 据《辽史》卷三十八《百官志四》记载，乌州当属刺史州，其州学当为刺史州学无疑。
③ 《辽史》卷四十八《百官志四》，中华书局 2016 年点校本，第 905 页。
④ 《辽史》卷三十八《地理志二》，中华书局 2016 年点校本，第 533 页。
⑤ 《辽史》卷四十八《百官志四》，中华书局 2016 年点校本，第 914 页。
⑥ 《辽史》卷三十八《地理志二》，中华书局 2016 年点校本，第 535 页。
⑦ 《辽史》卷三十八《地理志二》，中华书局 2016 年点校本，第 533 页。

然称"府"，但"府"的地位与职能可能相对较低，与州相仿，因而
《辽史》记述镇海府、率宾府、定理府、铁利府等设学时将镇海、率
宾、定理、铁利四府列置于相应的州学类目中。

在东京道，除上述诸府外，尚有安定府[①]、长岭府等。从《辽
史·百官志四》明确记载镇海、率宾、定理、铁利四府设置府学的情
况来推断，似乎有辽一代未曾在安定、长岭二府设置过府学。

州学。在东京道，州的种类有 5 种，即节度使州、观察使州、团
练使州、防御使州和刺史州。其中，节度使州凡 21 州，即开州、定
州、辰州、兴州、海州、渌州、显州、乾州、贵德州、沈州、辽州、
通州、双州、同州、咸州、信州、宾州、懿州、苏州、复州和祥州；
观察使州凡 4 州，即益州、宁州、归州和宁江州；团练使州凡 1 州，
即安州；[②]防御使州凡 3 州，即广州、冀州和衍州；刺史州凡 34 州，
即穆州、贺州、宣州、卢州、铁州、崇州、耀州、嫔州、嘉州、辽西
州、康州、宗州、海北州、岩州、集州、祺州、遂州、韩州、银州、
安远州、威州、清州、雍州、湖州、渤州、郢州、铜州、涑州、吉
州、麓州、荆州、媵州（即胜州）、连州和肃州；未知其属性的州凡
14 州，即盐州、汤州、桓州、丰州、正州、慕州、东州、尚州、荣
州、率州、荷州、源州、渤海州和乌州。未详州凡 4 州。除此之外，
属于军之属性，但又不知属于何种性质的军凡 3 军，即定州之保宁
军、保州下辖之怀化军和河州之德化军。城凡 2 城，即来远城和顺化
城。在东京道的上述诸州军城中，节度使州为 21 州，无一州设置有
州学，州学数占比为 0%；观察使州为 4 州，均设置有州学，州学数

---

① 《辽史》校勘记云："按《纪》天显元年三月作安边府"。按：安边府，渤海国置，辽朝
　袭之，治所当在安州，今俄罗斯滨海边区奥耳加一带。
② 关于团练使州，《辽史》卷四十八《百官志四》"团练使司职名总目"条记载有"安州
　团练使"，而《辽史》卷三十八《地理志二》记载："安州，刺史。兵事隶北女直兵马
　司。"可见，《地理志》未明确安州的性质，而《百官志》明确了安州的性质，这说明
　安州应该属于"团练使州"。

占比100%；防御使州为3州，均设置有州学，州学数占比100%；刺史州为34州，设置州学者为32州，唯宣州、嘉州未设置州学，州学数占比94.12%；未详州为4州，是否设置有州学，不得而知；军为3军，未设置有州学；城为2城，设置州学者为1城，[①]占总城数的50%。

在东京道的州学中，能准确知道设置年代的唯有归州州学和宁州州学。《辽史·圣宗本纪六》载：开泰元年（1013）十二月甲申，"归州言其居民本新罗所迁，未习文字，请设学以教之，诏允所请"[②]。又《续文献通考·学校考》"郡国乡党之学"条载："辽圣宗开泰元年十二月，归州言其居民本新罗所迁，未习文字，请设学以教，许之。上年十二月，始置归、宁二州，至是遂设学。"[③] 可见，归州州学、宁州州学设学时间应该在辽圣宗开泰元年。

综上，辽代在东京道设置相当于州一级的行政区划凡93府州军城[④]，其中，府为7府；节度使州为21州；观察使州为4州；防御使州为3州；团练使州为1州；刺史州为34州；不详州为4州；未知其属性的州为14州；军为3军；城为2城。其中，设置府州学者为46州，占州总数的49.46%。从总体上看，东京地区的地方官学（即

---

① 《辽史》卷三十八《地理志二》记载："顺化城，向义军，下，刺史。开泰三年以汉户置。兵事隶东京统军司。"可见，顺化城属于刺史州性质的城。又载："来远城。本熟女直地。统和中伐高丽，以燕军骁猛，置两指挥。建城防戍。兵事属东京统军司。"可见，来远城属于军事重镇性质的城。

② 《辽史》卷十五《圣宗本纪六》，中华书局2016年点校本，第188页。

③ （清）乾隆官修：《续文献通考》卷五十《学校考》，浙江古籍出版社2000年版，第3241页。

④ 冯永谦先生认为《辽史·地理志》对东京道之州有失载者，即胜州（前已指出为"滕州"）、乌州、桂州（约在今辽宁辽阳附近）、教州（今辽宁辽阳以南，确址待考）、朝州（今辽宁辽阳以南，确址待考）、怀北州（今辽宁辽阳以南，确址待考）、慎州（今地待考）、古州（今地待考）、毫州（今地待考）、神虎军城（当在今辽宁丹东市或宽甸满族自治县境内，确址待考）等9州（城）。参见冯永谦：《辽史地理志考补：上京地区、东京道失载之州军》，《社会科学战线》1998年第4期。

府州学）教育并不十分发达，尤其是边疆区域的地方官学教育相对比较滞后。

县学。从《辽史·百官志四》"县职名总目"下有"县学"之记载可知，东京道州学之下设置有县学是毋庸置疑的。不过，由于没有关于县学情况的明确位事，因而东京道的县学设置情况现已无法考之。尽管如此，从东京道州学设置主要集中于防御使州、团练使州、观察使州和刺史州，而节度使州没有设置州学的实际情况看，设置州学的防御使州、团练使州、观察使州和刺史州中设置县学的可能性比较大。

五、辽代的西京州县学

西京州县学是指西京道（府）下辖之诸府、州、县所设之地方官学。《辽史·地理志三》载："太宗以皇都为上京，升幽州为南京，改南京为东京，圣宗城中京，兴宗升云州为西京，于是五京备焉。"[1] 又《辽史·地理志五》载："晋高祖代唐，以契丹有援立功，割山前、代北地为赂，大同来属，因建西京。……初为大同军节度，重熙十三年升为西京，府曰大同。"[2] 可见，辽代西京是辽兴宗重熙十三年（1045）设置的。西京道（今山西大同）下辖府一：大同；节度州六：丰、云内、奉圣、蔚、应、朔；刺史州八：弘、东胜、德、宁边、归化、可汗、儒、武；边防州一：金肃；军二：天德、清河。辽代西京道辖区大体包括今内蒙古多伦、北京延庆、河北涞源以西，内蒙古二连浩特以南，山西灵丘、应县、宁武、五寨、内蒙古准格尔旗、东胜、包头以北，阴山以东地区。[3]

---

① 《辽史》卷三十七《地理志一》，中华书局 2016 年点校本，第 496 页。
② 《辽史》卷四十一《地理志五》，中华书局 2016 年点校本，第 578 页。
③ 《中国历代政区沿革》，河北教育出版社 1996 年版，第 237 页。

据《辽史·百官志四》所载之统计，西京道设置州学的刺史州 8 州，即弘州、德州、宁边州、归化州、可汗州、儒州、武州和东胜州。西京道的上述诸州学中，《辽史》只存州学名目，而无州学经事，因此，州学设置的具体情况现已从查考。

表 3—8　西京道州县学古今地名对照表

府、州	州下辖的州	州军的性质	州军下辖的县	州治所	今之地望	设置时间	州学设置及其类别
大同府			大同县	大同县	山西大同市	重熙十三年升为西京，府曰大同；重熙十七年析云中县置大同县	西京学
			云中县		山西大同市	沿革与京府同	
			天成县		山西大同市东北天镇县	辽析云中置县	
			长青县		河北高阳县东南	辽始置县	
			奉义县		山西大同市东北	辽析云中置县	
			怀仁县		山西怀仁市	辽改怀仁	
			怀安县		河北怀安县东南旧怀安	高勋镇燕，奏分归化州文德县置	
	弘州	博宁军下刺史	永宁县	永宁县	河北阳原县	统和中置弘州，初军曰永宁	刺史州州学
			顺圣县		河北阳原县东北东城镇	景宗分永兴县置	
	德州	下刺史	宣德县	宣德县	内蒙古凉城县东北岱海东北岸	开泰八年以汉户复置	刺史州州学

续表

府、州	州下辖的州	州军的性质	州军下辖的县	州治所	今之地望	设置时间	州学设置及其类别
丰州		天德军节度使	富民县	富民县	内蒙古呼和浩特市东南白塔村	太祖神册五年,更名应天军,复为州	
			振武县		内蒙古和林格尔县西北土城子	太祖神册元年,以乡兵防戍更为县	
云内州		开远军下节度	柔服县	柔服县	内蒙古土默特左旗东南沙尔沁	辽初置代北云朔招讨司,改云内州,清宁初升州	
			宁人县		确址无考		
天德军					内蒙古乌拉特前旗东北明安川一带(一说当与辽丰州同在一地)	太祖平党项,后置招讨司,设开德军节度使	
宁边州		镇西军下刺史			内蒙古准格尔旗东南黄河西	辽置	刺史州州学
奉圣州		武定军上节度	永兴县	永兴县	河北涿鹿县	太宗改升州	
			矾山县		河北涿鹿县东南矾山堡		
			龙门县		河北赤城县西南龙关镇		
			望云县		河北赤城县北云州乡	景宗入绍国统,号御庄。后置望云县	
	归化州	雄武军上刺史	文德县	文德县	河北宣化县	晋割献于辽,改今名	刺史州州学
	可汗州	清平军下刺史	怀来县	怀来县	河北怀来县东南怀来	太祖因之	刺史州州学
	儒州	缙阳军中刺史	缙山县	缙山县	北京延庆区	太宗改奉圣州,仍属	刺史州州学

府、州	州下辖的州	州军的性质	州军下辖的县	州治所	今之地望	设置时间	州学设置及其类别
蔚州		忠顺军上节度	灵仙县		河北蔚县	统和四年入宋，寻复之，降刺史，隶奉圣州，升观察	
			定安县		河北蔚县东北	辽置定安县	
			飞狐县		河北涞源县		
			灵丘县		山西灵丘县		
			广陵县		山西广灵县		
应州		彰国军上节度	金城县	金城县	山西应县	辽因之	
			浑源县		山西浑源县		
			河阴县		山西山阴县东南山阴城		
朔州		顺义军下节度	鄯阳县	鄯阳县	山西朔州市	辽升顺义军节度	
			宁远县		山西五寨县北大武州	唐乾元元年改今名，辽因之	
			马邑县		山西朔州市东北马邑		
	武州	宣威军下刺史	神武县	神武县	山西神池县	重熙九年复武州	刺史州州学
东胜州		武兴军下刺史	榆林县		内蒙古托克托县	晋割代北来献，复置	刺史州州学
			河滨县		内蒙古准格尔旗东北黄河西岸		
金肃州					内蒙古准格尔旗西北	重熙十二年伐西夏置	
河清军					内蒙古准格尔旗东北	重熙十二年建城	

古今地名资料来源：1.复旦大学历史地理研究所、《中国历史地名辞典》编委会编撰《中国历史地名辞典》，江西教育出版社 1986 年版；2.张修桂、赖青寿编著《〈辽史·地理志〉汇释》，安徽教育出版社 2001 年版。

在此需要指出的是，《辽史·百官志四》"州刺史职名总目"条所列置的刺史州之州学，即"弘、德、宁边、归化、可汗、儒、武、东胜"8刺史州学，与《辽史拾遗·补选举志》"学校"条引《宣府镇志》之州学，即奉圣、归化、云、德、宏、蔚、妫、儒8州学相比较，数量虽然相同，但州名两者记载相同者仅有3州，即德、归化、儒3州，其余5州各异，然弘州与宏州、可汗州与妫州所指当为同一州。关于弘州，《辽史拾遗·地理志五》"弘州博宁军下刺史"条引《山西通志》作"宏州"，又引《中州集》作"弘州"，[①]可见，《宣府镇志》所记"宏州"与《辽史》所记"弘州"实为一州之名。关于可汗州，太祖神册元年（916）十一月条载："攻蔚、新、武、妫、儒五州，斩首万四千七百余级。自代北至河曲逾阴山，尽有其地。遂改武州为归化州，妫州为可汗州，置西南面招讨司，选有功者领之。"[②]又《廿二史考异》载："《地志》可汗州下云五代时奚王去诸以数千帐欲（'欲'字误）妫州，自别为西奚，号可汗州，太祖因之，此与《太祖纪》似合，然太祖攻蔚、新、武、妫、儒五州，得而旋失，其改名可汗，亦当在石晋赂地之后也。"[③]可见，妫州和可汗州实为一州之不同时期的称谓，因此《宣府镇志》所载"妫州"，实为《辽史》所载之可汗州。通过以上辨析，《辽史》和《宣府镇志》所记之8州学，有5州学是完全一致的，而余下3州学又是怎样的呢？从《辽史·地理志五》的记载来看，《宣府镇志》所载之奉圣、云、蔚3州均为节度使州，而《辽史》所载之宁边、武、东胜3州均为刺史州。从《辽史·百官志四》记载来分析，在辽代五京所置的节度州范围内无一例外地都未记载有州学的设置，这说明节度州的职能更偏重于军事而弱

---

① （清）厉鹗：《辽史拾遗》卷十五《地理志五》，参见王云五主编：《丛书集成初编》，上海商务印书馆1936年版，第302页。
② 《辽史》卷一《太祖本纪一》，中华书局2016年点校本，第11页。
③ （清）钱大昕：《廿二史考异》，上海古籍出版社2004年标点本，第1133—1134页。

化教育。对于五京所置的刺史州而言，则一般都有州学的设置，这说明刺史州更重视教育职能。据此，可以推知《宣府镇志》所记 3 州学应为误记，而《辽史》所记 3 州学应是正确的。因此，西京设学之刺史州当为弘州、德州、宁边州、归化州、可汗州、儒州、武州和东胜州。

据《辽史·地理志五》载，辽代在西京道设置的行政区划除西京大同府外，州级性质的行政区划单位可分为三种类型：

表 3—9　西京道州级行政区划分类图表

在西京道，有节度使州凡 6 州，即丰州、云内州、奉圣州、蔚州、应州和朔州；有刺史州凡 8 州，即弘州、德州、宁边州、归化州、可汗州、儒州、武州和东胜州；军凡 2 军，即河清军、天德。此外，未知属性的州凡 1 州，即金肃州。西京道的上述诸州中，节度使州无一州设置有州学，州学数占比为 0%；刺史州为 8 州，均设置州学，州学数占比 100%；河清军和金肃州是否设置州学，尚无可知。

综上，辽代在西京道设置相当于州一级的行政区划凡 16 州（军）①，其中，节度使州 6 州；刺史州 8 州；未知属性的州 1 州；军 2 军。在这些州军中，设置有州学者为 8 州，占州级单位总数的 50%。这说明西京道的地方官学（州学）欠发达，一些边远地区的官学教育较为滞后。

---

① 冯永谦先生认为《辽史·地理志》对西京道之州有失载者，即昌州（今河北沽源县九连乡九连城村古城）、抚州（今河北张北县）、威塞州（今地待考，当靠近西夏的辽境一带）3 州。参见冯永谦：《辽史地理志考补：中京道、南京道、西京道失载之州军》，《北方文物》1998 年第 3 期。

在西京道，州学之下也设置有县学，从《辽史·百官志四》"县职名总目"下记载有"县学"之目就可确知。另外，从上引《辽史拾遗·补选举志》"学校"条引《宣府镇志》所载"至道宗，乃诏设学养士，于是有西京学，有奉圣、归化、云、德、宏、蔚、妫、儒等州学，各建孔子庙，颁赐《五经》诸家传疏，令博士、助教教之，县属附焉"，[①] 也能说明州学之下设有县学。关于县学情况因文献阙略尚不得而知，但有一点是明确的，即没有设置州学的诸州中应该是不会设置县学的。

第四节　辽代官学教育的特点及其社会影响

一、辽代官学教育的特点

1. 辽代官学教育指导思想清晰

纵观辽代社会的发展，辽统治者采取的是儒、释、道三教并重的原则，然而，辽代官学教育采取的则是"尊孔崇儒"的文教政策，指导思想颇为明确。建国之初，辽代君臣的教育思想还存在比较大的分歧，有人主张以儒家思想作为辽代统治的主体思想，也有人主张以佛家思想作为辽代统治的主体思想。针对统治思想比较混乱的局面，辽太祖于神册三年（918）五月亲自主持召开了一次君臣大会，目的就是要统一君臣思想。讨论的结果是正式确立以儒家思想作为辽代治国

---

① （清）厉鹗：《辽史拾遗》卷十六《补选举志》，参见王云五主编：《丛书集成初编》，上海商务印书馆 1936 年版，第 333 页。

安邦的主体思想，以"尊孔崇儒"为辽代文教政策的基本方针。

2. 辽代官学教育内容明确

辽代教育指导思想确立后，辽代君臣便围绕"尊孔崇儒"文教政策，开展辽代的教育活动，无论是中央官学，还是地方官学，其教学内容都以儒家经史教育为核心，即主要以《周易》《毛诗》《尚书》《春秋》《礼记》《孝经》《论语》《尔雅》等儒家经典文献为主，同时兼及其他。在教育层次上亦颇为明确，在中央设立国子学和五京学二级官学教育体制；在地方设立府、州、县三级官学教育体制。通过中央和地方的各级官学教育体制的建立，使辽代官学教育形成比较完善的教育体系。

3. 辽代创立五京学

辽代官学教育在继承唐朝官学教育的基础上又形成自身的鲜明特色。五京学的创立，是辽代官学教育的创举，它在辽代教育体系中发挥着极其重要的作用，各自承担着不同层次的官学教育任务。如前所述，南京学是五京学的教育核心，成为南京地区的教育中心的同时，也承担着把儒家思想文化教育向中国北疆游牧地区传播与普及的任务。东京学在原有儒家思想文化教育的基础上，向边疆地区传播。西京学、中京学作为联结南京学和上京学的桥梁，为儒家思想文化向中国北疆游牧地区的传播与普及起到积极的推动作用。上京学是中国首次在北疆游牧地区设立国家级的最高学府，为北疆游牧民族认同儒家思想文化做出了重要贡献。

二、辽代官学教育的社会意义及其影响

1. 官学教育为官僚机构输送大批治世人才

辽代官学教育为官僚机构输送大批治世人才，主要包括两部分：一是通过科举取士而获得的，这部分人才主要是针对汉族、渤海族士

人而言的；二是通过世选、恩荫等制度而获得的，这部分人才主要是针对契丹族、其他中国北疆游牧民族贵族，以及汉、渤海等族的贵族而言的。

从科举的角度看，辽代官学教育的目的就是通过科举而选拔有才识的士人，令他们充实到辽代官僚队伍中去，与契丹人一起治理辽代社会，如张俭，统和十四年（996），"一举冠进士甲科，一命试顺州从事"①，累迁同知枢密院事、武定军节度使、南院枢密使、左丞相，"帝不豫，受遗诏辅立太子，是为兴宗，赐贞亮弘靖保义守节耆德功臣，拜太师、中书令，加尚父"②。"重熙元年冬十一月，以训导之力，进位为太师"，"（重熙）四年春致仕，授洛京留守、尚父、行河南尹……守太师、兼政事令如故"，"（重熙）六年冬，召以蒲轮，朝于棘陛。特封韩王。（重熙）十一年冬，进封陈王"。③再如杨佶，"幼颖悟异常，读书自能成句，识者奇之。弱冠，声名籍甚。统和二十四年，举进士第一"，累迁谏议大夫、翰林学士、南院枢密使，"其居相位，以进贤为己任，事总大纲，责成百司，人人乐为之用"。④又如刘伸，"少颖悟，长以辞翰闻。重熙五年，登进士第"，历彰武军节度使掌书记、大理正、中京副留守、西京副留守、大理少卿、大理卿、南京副留守、崇义军节度使、三司副使、户部使、南院枢密副使、上京留守等职。道宗尝谓大臣曰："今之忠直，耶律玦、刘伸而已！"⑤

在辽中前期，为保持固有的骑射国俗，契丹人不被允许策试进士以获取功名，但由于辽代极力推行"尊孔崇儒"文教政策和以儒家思

---

① 《张俭墓志》（重熙二十二年），参见向南：《辽代石刻文编》，河北教育出版社1995年版，第266页。
② 《辽史》卷八十《张俭传》，中华书局2016年点校本，第1408页。
③ 《张俭墓志》（重熙二十二年），参见向南：《辽代石刻文编》，河北教育出版社1995年版，第267页
④ 《辽史》卷八十九《杨佶传》，中华书局2016年点校本，第1488—1489页。
⑤ 《辽史》卷九十八《刘伸传》，中华书局2016年点校本，第1558—1559页。

想作为治国安邦的主体思想，使得契丹人学习儒家思想文化的积极性并没有受到多大影响，大批有条件的契丹人都接受儒家思想文化教育，因此，有辽一代出现诸多著名的契丹族名臣儒士，如耶律资忠，系出仲父房，"博学，工辞章，年四十未仕。圣宗知其贤，召补宿卫。数问以古今治乱，资忠对无隐。开泰中，授中丞，眷遇日隆"①。耶律庶成，季父房之后，"幼好学，书过目不忘。善辽、汉文字，于诗尤工。重熙初，补牌印郎君，累迁枢密直学士。与萧韩家奴各进《四时逸乐赋》，帝嗟赏。初，契丹医人鲜知切脉审药，上命庶成译方脉书行之，自是人皆通习，虽诸部族亦知医事。时入禁中，参决疑议。偕林牙萧韩家奴等撰《实录》及《礼书》。与枢密副使萧德修定法令，上诏庶成曰：'方今法令轻重不伦。法令者，为政所先，人命所系，不可不慎。卿其审度轻重，从宜修定。'庶成参酌古今，刊正讹谬，成书以进。帝览而善之"。②萧德，楮特部人，"性和易，笃学好礼法。太平中，领牌印、直宿，累迁北院枢密副使，敷奏详明，多称上旨。诏与林牙耶律庶成修《律令》，改契丹行宫都部署，赐宫户十有五"③。萧惟信，楮特部人，"父高八，多智数，博览古今。……惟信资沉毅，笃志于学，能辨论。重熙初始仕，累迁左中丞。十五年，徙燕赵国王傅，帝谕之曰：'燕赵左右多面谀，不闻忠言，浸以成性。汝当以道规诲，使知君父之义。有不可处王邸者，以名闻。'惟信辅导以礼"④。

像张俭、杨佶、刘伸、耶律资忠、耶律庶成、萧德、萧惟信等名臣儒士，在辽代史料中比比皆是，不管他们通过哪种途径成为辽代的治世人才，他们都必须具有较高的儒家思想文化素养才能胜任。从这个意义上说，辽代官学教育功不可没。

---

① 《辽史》卷八十八《耶律资忠传》，中华书局 2016 年点校本，第 1478 页。
② 《辽史》卷八十九《耶律庶成传》，中华书局 2016 年点校本，第 1485 页。
③ 《辽史》卷九十六《萧德传》，中华书局 2016 年点校本，第 1540 页。
④ 《辽史》卷九十六《萧惟信传》，中华书局 2016 年点校本，第 1541 页。

2. 官学教育对儒家思想文化向中国北疆游牧地区的传播做出重要贡献

辽代的文教政策促进了中国北疆游牧地区文化水平的普遍提高，缩小了北疆游牧地区与中原地区的文化差异。辽以武立国，礼文事业未及兴办，但随着"尊孔崇儒"文教政策的施行，儒学在辽统治境内得到广泛传播，影响日益扩大，诵经习儒逐渐成为辽代社会的时尚。儒学的发达，不仅提高中国北疆游牧社会的文化素质，促进游牧社会的进步，逐渐缩小北疆游牧社会与中原汉族社会之间的儒家思想文化差距，为民族大融合铺平了道路。《辽史·文学传上》"序"云："辽起松漠，太祖以兵经略方内，礼文之事固所未遑。及太宗入汴，取晋图书、礼器而北，然后制度渐以修举。至景、圣间，则科目聿兴，士有由下僚擢升侍从，骎骎崇儒之美。但其风气刚劲，三面邻敌，岁时以搜狝为务，而典章文物视古犹阙。"[1] 清人魏源综观辽代文化教育成就后也评价说："辽起塞外，宜乎不识汉文，而首立孔子庙，太祖即亲祭孔子。太宗及东丹王兄弟皆工绘事，勒石能铭，登高能赋，师旅能誓，其才艺有足称者。每科放进士榜百余人，故国多文学之士。其史、纪、表、志、传皆详明正大，虽在元代前，而远出元代之上。"[2] 元人、清人的评价，大体反映出辽代儒家思想文化教育发展的真实水平。

---

[1] 《辽史》卷一百三《文学传上》，中华书局 2016 年点校本，第 1593 页。
[2] （清）魏源：《古微堂外集》，参见《中国近代史料丛刊》（第 43 辑第 424 册），文海出版社影印本，第 49 页。

第四章　辽代私学教育

　　私学教育作为官学教育的补充，是与官学教育相对应的一种教育形式。原始社会末期已有萌芽，春秋之际已成为一种教育制度。私学教育是自官学教育与自然形态教育分离之后，中国教育制度史上具有历史性的一次革命。[①]它打破"学在官府"的固有传统，文化知识不再被统治集团、贵族集团所垄断，社会下层的普通民众也能够接受文化知识教育，从而使文化知识能够在社会上广泛传播。"在中国古代教育史上私学教育始终占有重要地位，尤其是蒙养阶段的教育和教学主要由私学教育来承担，这可以说是中国古代教育的一个重要特点。"[②]私学教育经春秋战国、秦汉魏晋、隋唐五代的发展，在教学活动上取得较为丰富的实践经验，出现形式多样的教育方式。辽代私学教育继承这一宝贵遗产，在"因俗而治"基本国策与"尊孔崇儒"文教政策的历史背景之下，结合辽代社会的复杂局面，即既要面对燕山山脉以南的发达的农业经济区，又要面对北疆的广阔无垠的游牧地区的实际情况，因地制宜地开展行之有效的形式多样的私学教育活动，使中原儒家思想文化得以在北疆游牧地区广泛传播，这对提高辽代社会民众的儒家思想文化素养起到积极作用。

---

① 孙培青主编：《中国教育史》，华东师范大学出版社 1999 年版，第 47—52 页。
② 毛礼锐、沈灌群主编：《中国教育通史》（第三卷），山东教育出版社 2005 年版，第 32 页。

第一节　辽代私学概念的界定

关于私学的界定，吴霓先生认为："一般意义上的私学概念，应是不由政府主持，不纳入国家正规学校制度之内，由私人或私人集团（包括社会集团）来主持、经营、管理的教育活动，属于私学的范畴。它既包括了在固定教育场所产生之前的游动四方的私人讲学，又包括以一个学术大师为核心的私人学派，当然，也包括与官学对应的、有固定教育场所的正式的私学学校类型。"① 姜维公先生亦主张："所谓'私学'是指不由政府主持，没有纳入国家正规学校制度之内，由私人或私人集团来主持、经营、管理的教育活动。纯民间办学自不必论，即便是国家官员所主持的教学活动，只要不是根据政府指示而办，不具有政府专项经费开支，就只能算作私学。"② 从上述前贤对私学给出的概念来看，私学有如下四个主要特征：第一，有师有生，这与官学教育相匹配，是教育的最基本条件；第二，不由官府主办，与官学由官府主办截然不同，此是与官学教育最本质的区别；第三，办学经费自筹，不由官府支持经费；第四，私人的讲学，或私人学派的讲学，或政府官员主持的讲学，不由官府设置学官讲学。

从私学发展的历史情况看，上述四个特征尚不能完全概括私学的内涵，如蒙学教育阶段的家学教育、诵经习儒阶段的家学教育，按上述前贤所列的私学特征分析，都不应包涵在私学的范畴之中。那么，蒙学教育阶段的家学教育、诵经习儒阶段的家学教育应属于什么范畴呢？换言之，唯有在蒙馆接受识字和初步经史教育、在私塾接受经史教育才能真正算作是私学教育吗？很显然，这样的私学界定明显过于

---

① 吴霓：《中国古代私学发展诸问题研究》，中国社会科学出版社1996年版，第2页。
② 姜维公：《汉代学制研究》，中国文史出版社2005年版，第95页。

狭小。事实上，只有把蒙学教育阶段的家学教育、诵经习儒阶段的家学教育都列入私学范畴，才能完全概括官学教育以外的任何形式的识字、初步经史教育。对此，吴霓先生是这样解释的："从广义上来说，不由政府主持，而且不纳入国家学校制度之内的教学活动都应属于私学的范畴。"[①] 可见，吴霓先生对于私学概念的界定存在广义与狭义（即他所说的一般意义）之分。针对这一概念的范畴问题，沈怀灵等先生指出："中国古代私学，包括蒙养教育阶段和专经研习阶段，无论王公贵族的保傅宫廷教育还是民间的家庭、学塾教育，都属于私学教育。蒙养教育相当于现代的学前教育和小学教育，前一阶段主要在家庭里进行，包括胎教和幼童教育，幼童教育主要是教幼童识字、写字和进行道德培养，后一阶段主要在学塾里进行，学习诗、书、礼、乐之文，使儿童在日常生活和具体行事上，熟悉伦理纲常。这两个阶段之间的区分并不严格，学生的年龄也不做具体规定。完成蒙养教育后，学生可到社会上谋生、做小吏等，如想继续深造，官学和私学高一阶段选拔出来的人才，大多汇入仕途的洪流，另一些则构成古代知识分子的主要部分，如学术传承、教师和各种实用技艺的活动者。"[②] 在沈怀灵等先生看来，私学教育应该包括蒙养教育和私学教育两个阶段，蒙养教育阶段的任何形式的教育都应划入私学教育的范畴。这也是从广义角度来界定私学概念的。

综上所述，私学教育实际上应该存在狭义上的私学教育和广义上的私学教育之区分。姜先生所界定的私学概念应属于狭义上的私学教育，而沈怀灵等先生所界定的私学概念应属于广义上的私学教育。关于辽代的私学教育也存在着狭义上的私学教育和广义上的私学教育之区别。本章所欲讨论的辽代私学教育是从广义的私学教育角度切入

---

① 吴霓：《中国古代私学发展诸问题研究》，中国社会科学出版社 1996 年版，第 1 页。
② 沈怀灵、王卫东：《"育"的思想与古代蒙养教育》，《云南教育学院学报》1998 年第 3 期。

的，是指不由辽代官府主持，而且不纳入辽代学校制度之内的教学活动。[①] 从私学教育活动的诸阶段来看，不仅包括以识字、写字为主的蒙养教育阶段，而且还包括以经史教育为主的私学教育阶段。从具体形式上看，不仅包括蒙馆教育、私塾教育等教育形式，而且包括家学教育等教育形式。

第二节　辽代蒙养教育

所谓的"蒙养"，就是开导蒙昧，使幼童养成基本的道德规范，具有基本知识技能。根据蒙养教育的基本理论依据和指导原则，蒙养教育就是"蒙以养正"或"养正于蒙"，即当幼童智慧蒙开之际及时施以正当的教育，或者说，用正当的教育启迪幼童使之健康成长。[②]《周易·蒙》载："蒙也，蒙以养正，圣功也。"孔颖达疏曰："能以蒙昧隐默自养正道，乃成至圣之功。"[③] 可见，蒙之义应为开化心智。而养之义应为涵育自化。孟子曰："中也养不中，才也养不才，故人乐有贤父兄也。"[④] 朱熹集注："无过不及之谓中"，"足以有为之谓才"，"养，谓涵育熏陶，俟其自化也"。[⑤] 从蒙养之义看，蒙养教育阶段既有基本文化知识教育，也有道德行为规范教育，二者并行不悖，成为蒙养教育阶段的两个重要方面。

---

① 在此，还应强调说明的一点是，因材料的限制，这里仅讨论经史教育，而其他的私学教育不作专题加以讨论。
② 毛礼锐、沈灌群主编：《中国教育通史》（第三卷），山东教育出版社 2005 年版，第 37 页。
③ 《周易正义》卷一《蒙》，参见（清）阮元校刻：《十三经注疏》（清嘉庆刊本），中华书局 2016 年影印本，第 36 页下栏。
④ 《孟子注疏》卷八上《离娄章句下》，参见（清）阮元校刻：《十三经注疏》（清嘉庆刊本），中华书局 2016 年影印本，第 5929 页下栏。
⑤ 参见朱熹：《四书集注》，岳麓出版社 1987 年版，第 418 页。

在中国古代教育中，向来注重幼童教育，自幼童出生开始，家长就颇为注重幼童的文化知识与道德培养。以契丹族为核心建立的辽代继承了古代蒙养教育这一优良传统，不仅在其所统治的汉族聚居区施行蒙养教育，而且还在北疆游牧地区施行蒙养教育，使游牧民族的幼童也能获得文化知识和道德培养。蒙养教育是辽代广大贵族、普通民众接受儒家思想文化教育和道德培养的起始。关于蒙养教育，乔卫平先生是这样表述的：蒙养教育是"连接于小学与学前幼童之间的一种启蒙教育形式，相当于普通小学教育的初级阶段，但比一般小学教育的含义更为广泛。也包括一般幼童入学之前和学校之外，通过各种形式所受到的启蒙教育，是特指在乡校、家庭和社会教育中那部分经过一定的组织过程，利用特定的方法和手段所进行的文化、道德启蒙教育"[1]。可见，蒙养教育属于基础教育阶段，也是私学教育的初级阶段。虽然乔先生所言的蒙养教育不是针对辽代而言，但具有普遍意义，也适用于辽代。辽代蒙养教育基本上承袭唐、五代蒙养教育的优良传统，在吸收和创新的基础上形成自身特色。

一、辽代的蒙养教育

辽代的蒙养教育作为幼童的普及教育，办学条件比较宽泛，教育制度比较灵活，办学形式多种多样，同时，辽代蒙养教育无等级之分，无贵贱之别，只要有条件、有求学愿望，任何人都可以接受蒙养教育。辽代这种经费、教师和生源都不依赖于朝廷而自由发展的办学形式，对辽代各民族、各阶层民众的文化知识的普及和道德水平的提升都起到过较大的影响作用。

---

[1] 李国均、王炳照总主编，乔卫平著：《中国教育制度通史（宋辽金元）》（第三卷），山东教育出版社2000年版，第273—274页。

1. 辽代蒙养教育的主要内容

蒙养教育阶段的主要任务是使幼童掌握基本文化知识和初步的道德行为规范，也就是说，接受蒙养教育的幼童，在识字、诵书的同时，还要接受儒学思想中的道德行为规范教育。

基本文化知识教育上，辽代蒙养教育特别注重学习态度的培养和良好学习习惯的养成，如读书强调勤奋、刻苦、认真、专一，要求幼童"日所一见，记之于心。耳所略闻，讼之于口"①，"读书自能成句"②，还要求幼童养成温故知新、善于接受，以及爱护书籍、珍惜光阴等观念。同时，也要求幼童写字姿势端正、严正分明、字画清秀，书册顿放整齐、案明几净，培养研墨、执笔、铺纸等基本技能和良好习惯。此外，辽代蒙养教育对有能力的幼童还要求在识字、诵书的同时，研习经史，粗通五经大义。如杨皙，"幼通《五经》大义"③，圣宗闻之颖悟，诏试诗，果然不枉其名。圣宗太平十一年（1031），擢进士乙科。张嗣甫"幼拜经书，早事笔砚"。年始六岁，圣宗皇帝见而奇之，曰："此子未成麟角，已得凤毛。宜升振鹭之班，别俟登龙之望。"④ 韩资道，"成童志于学，弱冠善于书"⑤。梁援，"五岁诵《孝经》《论语》《尔雅》，十一通《五经》大义"，清宁五年（1059）登进士甲科，"所作辞赋世称其能"⑥。贾师训，"七岁，能诵书作诗"⑦。史洵直，

---

① 《张嗣甫墓志》（重熙五年），参见向南：《辽代石刻文编》，河北教育出版社 1995 年版，第 201 页。
② 《辽史》卷八十九《杨佶传》，中华书局 2016 年点校本，第 1488 页。
③ 《辽史》卷八十九《杨皙传》，中华书局 2016 年点校本，第 1487 页。
④ 《张嗣甫墓志》（重熙五年），参见向南：《辽代石刻文编》，河北教育出版社 1995 年版，第 201 页。
⑤ 《韩资道墓志》（咸雍五年），参见向南：《辽代石刻文编》，河北教育出版社 1995 年版，第 334 页。
⑥ 《梁援墓志》（乾统元年），参见向南：《辽代石刻文编》，河北教育出版社 1995 年版，第 520 页。
⑦ 《贾师训墓志》（寿昌三年），参见向南：《辽代石刻文编》，河北教育出版社 1995 年版，第 477 页。

"爰自幼学，卓立不群。文章敏巧，出于自然。甫及弱冠，声华籍甚。清宁八年，登进士第"[1]。王安裔，"自幼至壮，惟以好学为志，既而攻词赋。大康五年，擢进士第，实尚于祖先也"[2]。可见，辽代幼童的蒙养教育阶段，已不拘泥于识字、诵书，而对经史有所粗通，已能填诗作赋，甚至其才能已彰显于世，展现出辽代统治机构后备人才的能力。

　　道德行为规范教育上，辽代蒙养教育特别注重幼童的道德品质的养成，以及为人处事的礼仪和行为习惯的养成。在教育方式上，往往结合文化知识教学，要求幼童自觉养成"懂礼法""知孝悌"的符合社会生活要求的道德行为规范。如萧药师奴，"幼颖悟，谨礼法，补祗候郎君"，大康中，"持节使宋"，[3] 达成宋夏罢兵和好之议。官至汉人行宫副部署、安东军节度使。韩瑜，"生而魁伟，幼有端良。雅好大谋，卓闻奇节。趋庭就傅，学诗礼以检身；筮仕勤王，便骑射而成性"[4]。张嗣甫，"生知孝敬，教禀义方"[5]。佛之徒洙公，"生而被诗书礼乐之教，固充饫虖耳目矣"[6]。王师儒，"生而其性孝谨，少以种学绩文业其家"[7]。可见，辽代蒙养教育在注重幼童的基本文化知识学习的同时，还相当重视幼童的道德行为规范教育。

---

①《史洵直墓志》（天庆四年），参见向南：《辽代石刻文编》，河北教育出版社 1995 年版，第 651 页。

②《王安裔墓志》（保大四年），参见向南：《辽代石刻文编》，河北教育出版社 1995 年版，第 687 页。

③《辽史》卷九十一《萧药师奴传》，中华书局 2016 年点校本，第 1502 页。

④《韩瑜墓志》（统和九年），参见向南：《辽代石刻文编》，河北教育出版社 1995 年版，第 94 页。

⑤《张嗣甫墓志》（重熙五年），参见向南：《辽代石刻文编》，河北教育出版社 1995 年版，第 201 页。

⑥《柳溪玄心寺洙公壁记》（乾统三年），参见向南：《辽代石刻文编》，河北教育出版社 1995 年版，第 539 页。

⑦《王师儒墓志》（天庆四年），参见向南：《辽代石刻文编》，河北教育出版社 1995 年版，第 645 页。

辽代蒙养教育除上述与唐、五代基本相同的教育内容外，还有辽代自身的特色，即辽代幼童在学习汉语言文字、文化知识的同时，还要学习契丹语言文字。如萧韩家奴，"少好学，弱冠入南山读书，博览经史，通辽、汉文字"①；耿知新，"自孩幼习将相艺，识番汉书"②；耶律庶成，"幼好学，书过目不忘。善辽、汉文字，于诗尤工"③；耶律蒲鲁，"幼聪悟好学，甫七岁，能庸契丹大字。习汉文，未十年，博通经籍"④；郑恪，"少敏达，博学世俗事。通契丹语，识小简字"⑤。另外，萧阳阿，"端毅简严，识辽、汉字，通天文、相法"⑥；萧乐音奴，"貌伟言辨，通辽、汉文字，善骑射击鞠，所交皆一时名士"⑦。虽然史料没有明确记载萧阿阳、萧乐音奴汉字、契丹字习于何时，但很显然也应该始习于蒙养教育阶段。从上述记载看，辽代汉、契诸族幼童在蒙养教育阶段为了适应辽代通用汉、契两种文字的情况，既要习读汉文，也要通识契丹字。这是辽代蒙养教育阶段的一大特点。

2. 辽代蒙养教育的基本形式

辽代蒙养教育主要有家学教育和蒙馆教育两种形式。

（1）辽代的家学教育

蒙养阶段的家学教育是蒙养教育中最普通、最便捷的教育形式。在辽代社会生活中，这种家学教育受到上到达官贵族，下至平民百姓的青睐，通过这种家学教育，诸多幼童后来成为辽代显赫一时的名臣儒士。如室昉，"幼谨厚笃学，不出外户者二十年，虽里人莫识。其

---

① 《辽史》卷一百三《萧韩家奴传》，中华书局 2016 年点校本，第 1593—1594 页。
② 《耿知新墓志》(太平七年)，参见向南：《辽代石刻文编》，河北教育出版社 1995 年版，第 184 页。
③ 《辽史》卷八十九《耶律庶成传》，中华书局 2016 年点校本，第 1485 页。
④ 《辽史》卷八十九《耶律蒲鲁传》，中华书局 2016 年点校本，第 1487 页。
⑤ 《郑恪墓志》(大安六年)，参见向南：《辽代石刻文编》，河北教育出版社 1995 年版，第 428 页。
⑥ 《辽史》卷八十二《萧阳阿传》，中华书局 2016 年点校本，第 1426 页。
⑦ 《辽史》卷九十六《萧乐音奴传》，中华书局 2016 年点校本，第 1542 页。

精如此"。很显然，室昉不仅在蒙养教育阶段接受家学教育，而且在私学教育阶段也接受家学教育，前后接受教育的时间长达 20 年。通过刻苦读书，室昉于太宗会同初，登进士第。因其博通经史，鉴古知今，太宗入汴京受册礼之时，"诏昉知制诰，总礼仪事"。后又历事世宗、穆宗、景宗、圣宗四朝，被委以重任。保宁间，帝"数延问古今治乱得失，奏对称旨"，"决讼平允，人皆便之"。统和间，"与韩德让、耶律斜轸相友善，同心辅政，整析蠹弊，知无不言，务在息民薄赋，以故法度修明，朝无异议"，"进《尚书·无逸篇》以谏，太后闻而嘉奖"，"进所撰《实录》二十卷，手诏褒之。"因室昉功绩卓著，圣宗诏"入朝免拜，赐几杖"，"许乘辇入朝"，临终前加"尚父"。[①]梁援，"五岁诵《孝经》《论语》《尔雅》，十一通五经大义，十三作牵马岭碑文，人颇异之"。在广大汉族地区和较有儒家文明的边疆民族地区，幼童在七八岁之前，一般以接受家庭的启蒙教育为主，开始进入以接受蒙师教育为主的小学教育。[②]所以，梁援所接受的蒙养教育显然是家学教育。梁援于清宁五年（1059），登进士甲科，由此步入仕宦之途，初命儒林郎、守右拾遗、直使馆，历左补阙、起居郎，并充史馆修撰。旋加将作少监、秘书少监、应奉阁下文字、少府监、知制诰，兼兵刑房承旨。累加乾文阁直学士、右谏议大夫、翰林学士、宣政殿学士。"三奉命接送南朝国信副使，六充馆伴副使，一充皇太后南朝正旦国信副使，提按刑狱者六次，诠读考试典掌贡举者十次"，赐号"忠亮功臣""同德功臣"，"正授兼中书侍郎、同中书门下平章事、监修国史、知枢密院事，加开府仪同三司，进封赵国公"。[③]贾师

---

① 《辽史》卷七十九《室昉传》，中华书局 2016 年点校本，第 1401—1402 页。
② 毛礼锐、沈灌群主编：《中国教育通史》（第三卷），山东教育出版社 2005 年版，第 36—37 页。
③ 《梁援墓志》（乾统元年），参见向南：《辽代石刻文编》，河北教育出版社 1995 年版，第 520—522 页。

训，"七岁，能诵书作诗。……年十四，举进士，由乡解抵京师。丞相杜中令、驸马侍中刘公召□之。文成，更相称爱。将议闻上，以事龃龉遂寝。十九，试礼部，奏御。三十有五，登第"①。贾师训所接受的蒙养教育显然也是家学教育。可见，蒙养教育阶段的家学教育在辽代是普遍存在的，这对幼童的儒家思想文化知识的掌握和道德行为规范的养成都有相当重要的影响，是他们将来进入仕宦之途的第一级"台阶"。

（2）辽代的蒙馆教育

蒙养阶段的蒙馆教育是蒙养教育阶段的又一种教育形式。在现存的辽代史料中，虽然没有明确记载蒙馆教育实态的资料，但从诸多名臣儒士的成长经历还是可以窥视出辽代蒙馆教育的发达。系出孟父房的耶律屋质，"博学，知天文"，"重然诺"。② 宰相敌鲁之族弟忽没里之子萧思温，"通书史"③。于越鲁不古之子耶律贤适，"嗜学有大志"④。国舅少父房之萧朴父劳古，"以善属文，为圣宗诗友"。萧朴，"博学多智"⑤。五院部人耶律八哥，"幼聪慧，一览辄成诵"⑥。汉人自不必说，就像上述所举例的精通经史的契丹人在《辽史》"诸传"中比比皆是，举不胜举。这些精通经史的汉人、契丹人，抑或是其他民族人，在研习经史之前都需要接受蒙养教育，这种蒙养教育除家学教育外，就应该是蒙馆教育，虽然我们不能确切地指出某位名臣儒士是在蒙馆中接受文化知识和道德行为规范教育的，但值得肯定的是，在这些士人之中当有很大一部分是因接受过蒙馆教育而成材的。据此可推知，辽代的蒙馆教育应该是比较发达的。

① 《贾师训墓志》（寿昌三年），参见向南：《辽代石刻文编》，河北教育出版社 1995 年版，第 477 页。
② 《辽史》卷七十七《耶律屋质传》，中华书局 2016 年点校本，第 1385 页。
③ 《辽史》卷七十八《萧思温传》，中华书局 2016 年点校本，第 1397 页。
④ 《辽史》卷七十九《耶律贤适传》，中华书局 2016 年点校本，第 1402 页。
⑤ 《辽史》卷八十《萧朴传》，中华书局 2016 年点校本，第 1411 页。
⑥ 《辽史》卷八十《耶律八哥传》，中华书局 2016 年点校本，第 1412 页。

另外，从辽代版《蒙求》一书在辽代应州木塔中的发现也可以佐证辽代蒙馆教育的存在。毕素娟先生在研究辽代版《蒙求》之后认为："辽版《蒙求》系白文本，无注文。虽分上、中、下三卷，但与带注三卷本的分卷情况都不一致，可见不属同一源流。唯与敦煌甲卷都是白文一点相同。但辽本前缺，原来有无李华序及李良《荐〈蒙求〉表》已不可知。……敦煌甲卷与卷子改装本两种是现存《蒙求》的最早写本，同出于唐人之手，一种有注，一种无注。可见李翰《蒙求》在唐时至少已有两种本子。据李华序，《蒙求》原有注。白文本或许是给学童作识字课本用的删节本。有目有注者当是给塾师作教材讲解之用。无注者刻版简省，销量大，有利于坊间书商。"[①] 可见，《蒙求》作为辽代蒙馆教育使用的教材之一，在辽代应该是普遍的。应州木塔所发现的辽代《蒙求》的雕版印刷品，为白文本，无注文，至少说明辽代蒙养教育对《蒙求》的需求量相对比较大。从这个角度分析，蒙馆教育在辽代大量存在当是毫无疑问的。

二、辽代的蒙养教育教材

中国古代历朝都颇为重视蒙养教育的教材编写。自周朝以来，各朝都曾编写一些有影响的蒙养教育教材，并为后代所沿用。在辽代史料中，由于未记载蒙养教育的基本情况，因而关于辽代使用的或编写的蒙养教育教材现已难知，不过，辽代蒙养教育当沿袭于唐朝五代，因而辽代蒙养教育所使用的教材大体上应与唐朝、五代教材基本一致。据梅蕾《隋唐童蒙教育文献研究》，隋唐时期童蒙教育所使用的教材大致有两种：一是隋唐以前创作的，而隋唐时期仍广泛流传的，如《孝经》《三苍》《急就篇》《凡将》《千字文》等；二是隋唐时期创作

---

① 毕素娟：《世所仅见的辽版书籍：〈蒙求〉》，《文物》1982 年第 6 期。

的，如《开蒙要训》《蒙求》《太公家教》《兔园策府》《咏史诗》等。①
辽代蒙养教育大体上也应该使用这些教材，至于辽代是否还有新创作
的蒙养教育的教材，因辽代史料记载的阙如，现已无法知晓。从现有
的史料来看，辽代西京应州木塔中发现的辽代《蒙求》雕版印刷品是
目前唯一可知的辽代蒙养教育的教材。辽版《蒙求》的发现，很有力
地表明辽代蒙养教育所使用的教材当为沿用隋唐时期的教材。

《蒙求》成书于唐朝，出自李瀚之手。② 毕素娟先生认为："关于
《蒙求》的作者李翰，正像王重民先生所说：'明清之间，学者已不识
李翰为何人，遑论其书！'《四库提要》《全唐诗》则误认为李翰是五代
时后晋之李瀚。虽然宋人陈振孙、晁公武都说《蒙求》是唐人所著，
明人顾起伦《蒙求标注》序、清人邢澍《守雅堂文集》、周中孚《郑
堂读书记》中也有考证，但并未引起人们的重视，两说一直并存。直
到光绪六年（1880）杨守敬在日本发现卷子改装本《古钞蒙求》一
卷，开头有唐代饶州刺史李良天宝五年《荐〈蒙求〉表》，接着是唐
人李华的序；后来在敦煌又发现了两部写本《蒙求》残卷（都为伯希
和劫去），其中日卷开头尚存李良《荐〈蒙求〉表》的后半段和李华
序。至此，证明《蒙求》的作者是唐人已无问题。近人余嘉锡先生
在《四库提要辨正》中广征博引，论述精辟，更使《蒙求》作者唐代
李翰的面目一新。"③ 梅蕾认为："《蒙求》的作者有两说，一曰唐李瀚，
一曰后晋翰林学士李翰，由此对成书年代也就有了'唐朝成书说'和
'五代成书说'两种不同时期的说法。晁公武的《郡斋读书志》和陈
振孙的《直斋书录解题》里都认为此书完成于唐朝，李翰和李瀚是同
一人，只是写法上的不同而已，此观点是成立的。因为到清末时我国
在日本发现了多种古本的《蒙求》，卷首都有唐饶州刺史李良在天宝

① 梅蕾：《隋唐童蒙教育文献研究》，华中师范大学硕士学位论文 2001 年版，第 5—19 页。
② 毕素娟作"李翰"，而梅蕾作"李瀚"。
③ 毕素娟：《世所仅见的辽版书籍：〈蒙求〉》，《文物》1982 年第 6 期。

五年（746）所写的《荐〈蒙求〉表》，上面记有：'窃见臣境内寄住客前信州司马仓参军李瀚，学艺淹通，理识精究，撰古人状迹，编成音韵，属对类事，无非典实，名曰《蒙求》，约三千言。……'由此可以确定作者李瀚为唐朝人，《蒙求》成书于唐朝。"[①]可见，《蒙求》一书出自唐朝士人之手，并一直沿用至辽代。

"蒙求"之义，取自于《周易·蒙卦·彖辞》之"匪我求童蒙，童蒙求我，初筮告，再三渎，渎则不告"之句，意思是说如果有年幼蒙昧之幼童来求教于我，我会简明清楚地一次就把事情的道理讲给他听。《蒙求》李华序曰："安平李瀚著《蒙求》一篇，列古人言行美恶，参之声律，以授幼童，随而释之，比其始终，则经史百家之要，十得其四五矣。推而引之，源而流之，易于讽习，形于章句，不出卷而知天下，其《蒙求》哉。《周易》有'童蒙求我'之义。李公子以其文辞，不敢轻传达识者，所务训蒙而已，故以'蒙求'为名题其首。每行注两句，人名外，传中有别事可记者，亦此（比）附之，虽不配上文，（其）所资广博。"[②]很显然，《蒙求》的目的就在于"训蒙"，令幼童初识文字、历史和传说人物，启迪心智，培养情操，既要求幼童接受基本文化知识教育，又要求幼童接受儒家伦理道德行为规范培养。《蒙求》以经传故事，用四言韵语编成，全书"有典故五百九十二个"，"共五百九十六句，二千三百八十四字。内容所涉，范围很广，包括我国古代天文、地理、历史、神话、医药、占卜、民族、战争、动物、植物等多方面内容"，[③]为作者在博览群书之后的融会贯通之作。正如毕素娟先生所评价的那样：《蒙求》"是以历史典故为主要内容，采用对偶押韵的句子，每句四字，包含一个历史人物或传说人物的故事，上下两句成为对偶。这样的蒙书既可以帮助儿童多

---

① 梅蕾：《隋唐童蒙教育文献研究》，华中师范大学硕士学位论文 2001 年版，第 14 页。
② 毕素娟：《世所仅见的辽版书籍：〈蒙求〉》，《文物》1982 年第 6 期。
③ 颜维才、黎邦元注译：《蒙求注释·前言》，山西人民出版社 1987 年版，第 1 页。

认识《千字文》以外的生字，又可以学些典故知识。这比以认字为主的蒙书又前进了一大步"[1]。可见，辽代把《蒙求》作为蒙养教育阶段的教材顺应了历史潮流，是辽代接受中原儒家思想文化教育的真实写照。

从上述的讨论中可以看出，蒙养教育作为官学教育和私学教育的基础教育，在辽代教育体系中发挥了相当重要的作用。在这个阶段的教育中，不仅培养幼童识字、诵书、粗通经史的能力，而且还使幼童接受儒学思想中的道德行为规范教育，为辽代培养治世人才打下了良好的基础。

第三节　辽代私学教育

辽代幼童经过蒙养教育阶段之后，便进入以诵经习儒，研习经史大义为主的私学教育阶段，这是私学教育的高级阶段。在这个阶段中，契丹子弟与汉族子弟教育开始有了各自的目标。汉族子弟的教育是与科举入仕紧密地联系在一起，而契丹族子弟的教育则与辽代世选制度紧密地联系在一起。虽然契丹子弟与汉族子弟的教育目标不同，但有一点是相同的，即通过对文化知识和儒家思想的教育，使他们成为辽代社会的治世人才，因而他们的教学方式和教学内容基本一致。

一、辽代私学教育形成的历史背景

如前所述，辽建立伊始便制定"尊孔崇儒"的文教政策，官学教

---

[1]　毕素娟：《世所仅见的辽版书籍：〈蒙求〉》，《文物》1982 年第 6 期。

育获得较大发展，从中央到地方形成国子学、五京学、地方府州县学的较为完整的教育体系，这对辽代统治域内民众的向风慕华之时尚起到积极的推动作用，但官学教育所招收的生徒毕竟相当有限，加之管理的限制，远不能满足各族民众学习儒家思想文化的需求，因而辽代的私学教育就成为官学教育的必然补充。在这样的背景之下，具有优良传统的私学教育在辽代普遍发展起来。

关于辽代私学颇为活跃的原因，程方平先生《辽金元教育史》一书曾作过分析。程先生认为："首先是由于统治集团发生了不同民族的更迭，各族统治者都需要加速培养本民族的统治人才和各方面的专家学考；其次，是各少数民族在实现统治的过程中逐渐进入文明化发展阶段，也需要从多方面借助教育的力量来发展；再次，由于各民族文化教育交流的广泛开展，促进了私人的讲学和授徒，私学便以多种形式发展起来。由于社会上文人学子求学的积极性和对学术研究的兴趣不断增长，而官学和官办学术机构在战事频仍的形势下发展缓慢而且有限，远远不能满足这些需求，私学因之兴盛起来，成为当时教育发展中不可忽视的重要方面。"①

辽代私学教育的发展情况，由于缺乏直接的资料，可结合乡贡进士进行考察。② 因为乡贡进士不列于府州县地方官学，通过私学教育而养成，所以从乡贡进士的情况，大体可窥视辽代私学教育的概况。可惜的是，《辽史》只字未提乡贡进士，现仅知的辽代 35 名乡贡进士皆出于墓志或者碑刻之中，其基本情况如下表所示。

---

① 程方平：《辽金元教育史》，重庆出版社 1993 年版，第 32 页。
② 关于"乡贡进士"，可参见本文第五章第三节之"辽朝乡贡进士考辨"。

表 4—1　辽代乡贡进士地域分布

	姓　名	籍贯	撰就的墓志或碑刻	撰文时间	出土地点
1	王　寔		《石龟山遵化寺碑》	重熙十一年（1042）	河北涞水县西北
2	马　梅	燕京析津县	《为先内翰侍郎太夫人特建经幢记》 《马直温妻张馆墓志》 ◎	天庆元年（1111） 天庆三年（1113）	不详 北京大兴区
3	郑　熙		《重修范阳白带山云居寺碑》	应历十五年（965）	北京房山区
4	商　隐		《韩橘墓志》	重熙六年（1037）	辽宁朝阳市
5	杜　文		《石函记》	重熙十四年（1045）	内蒙古宁城县
6	刘师民	燕南良乡县	《涿州超化寺诵法华经沙 门法慈修建实录》	清宁二年（1056）	北京房山区西北
7	王　诠		《涿州白带山云居寺东峰续镌成四大部经记》	清宁四年（1058）	北京房山区西南
8	李　敷		《耶律宗政墓志》 《耶律宗允墓志》	清宁八年（1062） 咸雍元年（1065）	辽宁北镇市 辽宁北镇市
9	刘子庸	安次县	《萧福延造经记》	清宁九年（1063）	
10	张君儒	滦州	《尊胜陀罗尼幢序》	大安六年（1080）	
11	张　问		《尚暐墓志》	寿昌五年（1099）	内蒙古宁城县
12	韩温教		《金山演教院千人邑记》	乾统三年（1103）	河北涞水县北
13	刘　企		《造经题记》	大安元年（1085）	
14	张　角	析津府	《窦景庸女赐紫比丘尼造经记》		
15	李　枢		《赵公议为亡考造陀罗尼幢记》	乾统十年（1110）	北京房山区西南

续表

	姓 名	籍贯	撰就的墓志或碑刻	撰文时间	出土地点
16	李忠益	大定归化县	《惠州李祜墓幢记》	天庆三年（1113）	不详
17	张希颜	涿州固安	《辽史拾遗》卷14《地理志四》		
18	段温恭	涿州范阳	《特建葬舍利幢记》《特建纪伽蓝功德幢记》	咸雍八年（1072）咸雍十年（1074）	不详不详
19	郭秦		《萧福延造经记》	清宁九年（1063）	不详
20	张俨	燕京	《张琪墓志》◎《马直温妻张馆墓志》◎	太平四年（1024）天庆三年（1113）	北京大兴区
21	张某	燕京	《张琪墓志》◎	太平四年（1024）	北京大兴区
22	郑懿文		《沈州卓望山无垢净光塔石棺记》	重熙十四年（1045）	辽宁沈阳市城南
23	郑恂		《沈州卓望山无垢净光塔石棺记》	重熙十四年（1045）	辽宁沈阳市城南
24	赵及		《显州北赵太保寨白山院舍利塔石函记》	清宁四年（1058）	辽宁阜新蒙古族自治县富荣镇
25	李克忠	燕京昌平县	《阳台山清水院藏经记》	咸雍四年（1068）	北京市
26	君儒		《井亭院圆寂道场藏掩感应舍利记》	大康六年（1080）	北京房山区
27	宋雄		《韩瑞墓志》	大安八年（1092）	辽宁朝阳市
28	刘诏		《义冢幢记》："乡贡进士刘诏书"。	寿昌五年（1099）	北京昌平区
29	高据	西京朔州	《高泽墓志》◎	乾统十年（1110）	山西朔县
30	张锡庆		《张绩墓志》	清宁九年（1063）	不详

	姓　名	籍贯	撰就的墓志或碑刻	撰文时间	出土地点
31	张锡范		《张绩墓志》	清宁九年（1063）	不详
32	王庆延	滦州	《永庆寺碑》	咸雍十年（1074）	不详
33	李文治	滦州	《永庆寺碑》	咸雍十年（1074）	不详
34	赵　临		《萧兴言墓志》	大安三年（1087）	不详
35	刘安贞		《蔡志顺墓志》	乾统八年（1103）	不详

注：带"◎"者的"乡贡进士"为他人墓志中被记录或文献被记录者，所属时间非撰文时间；余为撰写墓志或碑刻者。资料主要来源于《全辽文》《辽代石刻文编》《内蒙古辽代石刻文研究》《畿辅通志》等。

乡贡进士能够被邀请撰写墓志或碑刻，说明乡贡进士在辽代社会中具有相当的地位，得到广大民众的普遍认可。反过来说，正是由于民众的认可，因而乡贡进士在撰写墓志或碑刻时很愿意在自己的名字前署"乡贡进士"字样，以彰显自己的身份、地位。从墓志或碑刻出土地点看，遍布辽代的五京道，说明乡贡进士分布于辽统治域内的各个地区。由此观之，辽代私学教育遍布全国范围之内是毋庸置疑的。

从乡贡进士籍贯看，除上京道外，其他四京道皆有出现，以南京道居多。若按照上表中乡贡进士所反映出的特点分析，辽代私学教育在南京地区最为发达，其次是东京地区、中京地区、西京地区，最后是上京地区。私学教育的发展程度基本上与地方府州县官学教育在五京道的发展状况相匹配，可见，辽代私学教育与官学教育是相辅相成、互为补充的。

二、辽代私学教育运行的基本模式

辽代高级阶段的私学教育模式，可以说是丰富多彩、不拘一格。

总体说来，大体上可分成四种类型：以家庭为背景的家学教育、以庠校为依托的私塾教育、以私人组织为核心的讲学教育和以学者个人为主体的自学教育。

1. 辽代的家学教育

以家庭为背景的家学教育是指以家庭或家族子女为教育对象，聘请私家教授或者是家庭、家族长辈充当教授，令家庭或家族子女接受经史教育和道德培养的一种教育形式。前文提及的南京人室昉在接受蒙养教育阶段之后仍然留在家中研习经史，以至于"不出外户者二十年"。很显然，室昉在私学教育阶段所接受的教育是家学教育。王敦裕之子的经史教育也是源于家学，王敦裕有三子：长曰准，次曰矩，次名迎桂，"率皆干蛊推诚，趋庭习训"。所谓"趋庭"是指子承父教。可见，王准、王矩、王迎桂都是接受家学教育成长起来的士人。[①]李翊"爰从稚齿，幸忝趋庭。才逾辩李之年，旋禀学诗之训。遂乃自强不息，温故知新。砺铅刃而不愧雕虫，望金科而将期中鹄"[②]。从王敦裕、李翊的事例可以看出，子承父教在辽代的家学教育中较为普遍。

在子承父教的家学教育中，声名显赫的韩氏家族比较典型。《韩瑜墓志》（统和九年）载：韩瑜为邺王夫人兰陵氏之长子，"生而魁伟，幼有端良。雅好大谋，卓闻奇节。趋庭就傅，学诗礼以检身；策仕勤王，便骑射而成性"[③]。《韩栯墓志》（重熙六年）载：韩栯为兰陵郡夫人萧氏之幼子，自幼"闻教导于鲤庭，绍雄豪于马坪。奄钟柴

① 《王敦裕墓志》（大康二年），参见向南：《辽代石刻文编》，河北教育出版社1995年版，第379页。
② 《李翊为考妣建陀罗尼经幢记》（统和十八年），参见向南：《辽代石刻文编》，河北教育出版社1995年版，第104页。
③ 《韩瑜墓志》（统和九年），参见向南：《辽代石刻文编》，河北教育出版社1995年版，第94页。

毁，益缠孺慕"①。所谓"鲤庭"，出自《论语·季氏第十六》，"鲤"是孔子之子，受父亲孔子之庭训，始学《诗》《礼》。因此，后世遂称子承父训为"鲤庭"。从韩氏谱系来看，韩瑜乃韩知古之孙、韩匡美之子，韩橁乃韩匡美之孙、韩瑜之子，②可见，韩氏家庭子女的经史教育多为子承父教。《韩瑜墓志》（统和九年）载：韩瑜"学诗文""便骑射"，在应历中，"初补天雄军衙内都指挥使。寻诏赴阙，授银青崇禄大夫、检校工部尚书、右金吾卫将军、兼御史大夫、上柱国"。③又《韩橁墓志》（重熙六年）载：韩橁"工骑射，洞晓韬钤"，"初授西头供奉官，迁御院通进"，累迁颁给库使、引进使、客省使，"加左监门卫大将军，知归化州军州事"，"除章愍宫都部署"，"转弘义宫都部署，拜侍卫亲军步军都指挥使、利州观察使"，太平五年冬，"授房州观察使，知易州军州事，兼沿边安抚屯田使，充兵马钤辖"，"未几，授长宁军节度、白川州管内观察处置"，太平八年秋，"就拜永清军节度，贝博冀等州观察处置。管押义勇军，驻泊于辽东"，又历"迁宣徽北院使、归义军节度、沙州管内观察处置"，"进位南院使，加检校太尉"。④

此外，以家族祖、父、子为主体的进士世家中，采取家学教育形式的可能性也比较多。《辽史·刘景传》载：河间人刘景，"资端厚，好学能文"⑤，曾被燕王赵延寿辟为幽都府文学，累官右拾遗、知制诰、翰林学士、礼部侍郎、尚书、宣政殿学士、南京副留守、户部使、武定军节度使、开远军节度使等官职。在其教授下，子刘慎行，官至北府宰相、监修国史，赐保节功臣；孙刘二玄、刘三嘏、刘四端、刘五

---

① 《韩橁墓志》（重熙六年），参见向南：《辽代石刻文编》，河北教育出版社1995年版，第207页。
② 盖之庸：《内蒙古辽代石刻文研究》，内蒙古大学出版社2002年版，第78—81页。
③ 《韩瑜墓志》（统和九年），参见向南：《辽代石刻文编》，河北教育出版社1995年版，第94页。
④ 《韩橁墓志》（重熙六年），参见向南：《辽代石刻文编》，河北教育出版社1995年版，第204—206页。
⑤ 《辽史》卷八十六《刘景传》，中华书局2016年点校本，第1456页。

常、刘六符，皆显于世。"玄终上京留守，常历三司使、武定军节度使。嘏、端、符皆第进士。嘏、端俱尚主，为驸马都尉。"① 又《郑恪墓志》（大安六年）载：白奚北原人郑恪，"生二十九年，以属文举进士，中第三甲"。其长子郑企望、次子郑企荣，"皆隶进士业"。② 又《梁援墓志》（乾统元年）载：梁援，"二十有六岁，乃登甲科"，其长子梁庆先"善属文，四预奏籍，特赐进士及第"。梁援兄梁拣，"登进士第，解褐授秘书省校书郎，早世"。兄长子梁庆诒，"举进士，三赴御帘，未第而卒"。梁援弟梁扗，"登进士科，官为长庆令"。扗三子梁恩化、四子梁兴府、五子梁八十七，"皆业进士"。③ 从刘景、郑恪、梁援家族皆以进士为业来分析，他们的经史教育应当承袭家族传统，应是以家庭或家族子女为教育对象而完成的经史教育。

在家学教育中，邢简妻陈氏教子习经最为典型，《辽史·邢简妻陈氏传》载："陈氏甫笄，涉通经义，凡览诗赋，辄能诵，尤好吟咏，时以女秀才名之。年二十，归于简。……有六子，陈氏亲教以经。"④ 其教子习经处曰"一经楼"，据《辽史拾遗》引《大同府志》载："一经楼在应州城内，辽郎中邢简妻陈夫人教子读书处。"⑤ 此外，《辽史·萧蒲奴传》载：萧蒲奴为奚王楚不宁之后，"幼孤贫，佣于医家，牧牛伤人稼，数遭笞辱。医者尝见蒲奴熟寐，有蛇绕身，异之。教以读书，聪敏嗜学。不数年，涉猎经史，习骑射。既冠，意气豪迈"⑥。医家认为萧浦奴聪敏嗜学，又出身贵族之后裔，教以读书，结果萧浦

① 《辽史》卷八十六《刘六符传》，中华书局 2016 年点校本，第 1457 页。
② 《郑恪墓志》（大安六年），参见向南：《辽代石刻文编》，河北教育出版社 1995 年版，第 428—429 页。
③ 《梁援墓志》（乾统元年），参见向南：《辽代石刻文编》，河北教育出版社 1995 年版，第 520—522 页。
④ 《辽史》卷一百七《邢简妻陈氏传》，中华书局 2016 年点校本，第 1620 页。
⑤ （清）厉鹗：《辽史拾遗》卷二十一《邢简氏陈氏传》，参见王云五主编：《丛书集成初编》，上海商务印书馆 1936 年版，第 406 页。
⑥ 《辽史》卷八十七《萧蒲奴传》，中华书局 2016 年点校本，第 1469 页。

奴很快就贯通经史，学有所成。萧浦奴虽不是子承父教，也不是聘请私家教授所教，但从教育形式上看，他既未入官学，也未入私塾，因而他的教育也应看作是家学教育的组成部分。

在家学教育中，还有专门以女性为教育对象的教育形式，即"姆教"。所谓的"姆"，是指以妇道教女子的女教师。《仪礼·士昏礼》载："姆纚笄宵衣在其右。"注曰，"姆：妇人年五十无子，出而不复嫁，能以妇道教人者"①。又《礼记正义·内则》载："妻不敢见，使姆衣服而对。"②所谓的"姆教"，是指女师的教诲。又《礼记正义·内则》载："女子十年不出，姆教婉娩听从。"③可见，在中国古代确实存在以女子为教育对象的专门教育。在辽代，辽代贵族家庭为了培养女儿的"妇道""闺仪"之行为规范，常常聘请女性教师对家庭中的女儿进行教诲。《李翊为考姚建陀罗尼经幢记》（统和十八年）载：李翊之亡姚"禀亲教而洞晓妇仪，承闺训而妙熟女史"④。《张景运为亡祖造陀罗尼经幢记》（大康七年）载：张景运之"亡姚，幼承姆教，长习闺仪。在室禀曹家之训，适□延陶氏之宾。且善礼慈氏，崇敬三宝。以日系时，恒念诸佛，是为常课"⑤。《宋匡世墓志》（太平六年）载：宋匡世之二女，"待年而未行，而皆处闺阃，以禀姆仪，事舅姑而遵妇道。□钟慈爱，宁踰痛伤"⑥。《董匡信及妻王氏墓志》（咸雍五年）

---

① 《仪礼注疏》卷五《士昏礼》，参见（清）阮元校刻：《十三经注疏》（清嘉庆刊本），中华书局 2016 年影印本，第 2084 页上栏。
② 《礼记正义》卷二十八《内则》，参见（清）阮元校刻：《十三经注疏》（清嘉庆刊本），中华书局 2016 年影印本，第 3182 页上栏。
③ 《礼记正义》卷二十八《内则》，参见（清）阮元校刻：《十三经注疏》（清嘉庆刊本），中华书局 2016 年影印本，第 3187 页上栏。
④ 《李翊为考姚建陀罗尼经幢记》（统和十八年），参见向南：《辽代石刻文编》，河北教育出版社 1995 年版，第 105 页。
⑤ 《张景运为亡祖造陀罗尼经幢记》（大康七年），参见向南：《辽代石刻文编》，河北教育出版社 1995 年版，第 390 页。
⑥ 《宋匡世墓志》（太平六年），参见向南：《辽代石刻文编》，河北教育出版社 1995 年版，第 181 页。

载：董匡信妻王氏，"柔嘉贞正，耀映闺门，辅内睦族，足为姆范"①。《董庠妻张氏墓志》（大安三年）载：董庠妻张氏，"禀柔成性，蕴粹含章。幼从姆教，则教无不臻；长习嫔仪，则仪无不整。本关鸠之咏，淑称诗述；取鸣凤之占，和应传妻"②。据上述记载可知，"姆教"教育形式在辽代普遍存在。

辽代对妇女的"妇道""闺仪"教育颇为重视，朝廷常常对表现比较突出的妇女给予褒扬。《耿延毅妻耶律氏墓志》（统和三十年）载：耿延毅妻耶律氏，乃宋国太夫人之所长嫡，宣徽太尉之贤姊，"宽明而智，通惠而辨"，"迨自笄年，备执姆教"，"外言不入，中馈克勤。榛栗枣脯，式重告虔之礼；绮罗珠翠，终无怙富之骄。闺壸成其雍穆，舅姑存其孝敬"。由于耶律氏之"妇道"彰显于世而受到当朝皇帝的恩赐，"统和二十五年，内授漆水郡君"；"统和二十九年，加授漆水郡夫人"。③《萧德温墓志》（大康元年）载：萧德温耶律氏"仪禀姆规，恭修妇德。佩珩璜而中节，服缊紃以知方。期终偕老之心，遽起未亡之叹"。被封辽水郡夫人。④

综上所述，家学教育在辽代普遍存在，既有以经史教育和道德培养为主体的教育，也有以女性为核心的"妇道""闺仪"教育。

2. 辽代的私塾教育

私学教育阶段中，私塾教育是指在私人开设的以庠校为依托的私塾接受经史教育和道德培养的一种教育形式。《辽史》记载简约，对私塾教育没有任何记载，但从辽代贵族的墓志中可搜寻一些蛛丝马

---

① 《董匡信及妻王氏墓志》（咸雍五年），参见向南：《辽代石刻文编》，河北教育出版社1995年版，第338页。
② 《董庠妻张氏墓志》（大安三年），参见向南：《辽代石刻文编》，河北教育出版社1995年版，第409页。
③ 《耿延毅妻耶律氏墓志》（统和三十年），参见向南：《辽代石刻文编》，河北教育出版社1995年版，第143页。
④ 《萧德温墓志》（大康元年），参见向南：《辽代石刻文编》，河北教育出版社1995年版，第372页。

迹，如《张绩墓志》（清宁九年）载：张绩"既长，视乐群之业，庠校推成。士衡有患多之才，令范擅构思之敏。于太平末岁，属而立，进士乙科登第"[①]。可见，张绩的经史教育和道德培养是在"庠校"完成的。又张绩"子四人。长曰锡□，□登进士第……。次曰锡庆，次曰锡范。并以其问□□□□，价茂塾庠，两赴词闱仵捷科等。次曰兴国"[②]。可见，张绩之子张锡□、张锡庆、张锡范等人也是在"塾庠"完成经史教育和道德培养的。根据这一史料分析，所谓的"庠校""塾庠"似应指私人开办的学校，即私塾。

3. 辽代的讲学教育

在辽代，除上述的家学教育和私塾教育外，还存在一种以私人组织为核心的讲学教育。这种形式的讲学教育一般是指由私人开办，有影响的学者进行自由讲学，有大量图书典籍供学生参阅，学生能够较为长期地集中精力治学的教育场所，如龙首书院，医巫闾山、南山、太宁山等习读经史的场所就属于此范畴。

（1）龙首书院

龙首书院是辽代史料中唯一记载的辽代书院。《大同府志》载："龙首书院在应州西南，辽翰林学士刑抱朴建。"[③]龙首书院之得名应来源于大同府的龙首山。又《大同志》载："龙首山在应州城北山之南，跨云中，雁门山在应州城南山之北，与龙首山相望。"[④]龙首书院的所在地，可从龙首书院与辽代应州的相对地理位置来考之。关于应州的地望，《辽史·地理志五》载："应州，彰国军，上，节度。唐武德中

① 《张绩墓志》（清宁九年），参见向南：《辽代石刻文编》，河北教育出版社1995年版，第313页。
② 《张绩墓志》（清宁九年），参见向南：《辽代石刻文编》，河北教育出版社1995年版，第315页。
③ （清）厉鹗：《辽史拾遗》卷二十《邢抱朴传》，参见王云五主编：《丛书集成初编》，上海商务印书馆1936年版，第390页。
④ （清）厉鹗：《辽史拾遗》卷十五《地理志五》，参见王云五主编：《丛书集成初编》，上海商务印书馆1936年版，第310页。

置金城县，后改应州。后唐明宗，州人也。天成元年升彰国军节度，兴唐军、寰州隶焉。辽因之。北龙首山，南雁门。兵事属西京都部署司。统县三。"① 可见，辽代应州沿革于唐朝的金城县，为唐武德中置。但清代史家李慎儒《辽史地理志考》认为："唐末置金城县，后置应州，以县隶之。此以为改，误。欧阳忞《舆地广记》，应州，唐末置，领金城、浑源二县是也。故新、旧《唐书》《元和郡县志》《通典》皆无金城县。此《志》'武德中置'，恐是臆造。" 同时，李氏认为：辽代应州即"今山西大同府应州治"。② 查清代大同府之应州，当为今山西应县，③ 可见，龙首书院建置于今山西应县西南。

由于龙首书院是由辽代翰林学士邢抱朴所建，因而其建立的时间当在邢抱朴成为名臣宿儒之时。《辽史·邢抱朴传》载："邢抱朴，应州人，刑部郎中简之子也。抱朴性颖悟，好学博古。保宁初，为政事舍人、知制诰，累迁翰林学士，加礼部侍郎。统和四年，山西州县被兵，命抱朴镇抚之，民始安，加户部尚书。迁翰林学士承旨，与室昉同修实录。决南京滞狱还，优诏褒美。十年，拜参知政事。以枢密使韩德让荐，按察诸道守令能否而黜陟之，大协人望。寻以母忧去官，诏起视事。表乞终制，不从；宰相密谕上意，乃视事。人以孝称。及耶律休哥留守南京，又多滞狱，复诏抱朴平决之，人无冤者。改南院枢密使，卒，赠侍中。"④ 可见，邢抱朴成为名臣宿儒当在景宗保宁初（969）。又《辽史·圣宗本纪五》载：圣宗二十二年（1004）二月丙寅，"南院枢密使邢抱朴薨，辍朝三日"⑤。可见，其卒年为统和二十二年（1004）。由此看来，龙首书院的建立时间当在 969 年至 1004 年之

① 《辽史》卷四十一《地理志五》，中华书局 2016 年点校本，第 585 页。
② 李慎儒：《辽史地理志考》，参见《二十五史补编》（第六册），中华书局 1957 年版，第 8135 页。
③ 《中国历史地名辞典》，江西教育出版社 1986 年版，第 421 页。
④ 《辽史》卷八十《邢抱朴传》，中华书局 2016 年点校本，第 1408—1409 页。
⑤ 《辽史》卷十四《圣宗本纪五》，中华书局 2016 年点校本，第 173 页。

间。若参照圣宗统和十三年（995）四月己卯，"参知政事邢抱朴以母忧去官"和圣宗统和十四年（996）五月癸卯，"诏参知政事邢抱朴决南京滞狱"的记载推断，龙首书院建立的时间当在统和十三年四月以后，统和十四年五月之前。之所以做出这样的判断，其原因是邢抱朴平素任官在身，政务繁忙，无暇它顾，更谈不上在远离京师的故乡建立书院，聚徒讲学。邢抱朴唯在"母忧去官"期间，才有空闲在家乡完成自己的夙愿，聚徒讲学，传承儒家思想文化，可惜时间并不长久，很快又被辽代皇帝诏"决南京滞狱"，累官至卒。至于龙首书院的规模，由于缺乏史料的记载，现已无法查考。

（2）医巫闾山

在辽代，医巫闾山不仅是辽代皇帝经常游猎的场所、皇帝和太子的陵寝所在，而且也是辽代聚徒讲学、实施儒学教育的重要场所之一。医巫闾山，也作医无闾山，《周礼·职方氏》载："东北曰幽州，其山镇曰医巫闾。"[1]《尔雅·释地》载："东方之美者，有医巫闾之珣、玗、琪焉。"[2]可见，医巫闾山是上古时代的北方著名镇山，是中国东北地区最早见于文献记载的名山之一。

《辽史·地理志二》载："显州，奉先军，上，节度。本渤海显德府地。……（医巫闾）山南去海一百三十里。大同元年，世宗亲护人皇王灵驾归自汴京。以人皇王爱医巫闾山水奇秀，因葬焉。山形掩抱六重，于其中作影殿，制度宏丽。州在山东南，迁东京三百余户以实之。"又载："奉先县。本汉无虑县，即医巫闾，幽州镇山。世宗析辽东长乐县民以为陵户，隶长宁宫。"[3]可见，医巫闾山位于显州西北之

---

① 《周礼注疏》卷三十三《职方氏》，参见（清）阮元校刻：《十三经注疏》（清嘉庆刊本），中华书局2016年影印本，第1863页上栏。
② 《尔雅注疏》卷七《释地》，参见（清）阮元校刻：《十三经注疏》（清嘉庆刊本），中华书局2016年影印本，第5688页下栏。
③ 《辽史》卷三十八《地理志二》，中华书局2016年点校本，第525—526页。

地。《许亢宗行程录》载："第二十二程自刘家庄一百里至显州。自榆关以东行，南濒海而北限大山，尽皆粗恶不毛，至此山，忽峭拔摩空，苍翠万仞，全类江左，乃医巫闾山也。成周之时，幽州以医巫闾作镇，其远如此。契丹兀欲葬于此山，离州七里，别建乾州，以奉陵寝，今尽为金人毁掘。"[1]顾祖禹《读史方舆纪要》载："《周礼·职方》：幽州山曰医无闾，即此。亦谓之北镇。隋开皇十四年，诏以医无闾为北镇是也。"[2]根据上述记载可知，医巫闾山位于明朝广宁卫西、清朝之北镇，今辽宁省北镇市。

医巫闾山作为辽代重要的儒家思想文化教育场所，吸引许多生徒前来深造学习。从《辽史》记载来看，医巫闾山早年是辽太祖之长子，即皇太子耶律倍读书的地方。《辽史·耶律倍传》载：太子耶律倍"幼聪敏好学，外宽内挚。神册元年春，立为皇太子。……倍初市书至万卷，藏于医巫闾绝顶之望海堂"[3]。又《辽史·地理志二》载："人皇王性好读书，不喜射猎，购书数万卷，置医巫闾山绝顶，筑堂曰望海。"[4]耶律倍在此刻苦读书，他取得了显著成就，"通阴阳，知音律，精医药、砭炳之术。工辽、汉文章，尝译阴符经。善画本国人物，如射骑、猎雪骑、千鹿图，皆入宋秘府"[5]。另外，著帐郎君之后裔耶律良，"生于乾州，读书医巫闾山"[6]。可见，医巫闾山是辽代讲习经史的重要教育场所。

（3）太宁山

在辽代，太宁山也是重要的讲学习经的教育场所。道宗朝的王鼎

---

① 贾敬颜：《〈许亢宗行程录〉疏证稿》，《五代宋金元人边疆行记十三种疏证稿》，中华书局 2004 年版，第 239 页。

② （清）顾祖禹：《读史方舆纪要》卷三十七《山东八》，上海书店 1998 年影印本，第262 页。

③ 《辽史》卷七十二《耶律倍传》，中华书局 2016 年点校本，第 1333—1335 页。

④ 《辽史》卷三十八《地理志二》，中华书局 2016 年点校本，第 525 页。

⑤ 《辽史》卷七十二《耶律倍传》，中华书局 2016 年点校本，第 1335 页。

⑥ 《辽史》卷九十六《耶律良传》，中华书局 2016 年点校本，第 1538 页。

曾就读于太宁山。《辽史·王鼎传》载：王鼎，涿州人，"幼好学，居太宁山数年，博通经史"。王鼎接受太宁山的经史教育后，成绩尤为突出，"清宁五年，擢进士第"，从而步入仕途。初调易州观察判官、涞水县令，累迁翰林学士。寿昌初，升观书殿学士。在治政上充分显示了他的才华和能力，"当代典章多出其手。上书言治道十事，帝以鼎达政体，事多咨访"。① 从王鼎的事迹可以看出，太宁山是重要的讲学习经之场所。

关于太宁山，《辽史·地理志四》载："易州，高阳军，上，刺史。汉为易、故安二县地。隋置易州，隋末为上谷郡。唐武德四年复易州。天宝元年仍上谷郡。乾元元年又改易州。五代隶定州节度使。会同九年孙方简以其地来附。应历九年为周世宗所取，后属宋。统和七年攻克之，升高阳军。有易水、涞水、狼山、太宁山、白马山。"② 很显然，太宁山在辽代易州境内。又《易州志》载："太宁山在州西五十里，中有太宁寺。"③ 此外，从《易州太宁山净觉寺碑铭》（大安二年）出土于河北易县西50里太宁山净觉寺内，亦可证太宁山之地望。综上，太宁山位于今河北易县西50里处。

（4）南山

在辽代，南山也是重要的讲学教育场所。前文提及的耶律良，于医巫闾山肄业后，又入南山求学。《辽史·耶律良传》载：耶律良"学既博，将入南山肄业，友人止之曰：'尔无仆御，驱驰千里，纵闻见过人，年亦垂暮。今若即仕，已有余地。'良曰：'穷通，命也，非尔所知。'不听，留数年而归"④。耶律良刻苦好学、穷通经史，终成名

---

① 《辽史》卷一百四《王鼎传》，中华书局2016年点校本，第1601页。
② 《辽史》卷四十《地理志四》，中华书局2016年点校本，第566页。
③ （清）厉鹗：《辽史拾遗》卷十四《地理志四》，参见王云五主编：《丛书集成初编》，上海商务印书馆1936年版，第290页。
④ 《辽史》卷九十六《耶律良传》，中华书局2016年点校本，第1538页。

臣儒士。兴宗重熙中入仕时虽为寝殿小底、燕赵国王近侍，但在道宗清宁中，以其作《捕鱼赋》之才华，宠遇日隆，迁升知制诰、兼知部署司事，累迁敦睦宫使，兼权知皇太后宫诸局事，汉人行宫都部署。咸雍初，同知南院枢密使事，为惕隐，出知中京留守事。由于耶律良在仕途中的突出功绩，卒后被辽代皇帝追封"辽西郡王"、谥为"忠成"二字。

萧韩家奴也是通过南山的讲学教育而成为辽代名臣儒士的。《辽史·萧韩家奴传》载：萧韩家奴，涅剌部人，中书令安抟之孙。"少好学，弱冠入南山读书，博览经史，通辽、汉文字。""（兴宗）帝与语，才之，命为诗友"，时"诏作《四时逸乐赋》，帝称善"，进一步得到兴宗的赏识，[①]以至于兴宗诏谕之曰："文章之职，国之光华，非才不用。以卿文学，为时大儒，是用授卿以翰林之职。朕之起居，悉以实录。"并"与耶律庶成录遥辇可汗至重熙以来事迹"二十卷，"与庶成酌古准今，制为礼典"三卷，进于帝，成为名噪一时的文学之人。[②]由于萧韩家奴博通经史，精于辽、汉文字，善于治政，因而得到了兴宗的重用。重熙初，同知三司使事。重熙四年，迁天成军节度使、彰愍宫使，又擢翰林都林牙、兼修国史。

通过耶律良与萧韩家奴的事迹可以看出，南山是辽代修习经史的重要场所，并能培养出优秀的名臣儒士，但可惜的是，由于《辽史》记载的缺憾及辽代史料的匮乏，有关南山办学规模等相关问题已无从考之。唯南山的地望可大略推知。从萧韩家奴的经历来看，萧韩家奴统和十四年（996）入仕，统和二十八年（1010）为右通进，典南京栗园，在重熙初还曾托栗讽谏。《辽史·萧韩家奴传》载：兴宗皇帝"尝从容问曰：'卿居外有异闻乎？'韩家奴对曰：'臣惟知炒

---

① 《辽史》卷一百三《萧韩家奴传》，中华书局 2016 年点校本，第 1593—1594 页。
② 《辽史》卷一百三《萧韩家奴传》，中华书局 2016 年点校本，第 1597—1598 页。

栗：小者熟，则大者必生；大者熟，则小者必焦。使大小均熟，始为尽美。'"① 从萧韩家奴的上述经历可以判断南山的地望很可能就在栗园附近。另外，从王鼎的经历看，初授之官也在其修习经史之所的易州，这也可以算作是南山就在栗园附近的一个佐证。关于栗园之官，《辽史·百官志四》载有"南京栗园司"之机构和"典南京栗园"之官职。② 另外，《北郑院邑人起建陀罗尼幢记》（应历五年）有"北衙栗园庄官王思晓、妻都氏。北衙栗园庄官许行福、妻张氏、男重霸"的记载。③ 对此，向南先生曾作如下解释："北衙栗园庄官：北衙，唐幽州节度使管下，有北衙、南衙、内衙之分。《佛说百佛名经一卷》题记有：'北衙判官阳居直，男公绍、男公继……镈'；'内衙马军将知宅事孙□昌'；'南衙兵马使、银青光禄大夫、检校殿中侍御节度押衙兼知子州事杨志荣，史端公。'是其证也。从本幢记知辽承唐制，卢龙节度下亦有北衙、南衙、内衙之别，据此可补《辽史》之缺。栗园庄官，《百官志》有'南京栗园司'，其长官为'典南京栗园'。《萧韩家奴传》：萧韩家奴'统和二十八年，为右通进，典南京栗园。'《析津日记》：'广恩寺，辽之奉福寺也，在白云观西南，地名栗园，案《辽史》南京有栗园，萧韩家奴尝典之，疑即此地也。'按，北衙栗园庄官，应是掌管北衙所属栗园官庄之官吏"。④ 若向南先生之说不误，那么南山就应该在白云观西南的奉福寺附近，即辽代南京析津府之西南房山一带。此外，从《北郑院邑人起建陀罗尼幢记》（应历五年）之幢石出土于北京房山县城西南40里之北郑村辽塔内也可印证上述推断。

---

① 《辽史》卷一百三《萧韩家奴传》，中华书局2016年点校本，第1594页。
② 《辽史》卷四十八《百官志四》，中华书局2016年点校本，第904页。
③ 《北郑院邑人起建陀罗尼幢记》（应历五年），参见向南：《辽代石刻文编》，河北教育出版社1995年版，第12页。
④ 参见向南：《辽代石刻文编》，河北教育出版社1995年版，第13—14页。

综上所述，求学生徒为了寻求幽静的读书环境，往往入书院、入山读书，从而使龙首书院、医巫闾山、南山、太宁山等都成为以私人组织为核心的讲学教育场所。遗憾的是，由于史料未能留下这些读书场所的纪事，因而关于这些读书场所的学规、规模等详细情况现已无从查考。

4. 辽代的自学教育

在私学教育中，还有一种较为特殊的以学者个人为主体的自学教育形式。这种形式在辽代也普遍存在。《耶律羽之墓志》（会同四年）载：文惠公耶律羽之，"幼勤事业，长负才能。儒、释、庄、老之文，尽穷旨趣；书、算、射、御之艺，无不该通。……于辅政之余，养民之暇，留心佛法，耽味儒书。入箫寺则荡涤六尘；退庙堂则讨论五典"。①《陈国公主墓志》（开泰七年）载：陈国公主，"幼而聪辩，长乃柔闲，玉德琢成，静含温润，兰仪秀出，动发英华，盖禀天钟，非由姆训。在室挺神仙之质，作嫔归公相之门。虽贵出王宫，而礼遵妇道"。②可见，陈国公主没有聘请家庭女教师教授其"妇道""闺仪"，其在闺阁应是以自学为主，加强修身、齐家的教育。丁洪也是以自学教育为主体成长起来的士人，其学问、言行受到亲族间里的交口称赞。《丁洪墓志》（天庆元年）载：丁洪，"自离襁褓，无毫发之事有所干忤，古人谓上孝养色，此其有焉。好学问，平居手不释卷，非待敀友训导，无蚤莫矻矻恒若弗及，而复聪慧敏给。是以讲习诗书，日多闻见，视其为文亦已粗知体要。虽出于高门著族，其待人接物，甚于寒微。谦和谨饬，惟恐误触于人。至于童仆辈，不加辞气。如议其贤，虽终军黄琼，未足多也。凡亲族间里间，皆推爱而器重之。度其

---

① 《耶律羽之墓志》（会同四年），参见盖之庸编著：《内蒙古辽代石刻文研究》，内蒙古大学出版社 2002 年版，第 2—3 页。
② 《陈国公主墓志》（开泰七年），参见向南：《辽代石刻文编》，河北教育出版社 1995 年版，第 153 页。

有成，指日可待"。① 可见，丁洪不仅自学成材，而且还诲人不倦，为
乡里之人讲习诗书。

在自学教育中比较典型的是秦晋国妃、洙公等人。《秦晋国妃墓
志》(咸雍五年)载：秦晋国妃，"幼而聪警，明晤若神。博览经史，
聚书数千卷。能于文词，其歌诗赋咏，落笔则传诵朝野，脍炙人口。
性不好音律，不修容饰，颇习骑射。尝在猎围，料其能中则发，发即
应弦而倒。雅善飞白，尤工丹青。所居屏扇，多其笔也。轻财重义，
延纳群彦。士之寒素者赈给之，士之才俊者昇荐之。故内外显寮，多
出其门。座客常满，日无虚席。每商榷今古，谈论兴亡，坐者耸听。
又好品藻人物，月旦雌黄，鉴别臧否，言亦屡中。治家严肃，僮仆侧
目。僻嗜书传，晚节尤甚。历观载籍，虽古之名妃贤御，校其梗概，
则未有学识该洽、襟量宏廓如斯之比也。然无子嗣续。惜哉！撰《见
志集》若干卷，行于代。妃□读书至萧曹房杜传，则慨然兴叹。自为
有匡国致君之术，恨非其人也。今主上以其知国家之大体，诏赴行
在，常备询问。顾遇益厚，恩礼日隆。会车驾幸庆陵，将狝于秋峦。
妃告归中京，途次达裮，暴疾而薨"。②《柳溪玄心寺洙公壁记》(乾统
三年)载：佛之徒曰洙公"生而被诗书礼乐之教，固充饫虖耳目矣。
然性介絜，自卭倜然有绝俗高蹈之志。一日，嗜浮图所谓禅者之说，
乃属其徒遁林谷以为瓶□之游。日灼月溃，不数岁，尽得其术。乃卜
居丰阳玄心寺，研探六艺子史之学。掇其微眇，随所意得，作为文
辞，而缀辑之。积十数岁，不舍铅素，寖然声闻，流于京师。其党闻
之，忿其委彼而适我，绳绳而来，扣诸门而诘之曰：'子其服吾徒之
服，隶吾徒之业有日矣！然不能专气彻虑，泰然泊虖玄妙之阃，而反

---

① 《丁洪墓志》(天庆元年)，参见向南：《辽代石刻文编》，河北教育出版社1995年版，
  第618页。
② 《秦晋国妃墓志》(咸雍五年)，参见向南：《辽代石刻文编》，河北教育出版社1995年
  版，第341—342页。

愤悱笃思虔儒学，一何累哉！矧吾之为道，其视天地万物蔑如也，又奚以其文为？'公妥然不顾，第以钻仰而为事也"。①秦晋国妃"幼而聪警"，"博览经史，聚书数千卷"以供自学之用，由于她嗜读书传，"学识该洽"，又常常聚众"商榷今古，谈论兴亡"，颇识国家之大体，因而受到辽道宗的器重，"诏赴行在，常备询问"。佛之徒洙公，遁入佛门之后，仍"研探六艺子史之学"，"掇其微眇，随所意得"，也是自学教育这种形式的写照。

三、辽代私学教育的教材

关于私学教育的基本教材，陈东原在论及"科举时代之私塾"的教材时引元朝程端礼《读书分年日程》作如下阐述："八岁入学之后读小学书正文。小学书毕，次读大学经传正文。次读《论语》正文。次读《孟子》正文。次读《中庸》正文。次读《孝经》刊误。次读《易》正文。次读《书》正文。次读《诗》正文。次读《仪礼》并《礼记》正文。次读《周礼》正文。次读《春秋经》并三传正文。前自八岁，约用六七年之功，则十五岁前，小学书、《四书》、诸经正文，可以尽毕。自十五志学之年，即当尚志。为学以道为志，为人以圣为志。依朱子法读《四书》注，及本经传注，性理诸书。约用三四年之功，昼夜专治。《四书》本经既明之后，大概十八九岁了，自此日看史。看《通鉴》，次读《韩文》，次读《楚辞》。仍五日内专分二日倍温玩索《四书》经注或问本经传注，倍温诸经正文。《通鉴》《韩文》《楚辞》既看既读之后，约才二十岁，或二十一二岁。遂以二三年之功专力学科举文字。然每日早饭前仍须循环倍温玩索《四书》经

---

① 《柳溪玄心寺洙公壁记》（乾统三年），参见向南：《辽代石刻文编》，河北教育出版社1995年版，第539—540页。

注或问本经传注，诸经正文。温看史，温读《韩文》《楚辞》。……专以二三年功力学文之后，才二十二三岁或二十四五，自此可以应举矣。"①虽然这是元朝私学教育的基本程序，但它当为在前代诸朝私学教育的基础上经改造后而形成的读书范式，由此可以窥视辽代私学教育的基本概貌，大致可以推断出辽代私学教育所使用的教材以"四书五经"为主。

在现存的辽代史料中，虽然没有明确记载私学教育曾使用哪些基本教材，但从习儒诵经者的事迹中所散见记载之经书可以推知辽代私学教育所使用的基本教材有《周易》《毛诗》《尚书》《春秋》《礼记》《孝经》《论语》《尔雅》等经典书籍。从上文所引的梁援事迹可知，梁援五岁就能诵读《孝经》《论语》《尔雅》，十一岁能通五经大义。"因侍次讲书，首觧《周易·乾卦》初九潜龙勿用之义，深承赏异。"②关于此论，在辽代史料中还可以找到一些佐证，如邢简妻陈氏对其六子"亲教以经"，而且其子邢抱朴、邢抱质皆"以明经致位"，官至宰相之职。宋匡嗣在辽圣宗改元太平之际，"摄毛诗博士，押卤簿道驾"。③道宗大安四年（1088）四月癸卯，道宗"召枢密直学士耶律俨讲《尚书·洪范》"④。另外，撰写《耿知新墓志》(太平七年) 的王知微在墓志上署为"故燕王门生、进士、讲三玄"⑤。所谓"三玄"，据《颜氏家训·勉学》载：《庄》《老》《周易》，总谓三玄。"⑥以私人组织为核心

---

① 陈东原：《中国科举时代之教育》，上海商务印书馆 1934 年版，第 52—54 页。
② 《梁援墓志》(乾统元年)，参见向南：《辽代石刻文编》，河北教育出版社 1995 年版，第 521 页。
③ 《宋匡嗣墓志》(太平六年)，参见向南：《辽代石刻文编》，河北教育出版社 1995 年版，第 181 页。
④ 《辽史》卷二十五《道宗本纪五》，中华书局 2016 年点校本，第 334 页。
⑤ 《耿知新墓志》(太平七年)，参见向南：《辽代石刻文编》，河北教育出版社 1995 年版，第 184 页。
⑥ 《颜氏家训》卷三《勉学第八》，参见王利器：《颜氏家训集解》(增补本)，中华书局 1993 年版，第 187 页。

的讲学教育的教材也应以经史为主，如萧韩家奴，通过在南山刻苦读书，能"博览经史"。王鼎，在太宁山读书"数年，博通经史"。萧韩家奴、王鼎所通之"经史"，当然应该与梁援所通之"五经大义"、秦晋国妃之"经史"的涵义大体相同。在边远的某些未设置官学的少数民族地区，其私学教育的教材也以经史为主。《辽史·圣宗本纪六》载：开泰元年（1012）八月丙申，"铁骊那沙等送兀惹百余户到宾州，赐丝绢。是日，那沙乞赐佛像、儒书，诏赐护国仁王佛像一，《易》《诗》《书》《春秋》《礼记》各一部"。① 这说明未设置州县学等官学教育地区的私学教育也以儒家的"五经"为其主要教材。

第四节 辽代地方州县的特殊经史教育

在辽代地方府州县中，除设置官学教育的府州县外，在未设置官学教育的府州县也存在以儒家经典为核心的经史教育。虽然这种教育属于私学教育的范畴而不属于官学教育的范畴②，但将其列置于此，其目的就是要表明这样一个事实：在边远地区的府州县中、在节度使州中，虽未设置官学，但仍然存在儒家思想文化教育。现举两个个案来说明。

其一，泰州的儒家思想文化教育。泰州虽未设置州学，但仍存在儒家思想文化教育。这从泰州境（今黑龙江泰来县塔子城镇，位于嫩江下游绰尔河流域）出土的"大安七年"刻石残碑就可以证明。该碑用青灰色的泥灰岩镌刻，现残存碑文 16 行：

---

① 《辽史》卷十五《圣宗本纪六》，中华书局 2016 年点校本，第 187 页。
② 这里所讲的私学教育与中原地区的私学教育还存在着一定的差异，这里的私学教育相对更初级，并没有中原地区私学教育的目的性那么强烈。

"大安七年岁次辛未□……/ 乣首西头供奉官泰州河堤□……/ 同建办塔事弟右班殿直□……/ 提点塔事前管内僧政讲经沙门□……/ 崔建王惟则田亨张守元王□……/ 崔太整张公顺王惟整杨利亨刘□……/ 聂公孝张孝立王惟进张□……□文□邑长武备右承制刘□……田 / 王全备 周公才 田世兹……杨公……/ 田甫 张兹孝 高士清 / 女邑 刘氏 郑氏 刘氏 苑氏 崔氏……/ 崔氏 崔氏 刘氏 张氏……/ 女邑长 高氏 马氏 □氏 王□……/ 马氏 张氏 王氏 张氏……/ 田氏 王氏 张氏……" [1]

碑文的前 4 行记载的是建塔时间、主持建塔的官吏和寺僧，以下皆为善男信女的人名姓氏，总有 47 个汉人姓氏。[2] 通过碑文可以获得如下信息：（1）此碑建于辽道宗大安七年，即 1091 年；（2）此碑作为当地治理河流的功德而筑建佛塔所立，说明该地区农业经济比较发达；（3）在当地的居民构成中应有大量汉人的存在；（4）当地的居民中应该有相当多的人通晓汉字，接受过儒家思想文化教育。通过以上信息可以推断出，嫩江下游绰尔河流域在辽代确实存在儒家思想文化教育。由此可见，儒家思想文化教育在上京地区下辖的诸州中可能都存在，只不过未能普遍设置州学，以官学的形式加强而已。

其二，边疆部族地区的儒家思想文化教育。铁骊部生活于黑龙江下游地区，虽然那里没有地方官学教育，但并不是没有儒家思想文化教育。据《辽史·圣宗本纪六》载：圣宗开泰元年（1012）八月丙申，"铁骊那沙等送兀惹百余户至宾州，赐丝绢。是日，那沙乞赐佛像、儒书，诏赐护国仁王佛像一，《易》《诗》《书》《春秋》《礼记》各一部"。[3]《易》《诗》《书》《春秋》《礼记》是辽代官学的主要教科书，铁骊部"乞赐"而圣宗"诏赐"，说明统治者对铁骊部的儒家思想文

---

① 谭英杰等著：《黑龙江区域考古学》，中国社会科学出版社 1991 年版，第 113—114 页。
② 谭英杰等著：《黑龙江区域考古学》，中国社会科学出版社 1991 年版，第 113—114 页。
③ 《辽史》卷十五《圣宗本纪六》，中华书局 2016 年点校本，第 187 页。

化教育给予大力支持，同时也说明铁骊部有习儒向化的客观要求。由此可见，辽代在边远地区虽然没有设置地方官学，进行系统的儒家思想文化普及教育，但边远地区也在学习儒家思想文化，接受儒家思想文化教育。

另外，从及第进士的籍贯看，也能说明辽代未设置官学教育的地区存在儒家思想文化教育。《显武将军吴君阡表》载："君讳璋，字器玉，姓吴氏。石晋末，有官献州、从少帝北行者，又自辽阳迁泰州，其子孙遂为长春人。六世祖匡嗣，辽开府仪同三司、同中书门下平章事陈国公；五世祖昊、咸雍十年刘宵榜登科，仕未达而殁；四世祖敬良，潜德不耀；子让，东头供奉官，赠安远大将军，即君之曾祖也；祖铎，阁门祗侯，金朝天会中左班殿直；考德元，贞元中监崞县烟火公事、赠明威将军；妣傅氏，濮阳县太君。"[①] 关于吴昊籍贯长春州，《辽史·地理志一》载："长春州，韶阳军，下，节度。本鸭子河春猎之地。兴宗重熙八年置。隶延庆宫，兵事隶东北统军司。"[②] 据此，辽在上京道长春州未设置官学即州学，但吴昊却擢道宗咸雍十年进士。又《王敦裕墓志》（大康二年）载："谨案公讳用□，字敦裕，其先太原祁郡人也。……泪烈祖经，知尚武军州事。次祖□，履古人行，为君子儒。扬汉南独步之称，蔼江下无双之誉。虽未捷高第，□群英之表欤？时会尚武军太守赴□天庭，我次祖绍权知尚武军事。因与燕王刘仁恭构隙之年，屡困战敌，遂慕义向风，自南徂北。式会我太祖大圣皇帝，廓得臣无家之略，致公烈祖□述后利之荣，犹汉季纳楚之陈平，效汤乙任夏之伊尹。……暨嗣皇继圣，以顾命受遗。累迁淳和守正佐理功臣、开府仪同三司、门下平章事、监修国史、齐国公，仍奉诏于建州营创私第焉。……公学穷游夏，□□轲雄。属辞追三代之风，

---

① 《显武将军吴君阡表》，参见《元好问全集（上）》卷二十九《碑铭表志碣》，山西人民出版社 1990 年版，第 674 页。

② 《辽史》卷三十七《地理志一》，中华书局 2016 年点校本，第 503 页。

下笔后两京之作。爰从壮岁，首中乙科。始倅麟符，备彰干器；次复象阙，尤擅刑名。既莅事于枢庭，果受知于相府。"① 又《辽史·张孝杰传》载："张孝杰，建州永霸县人。家贫，好学。重熙二十四年，擢进士第一。"② 关于王敦裕、张孝杰籍贯建州，《辽史·地理志三》载："建州，保宁军，上，节度。唐武德中，置昌乐县。太祖完葺故垒，置州。汉乾祐元年，故石晋太后诣世宗，求于汉城侧耕垦自赡。许于建州南四十里给地五十顷，营构房屋，创立宗庙。州在灵河之南，屡遭水害，圣宗迁于河北唐崇州故城。初名武宁军，隶永兴宫，后属敦睦宫。"③ 由此观之，辽于中京道建州亦未设置官学即州学，然王敦裕却擢辽进士乙科，而张孝杰擢兴宗重熙二十四年进士状元。又《贾师训墓志》(寿昌三年) 载："公讳师训，字公范，其先出于周之同姓之国。……其后有游仕于渤碣之间者，因籍为燕人，子孙相继，衣冠不绝。至公之七代祖曰梦殷，为卢龙军节度判官。卢龙君生道纪，为营州刺史、检校司空。司空生高祖曰去疑，先仕后唐，我大圣天皇时，奉使来贡，因留之。俾督工役，营上都事业，迁将作大匠。累拜始平军节度，加检校太师，赐号□□奉国保定功臣，后薨于镇。曾王父讳嵒，乃太师之仲子也。朝廷以其才望为民所推服，诏起家继领始平军事。遂家于辽，入充辽滨县贯。……(师训)年十四，举进士，由乡解抵京师。丞相杜中令、驸马侍中刘公召□之。文成，更相称爱。将议闻上，以事龃龉遂寝。十九，试礼部，奏御。三十有五，登第。授秘书省著作佐郎，调恩州军事判官。"④ 又《辽史·马人望传》载："马人望，字俨叔，高祖胤卿，为石晋青州刺史，太宗兵至，坚守不降。

---

① 《王敦裕墓志》(大康二年)，参见向南：《辽代石刻文编》，河北教育出版社 1995 年版，第 378—379 页。
② 《辽史》卷一百一十《张孝杰传》，中华书局 2016 年点校本，第 1636 页。
③ 《辽史》卷三十九《地理志三》，中华书局 2016 年点校本，第 553 页。
④ 《贾师训墓志》(寿昌三年)，参见陈述：《全辽文》卷九，中华书局 1982 年版，第 252—253 页。

城破被执，太宗义而释之，徙其族于医巫闾山，因家焉。曾祖廷煦，南京留守。祖渊，中京副留守。父诠，中京文思使。人望颖悟。幼孤，长以才学称。咸雍中，第进士，为松山县令。"① 关于贾师训籍贯东京道辽州、马人望籍贯东京道显州，《辽史·地理志二》载："辽州，始平军，下，节度。……太祖伐渤海，先破东平府，迁民实之。故东平府都督伊、蒙、陀、黑、北五州，共领县十八，皆废。太祖改为州，军曰东平，太宗更为始平军。""显州，奉先军，上，节度。本渤海显德府地。世宗置，以奉显陵。……州在（医巫闾）山东南，迁东京三百余户以实之。"② 据此可知，辽于东京道的辽州、显州均未设置官学即州学，然贾师训擢道宗咸雍二年进士，马人望擢道宗咸雍中进士。综上，以吴昊、王敦裕、张孝杰、贾师训、马人望的事例观之，大致可得出这样的结论：在辽未设置地方官学即州学之诸州县，其儒家思想文化教育水平并非十分滞后，有进士及第就是证据所在。

第五节　辽代私学教育的特点及其社会影响

一、辽代私学教育的特点

1. 辽代私学教育的指导思想与官学教育保持一致

辽太祖建立辽政权之初，为了顺利推行"尊孔崇儒"的文教政策，统一上下的思想认识，亲自主持会议，讨论辽政权应该推行怎样

---

① 《辽史》卷一百五《马人望传》，中华书局 2016 年点校本，第 1610 页。
② 《辽史》卷三十八《地理志二》，中华书局 2016 年点校本，第 529、525—526 页。

的文教政策。其结果是，以儒家思想为辽朝统治的基本思想，以"尊孔崇儒"为辽代文教政策的基本方针。无论是官学还是私学，都必须遵循这一主体思想去培养教育人才。在教育内容上，私学教育与官学教育一样，以修习朝廷颁布的统一教材"《五经》及其传疏"为主。在培养目标上，私学教育培养的生徒大都要参加科举考试，入仕为官。因此，辽代私学教育是在国家制定的"尊孔崇儒"文教政策指导下进行的教学活动，它与官学教育相辅相成，共同承担辽代教育的任务。

2. 辽代私学教育内容以经史教育为主

辽代私学教育的内容丰富，但就其发展过程来看，儒家经史占据着比较重要的位置。根据文献和石刻史料的记载，虽然存在天文历律、医学等方面的教育内容，但随着辽代举进士被社会风气所崇尚，私学的教育内容也发生深刻变化，儒家经史不再是独一的教育内容，诗文词赋等大量涌入私学教育，在教育内容上所占比重也不断增加。从私学"乡贡"大多都应进士举来看，私学教育内容有文学化的倾向。

3. 辽代私学教育模式丰富多彩

辽代私学教育形式是在继承唐朝私学教育形式的基础上发展起来的，较为活泼、灵巧，有自身的特色。在教育阶段上，既有以识字写字、思想道德等教育为主的蒙馆教育和家学教育阶段，又有以经史教育为主的私学教育和家学教育阶段。在具体教育形式上，既包括蒙馆教育、私塾教育等教育形式，又包括家学教育等教育形式。既有以家庭为背景的家学教育，又有以庠校为依托的私塾教育，还有以个人组织为核心的讲学教育和以个人为主体的自学教育。辽代私学教育形式的多样化，既反映辽代私学教育的发达，也说明辽代私学教育具有自身的风格与特点。

4.辽代私学教育具有广泛的社会性

辽代官学教育与唐朝官学教育一样，建立在官僚等级制度的基础之上，只有辽代契丹贵族和汉族、奚族等官宦子弟，才能享有接受良好教育的特权，而中小地主阶层及普通民众进入辽代官学接受教育的机会则很少。为了满足中小地主阶层及普通民众接受教育的需求，私学教育得以广泛存在，成为官学教育的重要补充，从而打破了"学在官府"的传统教育局面，使很多人都享有接受教育的权力。辽代私学教育存在明显的社会化趋向，无论是贵族子弟，还是普通民众，都享有同等的接受私学教育的权利。私学教育的教师，既有来自民间的文人儒士，也有致仕或闲赋在家的官员，具有较大的随意性。授课的场所也不拘泥于某一场所，随宜设置，机动性强。生徒来源也是四面八方，贫富皆有。正因为如此，辽代私学教育更具有广泛的社会性。

总之，辽代私学教育在继承传统私学教育优点的同时，又有着自己的创造性和独特性，无论是教育形式，还是教育内容，均发生了深刻变化。辽代私学教育面向整个社会，使更多的普通民众有接受教育的机会，为中国北疆游牧地区普及儒学教育增添了新的生命力，在中国古代教育史上写下光辉的一页。

二、辽代私学教育的社会意义及其影响

1.私学教育承担了辽代蒙养教育的任务

就辽代的私学教育而言，大体上可分为相对初级的蒙养教育阶段和相对高级的经史修习阶段。在辽代教育发展史上，可以说，幼童的识字、写字教育和初步的道德培养，几乎都在较为初级的蒙养教育阶段中完成，无论是契丹贵（皇）族的宫廷教育，还是民间的家学教育、蒙馆教育，其性质均属于私学教育，它的存在，完全是辽代社会发展的需要，具有自己特定的发展规律。蒙养教育为私学教育所独

占，这是辽代教育体系的一大特色。

辽代蒙养教育的对象虽然是辽代社会的所有幼童，但其目标又不仅仅是为高级阶段的私学教育服务。到了修习经史阶段，蒙养教育所培养的幼童便被分流了，一部分继续沿着私学教育体系向前发展，进入较为高级的私学教育中，一部分则被分流到官学教育体系中，成为官学教育的对象。关于辽代生徒接受教育的流程和最终去向，如图4—1所示。

图 4—1　官学与私学教育关系图

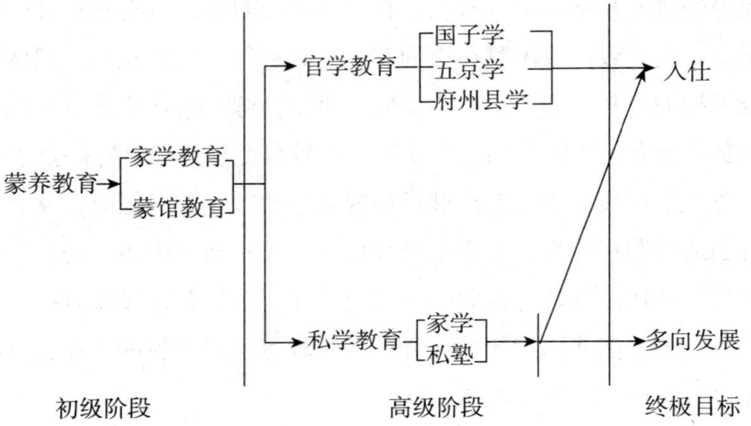

从图 4—1 可以看出，辽代蒙养教育阶段的教育对象被官学和私学的高级阶段所分流。官学和私学高级阶段的一部分，汇入入仕的洪流；私学高级阶段的另一部分则构成私学的多向发展，即多种学术思想、各种技艺才能的传承和发展，等等。从辽代整个教育体系来看，蒙养教育是整个教育体系的基础，换言之，没有蒙养教育，就谈不上入仕或私学的多向发展，因此，蒙养教育在辽代教育体系中颇为重要。

2. 辽代私学教育对文化学术的普及做出了重要贡献

辽代私学教育在招收生徒上，没有等级差别，无论是贵族子弟，还是普通民众，只要愿意识字写字、修习经史，都能进入私学接受教育，具有广泛的社会性，满足了广大普通民众的需求，因此，私学教育对辽代文化学术的传播做出相当重要的贡献。

首先，辽代的官学教育主要是为了培养和输送治世人才，因此，从教育内容、教育方法等诸方面都不会有太大的创新，辽统治者一旦确立统治思想，那么它对治世人才的培养都必须围绕它的统治思想来进行实施。具体而言，辽建国初确立"尊孔崇儒"文教政策以后，儒家思想便成为辽统治者的主体思想，因而，官学的教育内容、官吏的选拔标准，都无法脱出儒家思想的窠臼，使教育走向僵化。对于私学教育而言，由于它没有纳入官学教育体系中去，教育内容、教育方式比较灵活，虽然私学教育在一定程度上可能协助官学教育承担一些培养治世人才的任务，专治经史教育，但它也可以传播其他学术思想，甚至一些不被辽代官学所推崇的自然科学知识和各种技艺。

其次，辽代的官学教育，由于是由朝廷主持兴办，其存在和发展与政治的关系比较密切，一旦政治动荡，官学教育往往丧失其功能。对于私学教育而言，由于与政治联系并非十分紧密，政治动荡对私学教育不会产生较大影响。相反，在一定程度上，由于官学教育的衰败，一些官学学官流落民间，充实到私学教育队伍中来，使私学教育的队伍得到壮大。另外，当官学教育所培养出来的人才不能满足社会的发展需要时，往往需要从民间召集有才能的文人儒士来充实官僚队伍，而这些人往往是由私学教育培养出来。

第五章　辽代儒学教育

辽代的儒学教育大致可分为两方面内容：一是指以官学教育为核心，以私学教育为补充的儒学教育，从内容上说，主要是指以儒家经史教育为核心的需学教育，这在前述的官学教育和私学教育中已有比较详细的讨论；二是指以社会教化为核心的儒学教育，从内容上说，主要是指儒家思想的实践，即以儒家思想为指导的儒家伦理道德行为规范教育。本章所要讨论的儒学教育就是指以儒家思想实践为核心的儒学教育，关注的重点就是儒家思想的实践。

第一节　辽代孔庙的建立

从辽代儒学教育的产生和发展来看，辽统治者不仅重视儒家经史教育，而且也重视儒家思想指导下的儒家伦理道德行为规范教育。辽太祖建国伊始就确立以儒为主，以佛、道为辅的三教并重文教政策。前已述及，在建国之初，太祖曾问群臣曰："受命之君，当事天敬神。有大功德者，朕欲祀之，何先？"结果多数重臣皆以佛对。太祖却不同意此观点，认为："佛非中国教。"与众臣不同，皇太子耶律倍认为："孔子大圣，万世所尊，宜先。"[①]太祖听后大悦，随即诏建孔子庙，并诏令皇太子春秋祭祀。可见，辽最高统治者辽太祖耶律阿保机对儒家思想的传承与教育高度重视，深知以文治天下必须以儒家思想为指导，将儒学教育列为首位就成为辽太祖耶律阿保机实施以文治天下的既定目标。为了达到既定目标，儒家思想的代表者孔子就成为辽太祖耶律阿保机诏令皇太子、诸臣祭祀的崇高偶像。于是，太祖神册三年（918）五月乙亥，辽太祖耶律阿保机正式"诏建孔子庙、佛寺、道观"[②]，以示辽代以儒为主，以佛、道为辅的三教并重文教政策。神册四年（919）八月丁酉，又亲"谒孔子庙，命皇后、皇太子分谒寺观"[③]，进一步确立儒家思想在辽代社会的统治地位。辽统治者在中国北疆游牧地区建立孔子庙，具有划时代意义，这不仅表明辽代"尊孔崇儒"政策的确立，标志着把儒家思想作为治国安邦的主体思想，而且也开启了儒家思想文化向中国北疆游牧地区的广泛传播。

辽代孔子庙是随着汉城的建立而发展起来的。据姚丛吾先生研究，"汉城是由'汉人聚居的城寨'而得名"，"凡是两种文化不同的民族，无论是语言不同，生活习惯不同，宗教不同，或者人种不同，互相接触，都可以发生'聚族别居'的现象。接触的地域在城市，则分区聚居，各保一方。接触的地点在乡镇，则各立一堡，一村，不相混合。接触的初期这种聚族别居的分野，自然更加显著"[④]。可见，辽代汉城的由来实为汉人移至北疆游牧地区聚族而居形成。姚丛吾先生通过对汉城的研究，认为"当时推行到热河辽宁一带的汉城完全保持关内汉城的特点"，"就建筑说，看楼以外有孔子庙、国子监，有佛寺

---

① 《辽史》卷七十二《耶律倍传》，中华书局2016年点校本，第1333页。
② 《辽史》卷一《太祖本纪上》，中华书局2016年点校本，第13页。
③ 《辽史》卷二《太祖本纪下》，中华书局2016年点校本，第17页。
④ 姚丛吾：《说阿保机时代的汉城》，《国学季刊》，5卷1号，1935年；姚丛吾编著：《东北史论丛》（上册），（台湾）正中书局1959年版，第111—121页。

（如金德寺、大悲寺、驸马寺等），有驿（有同文驿、临潢驿等），有宗庙（建州汉城下）。中国风的建筑，应有尽有"。① 另外，李洁非也认为："辽太祖阿保机的利用汉民族之智慧，开地筑城，采用汉族文化，建立国家，实以后金元的先声。当第十世纪阿保机建国的时代，热河辽宁一带的汉城（姚丛吾考汉城为由'汉人聚居的城寨'而得名），完全保持关内汉族的特点，看楼以外，有孔子庙，国子监，有佛寺，有驿，有宗庙，中国风的建筑，应有尽有。当时热河各城，住民复杂，'聚族而居'，但凡新兴城市的南边，多为汉人聚居的区域，而契丹新建的汉城不仅起于汉人因刘守先暴虐从幽涿等地自动迁出关外，实在也由于阿保机和他的部族想利用汉人，强掠汉民携归建城的结果。" ② 根据姚丛吾、李洁非二位先生研究的结果，我们基本可以得出这样一种认识：凡是建筑有汉城的地方，就应该有孔子庙。因此，我们通过辽代建筑的汉城大体可以窥视辽代孔子庙的建立、分布情况。《辽史·地理志》有许多辽代移汉民建城的记载，说明汉城在辽代有相当多的设置。

表 5—1 《辽史·地理志》所载辽置汉城统计表

	名 称	建置时期	隶属关系	纪 事 内 容	史料来源
1	临潢府	太祖所建	上京道	神册三年城之，名曰皇都。天显十三年，更名上京，府曰临潢。……西南国子监，监北孔子庙，庙东节义寺。……上京西楼，有邑屋市肆，交易无钱而用布。有绫锦诸工作、宦者、翰林、伎术、教坊、角抵、儒、僧尼、道士。中国人并、汾、幽、蓟为多。	卷三十七《地理志一》

---

① 姚丛吾编著：《东北史论丛》，（台湾）正中书局1959年版，第211—121页。
② 李洁非：《东北小史》《史地教育丛刊》，（重庆）中国文化服务社1942年版，第28页。

	名　称	建置时期	隶属关系	纪 事 内 容	史料来源
2	临潢县	太祖天赞初	上京道临潢府	太祖天赞初南攻燕、蓟，以所俘人户散居潢水之北，县临潢水，故以名。地宜种植。户三千五百。	卷三十七《地理志一》
3	长泰县	太祖所建	上京道临潢府	本渤海国长平县民，太祖伐大諲撰，先得是邑，迁其人于京西北，与汉民杂居。户四千。	卷三十七《地理志一》
4	定霸县	太祖所建	上京道临潢府	本扶余府强师县民，太祖下扶余，迁其人于京西，与汉人杂处，分地耕种。统和八年，以诸宫提辖司人户置。隶长宁宫。户二千。	卷三十七《地理志一》
5	潞县	太祖所建	上京道临潢府	本幽州潞县民，天赞元年，太祖破蓟州，掠潞县民，布于京东，与渤海人杂处。隶崇德宫。户三千。	卷三十七《地理志一》
6	祖州	太祖所建	上京道	太祖秋猎多于此，始置西楼。后因建城，号祖州。……东南横街，四隅有楼对峙，下连市肆。	卷三十七《地理志一》
7	龙化州	太祖所建	上京道	本汉北安平县地。契丹始祖奇首可汗居此，称龙庭。太祖于此建东楼。唐天复二年，太祖为迭烈部夷离堇，破代北，迁其民，建城居之。明年，伐女直，俘数百户实焉。天祐元年，增修东城，制度颇壮丽。	卷三十七《地理志一》
8	龙化县	太祖所建	上京道龙化州	太祖东伐女直，南掠燕、蓟，所俘建城置邑。户一千。	卷三十七《地理志一》
9	怀州	太宗所建	上京道	天赞中，从太祖破扶余城，下龙泉府，俘其人，筑寨居之。会同中，掠燕、蓟所俘亦置此。太宗崩，葬西山，曰怀陵。大同元年，世宗置州以奉焉。	卷三十七《地理志一》
10	壕州	太宗所建	上京道	国舅宰相南征，俘掠汉民，居辽东西安平县故地。在显州东北二百二十里，西北至上京七百二十里。户六千。	卷三十七《地理志一》

	名 称	建置时期	隶属关系	纪 事 内 容	史料来源
11	原州	太宗所建	上京道	本辽东北安平县地。显州东北三百里。国舅金德俘掠汉民建城。西北至上京八百里。户五百。	卷三十七《地理志一》
12	福州	太宗所建	上京道	国舅萧宁建。南征俘掠汉民，居北安平县故地。在原州北二十里，西北至上京七百八十里。户三百。	卷三十七《地理志一》
13	镇州	圣宗统和二十二年所建	上京道	渤海、女直、汉人配流之家七百余户，分居镇、防、维三州。东南至上京三千余里。	卷三十七《地理志一》
14	维州	圣宗所建	上京道	渤海、女直、汉人配流之家七百余户，分居镇、防、维三州。东南至上京三千余里。	卷三十七《地理志一》
15	防州	圣宗所建	上京道	渤海、女直、汉人配流之家七百余户，分居镇、防、维三州。东南至上京三千余里。	卷三十七《地理志一》
16	长春县	兴宗所建	上京道长春州	燕、蓟犯罪者流配于此。户二千。	卷三十七《地理志一》
17	兴国县	兴宗所建	上京道泰州	本山前之民，因罪配递至此，兴宗置县。户七百。	卷三十七《地理志一》
18	顺州	不详	上京道	本辽队县地。横帐南王府俘掠燕、蓟、顺州之民，建城居之。在显州东北一百二十里，西北至上京九百里。户一千。	卷三十七《地理志一》
19	爱民县	不详	上京道乌州	拨剌王从军南征，俘汉民置于此。户一千。	卷三十七《地理志一》

续表

	名称	建置时期	隶属关系	纪事内容	史料来源
20	辽阳府	太祖所建	东京道	神册四年，葺辽阳故城，以渤海、汉户建东平郡，为防御州。天显三年，迁东丹国民居之，升为南京。……外城谓之汉城，分南北市，中为看楼；晨集南市，夕集北市。街西有金德寺；大悲寺；驸马寺，铁幡竿在焉；赵头陀寺；留守衙；户部司；军巡院，归化营军千余人，河、朔亡命，皆籍于此。……天显十三年，改南京为东京，府曰辽阳。	卷三十八《地理志二》
21	沈州	太祖所建	东京道	诏徙檀、顺民于东平沈州。	卷二《太祖本纪下》
22	乐郊县	太祖所建	东京道沈州	太祖俘蓟州三河民，建三河县，后更名。	卷三十八《地理志二》
23	灵源县	太祖所建	东京道沈州	太祖俘蓟州吏民，建渔阳县，后更名。	卷三十八《地理志二》
24	棋州	太祖所建	东京道	本渤海蒙州地。太祖以檀州俘于此建檀州，后更名。隶弘义宫，兵事属北女直兵马司。	卷三十八《地理志二》
25	庆云县	太祖所建	东京道棋州	太祖俘密云民，于此建密云县，后更名。	卷三十八《地理志二》
26	辽州	太祖所建	东京道	太祖伐渤海，先破东平府，迁民实之。太祖改为州，军曰东平，太宗更为始平军。	卷三十八《地理志二》
27	贵德州	太宗所建	东京道	本汉襄平县地，汉公孙度所据。太宗时察割以所俘汉民置。后以弑逆诛，没入焉。圣宗建贵德军，后更名。	卷三十八《地理志二》
28	遂州	太宗所建	东京道	本渤海美州地，采访使耶律颇德以部下汉民置。穆宗时，颇德嗣绝，没入焉。	卷三十八《地理志二》

	名称	建置时期	隶属关系	纪事内容	史料来源
29	双州	太宗所建	东京道	本挹娄故地。渤海置安定郡，久废。沤里僧王从太宗南征，以俘镇、定二州之民建城置州。察割弑逆诛，没入焉。故隶延昌宫，后属崇德宫，兵事隶北女直兵马司。	卷三十八《地理志二》
30	海北州	世宗所建	东京道	世宗以所俘汉户置。地在闾山之西，南海之北。初隶宣州，后属乾州。	卷三十八《地理志二》
31	来远县	圣宗所建	东京道	初徙辽西诸县民实之，又徙奚、汉兵七百防戍焉。户一千。	卷三十八《地理志二》
32	宣州	圣宗所建	东京道	开泰三年徙汉户置。隶保州。	卷三十八《地理志二》
33	来远城	圣宗所建	东京道	本熟女直地。统和中伐高丽，以燕军骁猛，置两指挥，建城防戍。兵事属东京统军司。	卷三十八《地理志二》
34	宗州	圣宗所建	东京道	在辽东石熊山，耶律隆运以所俘汉民置。圣宗立为州，隶文忠王府。王薨，属提辖司。	卷三十八《地理志二》
35	广州	圣宗所建	东京道	汉属襄平县，高丽为当山县，渤海为铁利郡。太祖迁渤海人居之，建铁利州。统和八年省。开泰七年以汉户置。	卷三十八《地理志二》
36	信州	圣宗所建	东京道	本越喜故城。渤海置怀远府，今废。圣宗以地邻高丽，开泰初置州，以所俘汉民实之。兵事属黄龙府都部署司。	卷三十八《地理志二》
37	黄龙府	圣宗所建	东京道龙州	本渤海扶余府。太祖平渤海还，至此崩，有黄龙见，更名。保宁七年，军将燕颇叛，府废。开泰九年，迁城于东北，以宗州、檀州汉户一千复置。	卷三十八《地理志二》
38	顺化州	圣宗所建	东京道	开泰三年以汉户置。兵事隶东京统军司。	卷三十八《地理志二》

	名　称	建置时期	隶属关系	纪　事　内　容	史料来源
39	连州		东京道	以汉户置。兵事属东京统军司。	卷三十八《地理志二》
40	衍州		东京道	以汉户置。初刺史，后升军。兵事属东京统军司。	卷三十八《地理志二》
41	惠州	太祖所建	中京道	本唐归义州地。太祖俘汉民数百户兔麝山下，创城居之，置州。属中京。	卷三十九《地理志三》
42	武安州	太祖所建	中京道	唐沃州地。太祖俘汉民居木叶山下，因建城以迁之，号杏埚新城。复以辽西户益之，更曰新州。统和八年改今名。	卷三十九《地理志三》
43	泽州	太祖所建	中京道	本汉土垠县地。太祖俘蔚州民，立寨居之，采炼陷河银冶。隶中京留守司。开泰中置泽州。	卷三十九《地理志三》
44	兴中府	太祖所建	中京道	太祖平奚及俘燕民，将建城，命韩知方择其处。乃完葺柳城，号霸州彰武军，节度。统和中，制置建、霸、宜、锦、白川等五州。寻落制置，隶积庆宫。后属兴圣宫。重熙十年升兴中府。	卷三十九《地理志三》
45	兴中县	太祖所建	中京道兴中府	本汉柳城县地。太祖掠汉民居此，建霸城县。重熙中置府，更名。	卷三十九《地理志三》
46	锦州	太祖所建	中京道	太祖以汉俘建州。	卷三十九《地理志三》
47	建州	太祖所建	中京道	太祖完葺故垒，置州。汉乾祐元年，故石晋太后诣世宗，求于汉城侧耕垦自赡。许于建州南四十里给地五十顷，营构房室，创立宗庙。州在灵河之南，屡遭水害，圣宗迁于河北唐崇州故城。初名武宁军，隶永兴宫，后属敦睦宫。	卷三十九《地理志三》

	名 称	建置时期	隶属关系	纪 事 内 容	史 料 来 源
48	榆州	太宗所建	中京道	本汉临渝县地，后隶右北平骊城县。唐载初二年，析慎州置黎州，处靺鞨部落，后为奚人所据。太宗南征，横帐解里以所俘镇州民置州。开泰中没入。属中京。	卷三十九《地理志三》
49	大定府	圣宗统和二十五年	中京道	统和二十四年，五帐院进故奚王牙帐地。二十五年，城之，实以汉户，号曰中京，府曰大定。	卷三十九《地理志三》
50	富庶县	圣宗开泰二年	中京道大定府	本汉新安平地。开泰二年析京民置。	卷三十九《地理志三》
51	劝农县	圣宗开泰二年	中京道大定府	本汉宾从县地。开泰二年析京民置。	卷三十九《地理志三》
52	文定县	圣宗开泰二年	中京道大定府	开泰二年析京民置。	卷三十九《地理志三》
53	升平县	圣宗开泰二年	中京道大定府	开泰二年析京民置。	卷三十九《地理志三》
54	金源县	圣宗开泰二年	中京道大定府	本唐青山县境。开泰二年析京民置。	卷三十九《地理志三》
55	北安州	圣宗所建	中京道	本汉女祁县地，属上谷郡。晋为冯跋所据。唐为奚王府西省地。圣宗以汉户置北安州。属中京。	卷三十九《地理志三》
56	岩州	圣宗所建	中京道	本汉海阳县地。太祖平渤海，迁汉户杂居兴州境，圣宗于此建城焉。隶弘义宫，来属。	卷三十九《地理志三》
57	宜州	兴宗所建	中京道	兴宗以定州俘户建州。	卷三十九《地理志三》
58	营丘县	兴宗重熙中	中京道兴中府	析霸城置。	卷三十九《地理志三》

续表

名称	建置时期	隶属关系	纪事内容	史料来源
59　黔州		中京道	本汉辽西郡地。太祖平渤海，以所俘户居之，隶黑水河提辖司。安帝置州，析宜、霸二州汉户益之。初隶永兴宫，更隶中京，后置府，来属。	卷三十九《地理志三》

说明：本表所收汉城是明确记载置汉民户所设置的府州县。

　　根据表5—1统计，辽代在中国北疆游牧区域建有汉城大约有59座，其中上京道有19座，东京道有21座，中京道有19座。可见，辽代在中国北疆游牧区域所建孔子庙的数量还是相当可观的，以太祖时期为多，一直延续到圣宗时期。在此还需要说明的是，上述所列汉城仅仅是地理志中记载的汉城，并且是明确记载置汉民户所设的汉城，未明确记载者不在此列，说明辽代在中国北疆游牧区域，即上京道、东京道、中京道，所建置的汉城可能不仅仅是这个数量，也许比之更多。

　　除上述三道外，南京道、西京道本多为汉人聚居区，诸府州县也应建孔子庙，由于受到史料的限制，尚无法作出具体统计，但值得肯定的是孔子庙应该大量存在。

　　辽代除了在汉城中设置孔子庙，也在京府州县设置孔子庙。《辽史·地理志一》载："西南国子监，监北孔子庙，庙东节义寺。又西北安国寺，太宗所建。"[1] 可见，孔子庙位于上京皇都城的西南，与上京国子监南北相对。从孔子庙所处的地理位置看，它并不在上京皇都城南之汉城中。但由于史料的匮乏，圣宗以前辽代各京府州县究竟建有多少孔子庙尚无法统计，但从史料记载来推断，其数量应相当可

---

① 《辽史》卷三十七《地理志一》，中华书局2016年点校本，第499页。

观。据《宣府镇志》载："契丹统和十三年，帝在炭山，诏归化等处守臣修山泽祠宇，先哲庙貌，以时祀之。于是诸州孔子庙，及奉圣黄帝祠、儒州舜祠、大翮山王次仲祠，俱为一新。"[1] 可见，圣宗统和年间，新建、重建孔子庙遍布辽之诸州。另外，从《涿州移建孔庙碑阴记》（统和二十八年）记载也可佐证圣宗朝重建、新建孔子庙的事实："旧庙本在城南东北隅，是年刺史高公移置南城东南隅康庄之左。"[2] 对此，元人王恽《涿州城移置考》曰："至元八年秋九月，予以省觐来涿，因拜谒孔子清庙，……及辨读辽统和廿八年州刺史广陵高公《移庙碑阴记》，云旧庙本在南城东北隅。是年，刺史高公移置南城东南隅康庄之左。因复悟今州城南北若连环然，意者置州时，展筑南城而广大之。今市中隔门，本故县城南门也。观此前后，证据甚明，无可疑者。"[3] 由此推之，辽诸州建孔子庙似在情理之中。

道宗时，辽又曾掀起一次重建、新建孔子庙的活动。《辽史·道宗本纪一》载：清宁六年（1060）六月丙寅，"中京置国子监，命以时祭先圣先师"[4]。很显然，"以时祭先圣先师"，就是到孔子庙去拜祭孔子，接受儒家思想文化教育。又《辽史·大公鼎传》载：大公鼎于道宗朝改任良乡令时，"省徭役，务农桑，建孔子庙学，部民服化"[5]。可见，大公鼎在任良乡县令时，不仅仅满足于立孔子庙，以时拜祭，而是建立"孔子庙学"，讲经论道，大力传授和宣扬儒家思想文化，加强儒学教育。从成效看，似乎颇为显著，往往使"部民服化"。另外，据《宣府镇志》载："契丹初兴，惟尚武艺，燕、赵间学

① （清）厉鹗：《辽史拾遗》卷七引《宣府镇志》，参见王云五主编：《丛书集成初编》，上海商务印书馆1936年版，第125页。
② 《涿州移建孔庙碑阴记》（统和二十八年），参见向南：《辽代石刻文编》，河北教育出版社1995年版，第138页。
③ （元）王恽：《涿州移置考》，参见李修生主编：《全元文（六）》卷一百七十八，江苏古籍出版社1999年版，第372—373页。
④ 《辽史》卷二十一《道宗本纪一》，中华书局2016年点校本，第292页。
⑤ 《辽史》卷一百五《大公鼎传》，中华书局2016年点校本，第1608页。

校，俱仍唐旧，间罹兵燹，十存二三，取用文士，多由是奋。兴宗重熙五年，始御元和殿，以《日射三十六熊赋》《幸燕诗》试进士于廷，著为令式。至道宗，乃诏设学养士，于是有西京学，有奉圣、归化、云、德、宏、蔚、妫、儒等州学，各建孔子庙，颁《五经》诸家传疏，令博士、助教教之，县属附焉。"[1]可见，道宗朝的西京不仅诸州俱有州学，传授《五经》及其传疏，而且还各建孔子庙，以时拜祭儒家思想的代表者孔子，令广大民众接受儒家思想教育。可以想见，道宗朝西京如此，其他四京的孔子庙建置，以及儒学教育也不会逊色于西京。因此，可以肯定在道宗朝确实掀起一次尊孔崇儒的儒学教育高潮。此次儒学教育高潮大概一直持续到辽末。从《三河县重修文宣王庙记》（乾统七年）记载来看，三河县令刘瑶"常以虚怀待士。领袖生徒，纪纲文会，因集宣圣庙。见轩墀促窄，宸座不正，法象之服，少依古制，历岁换代，栋朽榱崩，久致凋弊，多是习常，鲜有改作。公嗟叹不足，遂动葺□之愿。……固商略于诸吾道，聚谋兹事，移位修建"。经过刘瑶的主持修建，三河县孔子庙俱为一新，"示先师圣容，三礼图为准。绘□龙衮，玄冕黼黻，珠旒交映，金碧已至。粹容圆备，垂拱向明，位以当宁。左右具侍立，前列十哲，簪绂精饰，壁图七十二贤。正殿前厦三间，若于槅子，门四扇，东廊房两间，户牖六事，门屋一座，束阶砌全。梁有牌，牌有颂，明公亲笔。供具台床四条，祭器等备用。能栋宇瑰丽，藻井雕甍，势若飞动，成其大壮，艰拟其功。前坤兑隅，特建土地堂。贤圣一门九重，门屋一坐。院西广至城闉，两庙墙共七十堵"。既达到"可以固士民祈福之所。莫不阐扬儒教，辅助国风"的儒学教育目的，又为"新众目之观瞻，增一

---

① （清）厉鹗：《辽史拾遗》卷十六引《宣府镇志》，参见王云五主编：《丛书集成初编》，上海商务印书馆 1936 年版，第 333 页。

邑之壮丽",① 真可谓功德无量，教化深远。

第二节　辽代儒学教育的实践

辽统治者为了维持社会统治秩序、达到长治久安的目的，对儒家思想的吸收颇为重视，不仅从理论的层面加强君臣的儒学教育，而且也能够身体力行，以实际行动来实践儒家的伦理道德行为规范。② 正是在辽统治者的大力提倡下，朝廷上下、京府州县皆以儒家的伦理道德行为规范作为自己言行的准则，从而使整个辽代社会形成尊孔、尚儒的社会风气。

一、辽代君臣中的儒学教育

1.辽代的儒家思想观念深入人心

儒学思想在辽代的实践化，主要表现在辽代君臣对儒学的伦理道德观的接受。例如帝王、皇后的尊号、谥号大都以儒家思想作为指导思想来选取，见表5—2。

---

① 《三河县重修文宣王庙记》(乾统七年)，参见向南：《辽代石刻文编》，河北教育出版社 1995 年版，第 578—579 页。
② 孟古托力：《辽代契丹族儒家伦理观撮要》，《黑河学刊》1991 年第 4 期；范寿琨：《辽 代儒家思想简论》，《社会科学辑刊》1988 年第 5 期。

表5—2 辽代皇帝尊号、庙号、谥号统计表

	皇帝姓名	庙号	尊号和谥号
1	耶律阿保机	太祖	（1）太祖元年，上尊号曰天皇帝；（2）神册元年，上尊号曰大圣大明皇帝；（3）天赞元年九月，上谥升天皇帝；（4）统和二十六年七月，追谥大圣大明天皇帝；（5）重熙二十一年九月，加谥大圣大明神烈天皇帝。
2	耶律德光	太宗	（1）天显二年，上尊号嗣皇帝；（2）天会元年十一月，册上尊号曰睿文神武法天启运明德章信至道广敬昭孝嗣圣皇帝；（3）统和二十六年七月，上尊谥孝武皇帝；（4）重熙二十一年九月，增谥孝武惠文皇帝。
3	耶律阮	世宗	（1）天禄元年九月，上尊号曰天授皇帝；（2）应历二年，谥孝和皇帝；（3）统和二十六年七月，加谥孝和庄宪皇帝。
4	耶律璟	穆宗	（1）应历元年九月，上尊号曰天顺皇帝；（2）重熙二十一年，谥曰孝安敬正皇帝。
5	耶律贤	景宗	（1）保宁元年，上尊号曰天赞皇帝；（2）统和元年正月壬戌，上尊谥孝成皇帝，庙号景宗；（3）重熙二十一年，加谥孝成康靖皇帝。
6	耶律隆绪	圣宗	（1）乾亨四年十月，上尊号曰昭圣皇帝；（2）统和元年六月，上皇帝尊号曰天辅皇帝；（3）统和二十四年十月，上皇帝尊号曰至德广孝昭圣天辅皇帝；（4）开泰元年十一月，加上尊号曰弘文宣武尊道至德崇仁广孝聪睿昭圣神赞天辅皇帝；（5）太平元年十一月，奉册上尊号曰睿文英武遵道至德崇仁广孝功成治定昭圣神赞天辅皇帝；（6）景福元年闰十月，上尊谥曰文武大孝宣皇帝。
7	耶律宗真	兴宗	（1）重熙元年十一月，上皇帝尊号曰文武仁圣昭孝皇帝；（2）重熙十一年十一月，加上尊号曰聪文圣武英略神功睿哲仁孝皇帝；（3）重熙二十三年十一月，上皇帝尊号曰钦天奉道祐世兴历武定文成圣神仁孝皇帝；（4）清宁元年十月，上尊谥为神圣孝章皇帝。

	皇帝姓名	庙号	尊号和谥号
8	耶律洪基	道宗	（1）清宁二年十一月，上尊号曰天祐皇帝；（2）咸雍元年正月，加上尊号曰圣文神武全功大略广智总仁睿孝天祐皇帝；（3）寿昌七年六月，上尊谥仁圣大孝文皇帝。
9	耶律延禧	天祚皇帝	（1）寿昌七年正月，上尊号曰天祚皇帝；（2）乾统三年十一月，加上尊号曰惠文智武圣孝天祚皇帝。

从辽代九位皇帝尊号、谥号的统计来看，使用频度较高的有"孝""仁""德""智""信"等能够强力表述儒学思想内容之词以及能够体现文治武功的溢美之词。很显然，辽代皇帝的尊号、谥号具有强烈的儒学思想特色，说明儒学思想观念对辽代皇帝尊号、谥号的拟定产生很大影响。此外，辽代皇后的尊号、谥号中也经常出现"仁""孝"等词，如圣宗齐天皇后菩萨哥，对兴宗有"育恩"，被"追尊仁德皇后，与钦哀并祔庆陵"。[①] 兴宗仁懿皇后挞里，"仁慈淑谨，中外感德。凡正旦、生辰诸国贡币，悉赐贫瘠"。清宁二年（1056），"上尊号曰慈懿仁和文惠孝敬广爱宗天皇太后"。大康二年（1076），"崩，谥仁懿皇后"。[②] 很显然，彰显皇后的功绩时也以儒家思想观念来加以粉饰。可见，在辽代君臣的心目中儒学的地位是相当高的。

由于儒学教育深入人心，辽代贵族在为子孙取名时也经常使用儒家"三纲五常"中的"仁""义""礼""智""信"作为子孙之名，其中最典型的莫过于耶律仁先家族。《耶律仁先墓志》（咸雍八年）载：耶律释鲁于越之后裔耶律仁先，大辽国尚父于越宋王"之弟曰

① 《辽史》卷七十一《圣宗仁德皇后萧氏传》，中华书局2016年点校本，第1324页。
② 《辽史》卷七十一《兴宗仁懿皇后萧氏传》，中华书局2016年点校本，第1325页。

义先，大内惕隐，富春郡王；曰礼先，金州团练使；曰智先，果州防御使；曰信先，南面林牙"①。可见，耶律仁先与其四个弟弟的取名，按"五常"之"仁""义""礼""智""信"的顺序来排序。又《永清公主墓志》（寿昌元年）载：圣宗孝成宣皇帝之季弟耶律隆裕之孙女永清公主，"有弟五人：长曰弘仁，清宁四祀间，承皇上之眷祐，特授左威卫上将军；弟弘义，自幼除大（泰）宁军节度使；弟弘礼，器度渊沉，回旋谦雅。举措骨气，与并祖圣宗孝彰（宣）皇帝相肖。自条年授邓州观察使；弟弘智，贵州观察使；弟弘信，左监门卫□将军。"②

2. 辽代以儒治天下

辽代君臣的儒学实践除建立孔子庙，宣扬儒学思想，以各种方式树立儒学思想观念外，就是如何以儒学思想为指导，治理天下，维护社会秩序。辽代继承唐朝的儒、佛、道三教并重的思想，以儒为主，以佛、道为辅，从而使辽代社会处处体现"三纲五常"之儒学特色③，"于国忠也，于家孝也，于民惠也，于官廉也，于人信也"④，逐渐成为辽代君臣儒学实践的行为规范。

"仁"是儒学思想观念中的重要范畴，是儒学思想观念的核心内容。它是处理人与人之间关系的重要准则，"夫仁者，己欲立而立人，

---

① 《耶律仁先墓志》（咸雍八年），参见向南：《辽代石刻文编》，河北教育出版社1995年版，第354页。

② 《永清公主墓志》（寿昌元年），参见向南、张国庆、李宇峰：《辽代石刻文续编》，辽宁人民出版社2010年版，第227页。

③ （汉）班固：《白虎通义》卷八《性情》记载："五性者何？谓仁、义、礼、智、信也。仁者，不忍也，施生爱人也；义者，宜也，断决得中也；礼者，履也，履道成文也；智者，知也，独见前闻，不惑于事，见微知著也；信者，诚也，专一不移也。故人生而应八卦之体，得五气以为常，仁、义、礼、智、信是也。"

④ 《耶律仁先墓志》（咸雍八年），参见向南：《辽代石刻文编》，河北教育出版社1995年版，第354页。

己欲达而达人"①，即在处理事情时都要先设身处地地为别人着想。至于统治者的"仁"，当然就是爱戴百姓，宽以待人。在辽代，"仁"的观念可谓是深入人心，君臣事迹中经常会出现"宽仁""仁政""仁爱"的表述，如在开国元勋耶律曷鲁病革之际，太祖临视，问所欲言。曷鲁曰："陛下圣德宽仁，群生咸遂，帝业隆兴。"②可见，太祖大量任用汉族士人，宽仁治天下，使得辽代国势日隆。太祖弟迭剌之孙耶律合住，"智而有文，晓畅戎政"③，在担任涿州刺史，西南兵马都监、招安、巡检等使期间，"仁政俱行，宽猛兼济"，虽然"地迫敌封，境连疆场，盗贼公行，天疠时降，内奸殊冗，出入难虞，雀角□□情□"，但能"戢彼干戈，用兴民利"，④治政有声，受到当地百姓的信任和拥戴。皇室宗亲耶律宗政"乐慕儒宗""历事三朝"，官至枢密使，册命魏国王，"入握枢权也，不以赏罚私于己；出临戎政也，不以威爱纵于心"，以致"戚里推其孝悌，部下仰其宽仁"。⑤皇室宗亲耶律宗允官至南宰相，"钦崇儒教"，"以至仁而抚下，以直道而事君"。⑥萧义治理"平山孤竹之地"时，"申威令以制其豪强，修仁政以养其疲瘵"，以至于"受代而后，爱及累年，至今称之"。⑦耶律韩八官至左夷离毕、北院大王，"政务宽仁"，"知无不言，便益为多"。⑧

---

① 《论语注疏》卷六《雍也》，参见（清）阮元校刻：《十三经注疏》（清嘉庆刊本），中华书局 2016 年影印本，第 5385 页下栏。
② 《辽史》卷七十三《耶律曷鲁传》，中华书局 2016 年点校本，第 1348 页。
③ 《辽史》卷八十六《耶律合住传》，中华书局 2016 年点校本，第 1456 页。
④ 《耶律琮神道碑》（保宁间），参见向南：《辽代石刻文编》，河北教育出版社 1995 年版，第 59 页。
⑤ 《耶律宗政墓志》（清宁八年），参见向南：《辽代石刻文编》，河北教育出版社 1995 年版，第 308 页。
⑥ 《耶律宗允墓志》（咸雍元年），参见向南：《辽代石刻文编》，河北教育出版社 1995 年版，第 321 页。
⑦ 《萧义墓志》（天庆二年），参见向南：《辽代石刻文编》，河北教育出版社 1995 年版，第 624 页。
⑧ 《辽史》卷九十一《耶律韩八传》，中华书局 2016 年点校本，第 1499—1500 页。

在儒学教育下成长起来的契丹人，普遍存在着"仁爱"之心。以"明经"闻于世的萧朴，圣宗问政时，"具陈百姓疾苦，国用丰耗"[①]，充分体现了萧朴的仁爱之心。博览经史的萧韩家奴，当兴宗诏天下言治道之要时，对曰："臣伏见比年以来，高丽未宾，阻卜犹强，战守之备，诚不容已。乃者选富民防边，自备粮糗。道路修阻，动淹岁月；比至屯所，费已过半，只牛单毂，鲜有还者。其无丁之家，倍直佣僦，人惮其劳，半途亡窜，故戍卒之食多不能给。求假于人，则十倍其息，至有鬻子割田，不能偿者。或逋役不归，在军物故，则复补以少壮。其鸭渌江之东，戍役大率如此。况渤海、女直、高丽合从连衡，不时征讨。富者从军，贫者侦候。加之水旱，菽粟不登，民以日困。盖势使之然也。"[②]从上述答辞中可以看出萧韩家奴的"仁爱"之心。可见，儒学思想观念中的"仁"在辽代君臣儒学实践中得到较为充分的体现。

在儒学教育的影响下，辽代君臣在诸多方面都体现出"义"之行为规范，在其事迹中也经常出现"信义""重义"的表述。兴宗在"契丹回宋誓书"中曰："守约为信，善邻为义，二者缺一，罔以守国。……顾惟不德，必敦大信，苟有食言，必如前誓。"[③]道宗在"进高丽国王嗣子昱为王官告"中曰："勤俭可以保民，信义可以行政。"[④]可见，兴宗在处理辽与北宋关系、道宗在处理辽与高丽关系时，都重点强调"信义"，说明辽代帝王已经认识到"信义"是"守国""行政"的必要条件，是建立东北亚新秩序的重要前提，可以说其认识相当深刻。季父房之后的耶律铎鲁斡，"廉约重义"，"所至有声，吏民

---

① 《辽史》卷八十《萧朴传》，中华书局 2016 年点校本，第 1411 页。
② 《辽史》卷一百三《萧韩家奴传》，中华书局 2016 年点校本，第 1594 页。
③ （宋）叶隆礼：《契丹国志》卷二十，上海古籍出版社 1985 年点校本，第 194 页。
④ ［高丽］郑麟趾：《高丽史》卷十《献宗世家》，（日本）国书刊行会 1977 年版，第 154 页。

畏爱"。①秦晋国妃"博览经史，聚书数千卷。能于文词，其歌诗赋咏，落笔则传诵朝野，脍炙人口"，"轻财重义，延纳群彦。士之寒素者赈给之，士之才俊者昇荐之。故内外显寮，多出其门"，"今主上以其知国家之大体，诏赴行在，常备询问"。②北府宰相萧袍鲁"出累相之门，处宗臣之位，富而好礼，贵不期骄。朋友未闻否臧之言，宗亲弗见喜愠之色。而复尊贤好士，矜孤恤贫"，称得上是"抱仁处义，履信含贞"。③可见，儒学思想观念中的"义"在辽代君臣实践中也得到较为充分体现。

"礼"作为儒学思想观念中的又一个重要范畴，具有"经国家，定社稷，序民人，利后嗣"④的重要作用，因而在辽代君臣的儒学实践中也得到了充分体现。太宗崩，世宗与太宗之弟李胡争夺帝位不可开交之时，"礼"起到决定性的作用。是时，耶律屋质曰："礼有世嫡，不传诸弟。昔嗣圣之立，尚以为非，况公暴戾残忍，人多怨讟。万口一辞，愿立永康王，不可夺也。"⑤无奈之下，述律太后许立永康，世宗得以即位。圣宗朝，圣宗击鞠无度，时翰林承旨马得臣便上书谏曰："跃马挥杖，纵横驰骛，不顾上下之分，争先取胜，失人臣礼。""书奏，帝嘉叹良久。"⑥很显然，圣宗欣然接受马得臣为了保护君威而必须恪守君臣之礼的建议。

在儒学思想观念教育下，兴宗对"礼"有更加深刻的认识，重熙十五年（1046），诏曰："古之治天下者，明礼义，正法度。我朝之

① 《辽史》卷一百五《耶律铎鲁斡传》，中华书局2016年点校本，第1612页。
② 《秦晋国妃墓志》（咸雍五年），参见向南：《辽代石刻文编》，河北教育出版社1995年版，第341—342页。
③ 《萧袍鲁墓志》（大安六年），参见向南：《辽代石刻文编》，河北教育出版社1995年版，第425页。
④ 《春秋左传正义》卷四《隐公十一年》，参见（清）阮元校刻：《十三经注疏》（清嘉庆刊本），中华书局2016年影印本，第3770页下栏。
⑤ 《辽史》卷七十七《耶律屋质传》，中华书局2016年点校本，第1387页。
⑥ 《辽史》卷八十《马得臣传》，中华书局2016年点校本，第1410—1411页。

兴，世有明德，虽中外向化，然礼书未作，无以示后世。卿（萧韩家奴）可与庶成酌古准今，制为礼典。事或有疑，与北、南院同议。"①萧韩家奴尊旨，博考经籍，自天子达于庶人，情文制度可行于世，不缪于古者，撰成"礼典"三卷，以示后人。另外，兴宗对燕赵国王，即道宗的儒学教育更加重视，命儒者萧惟信为"燕赵国王傅"，并谕之曰："燕赵左右多面谀，不闻忠言，浸以成性。汝当以道规诲，使知君父之义。有不可处王邸者，以名闻。"于是，萧惟信对燕赵国王"辅导以礼"，使之养成儒家之伦理道德行为规范。②

　　不仅帝王如此，大臣也常常用"礼"来规范自身的行为。萧孝穆"廉谨有礼法"③，药师奴"谨礼法"④，萧韩家"性端简，谨愿，动循礼法"⑤，萧乌野"性孝悌，尚礼法，雅为乡党所称"⑥，萧德"性和易，笃学好礼法"⑦，耶律谷欲"冲澹有礼法，工文章"⑧，耶律宗允"不以富贵骄人，洞遵于礼法"⑨，梁庆元"礼法精闲，授合门通事舍人"⑩。可见，儒学思想观念中的"礼"在辽代君臣儒学实践中也得到较为充分体现。

---

① 《辽史》卷一百三《萧韩家奴传》，中华书局 2016 年点校本，第 1598 页。
② 《辽史》卷九十六《萧惟信传》，中华书局 2016 年点校本，第 1541 页。
③ 《辽史》卷八十七《萧孝穆传》，中华书局 2016 年点校本，第 1465 页。
④ 《辽史》卷九十一《萧药师奴传》，中华书局 2016 年点校本，第 1502 页。
⑤ 《辽史》卷九十二《萧韩家传》，中华书局 2016 年点校本，第 1508 页。
⑥ 《辽史》卷九十二《萧乌野传》，中华书局 2016 年点校本，第 1509 页。
⑦ 《辽史》卷九十六《萧德传》，中华书局 2016 年点校本，第 1540 页。
⑧ 《辽史》卷一百四《耶律谷欲传》，中华书局 2016 年点校本，第 1605 页。
⑨ 《耶律宗允墓志》（咸雍元年），参见向南：《辽代石刻文编》，河北教育出版社 1995 年版，第 321 页。
⑩ 《梁援妻张氏墓志》（乾统七年），参见向南：《辽代石刻文编》，河北教育出版社 1995 年版，第 567 页。

二、辽代军队中的儒学教育

儒学教育在辽代社会生活中产生重要影响，辽代统治者不仅在政治生活和日常生活中实践着儒家思想，用以维护辽代社会的统治秩序，而且还将儒家思想渗透到军队当中。《辽史·圣宗本纪八》载：辽圣宗太平七年（1027）十一月己未，"匡义军节度使中山郡王查葛、保宁军节度使长沙郡王谢家奴、广德军节度使乐安郡王遂哥奏，各将之官，乞选伴读书史，从之"。[①]从匡义军节度使、保宁军节度使、广德军节度使管内的将官请求朝廷赐予"伴读书史"，并得到圣宗的认可事件不难看出，辽代军队中的将士皆有接受儒学教育的渴望，同时朝廷也希望在军队中施行儒学教育，以提高军队将士的儒家思想文化素养。正是辽统治者在军队中施行儒学教育，使军队中出现诸多能文能武的将官。《辽史·耶律学古传》载：耶律学古"颖悟好学，工译鞮及诗"，"乾亨元年，宋既下河东，乘胜侵燕，学古受诏往援。始至京，宋败耶律奚底、萧讨古等，势益张，围城三周，穴地而进，城中民怀二心。学古以计安反侧，随宜备御，昼夜不少懈。适有敌三百余人夜登城，学古战却之。会援军至，围遂解。学古开门列阵，四面鸣鼓，居民大呼，声震天地。旋有高梁之捷。以功遥授保静军节度使，为南京马步军都指挥使。二年，伐宋，乞将汉军，从之，改彰国军节度使。时南境未静，民思休息，学古禁寇掠以安之。会宋将潘美率兵分道来侵，学古以军少，虚张旗帜，杂丁黄为疑兵。是夜，适独虎峪举烽火，遣人侦视，见敌俘掠村野，击之，悉获所掠物，擒其将领。自是学古与潘美各守边约，无相侵轶，民获安业"。[②]《辽史·耶律乌不吕传》载：耶律乌不吕，"严重，有膂力，善属文。统和中伐

---

① 《辽史》卷十七《圣宗本纪八》，中华书局2016年点校本，第227页。
② 《辽史》卷八十三《耶律学古传》，中华书局2016年点校本，第1436页。

宋，屡任以军事。……后从萧恒德伐蒲卢毛朵部，以功为东路统军都监。及德让为大丞相，荐其材可任统军使，太后曰：'乌不吕尝不逊于卿，何善而荐?'德让奏曰：'臣忝相位，于臣犹不屈，况于其余。以此知可用。若任使之，必能镇抚诸蕃。'太后从之，加金紫崇禄大夫、检校太尉"。[①]《辽史·萧挞凛传》载：萧挞凛，"幼敦厚，有才略，通天文"，"统和四年，宋杨继业率兵由代州来侵，攻陷城邑。挞凛以诸军副部署从枢密使耶律斜轸败之，擒继业于朔州。六年秋，改南院都监，从驾南征，攻沙堆，力战被创，太后尝亲临视。明年，加右监门卫上将军、检校太师，遥授彰德军节度使。十一年，与东京留守萧恒德伐高丽，破之。高丽称臣奉贡。十二年，夏人梗边，皇太妃受命总乌古及永兴宫分军讨之，挞凛为阻卜都详稳。凡军中号令，太妃并委挞凛。师还，以功加兼侍中，封兰陵郡王。十五年，敌烈部人杀详稳而叛，遁于西北荒，挞凛将轻骑逐之，因讨阻卜之未服者，诸蕃岁贡方物充于国，自后往来若一家焉。上赐诗嘉奖，仍命林牙耶律昭作赋，以述其功。挞凛以诸部叛服不常，上表乞建三城以绝边患，从之。俄召为南京统军使。"[②]像耶律学古、耶律乌不吕、萧挞凛这样的将官，在《辽史》"列传"中并不鲜见，说明辽代将官在重视军事才能的同时，也不忽视儒学教育，成为士人。

第三节　辽代忠君观念与行为规范教育

契丹族在未接受中原儒家思想文化之前，尚是"草居野次，靡有

---

① 《辽史》卷八十三《耶律乌不吕传》，中华书局 2016 年点校本，第 1436—1437 页。
② 《辽史》卷八十五《萧挞凛传》，中华书局 2016 年点校本，第 1445—1446 页。

定所","生生之资,仰给畜牧,绩毛饮湩,以为衣食。各安旧风,狃习劳事,不见纷华异物而迁"①,"本无文纪,惟刻木为信"②的游牧民族。然而,在辽太祖"变家为国"③,势力逐渐膨胀之后,雄才大略的辽太祖审时度势,认为用纯粹的武功难以应付复杂多变的契丹社会发展局势,于是在崇尚武功的同时,开始注重文治教化,其重要举措就是积极吸收中原儒家思想观念。在这种背景下,辽代的忠君观念与行为规范,通过统治者的不断努力,开始初步建立,并随着辽代社会的发展而逐渐普及开来,在实践过程中深入到辽代君主和臣民的心中。有辽一代,忠君观念与行为规范成为统治者维持社会生活秩序的基础。

一、忠君观念溯源

所谓的"忠",许慎《说文解字》云:"忠,敬也。从心,中声。"忠君观念产生于春秋时期④,是孝道观念的延伸与升华⑤。忠君的内容较多,但归纳起来主要表现在两个方面:一为忠于君主;一为忠于社稷。

就忠于君主而言,如儒家经典所云:"君使臣以礼,臣事君以忠"⑥,"事君,敬其事而后其食"⑦,"守官废命不敬,固仇之保不忠,失

---

① 《辽史》卷三十二《营卫志中》,中华书局 2016 年点校本,第 427 页。
② (宋)王溥:《五代会要》卷二十九《契丹》,中华书局 1998 年版,第 349 页。
③ (宋)叶隆礼:《契丹国志》卷二十三《族姓原始》,上海古籍出版社 1985 年点校本,第 221 页。
④ 陈筱芳:《也论中国古代忠君观念的产生》,《西南民族学院学报》2001 年第 6 期。
⑤ 李福泉:《我国古代忠君思想的形成》,《湖南师范学院学报》1982 年第 4 期。
⑥ 《论语注疏》卷三《八佾》,参见(清)阮元校刻:《十三经注疏》(清嘉庆刊本),中华书局 2016 年影印本,第 5360 页上栏。
⑦ 《论语注疏》卷十五《卫灵公》,参见(清)阮元校刻:《十三经注疏》(清嘉庆刊本),中华书局 2016 年影印本,第 5471 页下栏。

忠与敬，何以事君"[1]，"吾以事君也。获一邑而教民怠，将焉用邑？邑以贾怠，不如完旧。贾怠无卒，弃旧不祥。鼓人能事其君，我亦能事吾君。率义不爽，好恶不愆，城可获而民知义所，有死命而无二心，不亦可乎"[2]，等等，皆为忠于君主的表述。忠君的主要内容是忠贞不贰地执行君命，即所谓的"奉君命无私"[3]，不为个人私利而违背君主之命。

就忠于社稷而言，如儒家经典所云："社稷有主，而外其心，其何贰如之？苟主社稷，国内之民，其谁不为臣？臣无二心，天之制也"[4]，"公家之利，知无不为，忠也"[5]，"忠，社稷之固也"[6]，"君薨不忘增其名，将死不忘卫社稷，可不谓忠乎。忠，民之望也"[7]，"临患不忘国，忠也"[8]，等等，皆为忠于社稷的表述。忠于社稷的主要内容是忠于君主所掌之社稷，即所谓的"谋国家不贰"[9]，不因私利而损害国家之利益。

---

① 《春秋左传正义》卷十二《僖公五年》，参见（清）阮元校刻：《十三经注疏》（清嘉庆刊本），中华书局 2016 年影印本，第 3895 页下栏。

② 《春秋左传正义》卷四十七《昭公十五年》，参见（清）阮元校刻：《十三经注疏》（清嘉庆刊本），中华书局 2016 年影印本，第 4511 页上栏至第 4511 页下栏。

③ 《春秋左传正义》卷九《成公十六年》，参见（清）阮元校刻：《十三经注疏》（清嘉庆刊本），中华书局 2016 年影印本，第 4169 页下栏。

④ 《春秋左传正义》卷九《庄公二十四年》，参见（清）阮元校刻：《十三经注疏》（清嘉庆刊本），中华书局 2016 年影印本，第 3845 页上栏。

⑤ 《春秋左传正义》卷十三《僖公九年》，参见（清）阮元校刻：《十三经注疏》（清嘉庆刊本），中华书局 2016 年影印本，第 3908 页下栏。

⑥ 《春秋左传正义》卷二十五《成公二年》，参见（清）阮元校刻：《十三经注疏》（清嘉庆刊本），中华书局 2016 年影印本，第 4118 页上栏。

⑦ 《春秋左传正义》卷三十二《襄公十五年》，参见（清）阮元校刻：《十三经注疏》（清嘉庆刊本），中华书局 2016 年影印本，第 4252 页下栏。

⑧ 《春秋左传正义》卷四十一《昭公元年》，参见（清）阮元校刻：《十三经注疏》（清嘉庆刊本），中华书局 2016 年影印本，第 4387 页下栏。

⑨ 《春秋左传正义》卷二十八《成公十六年》，参见（清）阮元校刻：《十三经注疏》（清嘉庆刊本），中华书局 2016 年影印本，第 4169 页下栏。

二、辽代忠君观念与行为教育的实践

纵观辽代忠君观念的主要内容及其具体表现，基本上与儒家思想文化中的忠君观念相一致，可以说辽代的忠君观念承袭儒家思想文化中的忠君观念，但又杂糅契丹民族的传统固俗，是儒家思想文化中的忠君观念在中国北疆游牧地区的继承与发展。辽代忠君观念的核心内容主要表现在"忠于君主"和"忠于社稷"两个方面。辽代的忠君观念在儒家思想文化的影响下逐渐形成和发展起来，最终成为辽代君臣百姓普遍认同的社会伦理道德规范。

1. 辽统治者对忠君观念与行为教育颇为重视

在契丹社会早期，契丹族尚无忠君观念，《旧唐书·契丹传》载：契丹有"胜兵四万三千人，分为八部，若有征发，诸部皆须议合，不得独举。猎则别部，战则同行"[①]。此时的契丹族是以"八部"为核心的部落联盟体，一切权利归由诸部"议合"，尔后才能付诸实施，说明契丹人还没有形成君臣之分观念，当然也不会存在忠君观念。虽然形式上没有表现出忠君观念，但忠君思想在契丹人的心目中已经客观存在，只不过尚未得到升华。如迭剌部人偶思在病笃时召见其长子曷鲁，曰："阿保机神略天授，汝率诸弟赤心事之。"[②]这说明偶思已经预见到耶律阿保机有"帝王"之象，因而要求后嗣应竭诚事之，这是一种相当朴素的思想意识，感情色彩颇为浓厚，但还谈不上忠君观念。

契丹族建辽后，契丹统治者为了巩固统治地位和维护社会生活秩序，开始注重并提倡忠君观念。辽太祖平定以剌葛为首的诸弟叛乱后，曾讲过这样两段话：其一，"诸弟性虽敏黠，而蓄奸稔恶。尝自矜有出人之智，安忍凶狠，溪壑可塞而贪黩无厌。求人之失，虽小而

---

① 《旧唐书》卷一百九十九下《契丹传》，中华书局 1975 年标点本，第 5349—5350 页。
② 《辽史》卷七十三《耶律曷鲁传》，中华书局 2016 年点校本，第 1346 页。

可恕，谓重如泰山；身行不义，虽入大恶，谓轻于鸿毛。昵比群小，谋及妇人，同恶相济，以危国祚。虽欲不败，其可得乎？北宰相实鲁妻余卢睹姑于国至亲，一旦负朕，从于叛逆，未置之法而病死，此天诛也。解里自幼与朕常同寝食，眷遇之厚，冠于宗属，亦与其父背大恩而从不轨，兹可恕乎！"[1] 其二，"致人于死，岂朕所欲。若止负朕躬，尚可容贷。此曹恣行不道，残害忠良，涂炭生民，剽掠财产。民间昔有万马，今皆徒步，有国以来所未尝有。实不得已而诛之"[2]。从上述讲话来分析，辽初的忠君观念与行为规范并未受到臣民的普遍重视，以至于皇弟剌葛、迭剌、寅底石、安端等还妄图以"每三年第其名以代之"[3] 的旧俗，取代太祖阿保机的皇位，甚至还有一部分朝中重臣及其族人如解里、实鲁妻余卢睹姑、剌葛妻辖剌已等肆意支持剌葛等人夺取皇位，这说明当时的忠君观念还没有得到辽代社会的普遍认同，臣民还没有以忠君观念规范自身的行为。但是，辽太祖在讲话中也重点提出"不义""以危国祚""负朕""背大恩""残害忠良"等与忠君观念与行为规范相关联的词语，说明辽太祖已经充分认识到忠君观念与行为规范的重要性，开始注重使用关乎忠君观念与行为规范的词语，用以指导臣民树立忠君观念。

受儒家思想观念影响的辽太宗在其统治时期明确提出忠君思想。《旧五代史·高祖本纪第一》载：辽太宗天显十年（935），太宗册立石敬瑭为大晋皇帝之"册文"有这样一段话："咨尔子晋王，神钟睿哲，天赞英雄，叶梦日以储祥，应澄河而启运。追事数帝，历试诸艰。武略文经，乃由天纵；忠规孝节，固自生知。猥以眇躬，奄有北土，暨明宗之享国也，与我先哲王保奉明契，所期子孙顺承，患难相济，丹书未泯，白日难欺，顾予纂承，匪敢失坠。尔惟近戚，实系本

---

① 《辽史》卷一《太祖本纪上》，中华书局 2016 年点校本，第 9—10 页。
② 《辽史》卷一《太祖本纪上》，中华书局 2016 年点校本，第 10 页。
③ 《旧五代史》卷一百三十七《契丹传》，中华书局 2015 年点校本，第 2130 页。

枝，所以余视尔若子，尔待予犹父也。"① 在册文中，辽太宗明确提出"忠规孝节，固自生知"的忠君思想，这显然对原始朴素的忠君观念有所升华，具有强烈的指导意义。

辽圣宗对忠君观念与行为规范更加重视。《契丹国志·晋王宗懿传》载："圣宗雅爱诸侄，每诫之曰：'汝勿以材能陵物，勿以富贵骄人。惟忠惟孝，保家保身。'"② 辽圣宗对宗亲诸侄明确指出皇家贵族不能"以材能陵物""以富贵骄人"，要严格操守儒家思想文化中的孝道观念和忠君观念，只有这样，才能"保家保身"，而不会遭到严厉的惩罚。又《辽史·耶律铎轸传》载：耶律铎轸因战功卓著而得到圣宗的赏识，圣宗亲赐"卮酒"，问其所欲。耶律铎轸对曰："臣幸被圣恩，得效弩力，万死不能报国，又将何求？"圣宗听后，颇为敬佩耶律铎轸之忠君观念与行为规范，为表彰耶律铎轸的忠君观念和教育广大臣民，手书铎轸衣裙曰："勤国忠君，举世无双。"③ 从上述事例可以看出，圣宗在儒家思想文化的熏陶下，颇为注重忠君观念与行为规范教育，通过自己的言行示以群臣及民众，要恪守忠君的伦理道德行为规范。

通过太祖、太宗、圣宗等几代帝王的不懈努力，到辽中后期，忠君观念与行为规范逐渐成为辽代臣民都能认同的伦理道德行为规范，绝大多数臣民都能以忠君观念作为准则来规范自身行为。

2. 辽臣民对忠君观念与行为教育勇于示范

《耶律仁先墓志》（咸雍八年）的撰者"前崇义军节度副使、银青崇禄大夫、检校□散骑常侍、兼殿中侍御史、飞骑尉"赵孝严就称赞"大辽国尚父于越宋王"耶律仁先，"于国忠也，于家孝也，于民惠

① 《旧五代史》卷七十五《高祖本纪第一》，中华书局 2015 年点校本，第 1148 页。
② （宋）叶隆礼：《契丹国志》卷十四《晋王宗懿传》，上海古籍出版社 1985 年点校本，第 153 页。
③ 《辽史》卷九十三《耶律铎轸传》，中华书局 2016 年点校本，第 1517 页。

也，于官廉也，于人信也"。①《萧德温墓志》（大康元年）的撰者"国
舅判官、承务郎、守太子中允、武骑尉、赐绯鱼袋"张臣言称赞"大
辽国左金吾卫上将军"萧德温，"于国于家，维忠维孝"，"礼尚谦冲，
德从温厚。负英雄之气，□縠骑之能。事万乘则竭乃忠勤，养二亲
则尽乎孝敬"。②《梁援妻张氏墓志》（乾统七年）的撰者"乾文阁直学
士、赐紫金鱼袋"杨丘文称赞"大辽故经邦忠亮同德功臣、开府仪同
三司、尚书左仆射、兼中书侍郎、同中书门下平章事、监修国史、知
枢密院事、上柱国、赵国公"梁援，"于家存孝，于国竭忠"。③可见，
辽代的忠君观念与行为规范在臣民的诸多思想观念中相当凸显，以至
于在"墓志铭"上都要重重地提上一笔。

正是在辽统治者大力提倡和言传身教下，儒家思想文化中的忠君
观念与行为规范很快就融入辽代社会生活当中，得到迅速发展和广泛
普及。忠君报国成为辽代臣民的行为准则，因而涌现出诸多各种类型
的忠君报国人士。④

有的只知有君有国，不知有其身，耶律曷鲁就是较为典型的代
表。《辽史·耶律曷鲁传》载："太祖为于越，秉国政，欲命曷鲁为迭
剌部夷离堇。辞曰：'贼在君侧，未敢远去。'"又载："初，曷鲁病
革，太祖临视，问所欲言。曷鲁曰：'陛下圣德宽仁，群生咸遂，帝
业隆兴。臣既蒙宠遇，虽瞑目无憾。惟析迭剌部议未决，愿亟行之。'
及薨，太祖流涕曰：'斯人若登三五载，吾谋蔑不济矣！'"⑤在弥留之

① 《耶律仁先墓志》（咸雍八年），参见向南：《辽代石刻文编》，河北教育出版社 1995 年
　　版，第 352、354 页。
② 《萧德温墓志》（大康元年），参见向南：《辽代石刻文编》，河北教育出版社 1995 年版，
　　第 371、372 页。
③ 《梁援妻张氏墓志》（乾统七年），参见向南：《辽代石刻文编》，河北教育出版社 1995
　　年版，第 566、567 页。
④ 关于辽朝忠君报国人士的类型，曹显征先生曾经进行过论述，请参见曹显征：《辽代的
　　忠君教育》，《昭乌达蒙族师专学报》2000 年第 5 期。
⑤ 《辽史》卷七十三《耶律曷鲁传》，中华书局 2016 年点校本，第 1346、1348 页。

际，仍念念不忘关乎"帝业隆兴"的析分迭剌部之议，不能不说是于国于君赤胆忠心，鞠躬尽瘁。正如元末史家所云："曷鲁以肺腑之亲，任帷幄之寄，言如蓍龟，谋成战胜，可谓算无遗策矣。其君臣相得之诚，庶吴汉之于光武欤？夫信其所可信，智也，太祖有焉。故曰，惟圣知圣，惟贤知贤，斯近之矣。"① 元末史家明晰地道出耶律曷鲁的忠臣本质，也道出君臣关系的和谐是战无不胜的。虽然耶律曷鲁的这种忠君思想还算不上严格意义上的忠君观念，为契丹人固有的朴素思想，但与忠君观念又有何异？

有的出使邻国，忠于君命，不辱国体。《辽史·萧和尚传》载：萧和尚忠直，多智略。"使宋贺正，将宴，典仪者告，班节度使下。和尚曰：'班次如此，是不以大国之使相礼。且以锦服为贶，如待蕃部。若果如是，吾不预宴。'宋臣不能对，易以紫服，位视执政，使礼始定。"② 可见，萧和尚的大智大勇为辽朝争得了颜面，维护了辽朝使者的气节。

有的宁可含冤而死，也不愿谋逆叛国，萧匹敌、敖卢斡等都是此方面的典型代表。萧匹敌明知钦哀皇后摄政，自身难保，但也不愿谋逆叛国，赴死如归。《辽史·萧匹敌传》载："先是，钦哀与仁德皇后有隙，以匹敌尝为后所爱，忌之。时护卫冯家奴上变，诬弟浞卜与匹敌谋逆，以皇后摄政，徐议当立者。公主窃闻其谋，谓匹敌曰：'尔将无罪被戮。与其死，何若奔女直国以全其生！'匹敌曰：'朝廷讵肯以飞语害忠良。宁死弗适他国。'及钦哀摄政，杀之。"③ 晋王敖卢斡为保持臣子之大节，宁死不亡。又《辽史·晋王敖卢斡传》载：敖卢斡"及长，积有人望，内外归心。保大元年，南军都统耶律余睹与其母文妃密谋立之，事觉，余睹降金，文妃伏诛，敖卢斡实不与谋，免。

---

① 《辽史》卷七十三《耶律曷鲁传》，中华书局 2016 年点校本，第 1348 页。
② 《辽史》卷八十六《萧和尚传》，中华书局 2016 年点校本，第 1460 页。
③ 《辽史》卷八十八《萧匹敌传》，中华书局 2016 年点校本，第 1477 页。

二年，耶律撒八等复谋立，不克。上知敖卢斡得人心，不忍加诛。令缢杀之。或劝之亡，敖卢斡曰：'安忍为蕞尔之躯，而失臣子之大节。'遂就死。闻者伤之"。① 元末史家用"重君父之命，不亡而死"② 来诠释敖卢斡的忠君观念与行为准则。

有的为国家社稷，不顾个人安危，直言敢谏，张砺、马得臣、刘伸、萧陶隗、耶律常哥等都是典型的代表。《辽史·张砺传》载：张砺，"太宗见砺刚直，有文彩，擢翰林学士。砺临事必尽言，无所避，上益重之。"砺从太宗伐晋，入汴，"砺奏曰：'今大辽始得中国，宜以中国人治之，不可专用国人及左右近习。苟政令乖失，则人心不服，虽得之，亦将失之。'上不听。"太宗崩，萧翰与麻答以兵围张砺第，"翰数之曰：'汝何故于先帝言国人不可为节度使？我以国舅之亲，有征伐功，先帝留我守汴，以为宣武军节度使，汝独以为不可。又谮我与解里好掠人财物子女。今必杀汝！'趣令锁之。砺抗声曰：'此国家大体，安危所系，吾实言之。欲杀即杀，奚以锁为？'麻答以砺大臣，不可专杀，乃救止之。是夕，砺恚愤卒"。③ 又《辽史·马得臣传》载：马得臣，好学博古，善属文，尤长于诗。保宁间，常预朝议，以正直称。圣宗即位，皇太后称制，兼侍读学士。时圣宗击鞠无度，上书谏曰："臣又闻太宗射豕，唐俭谏之；玄宗臂鹰，韩休言之；二帝莫不乐从。今陛下以球马为乐，愚臣思之，有不宜者三，故不避斧钺言之。窃以君臣同戏，不免分争，君得臣愧，彼负此喜，一不宜。跃马挥杖，纵横驰骛，不顾上下之分，争先取胜，失人臣礼，二不宜。轻万乘之尊，图一时之乐，万一有衔勒之失，其如社稷、太后何？三不宜。傥陛下不以臣言为迂，少赐省览，天下之福，群臣之

---

① 《辽史》卷七十二《晋王敖卢斡传》，中华书局 2016 年点校本，第 1341 页。
② 《辽史》卷七十二《晋王敖卢斡传》，中华书局 2016 年点校本，第 1341 页。
③ 《辽史》卷七十六《张砺传》，中华书局 2016 年点校本，第 1380—1381 页。

愿也。"①又《辽史·刘伸传》载：刘伸，少颖悟，长以辞翰闻。"因奏狱，上适与近臣语，不顾，伸进曰：'臣闻自古帝王必重民命，愿陛下省臣之奏。'"此举令道宗大惊异，故"尝谓大臣曰：'今之忠直，耶律玦、刘伸而已！'"②又《辽史·萧陶隗传》载：道宗朝的萧陶隗，忠正直言，不畏权贵，"每有大议，必毅然决之。虽上有难色，未尝遽已"。道宗"尝谓群臣曰：'北枢密院军国重任，久阙其人，耶律阿思、萧斡特剌二人孰愈？'群臣各誉所长，陶隗独默然。上问：'卿何不言？'陶隗曰：'斡特剌懦而败事；阿思有才而贪，将为祸基。不得已而用，败事犹胜基祸。'上曰：'陶隗虽魏征不能过，但恨吾不及太宗尔！'然竟以阿思为枢密使。由是阿思衔之。"正因为萧陶隗"见权贵无少屈，竟为阿思所陷，时人惜之"③。又《辽史·耶律氏常哥传》载：道宗咸雍间，耶律常哥虽为女流之辈，但能忧国忧民，作文以述时政。其略曰："君以民为体，民以君为心。人主当任忠贤，人臣当去比周；则政化平，阴阳顺。欲怀远，则崇恩尚德；欲强国，则轻徭薄赋。四端五典为治教之本，六府三事实生民之命。淫侈可以为戒，勤俭可以为师。错枉则人不敢诈，显忠则人不敢欺。勿泥空门，崇饰土木；勿事边鄙，妄费金帛。满当思溢，安必虑危。刑罚当罪，则民劝善。不宝远物，则贤者至。建万世磐石之业，制诸部强横之心。欲率下，则先正身；欲治远，则始朝廷。"④耶律常哥的时政作文得到了道宗的称赞，可谓"自洁不嫁，居闺阃之内而不忘忠其君"⑤。

通过以上列举的人与事，我们不难看出，辽代忠君观念与行为规范已经深入臣民心中，就连耶律常哥这样不出闺阁的女子也能虑于社

① 《辽史》卷八十《马得臣传》，中华书局 2016 年点校本，第 1410 页。
② 《辽史》卷九十八《刘伸传》，中华书局 2016 年点校本，第 1559 页。
③ 《辽史》卷九十《萧陶隗传》，中华书局 2016 年点校本，第 1496 页。
④ 《辽史》卷一百七《耶律氏常哥传》，中华书局 2016 年点校本，第 1620 页。
⑤ 《辽史》卷一百七《烈女传》，中华书局 2016 年点校本，第 1623 页。

稷，忠于君主，作文劝谏，以述时政，这充分说明辽代社会的忠君观念与行为规范教育已经收到显著的成效，为巩固辽代社会的统治秩序、安定辽代的社会生活发挥出重要作用。

三、辽代忠君观念与行为教育的运行机制

辽代统治者采取多种教育方式大力提倡和广泛宣传儒家思想观念中的忠君观念与行为规范。

1. 神话故事

以君权神授、天人合一思想加强臣民的忠君观念与行为规范教育。辽统治者通过编造帝王降世与驾崩的神奇故事，大力宣扬辽代帝王的特殊性与神秘性。通过这种形式表明辽统治者拥有至高无上的权力，教育臣民服从辽统治者的统治，忠于君主，忠于社稷。

辽朝开国皇帝耶律阿保机的降世故事就异常神奇，昭示着阿保机降生就不是一个平凡人物，具有帝王之象。《辽史·太祖本纪上》载："初，母梦日堕怀中，有娠。及生，室有神光异香，体如三岁儿，即能匍匐。祖母简献皇后异之，鞠为己子。常匿于别幕，涂其面，不令他人见。三月能行，晬而能言，知未然事。自谓左右若有神人翼卫。虽龆龀，言必及世务。时伯父当国，疑辄咨焉。"① 耶律曷鲁在劝谏阿保机登基帝位时亦曰："闻于越之生也，神光属天，异香盈幄，梦受神诲，龙锡金佩。天道无私，必应有德。我国削弱，龋龊于邻部日久，以故生圣人以兴起之。可汗知天意，故有是命。且遥辇九营棋布，非无可立者；小大臣民属心于越，天也。昔者于越伯父释鲁尝曰：'吾犹蛇，儿犹龙也。'天时人事，几不可失。"② 辽太祖的降世神

---

① 《辽史》卷一《太祖本纪上》，中华书局 2016 年点校本，第 1 页。
② 《辽史》卷七十三《耶律曷鲁传》，中华书局 2016 年点校本，第 1347 页。

话，虽然与中国北疆游牧民族的始祖降世神话具有共通性，但辽朝依然大肆宣扬，目的就是将辽太祖之降世蒙上神秘的色彩，向世人昭示辽太祖是"日神"派遣到契丹人中沟通天意与民心的使者，正如耶律曷鲁所云："曩吾祖之辞，遗命弗及，符瑞未见，第为国人所推戴耳。今先君言犹在耳，天人所与，若合符契。天不可逆，人不可拂，而君命不可违也。"① 耶律曷鲁一语道破天意、君命、民心三者的关系，作为君主的耶律阿保机既敬承天意，又顺合民心，作为契丹族众，就要对君主耶律阿保机竭尽忠诚。契丹人只有忠于君命，才能符合天意。从耶律阿保机的降世神话和耶律曷鲁的言行不难看出，辽代之所以宣扬辽太祖的降世神话，目的就是赋予耶律家族统治辽的合法地位，以此加强臣民的忠君观念与行为规范教育，使他们完全服从辽统治者的统治，稳定辽代社会生活秩序。

辽第二位皇帝耶律德光的降世之说同样具有神话色彩。《辽史·地理志一》载：述律后"梦神人金冠素服，执兵仗，貌甚丰美，异兽十二随之。中有黑兔跃入后怀，因而有娠，遂生太宗。时黑云覆帐，火光照室，有声如雷，诸部异之。"② 耶律德光并不是"日神"派遣而来的"使者"，而是"神人"之"黑兔"的化身，也就是说，"神人"所指应该是辽太祖耶律阿保机，"黑兔"当然就是他的继承者辽太宗耶律德光。继承者仍然可以按照先祖的意愿来统治他的臣民，仍然是承天意，顺民心。

辽统治者降世时需要神秘化，驾崩时也需要与天象相合，以昭示他们的君权神授。辽太祖驾崩扶余城时，《辽史·太祖本纪下》是这样描述的：天显元年（926）七月甲戌，"次扶余府，上不豫。是夕，大星陨于幄前。辛巳平旦，子城上见黄龙缭绕，可长一里，光

---

① 《辽史》卷七十三《耶律曷鲁传》，中华书局 2016 年点校本，第 1347 页。
② 《辽史》卷三十七《地理志一》，中华书局 2016 年点校本，第 506 页。

耀夺目，入于行宫。有紫黑气蔽天，踰日乃散。是日，上崩，年五十五"。① 而太宗驾崩时，《辽史·太宗本纪下》则曰：大同元年（947）四月丙辰朔，"发自汴州，以冯道、李崧、和凝、李浣、徐台符、张砺等从行。次赤冈，夜有声如雷，起于御幄，大星复陨于旗鼓前"。戊辰，"次高邑，不豫"。丁丑，"崩于栾城，年四十六"。② 道宗驾崩时，《辽史·道宗本纪六》亦云：寿昌七年（1101）正月壬戌朔，"力疾御清风殿受百官及诸国使贺。是夜，白气如练，自天而降。黑云起于西北，疾飞有声。北有青赤黑白气，相杂而落。"甲戌，"上崩于行宫，年七十"。③ 将天象与辽代帝王的驾崩紧密地联系起来，无外乎向人们昭示辽代帝王的权力在于天授，当他们完成上天所赋予的旨意后，便由天神派人迎接他们归位升天。这与辽代皇帝的降世神话同出一辙，目的相一。

2. 举行仪式

利用即位仪式加强臣民的忠君观念与行为规范教育。在辽代，每当新君即位，都要举行"柴册礼"，以昭示新君即位的合法性。关于"柴册仪"的程式，《辽史·礼志一》是这样描述的："择吉日。前期，置柴册殿及坛。坛之制，厚积薪，以木为三级坛，置其上。席百尺毡，龙文方茵。又置再生、母后搜索之室。皇帝入再生室，行再生仪毕，八部之叟前导后扈，左右扶翼皇帝册殿之东北隅。拜日毕，乘马，选外戚之老者御。皇帝疾驰，仆，御者、从者以毡覆之。皇帝诣高阜地，大臣、诸部帅列仪仗，遥望以拜。皇帝遣使敕曰：'先帝升遐，有伯叔父兄在，当选贤者。冲人不德，何以为谋？'群臣对曰：'臣等以先帝厚恩，陛下明德，咸愿尽心，敢有他图。'皇帝令曰：'必从汝等所愿，我将信明赏罚。尔有功，陟而任之；尔有罪，黜而

① 《辽史》卷二《太祖本纪下》，中华书局 2016 年点校本，第 25 页。
② 《辽史》卷四《太宗本纪下》，中华书局 2016 年点校本，第 64—65 页。
③ 《辽史》卷二十六《道宗本纪六》，中华书局 2016 年点校本，第 352 页。

弃之。若听朕命,则当谟之。'金曰:'唯帝命是从。'皇帝于所识之地,封土石以志之。遂行。拜先帝御容,宴飨群臣。翼日,皇帝出册殿,护卫太保扶翼升坛。奉七庙神主置龙文方茵。北、南府宰相率群臣圜立,各举毡边,赞祝讫,枢密使奉玉宝、玉册入。有司读册讫,枢密使称尊号以进,群臣三称'万岁',皆拜。宰相、北南院大王、诸部帅进赭、白羊各一群。皇帝更衣,拜诸帝御容。遂宴群臣,赐赉各有差。"① 现将辽代皇帝举行"柴册仪"的情况列于下。

表 5—3 《辽史》所载辽代皇帝即位行"柴册礼"统计表

	皇帝	行礼年月	纪事内容	史料来源
1	辽太祖	太祖元年(907)正月	命有司设坛于如迁王集会埚,燔柴告天,即皇帝位。	卷一《太祖本纪上》,第 3 页
		太祖六年(912)十月	壬辰,还次北阿鲁山,闻诸弟以兵阻道,引军南趋十七泺。是日燔柴。	卷一《太祖本纪上》第 6 页
		太祖七年(913)十二月	戊子,燔柴于莲花泺。	卷一《太祖本纪上》第 9 页
2	辽太宗	天显元年(926)十一月	丙寅,行柴册礼。	卷三《太宗本纪上》,第 30 页
		会同元年(938)十一月	甲子,行再生柴册礼。	卷四《太宗本纪下》,第 48 页
3	辽世宗	天禄元年(947)九月	丁卯,行柴册礼。	卷五《世宗本纪》,第 72 页
4	辽景宗	保宁元年(969)十一月	甲辰朔,行柴册礼,祠木叶山。	卷五《景宗本纪上》,第 98 页
5	辽圣宗	统和二十七(1009)十一月	壬子朔,行柴册礼。	卷十四《圣宗本纪五》,第 178 页

---

① 《辽史》卷四十九《礼志一》,中华书局 2016 年点校本,第 930 页。

	皇帝	行礼年月	纪事内容	史料来源
6	辽兴宗	重熙四年（1036）十一月	乙酉，行柴册礼于白岭。	卷十八《兴宗本纪一》，第245页
7	辽道宗	清宁四年（1058）十一月	癸酉，行再生及柴册礼，宴群臣于八方陂。	卷二十一《道宗本纪一》，第291页
8	天祚帝	乾统六年（1106）十一月	丙申，行柴册礼。	卷二十七《天祚帝本纪一》，第361页

说明：在辽代九帝中，唯有辽穆宗即位时举行"柴册礼"的记载尚缺。至于《辽史》为什么没有记载辽穆宗的"柴册礼"，据现有史料还很难透视其真正的原因，但只有两种可能：一是辽穆宗确实就没有举行过"柴册礼"；一是修《辽史》者，因史料残缺，没有记载，故付阙如。相比较而言，后者可能性较大。

辽代的"柴册礼"始于阻午可汗时期。《辽史·国语解》载："柴册：礼名。积薪为坛，受群臣玉册。礼毕，燔柴祀天。阻午可汗制也。"[1]"柴册"是指契丹皇帝登上柴坛，接受群臣献给他的玉制简册。举行完柴册之礼后，柴册仪还要举行祭天仪式，向天神报告新皇帝即位，以取得天神的承认。[2]只有这样，才能成为天神的化身或代表，才能具有合法地位，才能得到臣民的拥戴。这充分表明在契丹人的思想观念中，天神至高无上，他主宰着世界万物，辽统治者为天神的"使者"，"使者"的权力由天神授予，对辽统治者的忠诚就是对天神的尊敬和爱戴，因而辽统治者便巧妙地利用契丹人的这种思想观念，适时地对臣民实施忠君观念与行为规范教育。

3. 强调君权神授

宣扬军国之事皆为天意，加强臣民的忠君观念与行为规范教育。辽统治者利用军国要务之机，宣扬军国之事皆为天意所为，替天行道

[1] 《辽史》卷一百六《国语解》，中华书局2016年点校本，第1693页。
[2] 冯继钦、孟古托力、黄凤岐：《契丹族文化史》，黑龙江人民出版社1994年版，第312页。

是辽代皇帝的职责所在。通过维护上天的旨意，加强臣民的忠君观念与行为规范教育。辽太祖神册四年（919）十月丙午，征乌骨部，军"次乌古部，天大风雪，兵不能进，上祷于天，俄顷而霁。命皇太子将先锋军进击，破之，俘获生口万四千二百，牛马、车乘、庐帐、器物二十余万。自是举部来附"①。辽太祖征伐乌骨部遇大风雪无法克服时，便祈求于天，希望得到上天的佐助，于是，上天马上停止大风雪，使辽太祖能大破乌骨部。可见，辽太祖的行为就是向臣民昭示皇帝是上天的代表，可以通天，可以把民心转达于上天，可以得到上天的佐助，从而教育臣民忠于皇帝，听于君命。辽太祖在大举征讨吐谷浑、党项、阻卜等西北诸部之前，亦曾诏谕皇后、皇太子、大元帅及二宰相、诸部头等，把他的上述忠君观念表达得淋漓尽致，诏曰："上天降监，惠及烝民。圣主明王，万载一遇。朕既上承天命，下统群生，每有征行，皆奉天意。是以机谋在己，取舍如神，国令既行，人情大附。舛讹归正，遐迩无愆。可谓大含溟海，安纳泰山矣！自我国之经营，为群方之父母。宪章斯在，胤嗣何忧？升降有期，去来在我。良筹圣会，自有契于天人；众国群王，岂可化其凡骨？三年之后，岁在丙戌，时值初秋，必有归处。然未终两事，岂负亲诚？日月非遥，戒严是速。"②所谓"未终两事"，是指征讨西北诸部和东北渤海国。对于这样两个关涉辽代势力强弱与否的重要事件，辽统治者最希望看到的就是诸部兵马皆能听于君命，众志成城，一举征服吐谷浑、党项、阻卜等部和东北渤海国，因此，辽太祖利用臣民的忠君观念与行为规范之教育，将征服吐谷浑、党项、阻卜等部和东北渤海国说成是"上承天命""皆奉天意"，目的就是"下统群生""惠及烝民"，借机求得臣民的拥戴，提高自己的地位，巩固辽的统治。辽太宗南下中

---

① 《辽史》卷二《太祖本纪下》，中华书局 2016 年点校本，第 17 页。
② 《辽史》卷二《太祖本纪下》，中华书局 2016 年点校本，第 21—22 页。

原帮助石敬瑭夺取政权后也对其曰："吾三千里举兵而来，一战而胜，殆天意也。观汝雄伟弘大，宜受兹南土，世为我藩辅。"① 太宗所强调的仍然是"天意"，是替天行道。

辽统治者充分利用臣民敬天尊神的思想认知，适时地加强臣民的忠君观念与行为规范教育，以至于凡有军国重要之务，皆要祭告天地、日神，以求上天保佑，把成败视为天意。《辽史·兵卫志四》载："凡举兵，帝率蕃、汉文武臣僚，以青牛白马祭告天地、日神，惟不拜月，分命近臣告太祖以下诸陵及木叶山神，乃诏诸道征兵。"② 当凯旋时，亦"祀天地以告成功"③。这说明辽统治者不仅利用出征的机会，而且还利用凯旋的机会，加强臣民的忠君观念与行为规范教育。

4. 劝诫恪守

利用对皇族子孙的劝诫，加强对皇族子孙的忠君观念与行为规范教育。辽统治者为了加强皇族子孙的忠君观念与行为规范教育，常常都能率先垂范，以身作则，通过自身的忠君观念与行为规范教育皇族子孙，如前文提及的辽圣宗对诸侄的劝诫就是典型的例证，圣宗要求宗亲诸侄要严格操守儒家思想文化中的孝道观念和忠君观念，勿以材能陵物，勿以富贵骄人，唯忠唯孝才是做人做事的基本准则。辽兴宗也谆谆劝诫皇族子孙恪守忠君观念。《辽史·萧惟信传》载：兴宗重熙十五年（1047），萧惟信徙燕赵国王傅，"帝谕之曰：'燕赵左右多面谀，不闻忠言，浸以成性。汝当以道规诲，使知君父之义。有不可处王邸者，以名闻。'惟信辅导以礼"④。辽道宗为了加强皇族子孙的忠君观念与行为规范教育也是颇费苦心。道宗针对萧兀纳的忠君之心，曾谓王师儒、耶律固等曰："兀纳忠纯，虽狄仁杰辅唐，屋质立

---

① 《辽史》卷三《太宗本纪上》，中华书局 2016 年点校本，第 41 页。
② 《辽史》卷三十四《兵卫志四》，中华书局 2016 年点校本，第 451 页。
③ 《辽史》卷三《太宗本纪上》，中华书局 2016 年点校本，第 41 页。
④ 《辽史》卷九十六《萧惟信传》，中华书局 2016 年点校本，第 1541 页。

穆宗，无以过也。卿等宜达燕王知之。""自是，令兀纳辅导燕王，益
见优宠。"①可见，辽道宗不仅令燕王（天祚帝）的老师王师儒、耶律
固等将忠臣萧兀纳的忠于君主、忠于社稷的事迹讲述给燕王听，教育
燕王，而且还令萧兀纳亲做燕王教授，教育燕王，给燕王灌输忠君观
念与行为规范教育。

5. 诏令谕教

辽统治者以诏令的形式，强制臣民加强忠君观念与行为规范的
养成，从而达到教育臣民自觉遵守，维护社会秩序安定的目的。《辽
史·穆宗本纪上》载：穆宗应历七年（957）十二月丁巳，"诏大臣
曰：'有罪者，法当刑。朕或肆怒，滥及无辜，卿等切谏，无或面
从。'"②《辽史·圣宗本纪八》载：圣宗太平六年（1026）十二月辛
巳，"诏北南诸部廉察州县及石烈、弥里之官，不治者罢之。诏大小
职官有贪暴残民者，立罢之，终身不录；其不廉直，虽处重任，即代
之；能清勤自持者，在卑位亦当荐拔；其内族受赂，事发，与常人
所犯同科"。③《辽史·兴宗本纪二》载：兴宗重熙十年（1041）七月
壬戌，"诏诸职官私取官物者，以正盗论。诸敢以先朝已断事相告言
者，罪之。诸帐郎君等于禁地射鹿，决三百，不征偿；小将军决二百
以下；及百姓犯者，罪同郎君论"。④《辽史·道宗本纪一》载：道宗
清宁元年（1055）十二月丙戌，"诏左夷离毕曰：'朕以眇冲，获嗣大
位，夙夜忧惧，恐弗克任。欲闻直言，以匡其失。今已数月，未见所
以副朕委任股肱耳目之意。其令内外百官，比秩满，各言一事。仍转
谕所部，无贵贱老幼，皆得直言无讳。'"⑤上述诏令虽然都是从法律

① 《辽史》卷九十八《萧兀纳传》，中华书局 2016 年点校本，第 1556 页。
② 《辽史》卷六《穆宗本纪上》，中华书局 2016 年点校本，第 82 页。
③ 《辽史》卷十七《圣宗本纪八》，中华书局 2016 年点校本，第 226 页。
④ 《辽史》卷十九《兴宗本纪二》，中华书局 2016 年点校本，第 258 页。
⑤ 《辽史》卷二十一《道宗本纪一》，中华书局 2016 年点校本，第 287 页。

的角度对臣民提出要求，但从另一个角度分析，这也可以说是辽统治者以诏令的形式，加强臣民的忠君观念与行为规范的教育，树立辽代臣民的忠君观念。

6. 奖励惩戒

通过对忠臣奸逆的奖惩，加强臣民忠君观念与行为规范教育。辽统治者为了使臣民树立忠君观念与行为规范，还通过对忠臣予以表彰、擢升，对奸逆予以惩戒、黜官的方式进行忠君观念教育。耶律欲稳、耶律的鲁、萧幹、萧讨古、耶律敌禄、姚景行等都是辽代培养出来的忠于社稷、听于君命的朝廷命官，他们得到辽代皇帝的表彰，官职累迁，在辽代社会生活中起到了强有力的示范作用，成为世人的楷模。耶律欲稳，突吕不部人。"祖台押，遥辇时为北边拽剌。简献皇后与诸子之罹难也，尝倚之以免。太祖思其功不忘，又多欲稳严重，有济世志，乃命典司近部，以遏诸族窥觊之想。欲稳既见器重，益感奋思报。太祖始置宫分以自卫，欲稳率门客首附宫籍。帝益嘉其忠，诏以台押配享庙廷。及平刺葛等乱，以功迁奚迭剌部夷离堇。"[①]他受到太祖的信任和重用，并得到后来即位皇帝的尊重，以至于功德惠至子孙。据《辽史·耶律欲稳传》载："后诸帝以太祖之与欲稳也为故，往往取其子孙为友。宫分中称'八房'，皆其后也。"[②]太宗朝的夷离堇耶律的鲁，在太宗援立后晋时为国英勇战死。太宗为旌其忠，便"以的鲁子徒离骨嗣为夷离堇，仍以父字为名"[③]。穆宗朝萧幹，性质直。"初，察割之乱，其党胡古只与幹善，使人召之。幹曰：'吾岂能从逆臣！'缚其人送寿安王。贼平，上嘉其忠，拜群牧都林牙。"[④]穆宗朝萧讨古，性忠简。"应历初，始入侍。会冀王敌烈、宣徽使海思谋反，

---

① 《辽史》卷七十三《耶律欲稳传》，中华书局 2016 年点校本，第 1352 页。
② 《辽史》卷七十三《耶律欲稳传》，中华书局 2016 年点校本，第 1352 页。
③ 《辽史》卷三《太宗本纪上》，中华书局 2016 年点校本，第 40—41 页。
④ 《辽史》卷八十四《萧幹传》，中华书局 2016 年点校本，第 1441 页。

讨古与耶律阿列密告于上，上嘉其忠，诏尚朴谨公主。"①萧讨古不仅受到穆宗的表彰，而且还成为驸马爷。穆宗朝耶律敌禄，为孟父楚国王之后，性质直，多膂力。"察割作乱，敌禄闻之，入见寿安王，慷慨言曰：'愿得精兵数百，破贼党。'王嘉其忠。穆宗即位，为北院宣徽使。"②由于他忠于君命，勤于社稷，在受到穆宗表彰的同时，还被擢升为北院宣徽使。道宗朝姚景行，博学，性敦厚廉直，有治世才。"道宗即位，多被顾问，为北府宰相。九年秋，告归，道闻重元乱，收集行旅得三百余骑勤王。比至，贼已平。帝嘉其忠，赐以逆人财产。"③卒后，因其忠勤，追封柳城郡王，谥文宪。寿昌五年（1099），诏为立祠，以时祀之。道宗朝的萧岩寿、耶律撒剌、萧速撒、耶律挞不也、萧挞不也等忠臣，皆因斥责耶律乙辛奸佞而遭其"衔之"④，诬构"谋废立事，执还杀之"⑤。天祚帝即位后，知他们忠烈被诬，遂"绘像宜福殿"，以表他们事迹。可见，勤于社稷、忠于君命的忠臣，不仅在当朝受到皇帝的表彰、擢用，而且卒后还立祠、画像，旌其事迹。

在表彰、擢用"惟知有国，而不知有身"⑥的忠臣的同时，也对奸逆之臣给予严厉惩戒，以便起到"为君者知所鉴，为臣者知所戒"⑦的作用。辽统治者对叛逆是坚决讨之，重以惩戒。辽太祖时期，以刺葛为首的叛逆最后就受到辽统治者的严厉惩戒。《辽史·太祖本纪上》载：辽太祖七年（913）六月壬辰，"次狼河，获逆党雅里、弥里，生埋之铜河南轨下"。庚子，"次阿敦淀，以养子涅里思附诸弟叛，以

① 《辽史》卷八十四《萧讨古传》，中华书局 2016 年点校本，第 1441 页。
② 《辽史》卷九十《耶律敌禄传》，中华书局 2016 年点校本，第 1497 页。
③ 《辽史》卷九十六《姚景行传》，中华书局 2016 年点校本，第 1543 页。
④ 《辽史》卷九十九《萧速撒传》，中华书局 2016 年点校本，第 1565 页。
⑤ 《辽史》卷九十九《萧岩寿传》，中华书局 2016 年点校本，第 1564 页。
⑥ 《辽史》卷九十《论》，中华书局 2016 年点校本，第 1497 页。
⑦ 《辽史》卷一百一十《奸臣传上》，中华书局 2016 年点校本，第 1633 页。

鬼箭射杀之。其余党六千，各以轻重论刑。……以夷离堇涅里衮附诸弟为叛，不忍显戮，命自投崖而死"。八月己卯，"幸龙眉宫，轘逆党二十九人，以其妻女赐有功将校，所掠珍宝、孳畜还主；亡其本物者，命责偿其家；不能偿者，赐以其部曲"。①太祖八年（914）正月甲辰，"于骨里部人特离敏执逆党怖胡、亚里只等十七人来献，上亲鞫之。辞多连宗室及有胁从者，乃杖杀首恶怖胡，余并原释。于越率懒之子化哥屡蓄奸谋，上每优容之，而反覆不悛，召父老群臣正其罪，并其子戮之，分其财以给卫士。有司所鞫逆党三百余人，狱既具，上以人命至重，死不复生，赐宴一日，随其平生之好，使为之。……明日，乃以轻重论刑。首恶剌葛，其次迭剌哥，上犹弟之，不忍置法，杖而释之。以寅底石、安端性本庸弱，为剌葛所使，皆释其罪。前于越赫底里子解里、剌葛妻辖剌已实预逆谋，命皆绞杀之。寅底石妻涅离胁从，安端妻粘睦姑尝有忠告，并免"。七月丙申朔，"有司上诸帐族与谋逆者三百余人罪状，皆弃市"。②辽统治者对奸佞之臣也给予严厉打击和惩处，辽道宗时期的耶律乙辛因阳奉阴违，包藏祸心，陷害忠良，危及社稷，在天祚帝时期便被"发冢，戮其尸"③。

7. 忠君报国

利用中原将士的忠君报国之举，加强臣民的忠君观念与行为规范教育。在辽太宗统治时期，辽太宗援立石敬瑭，后唐将领张敬达被围八十余日，"内外隔绝，军储殆尽，至濯马粪、屑木以饲马，马饥至自相啖其鬃尾，死则以充食"。杨光远等劝张敬达出降，张敬达曰："吾有死而已。尔欲降，宁斩吾首以降。"结果，杨光远、安审琦斩杀张敬达以降。太宗闻之张敬达至死不变，顾左右曰："凡为人

① 《辽史》卷一《太祖本纪上》，中华书局 2016 年点校本，第 8 页。
② 《辽史》卷一《太祖本纪上》，中华书局 2016 年点校本，第 9—10 页。
③ 《辽史》卷一百一十《耶律乙辛传》，中华书局 2016 年点校本，第 1636 页。

臣，当如此也！"于是，"命以礼葬"①。关于这个故事，《契丹国志·太宗嗣圣皇帝上》作了较为详细的记述："契丹围晋安数月，粮竭马死，援兵不至。唐将杨光远、安审琦劝招讨使张敬达降，敬达曰：'吾受明宗及今上厚恩，为元帅而败军，其罪已大，况降敌乎？今援兵早晚至，且当候之。若力尽势穷，诸军斩我，出降未晚也。'后诸将毕集，光远杀敬达，以其首帅诸将出降。契丹主嘉敬达之忠，命收葬而祭之，谓其下及晋诸将曰：'汝曹为人臣，当效敬达也。'"②从《辽史》《契丹国志》记载看，张敬达忠于后唐、忠于人主，得到辽太宗的高度认可，故而，太宗命以厚葬而祭之，并教育辽代的臣民"当如此""当效敬达"。今人耳熟能详的令契丹将士为之胆寒的宋朝名将杨业，在朔州战役中兵败退至陈家谷时，虽"身被数十创，士卒殆尽，业犹手刃数十百人"，因"马重伤不能进，遂为敌所禽"。"业既被禽，因太息曰：'上遇我厚，期捍边破贼以报，而反为奸臣所嫉，逼令赴死，致王师败绩，何面目求活于异地！'乃不食三日而死。"③对于杨业的精忠报国行为，辽统治者也给予相当的礼遇，为其建庙祭祀。当北宋使臣苏辙使辽经过杨令公祠时曾留下《过杨无敌庙》这样的壮丽诗篇："行祠寂寞寄关门，野草犹知避血痕。一败可怜非战罪，太刚嗟独畏人言。驰驱本为中原用，尝享能令民域尊。我欲比君周子隐，诔彤聊足慰忠魂。"④当清人顾华阳拜谒杨令公祠时，对杨令公的忠君观念与行为规范也肃然起敬，作《古北口谒杨令公祠》诗，曰："雁门老将令公闻，此地烝尝表旧勋。犹有家声传后起，独抛战骨殉孤军。

① 《辽史》卷三《太宗本纪上》，中华书局 2016 年点校本，第 41 页。
② （宋）叶隆礼：《契丹国志》卷二《太宗嗣圣皇帝上》，上海古籍出版社 1985 年点校本，第 17 页。
③ （宋）李焘：《续资治通鉴长编》卷二十七，宋太宗雍熙三年八月条，中华书局 1992 年标点本，第 622 页。
④ （宋）苏辙：《栾城集（上）》卷十六，上海古籍出版社 1987 年点校本，第 395—396 页。

风行天上能为雨，山过关来不断云。应是边氓皆慕义，灵旗何必定横汾！"①可见，辽代所建的杨令公祠，成为辽代统治者教育臣民忠君观念与行为规范的实物教材。

　　通过对辽代的忠君观念及其表现形式的深入剖析，大致可以看出辽代对儒家思想文化中忠君观念的吸收有一个逐渐发展的过程，由建立儒家思想文化中的忠君观念，到君臣努力实践儒家思想文化中的忠君观念与行为规范，使之普及开来，再到儒家思想文化中的忠君观念与行为规范深入到辽代君主和臣民的心目中，成为指导辽代社会儒家伦理道德行为规范的理论基石，成为辽统治者维持辽代社会生活秩序的基础。同时，通过辽代对儒家思想文化中的忠君观念与行为规范的认知，也可以从一个侧面透视儒家思想文化在中国北疆游牧地区的传播过程与程度。

第四节　辽代孝道观念与行为规范教育

　　辽代孝道观念与行为规范教育的基本内容与儒家思想文化所宣扬的孝道别无二致，其主旨正如《孝经》所云："孝子之事亲也，居则致其敬，养则致其乐，病则致其忧，丧则致其哀，祭则致其严。五者备矣，然后能事亲。事亲者，居上不骄，为下不乱，在丑不争。居上而骄则亡，为下而乱则刑，在丑而争则兵。三者不除，虽日用三牲之养，犹为不孝也。"②这是辽代孝道观念的基本内容和行为规范所遵循的基本原则。辽代极力推行孝道观念与行为规范教育的目的，就是要

---

① 《咏古诗抄》，参见蒋祖怡、张涤云：《全辽诗话》，岳麓书社 1992 年版，第 418 页。
② 《孝经注疏》卷六《纪孝行章》，参见（清）阮元校刻：《十三经注疏》（清嘉庆刊本），中华书局 2016 年影印本，第 5557 页上栏至第 5557 页下栏。

求辽代社会中的君臣都能"入则孝，出则悌"①，忠于君，守于臣。所
谓的"孝"是指对长辈的孝敬顺从，所谓的"悌"是同辈之间的敬睦
与爱护。辽代通过这种孝悌观念与行为规范的教育，可以更好地维系
家族和睦，强力调整辽代社会关系的正常秩序，用孝道的基本内容来
规范自我行为，有利于辽的顺利统治和社会安定。

一、辽代孝道观念与行为规范教育的实践

生活于中国北疆游牧地区的契丹族先民尚无孝道观念。《隋
书·契丹传》载："父母死而悲哭者，以为不壮，但以其尸置于山
树之上，经三年之后，乃收其骨而焚之。因酹而祝曰：'冬月时，向
阳食。若我射猎时，使我多得猪鹿。'其无礼顽嚚，于诸夷最甚。"②
《旧唐书·契丹传》亦云："其俗死者不得作冢墓，以马驾车送入大
山，置之树上，亦无服纪。子孙死，父母晨夕哭之；父母死，子孙
不哭。"③《新唐书·契丹传》亦云："死不墓，以马车载尸入山，置于
树颠。子孙死，父母旦夕哭；父母死则否，亦无丧期。"④又《契丹国
志·国土风俗》载："父母死而悲哭者，以为不壮，但以其尸置于山
树上，经三年后，乃收其骨而焚之。"⑤又《新五代史·四夷附录第一》
载："契丹比佗夷狄尤顽傲，父母死，以不哭为勇，载其尸深山，置
大木上，后三岁往取其骨焚之"。⑥由此观之，早期契丹人还未完全建
立起"孝道"这种观念。然而，随着契丹人不断与中原汉人接触、儒

---

① 《论语注疏》卷一《学而》，参见（清）阮元校刻：《十三经注疏》（清嘉庆刊本），中华
书局 2016 年影印本，第 5337 页上栏。
② 《隋书》卷八十四《契丹传》，中华书局 1973 年标点本，第 1881 页。
③ 《旧唐书》卷一百九十九下《契丹传》，中华书局 1975 年标点本，第 5350 页。
④ 《新唐书》卷二百一十九《契丹传》，中华书局 1975 年标点本，第 6167 页。
⑤ （宋）叶隆礼：《契丹国志》卷二十三《国土风俗》，上海古籍出版社 1985 年点校本，
第 221 页。
⑥ 《新五代史》卷七十二《四夷附录第一》，中华书局 2015 年点校本，第 1004 页。

化，中原儒家思想文化中的伦理道德观念开始被契丹人逐渐接受，契丹人逐渐有了孝道观念，再加之契丹统治者出于驾驭臣民的需要，身体力行，极力倡导，从而使中原儒家思想文化中的孝道观念与行为规范开始在北疆游牧民族中传播开来，并逐渐成为契丹人的孝道观念与行为规范。①

1. 辽统治者对孝道观念与行为教育的重视

契丹人的孝道观念最早可以追溯到"阻午可汗制柴册、再生仪"时代。《辽史·礼志六》载："再生仪：凡十有二岁，皇帝本命前一年季冬之月，择吉日。前期，禁门北除地置再生室、母后室、先帝神主舆。在再生室东南，倒植三岐木。其日，以童子及产医妪置室中。一妇人执酒，一叟持矢箙，立于室外。有司请神主降舆，致奠。奠讫，皇帝出寝殿，诣再生室。群臣奉迎，再拜。皇帝入室，释服，跣。以童子从，三过岐木之下。每过，产医妪致词，拂拭帝躬。童子过岐木七，皇帝卧木侧，叟击箙曰：'生男矣。'太巫蒙皇帝首，兴，群臣称贺，再拜。产医妪受酒于执酒妇以进，太巫奉襁褓、彩结等物赞祝之。预选七叟，各立御名系于彩，皆跪进。皇帝选嘉名受之，赐物。再拜，退。群臣皆进襁褓、彩结等物。皇帝拜先帝诸御容，遂宴群臣。"②从再生仪的仪式活动过程来看，"再生仪"实际上就是把母亲生子的过程，通过这种仪式活动，再次象征性地重复再现出来，以纪念母亲的生身之恩。辽代虽然规定再生仪"惟帝与太后、太子及夷离堇得行之"③，但并不意味着没有资格行"再生仪"的贵族与百姓就可以忘却母亲的生身之恩，相反，皇帝等人行"再生仪"之礼就在于向世人昭示：人人都要缅怀母亲的生身之恩，人人都应该无理由地孝敬母亲，达到人人都有孝道观念与行为规范。正如《辽史》修撰者所指

① 宋德金：《辽金人的忠孝观》，《史学集刊》，2004 年第 4 期。
② 《辽史》卷五十三《礼志六》，中华书局 2016 年点校本，第 976 页。
③ 《辽史》卷一百一十六《国语解》，中华书局 2016 年点校本，第 1693 页。

出的那样："善哉，阻午可汗之垂训后嗣也。孺子无不慕其亲者，嗜欲深而爱浅，妻子具而孝衰。人人皆然，而况天子乎。再生之仪，岁一周星，使天子一行是礼，以起其孝心。夫体之也真，则其思之也切，孺子之慕，将有油然发于中心者，感发之妙，非言语文字之所能及。善哉，阻午可汗之垂训后嗣也。始之以三过岐木，母氏劬劳能无念乎。"① 可见，阻午可汗创制"再生仪"的目的就是教育帝王及其臣民"以起其孝心"，并油然发于内心。从另一个层面上说，自阻午可汗始，契丹人就开始重视孝道教育，并使之成为契丹人日常生活中不可或缺的观念和行为规范。

辽建国以后，契丹统治者为了达到统驭臣民、抚育万邦的目的，更加注重孝道观念与行为规范的教育，通过自身的实践行为，向世人发出辽代颇为重视孝道的信息。纵观《辽史》《契丹国志》的记载，在辽代的皇帝中留下诸多孝道观念与行为规范的记录。这些记录既是孝道思想的体现，也是孝道教育的结果。辽代的帝王在孝道教育上都能率先垂范，全力施教，成为后世史家称道的话题。

辽代开国皇帝辽太祖就是忠实实践孝道观念与行为规范的典型。《辽史·太祖本纪下》载：太祖神册四年（919）九月，"征乌古部，道闻皇太后不豫，一日驰六百里还，侍太后，病间，复还军中"。② 辽太祖为了母亲的"不豫"可以放下"征乌古部"这种重要的国家大事，日驰六百里，还京侍候皇太后。俟皇太后病情稳定无大碍之时，才返回军中，继续亲征乌古部，使乌古部来附。试想，辽太祖在征伐事大抑或孝道事大的选择上，毅然选择孝道，那么，在日常生活中辽太祖对皇太后的孝敬之心就可想而知了。

辽太宗也是一位孝道观念与行为规范的受教者和践行者。《契丹

---

① 《辽史》卷五十三《礼志六》，中华书局 2016 年点校本，第 976 页。
② 《辽史》卷二《太祖本纪下》，中华书局 2016 年点校本，第 17 页。

国志·太宗嗣圣皇帝上》载："帝性孝谨，母病不食亦不食，尝侍于母前，应对或不称旨，母扬眉而视之，辄惧而趋避，非复召不敢见也。"①《辽史·太宗本纪下》载：太宗会同五年（942）六月丁丑，"闻皇太后不豫，上驰入侍，汤药必亲尝。仍告太祖庙，幸菩萨堂，饭僧五万人"②。可见，作为帝王的辽太宗，在母亲述律后面前也是极尽孝敬、恭顺，时因"应对或不称旨"，引起母亲不高兴，便退而避之，俟母亲气解乃复见。在母亲病时，辽太宗尽管国家大事日理万机，但也要抽出时间陪侍母亲左右，从母不食己亦不食、"汤药必亲尝"到幸菩萨堂、饭僧为母亲祈福，处处都体现出辽太宗对孝道的遵行。另，《契丹国志·太宗嗣圣皇帝下》载：会同九年（946）十二月，太宗灭晋，述律后遣使，"以其国中酒馔脯菓赐帝，贺平晋国。帝与群臣宴于永福殿，每举酒，立而饮之，曰：'太后所赐，不敢坐饮。'"③这表明太宗所尽孝道不仅仅是在母亲述律后面前为之，讨述律后之欢心，就算在述律后不知情的情形下也要一丝不苟为之。足见太宗的孝道观念与行为规范，言行一致，持之以恒。

圣宗对孝道观念与行为规范也感悟颇深。圣宗在辽代九帝中是最有作为的皇帝，他把太祖、太宗所创下的基业推向鼎盛。他年幼即位，是在母后的教导下成长起来的帝王，《辽史·景宗睿智皇后传》载："圣宗称辽盛主，后教训为多。"④故此，圣宗对母后孝顺有加。《契丹国志·圣宗天辅皇帝》载："先是，后未归政前，帝已长立，每事拱手。或府库中需一物，必诘其所用，赐及文武僚庶者，允

---

① （宋）叶隆礼：《契丹国志》卷二《太宗嗣圣皇帝上》，上海古籍出版社 1985 年点校本，第 11 页。

② 《辽史》卷四《太宗本纪下》，中华书局 2016 年点校本，第 56 页。

③ （宋）叶隆礼：《契丹国志》卷三《太宗嗣圣皇帝下》，上海古籍出版社 1985 年点校本，第 38 页。

④ 《辽史》卷七十一《景宗睿智皇后传》，中华书局 2016 年点校本，第 1323 页。

之，不然不与。"① 又载："帝既不预朝政，纵心弋猎，左右狎邪与帝
为笑谑者，太后知之，重行杖责，帝亦不免诟问。御服、御马皆太后
检校焉。或宫嫔谗帝，太后信之，必庭辱帝。每承顺，略无怨辞。"②
当母后暴崩，圣宗悲痛欲绝。《契丹国志·圣宗天辅皇帝》载：圣宗
"哀毁骨立，哭必呕血。番汉群臣上言山陵已毕，宜改元。帝曰：'改
元吉礼也。居丧行吉礼，乃不孝子也。'群臣曰：'古之帝王，以日易
月，宜法古制。'帝曰：'吾契丹主也，宁违古制，不为不孝之人。'
终制三年。"③ 从上述记载可以看出，圣宗的孝道观念与行为规范与
《礼记·祭统》述及的"孝子之事亲也，有三道焉：生则养，没则丧，
丧毕则祭。养则观其顺也，丧则观其哀也，祭则观其敬而时也。尽此
三道者，孝子之行也"的观念与行为规范极为一致。这说明圣宗对儒
家孝道观的深刻理解，同时也说明儒家的孝道观深深地扎根于圣宗的
心中。圣宗不仅对母后如此，就是对辅臣韩德让也颇为孝敬。《契丹
国志·圣宗天辅皇帝》载："丞相耶律隆运，本汉人，姓韩，名德让，
太后有辟阳侯之幸，赐姓耶律，改名隆运。寻拜大丞相，封晋王。景
宗崩，太后临朝，隆运私事之。是时，太后年方三十，诸子尚幼，外
无亲援，雄杰角立，帝登大宝，皆隆运力也。帝念其功，父事之。隆
运薨，帝为制，服其终始，眷遇如此。"④ 正因为如此，汉族儒士名臣
马得臣对圣宗的孝道给予很高的评价："陛下嗣祖考之祚，躬侍太后，
可谓至孝。"⑤ 马得臣的评价并非言过其实，乃实事求是也。

① （宋）叶隆礼：《契丹国志》卷七《圣宗天辅皇帝》，上海古籍出版社 1985 年点校本，
第 71 页。
② （宋）叶隆礼：《契丹国志》卷七《圣宗天辅皇帝》，上海古籍出版社 1985 年点校本，
第 71 页。
③ （宋）叶隆礼：《契丹国志》卷七《圣宗天辅皇帝》，上海古籍出版社 1985 年点校本，
第 72 页。
④ （宋）叶隆礼：《契丹国志》卷七《圣宗天辅皇帝》，上海古籍出版社 1985 年点校本，
第 72 页。
⑤ 《辽史》卷八十《马得臣传》，中华书局 2016 年点校本，第 1410 页。

　　兴宗在孝道观念与行为规范上也中规中矩。据《辽史·圣宗钦哀皇后传》载：重熙三年（1035），钦哀皇后"阴召诸弟议，欲立少子重元，重元以所谋白帝。帝收太后符玺，迁于庆州七括宫。六年秋，帝悔之，亲驭奉迎，侍养益孝谨"①。兴宗虽因皇室的权力争夺把生母迁于庆州，"皇太后还政于上，躬守庆陵"②，但仍念念不忘生母之恩，又"亲驭奉迎，侍养益孝谨"③，使钦哀皇后能够幸福地安度晚年。兴宗不但对生母钦哀皇后如此，对养母仁德皇后也是如此。《辽史·圣宗仁德皇后传》载：仁德皇后"生皇子二，皆早卒。开泰五年，宫人耨斤生兴宗，后养为子"④。又《圣宗钦哀皇后传》载：钦哀皇后"生兴宗。仁德皇后无子，取而养之如己出。（钦哀皇）后以兴宗侍仁德皇后谨，不悦"⑤。由于兴宗对养母仁德皇后过于孝敬，使生母产生嫉妒之心，足见兴宗接受孝道观念与行为规范教育之深刻。

　　此外，从辽代皇帝的谥号中也可以看出辽代帝王对孝道观念的深刻理解。从表5—4的统计来看，辽代九帝中，除辽太祖耶律阿保机外，其他诸帝的谥号皆带有"孝"字，⑥这从另外一个侧面反映出孝道在辽代帝王心目中处于何等重要的地位。

表5—4　辽代皇帝谥号表

位次	皇帝	在位年限	庙号	谥号	墓号
1	耶律阿保机	916—926	辽太祖	大圣大明神烈天皇帝	祖陵
2	耶律德光	926—947	辽太宗	孝武惠文皇帝	怀陵
3	耶律阮	947—951	辽世宗	孝和庄宪皇帝	显陵

---

① 《辽史》卷七十一《圣宗钦哀皇后传》，中华书局2016年点校本，第1324页。
② 《辽史》卷十八《兴宗本纪一》，中华书局2016年点校本，第244页。
③ 《辽史》卷七十一《圣宗钦哀皇后传》，中华书局2016年点校本，第1324页。
④ 《辽史》卷七十一《圣宗仁德皇后传》，中华书局2016年点校本，第1323页。
⑤ 《辽史》卷七十一《圣宗钦哀皇后传》，中华书局2016年点校本，第1324页。
⑥ 唯独天祚皇帝不是崩后所加的"谥号"。

续表

位次	皇帝	在位年限	庙号	谥号	墓号
4	耶律璟	951—969	辽穆宗	孝安敬正皇帝	怀陵
5	耶律贤	969—982	辽景宗	孝成康靖皇帝	乾陵
6	耶律隆绪	982—1031	辽圣宗	文武大孝宣皇帝	永庆陵
7	耶律宗真	1031—1055	辽兴宗	神圣孝章皇帝	永兴陵
8	耶律洪基	1055—1101	辽道宗	仁圣大孝文皇帝	永福陵
9	耶律延禧※	1101—1125	天祚帝	惠文智武圣孝天祚皇帝	（葬乾陵侧）

※ 耶律延禧：寿昌七年（1101）正月甲戌，"群臣上尊号曰天祚皇帝"。乾统三年（1103）十一月丙申，"文武百官加上尊号曰惠文智武圣孝天祚皇帝"。（《辽史》卷二十七《天祚皇帝一》）

通过太祖、太宗、圣宗、兴宗等帝王的孝道观念与行为可以看出，儒家思想文化所提倡的孝道在辽代的帝王心中已经打上深深的烙印，辽代帝王不仅对孝道有深刻的理解，而且在生活中也以孝道来规范自己的行为，故此，才出现前面所描述的一幕幕感人故事，这是孝道观念与行为规范教育的必然结果。

2. 辽代臣民对孝道观念与行为规范的遵行

在辽代帝王的教育和影响下，辽代臣民也都能用儒家思想文化中的孝道观念作为准则来规范自己的行为。在史料中，关于辽代臣民的孝道观念与行为规范的记载俯拾即是，如萧痕笃、耶律安抟、萧阳阿、耶律义先、萧乌野、萧蒲离不等皇戚国舅在接受孝道观念与行为规范教育上都有足以称道的故事。萧痕笃，迭刺部人，"事亲孝，为政尚宽简"[1]。耶律安抟，"自幼若成人，居父丧，哀毁过礼，见者伤之。太宗屡加慰谕，尝曰：'此儿必为令器。'既长，寡言笑，重然

---

[1] 《辽史》卷七十四《萧痕笃传》，中华书局 2016 年点校本，第 1356 页。

诺，动遵绳矩，事母至孝。以父死非罪，未葬，不预宴乐"[1]。萧阳阿，"端毅简严，识辽、汉字，通天文、相法。父卒，自五蕃部亲挽丧车至奚王岭，人称其孝"[2]。耶律义先，"接下无贵贱贤否，皆与均礼。其妻晋国长公主之女，每遇中表亲，非礼服不见，故内外多化之"，并常戒其族人曰："国中三父房，皆帝之昆弟，不孝不义尤不可为。"[3]萧乌野，"性孝悌，尚礼法，雅为乡党所称"[4]。萧蒲离不，"魏国王惠之四世孙。父母蚤丧，鞠于祖父兀古匿。性孝悌。年十三，兀古匿卒，自以早失怙恃，复遭祖丧，哀毁踰礼，族里嘉叹。尝谓人曰：'我于亲不得终养，今谁为训者？苟不自勉，何以报鞠育恩！'自是力学，于文艺无不精"[5]。国舅驸马都尉陶苏斡之女萧意辛，"美姿容，年二十，始适奴。事亲睦族，以孝谨闻。尝与娣姒会，争言厌魅以取夫宠；意辛曰：'厌魅不若礼法。'众问其故，意辛曰：'修己以洁，奉长以敬，事夫以柔，抚下以宽，毋使君子见其轻易，此之为礼法，自然取重于夫。以厌魅获宠，独不愧于心乎！'闻者大惭"[6]。

　　仕辽的汉族名臣儒士，由于他们从幼儿时就接受儒家思想文化所宣扬的孝道观，如梁援"五岁诵《孝经》《论语》《尔雅》，十一通五经大义"[7]，故此，他们对孝道的理解更为透彻，自幼就用孝道来规范自己的行动。正因如此，他们的孝道观念与行为规范在辽代社会生活中起到榜样的作用，如韩延徽、邢抱朴、韩德让等都是典型代表。韩延徽，久居契丹，慨然怀其乡里，赋诗见意，遂亡归唐，省亲幽州。尔后复走契丹。"既至，太祖问故。"延徽曰："忘亲非孝，弃君非忠。

① 《辽史》卷七十七《耶律安抟传》，中华书局 2016 年点校本，第 1390 页。
② 《辽史》卷八十二《萧阳阿传》，中华书局 2016 年点校本，第 1426 页。
③ 《辽史》卷九十《耶律义先传》，中华书局 2016 年点校本，第 1495 页。
④ 《辽史》卷九十二《萧乌野传》，中华书局 2016 年点校本，第 1509 页。
⑤ 《辽史》卷一百六《萧蒲离不传》，中华书局 2016 年点校本，第 1616 页。
⑥ 《辽史》卷一百七《耶律奴妻萧氏传》，中华书局 2016 年点校本，第 1621 页。
⑦ 《梁援墓志》(乾统元年)，参见向南：《辽代石刻文编》，河北教育出版社 1995 年版，第 520 页。

臣虽挺身逃，臣心在陛下。臣是以复来。""上大悦，赐名曰匣列。
'匣列'，辽言复来也。即命为守政事令、崇文馆大学士，中外事悉令
参决。"①邢抱朴，应州人，刑部郎中简之子，"保宁初，为政事舍人、
知制诰，累迁翰林学士，加礼部侍郎。统和四年，山西州县被兵，命
抱朴镇抚之，民始安，加户部尚书。迁翰林学士承旨，与室昉同修实
录。决南京滞狱还，优诏褒美。十年，拜参知政事。以枢密使韩德让
荐，按察诸道守令能否而黜陟之，大协人望。寻以母忧去官，诏起视
事。表乞终制，不从；宰相密谕上意，乃视事。人以孝称。及耶律休
哥留守南京，又多滞狱，复诏抱朴平决之，人无冤者。改南院枢密
使，卒，赠侍中"。②邢简妻陈氏，营州人，"孝舅姑，闺门和睦，亲
党推重"，"论者谓贞静柔顺，妇道母仪始终无慊云"③。耶律隆运，本
名韩德让，"孜孜奉国，知无不为，忠孝至诚"，隆运以辅翼之功，赐
铁券誓文，附籍横帐，列于景宗庙位。④

关于辽代臣民的孝道观念与行为规范的具体表现，在出土的辽
代墓志中记载更多。《赵德钧妻种氏墓志》（应历八年）载：赵德钧妻
种氏，"为女以贤著，为妇以孝闻。至于衽席辅佐之勤，闺门训诲之
道，二南美化，本于小君。五原善政，资于令教。备推邦媛，咸号母
师"⑤。《姜承义墓志》（统和十二年）载：姜守规，"在家有孝，于国存
忠"；姜守正，"□□孝悌，□□□□，□□□于郡城，显嘉声于乡
党"。⑥《韩佚墓志》（统和十五年）载：韩佚，"乡党服其仁，宗族称其

① 《辽史》卷七十四《韩延徽传》，中华书局 2016 年点校本，第 1357 页。
② 《辽史》卷八十《邢抱朴传》，中华书局 2016 年点校本，第 1409 页。
③ 《辽史》卷一百七《邢简妻陈氏传》，中华书局 2016 年点校本，第 1620 页。
④ （宋）叶隆礼：《契丹国志》卷十八《耶律隆运传》，上海古籍出版社 1985 年点校本，第 175 页。
⑤ 《赵德钧妻种氏墓志》（应历八年），参见向南：《辽代石刻文编》，河北教育出版社 1995 年版，第 23 页。
⑥ 《姜承义墓志》（统和十二年），参见向南：《辽代石刻文编》，河北教育出版社 1995 年版，第 748—749 页。

孝"①。《常遵化墓志》（统和二十六年）载：常遵化，"幼而聪悫，长以刚直。辩理从童，登场得弟（第）。闻孝悌于乡里，达声誉于朝庭"②。《耿延毅妻耶律氏墓志》（统和三十年）载：耿延毅妻耶律氏，"闺壶成其雍穆，舅姑存其孝敬。妇道既彰，皇恩乃降"③。《张琪墓志》（太平四年）载：张琪，"忠贞奉其君亲，孝弟称乎乡党"④。《宋匡世墓志》（太平六年）载：宋匡世，"奉亲族以孝闻，与朋友以信著。慕吉人而为善，善不可嘉；体君子以好恭，恭而有礼"⑤。《张嗣甫墓志》（重熙五年）载：张嗣甫，"生知孝敬，教禀义方。幼拜经书，早事笔砚。缘情丽句，掩谢客之池塘；体物妍词，高扬雄之羽猎"⑥。《耶律元妻晋国夫人萧氏墓志》（重熙七年）载：耶律元妻晋国夫人萧氏，"孝于父母，友于姊兄"⑦。《王泽妻李氏墓志》（重熙十四年）载：王泽妻李氏，"厚夫妇之和，无返掌跬步之闲，赞有□颜，奉舅姑之孝，虽烦暑凛寒之极，略无怠色"⑧。《刘日泳墓志》（重熙十五年）载：刘日泳，"成允成功，唯忠唯孝"⑨。《王泽墓志》（重熙二十二年）载：王纲，"自闻

---

① 《韩佚墓志》（统和十五年），参见向南：《辽代石刻文编》，河北教育出版社1995年版，第101页。
② 《常遵化墓志》（统和二十六年），参见向南：《辽代石刻文编》，河北教育出版社1995年版，第127页。
③ 《耿延毅妻耶律氏墓志》（统和三十年），参见向南：《辽代石刻文编》，河北教育出版社1995年版，第143页。
④ 《张琪墓志》（太平四年），参见向南：《辽代石刻文编》，河北教育出版社1995年版，第174页。
⑤ 《宋匡世墓志》（太平六年），参见向南：《辽代石刻文编》，河北教育出版社1995年版，第180页。
⑥ 《张嗣甫墓志》（重熙五年），参见向南：《辽代石刻文编》，河北教育出版社1995年版，第201页。
⑦ 《耶律元妻晋国夫人萧氏墓志》（重熙七年），参见向南：《辽代石刻文编》，河北教育出版社1995年版，第212页。
⑧ 《王泽妻李氏墓志》（重熙十四年），参见向南：《辽代石刻文编》，河北教育出版社1995年版，第240页。
⑨ 《刘日泳墓志》（重熙十五年），参见向南：《辽代石刻文编》，河北教育出版社1995年版，第245页。

凶讣，益竭孝诚。见星而行，望乡而哭。仰昊天之无答，棘痛何深；伤远日之有期，荼毒是切"①《张俭墓志》（重熙二十二年）载：张俭，"皆乡称孝廉，代肄儒墨。孔父庭训，始闻诗而闻礼；陈君世德，竟惭卿而惭长"，"至于遵儒重道，移孝资忠。综九流百氏之指归，达三纲五常之要道"。②《耶律宗政墓志》（清宁八年）载：耶律宗政，"戚里推其孝悌，部下仰其宽仁"③。《韩资道墓志》（咸雍五年）载：韩资道，"以孝爱友顺全其性，以纯□□谨饰其躬"④。《耶律仁先墓志》（咸雍八年）载：耶律仁先，"于国忠也，于家孝也，于民惠也，于官廉也，于人信也，而五德兼备，贵处人臣之极，天之报施不为薄也"⑤。《萧德温墓志》（大康元年）载：萧德温，"于国于家，维忠维孝"，"礼尚谦冲，德从温厚。负英雄之气，□縠骑之能。事万乘则竭乃忠勤，养二亲则尽乎孝敬"。⑥《董庠妻张氏墓志》（大安三年）载：董庠妻张氏，"以孝敬奉乎宗祀，以慈惠睦于闺门。家道公方，悉能内助"⑦。《固安县固城村谢家庄石桥记》（大安五年）载：谢家庄邑主事张姓妻阎氏，"自为女为妇为母已来，孝敬慈柔，乡邻藉甚，固不待言说而后知其美也。及称未亡见谅之死，以家二女选婿同居，感之悦

---

① 《王泽墓志》（重熙二十二年），参见向南：《辽代石刻文编》，河北教育出版社1995年版，第262页。
② 《张俭墓志》（重熙二十二年），参见向南：《辽代石刻文编》，河北教育出版社1995年版，第266—269页。
③ 《耶律宗政墓志》（清宁八年），参见向南：《辽代石刻文编》，河北教育出版社1995年版，第308页。
④ 《韩资道墓志》（咸雍五年），参见向南：《辽代石刻文编》，河北教育出版社1995年版，第335页。
⑤ 《耶律仁先墓志》（咸雍八年），参见向南：《辽代石刻文编》，河北教育出版社1995年版，第354页。
⑥ 《萧德温墓志》（大康元年），参见向南：《辽代石刻文编》，河北教育出版社1995年版，第372页。
⑦ 《董庠妻张氏墓志》（大安三年），参见向南：《辽代石刻文编》，河北教育出版社1995年版，第410页。

之，俱至和顺，故其兴利若一心焉"①。《萧袍鲁墓志》（大安六年）载：
萧俞都姑，"孝谨有称，义方无玷"②。《韩瑞墓志》（大安八年）载：韩
瑞妻清河张氏，"以温淑□□□，以孝□奉先族。内融家训，外□□
从"③。《梁援妻张氏墓志》（乾统七年）载：梁援，"于家存孝，于国竭
忠"；梁援妻张氏，"洎乎出嫁，摽表妇仪，范模家道。以事亲之孝移
于舅姑，以爱子之心延于仆妾"④。《史洵直墓志》（天庆四年）载：史
洵直，"居职则吏畏民爱，齐家则妻贤子孝"⑤。《鲜于氏墓志》（保大元
年）载：鲜于氏，"其为处女，粤父早卒。事其嬭母，冬温夏扇，晨
省暮问，如严姑之敬。暨母有疾，节候其饮食，尝辨其药性，自夜达
昼，未曾解衣。又有古孝女之风，乡戚众口，莫不称美。故赵氏之
族，因旧亲而娶焉。衾一入门，其孝敬德行，皆如所誉"⑥。《王安裔墓
志铭》（保大四年）载：王安裔，"孝悌忠信，公明廉干。皆施不尽其
材，仕不充其志"⑦。这些事例说明，辽代臣民皆以儒家的孝道观来严
格要求、规范自己的行为。从某种意义上说，辽代孝道观念与行为规
范教育收到了良好成效，在社会上形成了以孝为美的生活时尚。

① 《固安县固城村谢家庄石桥记》（大安五年），参见向南：《辽代石刻文编》，河北教育出
　版社 1995 年版，第 411 页。
② 《萧袍鲁墓志》（大安六年），参见向南：《辽代石刻文编》，河北教育出版社 1995 年版，
　第 425 页。
③ 《韩瑞墓志》（大安八年），参见向南：《辽代石刻文编》，河北教育出版社 1995 年版，
　第 449 页。
④ 《梁援妻张氏墓志》（乾统七年），参见向南：《辽代石刻文编》，河北教育出版社 1995
　年版，第 567 页。
⑤ 《史洵直墓志》（天庆四年），参见向南：《辽代石刻文编》，河北教育出版社 1995 年版，
　第 651 页。
⑥ 《鲜于氏墓志》（保大元年），参见向南：《辽代石刻文编》，河北教育出版社 1995 年版，
　第 684 页。
⑦ 《王安裔墓志铭》（保大四年），参见陈述：《全辽文》卷十一，中华书局 1982 年版，第
　341 页

二、辽代孝道观念与行为规范教育的运行机制

辽代统治者为了使孝道成为净化民众心灵、规范民众行为的规范，采取多种方式大力提倡和广泛宣传，努力保障孝道观念与行为规范教育得以顺利展开，达到"行孝治于天下，布惠化于人间"①的目的。辽代孝道观念与行为规范教育主要采取如下六种方式。

1. 诏令

辽代统治者以诏令的形式，强制臣民加强孝道观念与行为规范的养成，从而达到教育臣民自觉遵守，维护社会秩序安定的目的。

辽初，统治者对"孝"者与"不孝"者就提出惩罚措施，《辽史·刑法志上》载："太祖初年，庶事草创，犯罪者量轻重决之。其后治诸弟逆党，权宜立法。亲王从逆，不罄诸甸人，或投高崖杀之；淫乱不轨者，五车轘杀之；逆父母者视此；讪詈犯上者，以熟铁锥搂其口杀之。"②可见，在太祖时期辽朝就已经明确提出"不孝"的惩罚措施，"逆父母者"与"淫乱不轨者"同罪，皆要"五车轘杀之"。这在辽初的刑法中是惩罚比较重的一个法律条文。

圣宗统治时期，对于"孝"者与"不孝"者又重申奖惩措施，《辽史·圣宗本纪一》载：圣宗统和元年（983）十一月庚辰，下诏谕"民间有父母在，别籍异居者，听邻里觉察，坐之。有孝于父母，三世同居者，旌其门闾"③。此后，圣宗又针对契丹人提出惩罚措施，加强契丹人的孝道观念与行为规范教育。《辽史·圣宗本纪四》载：统和十二年（994）七月庚午，"诏契丹人犯十恶者依汉律"④。

---

① 《圣宗皇帝哀册》（太平十一年），参见陈述：《全辽文》卷六，中华书局 1982 年版，第 141 页。
② 《辽史》卷六十一《刑法志上》，中华书局 2016 年点校本，第 1039 页。
③ 《辽史》卷十《圣宗本纪一》，中华书局 2016 年点校本，第 120 页。
④ 《辽史》卷十三《圣宗本纪四》，中华书局 2016 年点校本，第 157 页。

又《辽史·刑法志上》载："统和十二年，诏契丹人犯十恶，亦断以《律》。"① "十恶"，《辽史》没有明确记载，但根据辽圣宗的文化背景分析，此"十恶"应该是儒家思想文化中提出的"十恶"，即中国古代十种"不赦"的重大犯罪：一为谋反，二为谋大逆，三为谋叛，四为恶逆，五为不道，六为大不敬，七为不孝，八为不睦，九为不义，十为内乱。《隋书·刑法志》载：高祖既受周禅，开皇元年（581），乃诏尚书左仆射、渤海公高颎等，"更定《新律》，……又置十恶之条，多采后齐之制，而颇有损益。一曰谋反，二曰谋大逆，三曰谋叛，四曰恶逆，五曰不道，六曰大不敬，七曰不孝，八曰不睦，九曰不义，十曰内乱。犯十恶及故杀人狱成者，虽会赦，犹除名"②。《唐律疏议·名例一·十恶》载："周齐虽具十条之名，而无'十恶'之目。开皇创制，始备此科，酌于旧章，数存于十。大业有造，复更刊除，十条之内，唯存其八。自武德以来，仍遵开皇，无所损益。"③ 可见，"十恶"之名，起于周齐而定制于隋唐，后世相沿袭。辽代所云"十恶"当为隋唐"十恶"之沿袭。

此外，辽统治者对于皇族子孙在孝道观念与行为规范方面也提出严格要求，教育皇族子孙要遵守儒家的忠孝观。《契丹国志·诸王传》"晋王宗懿"条载："圣宗雅爱诸侄，每诫之曰：'汝勿以材能陵物，勿以富贵骄人。惟忠惟孝，保家保身。'"④ 圣宗对诸子侄明确指出若皇家贵族"以材能陵物""以富贵骄人"，不能遵守儒家思想文化中的忠孝观，不能"保家保身"，要遭到严厉的惩罚。

---

① 《辽史》卷六十一《刑法志上》，中华书局 2016 年点校本，第 1041 页。
② 《隋书》卷二十五《刑法志》，中华书局 1973 年标点本，第 710—711 页。
③ （唐）长孙无忌：《唐律疏议》卷一《名例·十恶》，中华书局 1983 年版，第 6 页。
④ （宋）叶隆礼：《契丹国志》卷十四《诸王传》，上海古籍出版社 1985 年点校本，第 153 页。

2. 崇老敬老

辽统治者利用崇老敬老的观念加强对民众的孝道教育。崇老敬老的观念从辽初便已开始施行，从《辽史》记载来看，先后有太祖、太宗、穆宗、圣宗、道宗 5 位皇帝 9 次提出崇老敬老的观念。辽太祖的"见高年"行为，不仅仅是自己践行孝道，而更重要的意义在于向他所统治的臣民发出崇老敬老的信息，教育臣民都应崇老敬老，逐渐使崇老敬老成为规范臣民行为的准则。自辽太祖之后，辽统治者都大力提倡崇老敬老。

表 5—5　辽统治者施行崇老敬老教育纪事表

	皇帝	纪年	史料	出处
1	辽太祖	太祖七年（913）十一月	省风俗，见高年，议朝政，定吉凶仪。	《辽史》卷一《太祖本纪一》，第 9 页
2	辽太宗	天显七年（932）秋七月癸未	赐高年布帛。丙戌，召群臣耆老议政。	《辽史》卷三《太宗本纪上》，第 36 页
	辽太宗	会同元年（938）九月壬子	诏群臣及高年，凡授大臣爵秩，皆赐锦袍、金带、白马、金饰鞍勒，著于令。	《辽史》卷四《太宗本纪下》，第 48 页
			太宗更以锦袍、金带。会同元年，群臣高年有爵秩者，皆赐之。	《辽史》卷五十六《仪卫志二》，第 1008 页
4	辽穆宗	应历十八年（968）四月己巳	诏左右从班有材器干局者，不次擢用；老耄者，增俸以休于家。	《辽史》卷七《穆宗本纪下》，第 94 页
5	辽圣宗	统和九年（991）秋七月乙巳	诏诸道举才行、察贪酷、抚高年、禁奢僭，有殁于王事者官其子孙。	《辽史》卷十三《圣宗本纪四》，第 153 页
	辽圣宗	统和十二年（994）春正月壬戌	霸州民李在宥年百三十有三，赐束帛、锦袍、银带，月给羊酒，仍复其家。	《辽史》卷十三《圣宗本纪四》，第 156 页

续表

	皇帝	纪年	史料	出处
	辽圣宗	统和十六年（998）五月	妇人年逾九十者赐物。	《辽史》卷十四《圣宗本纪五》，第167页
	辽圣宗	太平四年（1024）三月戊子	诏赐诸宫分耆老食。	《辽史》卷十六《圣宗本纪七》，第215页
	辽圣宗	太平五年（1025）十二月	是岁，燕民以年谷丰熟，车驾临幸，争以土物来献。上礼高年，惠鳏寡，赐酺饮。	《辽史》卷十七《圣宗本纪八》，第224页
		太平初	太平初幸燕，燕民以年丰进土产珍异。上礼高年，惠鳏寡，赐酺连日。	《辽史》卷五十九《食货志上》，第1027页
6	辽道宗	大安十年（1094）十二月癸酉	三河县民孙宾及其妻皆百岁，复其家。	《辽史》卷二十五《道宗本纪五》，第342页

3.奖励机制

辽统治者对孝道观念与行为规范的践行者予以奖励，以榜样的力量来教育广大臣民树立孝道观念，号召臣民在社会生活中将孝道作为行动的准则。

有关孝道事例，《辽史》之记载俯拾即是，由此还可看出辽统治者在施行孝道观念与行为规范的过程中有逐步深入的倾向。《辽史·圣宗本纪六》载：开泰元年（1012）十一月癸卯，"前辽州录事张庭美六世同居，仪坤州刘兴胤四世同居，各给复三年"[①]。可见，圣宗对张庭美、刘兴胤的孝子行为给予物质奖励，"各给复三年"。此后，辽统治者继续贯彻圣宗时期提出的奖惩措施，而且奖励的力度有

---

① 《辽史》卷十五《圣宗本纪六》，中华书局2016年点校本，第188页。

进一步加大的趋势。《辽史·道宗本纪三》载：道宗咸雍八年（1072）七月己卯，"庆州靳文高八世同居，诏赐爵"①。又《辽史·道宗本纪三》载：道宗咸雍十年（1074）四月辛未，"以奚人达鲁三世同居，赐官旌之"②。又《辽史·道宗本纪三》载：道宗大康四年（1078）十一月辛卯，"锦州民张宝四世同居，命诸子三班院祗候"③。又《辽史·道宗本纪六》载：道宗寿昌六年（1100）十一月壬申，"以天德军民田世荣三世同居，诏官之，令一子三班院祗候"④。以辽道宗对孝子行为的奖励措施观之，从对靳文高"赐爵"，给予一定的社会地位，到达鲁"赐官"，使之成为统治集团中的成员，这与圣宗时期仅仅给予一定的物质奖励相比，又有了长足的进步，足见辽统治者对孝道观念与行为规范教育的重视程度。从锦州民张宝、天德军民田世荣的事例来分析，辽统治者对践行孝道观念与行为规范者的子孙所赐之官为"三班院祗候"。考三班院祗候，隶属于北面御帐官系统之三班院，为左班都知、右班都知、寄班都知之下的官吏。《辽史·百官志一》载："三班院。掌左、右、寄班之事。"⑤又《辽史·国语解》载："三班院祗候。左、右班并寄班为三班。祗候，官名。"⑥可见，因孝道行为可直擢至帝王身边的侍从之列，其荣耀不可谓不高。

4. 言行

以契丹贵族和汉族名臣儒士的言行为表率，促使辽代臣民以儒家的孝道观念来约束自己的行为规范，起到很好的教育效果。

前所提及的汉族名臣儒士韩延徽就是比较典型的代表，韩延徽为了尽孝南下幽州省亲，后恐王缄陷害，复走契丹。辽太祖问延徽为何

① 《辽史》卷二十三《道宗本纪三》，中华书局2016年点校本，第312页。
② 《辽史》卷二十三《道宗本纪三》，中华书局2016年点校本，第313页。
③ 《辽史》卷二十三《道宗本纪三》，中华书局2016年点校本，第319页。
④ 《辽史》卷二十六《道宗本纪六》，中华书局2016年点校本，第352页。
⑤ 《辽史》卷四十五《百官志一》，中华书局2016年点校本，第788页。
⑥ 《辽史》卷一百一十六《国语解》，中华书局2016年点校本，第1697页。

不辞而别，延徽答曰："忘亲非孝，弃君非忠。臣虽挺身逃，臣心在陛下。臣是以复来。"①对于韩延徽的忠孝之举，辽太祖颇为高兴，于是，赐名曰"匣列"。又命为守政事令、崇文馆大学士，中外事悉令延徽参决，予以重用。耶律义先在孝道上也是比较典型的代表，《辽史·百官志一》载："大惕隐司。太祖置，掌皇族之政教。兴宗重熙二十一年，耶律义先拜惕隐，戒族人曰：'国家三父房最为贵族，凡天下风化之所自出，不孝不义，虽小不可为。'其妻晋国长公主之女，每见中表，必具礼服。义先以身率先，国族化之。辽国设官之实，于此可见。太祖有国，首设此官，其后百官择人，必先宗姓。"②又《辽史·耶律义先传》载："义先常戒其族人曰：'国中三父房，皆帝之昆弟，不孝不义尤不可为。'其接下无贵贱贤否，皆与均礼。其妻晋国长公主之女，每遇中表亲，非礼服不见，故内外多化之。"③耶律义先担任大惕隐司的惕隐一职，关乎皇族的教化兴衰，责任重大，所以耶律义先谆谆告诫"三父房"的皇族子孙必须起到"风化"天下的带头作用。同时，耶律义先及其夫人还以身作则，"以身率先"，使皇亲贵戚、平民百姓皆"多化之"。正是因为大惕隐司具有强力的教化功能，因此，辽太祖始立国便"首设此官"。

5. 教化机制

利用佛教的教化功能进行孝道观念与行为规范的教育。此种方式在辽代社会生活中也是行之有效、效果相当显著的一种教育方式。《李晟为父母造幢记》（咸雍七年）载：其父"五戒颂曰：伏以五戒，于家存孝，于国尽忠。一生慈善，性行敦柔。顿□苦空，设茶报施。持戒讲经，恒修进道。三十余载，常□不阙。生□世□，常生佛

①《辽史》卷七十四《韩延徽传》，中华书局2016年点校本，第1357页。
②《辽史》卷四十五《百官志一》，中华书局2016年点校本，第783页。
③《辽史》卷九十《耶律义先传》，中华书局2016年点校本，第1495页。

国"①。《张景运为亡祖造陀罗尼经幢记》（大康七年）载："夫人子之奉父母，生则礼而恭，没则享而敬。□礼然□□有过各不利于长往。呜呼类何！盖闻佛顶尊胜陀罗尼，能与众生除一切恶道罪障等。□若非先灵以祐逝者，则是其不孝矣！即有景运等常深不匮之怀，永念无极之报。"②以上述"造幢记""经幢记"的记载观之，通过佛教的教化作用，使佛家信徒深深懂得"于家存孝，于国尽忠""生则礼而恭，没则享而敬"等儒家思想文化所宣扬的孝道观念与行为规范的准则。另外，山西应县木塔内发现的《讲题念诵》载："人人和沐（睦），唯闻父义孝之名，各各（个）温柔，皆传兄有（友）弟供（恭）之喻。特垂卷（眷）念助宣扬，赖此殊功酬厚德。"③据曹显征先生《辽代的孝道教育》一文研究认为：《讲题念诵》，"是为辽代帝后及其叔叔、婶母、兄嫂等的俗讲内容。从这些有关孝悌等伦理道德观念的宣传教育内容来看，辽代佛教与中原一样，已糅进了儒学中孝于父母和忠于国君的内容，故亦成为宣扬教育人们行孝尽忠的重要场所和方式"④。可见，利用佛教来宣扬孝道观念与行为规范教育也不失为一种比较好的教育方式。

6. 刻石壁画

通过刻石画或壁画等方式进行孝道观念与行为规范的教育。中原地区流传颇广的"二十四孝"图，在辽代民间相当流行，诸多辽代的刻石画或墓葬的壁画上都有所发现，表明"二十四孝"图反映的孝道观念与行为规范已被辽代君臣所普遍接受。据考古资料显示，在辽

---

① 《李晟为父母造幢记》（咸雍七年），参见向南：《辽代石刻文编》，河北教育出版社 1995 年版，第 347 页。
② 《张景运为亡祖造陀罗尼经幢记》（大康七年），参见向南：《辽代石刻文编》，河北教育出版社 1995 年版，第 390 页。
③ 《讲题念诵》，转引曹显征：《辽代的孝道教育》，《昭乌达蒙族师专学报》2000 年第 4 期。
④ 曹显征：《辽代的孝道教育》，《昭乌达蒙族师专学报》2000 年第 4 期。

宁鞍山市汪家峪发掘的辽画像石墓中就绘有生动逼真的"二十四孝"孝子、孝妇的故事，如"孝孙原谷""大舜耕田""杨香打虎""庭坚涤器""茅蓉杀鸡奉母""闵子御车""唐氏乳姑""郭巨埋儿""江革行佣""曾子采樵""王裒泣墓""丁兰刻木""王密舍子救弟""郯子鹿乳奉亲""董永卖身"等。据研究，画像石的年代约在1023—1031年。[1]辽宁锦西辽画像石墓中有多幅孝悌、孝妇故事画，[2]辽宁辽阳辽金画像石墓中也有多幅孝悌、孝妇故事画，[3]北京门头沟斋堂辽壁画墓也有"丁兰事母""赵孝兄弟""孝孙原谷"等孝悌故事画。[4]据研究，"从画像人物看，均作契丹装束，头戴毡帽，有的剃顶发，着长袍、筒袖、长靴，这与辽庆陵壁画人物装束基本相同"。[5]这些考古资料信息，表明中原地区的孝子、孝妇故事不仅为契丹人所普遍接受，而且还把其改造成具备契丹民族的特色，足见儒家思想文化中的孝道观念与行为规范在辽代君臣心中已经开花、结果。

---

[1] 许玉林：《辽宁鞍山市汪家峪辽画象石墓》，《考古》1981年第3期。

[2] 雁羽：《锦西大窝铺辽金时代画象石墓》，《考古》1960年第2期。

[3] 王增新：《辽宁辽阳县金厂辽画象石墓》，《考古》1960年第2期。

[4] 鲁琪、赵福生：《北京市斋堂辽壁画墓发掘简报》，《文物》1980年第7期。

[5] 王增新：《辽宁辽阳县金厂辽画象石墓》，《考古》1960年第2期。

第六章　辽代宗教教育

辽代在推行"尊孔崇儒"文教政策的同时，也大力提倡佛学教育和道学教育，采取以儒家思想为主，佛家思想、道家思想为辅的治国方针，从而促进辽代佛学教育、道学教育的发展。

第一节　辽代佛学教育

佛教自汉代传入中国以来，得到社会诸阶层的普遍认同。经北魏、北齐、北周、隋、唐诸朝的利用与发展，佛教于中国北方民族区域已广泛流行，崇佛之风日甚一日。契丹人在与汉人的交往过程中，亦深受佛教影响。在辽统治者的支持、倡导下，佛教在契丹社会广为流布，以至于契丹社会的原始宗教信仰逐渐被排挤至边缘。辽代尤其是辽代的中后期，佛教得以不断地发展、兴盛，予契丹社会以极为深刻的影响，元世祖忽必烈在反思辽金亡国的原因时甚至发出"辽以释废，金以儒亡"[①] 的疑问。

---

① 《元史》卷一百六十三《张德辉传》，中华书局 1976 年标点本，第 3823 页。

一、佛教在辽代社会生活中的流布

1. 佛教在辽代社会生活中的流布

佛教介入契丹人的生活，可追溯到契丹人与中原汉人频繁交往之初。从历史上看，契丹人自北魏始，历经北齐、北周、隋、唐，直至辽建国前，一直保持着与中原汉人的政治、经济、文化、军事等各种关系，而此时段正是中国北方区域社会盛行佛教时期，北魏、北齐、北周、隋、唐等王朝的统治者，大多信奉佛教，翻译佛经，广建寺院，剃度僧尼，布经施教，掀起一波又一波的崇佛尚教之浪潮，尽管在此期间亦有北周武帝、唐朝武宗的所谓"灭佛"举动，导致佛教传播活动暂时偃旗息鼓，然而，佛教作为天下黎民的共同信仰，并未销声匿迹，却有兴盛日炽之势。佛教在中国北方区域社会出现如此盛况，不可能不对契丹人产生影响。

契丹人信奉佛教的明确记录，始于10世纪初。唐天复二年（902）七月，契丹"以兵四十万伐河东代北，攻下九郡，获生口九万五千，驼、马、牛、羊不可胜纪"，九月，"城龙化州于潢河之南，始建开教寺"。[①] 开教寺的创建，标志着契丹统治者正式接纳佛教的开始。尔后，太祖三年（909）四月，太祖为铭述击溃刘守光之事迹，"诏左仆射韩知古建碑龙化州大广寺以纪功德"[②]，说明龙化州于太祖三年之前又有大广寺的创建。太祖六年（912），太祖"以兵讨两冶，以所获僧崇文等五十人归西楼，建天雄寺以居之，以示天助雄武"[③]，表明辽于统治域内的诸城陆续建筑佛寺。对于辽代陆续建筑佛寺，宋人薛居正《旧五代史·契丹传》解释说："天祐末，阿保机乃自称皇帝，署中国官号。其俗旧随畜牧，素无邑屋，得燕人所教，乃

① 《辽史》卷一《太祖本纪上》，中华书局1975年标点本，第2页。
② 《辽史》卷一《太祖本纪上》，中华书局1975年标点本，第4页。
③ 《辽史》卷一《太祖本纪上》，中华书局1975年标点本，第6页。

为城郭宫室之制于漠北，距幽州三千里，名其邑曰西楼邑，屋门皆东向，如车帐之法。城南别作一城，以实汉人，名曰汉城，城中有佛寺三，僧尼千人。"① 唐朝天祐末当为 907 年，亦就是说，辽太祖"命有司设坛于如迂王集会埚，燔柴告天，即皇帝位"② 之年，上京城内即有三座佛寺，这与辽穆宗应历三年（953）逃归后周的胡峤所见上京的情形大体一致："西楼有邑屋市肆，交易无钱而用布。有绫锦诸工作、宦者、翰林、伎术、教坊、角觝、秀才、僧、尼、道士等，皆中国人，而并、汾、幽、蓟之人尤多。"③ 通过龙化州、上京的佛寺流布实态蠡测，辽太祖"变家为国"前契丹社会的佛教当已相当兴盛，辽初社会信奉佛教之达官贵人、士庶黎民应该相当普遍，以至于出现太祖召集侍臣讨论辽代统治"意识形态"时，侍臣"皆以佛对"④ 的现象。据王欣欣先生统计，"辽共有 279 座寺院，其中 29 座无法考证位于何地，250 座寺院分布五京道各个地区。以各京道寺院数占总数的百分比来看，分别是南京道 134 座占寺院总数的 48.02%、中京道 41 座占寺院总数的 14.70%、上京道 29 座占寺院总数的 10.39%、东京道 15 座占寺院总数的 5.36%、西京道 31 座占寺院总数的 11.11%"⑤，可见，佛教流布于辽代五京道各个地区，遍布全域。

2. 辽代社会生活中的佛教宗派

辽代佛教颇为流行与兴盛，并沿袭隋唐佛教制度，诸多佛教宗派得以在辽建立，可谓"宗派林立，名僧辈出"，据朱子方、王承礼、张国庆等先生研究，在辽代流布的佛教宗派主要有禅宗、唯识宗、华严宗、密宗、净土宗、律宗、俱舍宗等，其中以华严宗、密宗和净土

---

① 《旧五代史》卷一百三十七《契丹传》，中华书局 2015 年点校本，第 2132 页。
② 《辽史》卷一《太祖本纪上》，中华书局 2016 年标点本，第 3 页。
③ （五代）胡峤：《陷虏记》，参见赵永春编注：《奉使辽金行程录》（增订本），商务印书馆 2017 年版，第 9 页。
④ 《辽史》卷七十二《耶律倍传》，中华书局 2016 年标点本，第 1333 页。
⑤ 王欣欣：《辽朝寺院研究》，吉林大学博士学位论文 2015 年，第 67 页。

宗最为发达。① 这些佛教宗派在辽代统治地域内的出现与流行，极大地推动了佛教在辽代社会生活中的发展与流布，为辽代佛教的传播与繁荣作出重要贡献。

华严宗，又称贤首宗，创始人为唐朝高僧法藏，学统传承为杜顺→智俨→法藏→澄观→宗密。宗奉的佛教经典为《华严经》（全称为《大方广佛华严经》）。《华严经》是大乘佛教的代表性经典，主张一切有情皆可成佛，为众生成佛打开方便之门。辽代的华严宗教派较为兴盛与活跃，其代表学僧主要有海山、鲜演、志实、道弼等。

密宗，又称真言宗，或言瑜伽密教，来源于印度后期佛教中的密教。密宗崇尚大日如来，宗奉《大日经》《金刚顶经》《苏悉地经》《陀罗尼集经》等，包括"佛顶""如来""观音""菩萨""金刚""诸天""杂部"等坛法咒术，主张依法修习"身密"（身结佛的契印）、"口密"（念佛的咒语）和"意密"（想象佛的字种或三形、尊行）的"三密加持"，即身成佛。唐开元年间传入中国，形成密宗，创始人为高僧善无畏、金刚智与不空。密宗在唐代的世俗社会相当流行，成为世俗化与大众化的信仰系统。② 传数代后，因唐武宗废佛及五代混乱，于中原渐趋衰亡。不过，密宗传入辽统治域内后却相当流行，在辽代社会诸阶层中几乎达到普及的程度，代表学僧主要有道厄殳、觉苑等。

净土宗，又称莲宗，发端于东晋慧远，唐初高僧道绰、善导完备宗义和行仪，正式创立净土宗，宗奉《阿弥陀经》《无量寿经》《观无量寿经》《往生论》等，认为众生所居的现实世界为"秽土""尘世"，

① 朱子方、王承礼：《辽代佛教的主要宗派和学僧》，《世界宗教研究》1990 年第 1 期。另，张国庆先生的《佛教文化与辽代社会》（辽宁民族出版社 2011 年版）专著之"第三章 辽朝的佛教宗派"也作了专门阐述。本节所述辽代佛教宗派之内容主要以上述朱氏、张氏研究成果为参照，所涉具体内容不再另行注出。

② 张国刚：《佛学与隋唐社会》，河北人民出版社 2002 年版，第 81—84 页。

而佛所居的彼岸世界则为"净土""佛国",主要修行方式是念佛,修行者必须行善积德方可最终成佛。净土宗教派在辽代颇为兴盛,代表学僧主要有非浊等。

禅宗,肇始于禅学,初祖为南梁时古印度来华的高僧菩提达摩,学统传承为慧可→僧烂→道信→弘忍,弘忍即禅宗五祖。弘忍之后,因信众对禅学理解上的差异,分北禅宗与南禅宗。北禅宗的创始人为弘忍的弟子神秀,南禅宗的创始人为弘忍的弟子慧能。此后,禅宗又发展为临济、沩仰、云门、法眼、曹洞五宗,号称禅门五宗。宗奉《楞伽经》《金刚经》《六祖坛经》等,认为"禅定是一种非常重要的修养方法,通过禅定人们,不仅可以制伏烦恼,还能够引发智慧,使人们达到理想的精神彼岸"[1]。禅宗在辽代亦较为流行,代表学僧如从实、智常等。

唯识宗,又称法相宗、慈恩宗、瑜伽宗,属大乘宗派,源于古印度早期佛教的《阿含经》,其直接创始人为大乘佛教的学僧无著和世亲兄弟二人。东传中国后,"创于玄奘,成于窥基"[2],宗奉"六经""十一论"。"六经"为《华严经》《解深密经》《楞严经》《厚严经》《如来出现功德经》《阿毗达磨经》;"十一论"为《瑜伽师地论》《金刚般若经》《大乘庄严经》《集量论》《摄大乘论》《十地论》《分别瑜伽论》《辨中边论》《二十唯识论》《观所缘缘论》《阿毗达磨杂集论》。唯识宗在辽代中后期较为流行与活跃,最早弘扬唯识宗的高僧为圣宗时的诠明。

律宗,又称南山宗,以研习及传持《四分律》为主的佛教宗派,实际创始人为唐初终南山净业寺高僧道宣,宗奉《四分律》《十诵律》《摩诃僧祇律》《五分律》《毗尼母论》《摩得勒伽论》《善见律毗婆论》

---

① 张国刚:《佛学与隋唐社会》,河北人民出版社 2002 年版,第 64 页。
② 郭朋:《隋唐佛教》,齐鲁书社 1980 年版,第 414 页。

《萨婆多论》《明了论》等佛教经典。律宗在辽代中后期较为流行与活跃，其代表学僧有澄渊、法均等。

俱舍宗，亦称俱舍学，以研习、弘传古印度世亲著《俱舍论》为主的佛教学派，其学僧被称为"俱舍师"。《俱舍论》有新旧译本，旧译本为南朝陈真谛译，全称为《阿毗达摩俱舍释论》，简称《俱舍释论》，鉴于其时有舛误，唐初玄奘重译，称《阿毗达摩俱舍论》，简称《俱舍论》。《俱舍论》基本反映当时流行于迦湿弥罗（今克什米尔）的说一切有部（古印度佛教部派之一）关于世界人生和修行的主要学说，也吸收经量部（古印度佛教部派之一）的若干观点，为小乘佛教向大乘佛教过渡之作。辽代治《俱舍论》的学僧有燕京左街僧录、传经律论演法大师赐紫沙门琼煦等。[1]

天台宗，又称法华宗，肇始于古印度的龙树菩萨，学统传承为慧文→慧思→智顗→灌顶→智威→慧威→玄朗→湛然。宗奉《法华经》，主张"止观并重"，抑或"定慧双修"。"止"即为禅定，旨在锻炼修行者的心性，"观"原本为禅定的方法，旨在通过禅定了悟世界，后引申为佛教理论。[2]辽前期，天台宗已在辽统治域内流布，辽穆宗应历年间，三盆山崇圣院即为天台宗教派的主要活动场所。[3]

有关辽代的佛教宗派，朱子方先生概括为"辽代名僧重视儒学，不专一经一宗，颇有诸经皆通的倾向；辽代华严宗教学发达，振兴密教，重显密结合，张扬唯识学"[4]。而张国庆先生概括为"辽代佛教分为'显教'和'密教'两大派。'显教'有华严、天台、净土诸宗，教主为释迦牟尼；'密教'即密宗，教主为大日如来。辽代后期高僧

---

① 朱子方：《辽代佛学著译考》，参见陈述主编：《辽金史论集》（第二集），书目文献出版社 1987 年版，第 193 页。
② 张国刚：《佛学与隋唐社会》，河北人民出版社 2002 年版，第 36—39 页。
③ 《三盆山崇圣院碑记》（应历十年），参见向南：《辽代石刻文编》，河北教育出版社 1995年版，第 30 页。
④ 朱子方、王承礼：《辽代佛教的主要宗派和学僧》，《世界宗教研究》1990 年第 1 期。

道殿笃研佛典，显、密兼通，足证当时佛教宗派纷纭，融通互长，呈现空前繁荣之态势"①。

二、辽代佛学教育形成的主要因素

辽代佛学宗派众多，佛学研究发达；辽代上至皇帝、达官贵人，下至士庶黎民，皆笃信佛教，佛教对辽代的政治、经济、文化、社会诸方面均产生了深刻影响。②在这样的社会背景下，佛学教育受统治者对佛学教育的重视、佛学官职的设定、佛学典籍的翻译与研究以及佛寺与佛塔的营造等因素的影响，在中国北疆游牧社会获得前所未有的发展。

1. 辽统治者对佛教的重视是辽代佛学教育发展的根本因素

辽统治者提倡佛教始于辽太祖"变家为国"前夕，从营建天雄寺"以示天助雄武"的目的看，辽初帝王尊奉佛教的意图主要有二：一是利用佛教稳定从中原掳掠而来的大量汉民，以达成"因俗而治"的策略。《辽史·太祖本纪上》载：太祖六年（912），"以兵讨两冶，以所获僧崇文等五十人归西楼，建天雄寺以居之，以示天助雄武"③，太祖的建寺举措是在向掳掠来的汉民表明契丹人与中原汉人一样，崇奉佛教，在北方游牧区域仍可安居乐业；二是利用佛教达到开疆拓土、巩固政权的需要。《佛说仁王般若波罗密经·护国经》宣称，只要统治者崇奉佛教，遇家国征讨平乱，必能得到诸路"菩萨"的保佑。《辽史·地理志一》载：太宗天显十一年（936）十一月，"太宗

---

① 张国庆：《佛教文化与辽代社会》，辽宁民族出版社 2011 年版，第 1 页。
② 尤李：《辽代佛教研究评述》，《中国史研究动态》2009 年第 2 期，后收录尤氏著《多元文化的交融：辽代历史与文化研究》，中国社会科学出版社 2013 年版，第 187—200 页。
③ 《辽史》卷一《太祖本纪上》，中华书局 2016 年点校本，第 6 页。

援石晋主中国，自潞州回，入幽州，幸大悲阁，指此像曰：'我梦神
人令送石郎为中国帝，即此也。'因移木叶山，建庙，春秋告赛，尊
为家神。兴军必告之，乃合符传箭于诸部"①。可见，太宗将"白衣观
音像"请置于兴王寺，"尊为家神"，建菩萨堂，除崇奉佛教外，更多
的是祈求佛祖的保佑。辽初虽然统治者认为"佛非中国教"②，不以佛
教作为建邦立国的统治思想，然在"尊孔崇儒"的同时，太祖亦热
心于佛事活动，神册三年（918）五月乙亥，"诏建孔子庙、佛寺、道
观"③，神册四年（919）八月丁酉，"命皇后、皇太子分谒寺观"，天
赞四年（925）十一月丁酉，"幸安国寺，饭僧，赦京师因，纵五坊鹰
鹘"。④ 由此观之，太祖在奉行唐朝"以儒为主，三教并行"治国理念
的同时，亦积极参与佛事活动，可谓"三教并化，皇国崇乎至道，则
梵刹之制布域中焉"。⑤

　　太宗时，对佛教更加崇尚与提倡，天显十年（935）十一月丙午，
"幸弘福寺为皇后饭僧"⑥，为皇后祈福。会同五年（942）六月丁丑，
"闻皇太后不豫，上驰入侍，汤药必亲尝。仍告太祖庙，幸菩萨堂，
饭僧五万人"⑦，为皇太后祈福。前文所提及的"菩萨堂"在太宗时还
作为"祭山仪"的一个环节加以致拜。《辽史·礼志一》载："太宗幸
幽州大悲阁，迁白衣观音像，建庙木叶山，尊为家神。于拜山仪过树
之后，增'诣菩萨堂仪'一节，然后拜神，非胡刺可汗之故也。"⑧可
见，太宗对佛教笃信的程度相当深厚。太宗不仅信奉佛教，对佛经义

---

① 《辽史》卷三十七《地理志一》，中华书局 2016 年点校本，第 504 页。
② 《辽史》卷七十二《耶律倍传》中华书局 2016 年点校本，第 1333 页。
③ 《辽史》卷一《太祖本纪上》，中华书局 2016 年点校本，第 13 页。
④ 《辽史》卷二《太祖本纪下》，中华书局 2016 年点校本，第 17、23 页。
⑤ 《创建静安寺碑铭》（咸雍八年），参见向南：《辽代石刻文编》，河北教育出版社 1995
　　年版，第 360 页。
⑥ 《辽史》卷三《太宗本纪上》，中华书局 2016 年点校本，第 39 页。
⑦ 《辽史》卷四《太宗本纪下》，中华书局 2016 年点校本，第 56 页。
⑧ 《辽史》卷四十九《礼志一》，中华书局 2016 年点校本，第 929 页。

理似乎亦有较为深刻的理解。陶谷《清异录》曰:"耶律德光入京师,春日闻杜鹃声,问李崧:'此是何物?'崧曰:'杜鹃。唐杜甫诗云:西川有杜鹃,东川无杜鹃,涪万无杜鹃,云安有杜鹃。京洛亦有之。'德光曰:'许大世界,一个飞禽,任他拣选。要生处便生,不生处种也无,佛经中所谓观自在也。'"[①]太宗触景生情,油然而生佛家"观自在"之用语,表明太宗对佛教经典有较为深入的研习与认知。

世宗、穆宗、景宗三朝,尽管政局纠葛,纷乱多事,但崇佛之风并未衰减,呈现平稳发展之态势。《仙露寺葬舍利佛牙石匣记》载有清珣先师"临迁化时,将舍利佛牙付仙露寺讲维摩经比丘尼定徽建窣堵波。寻具表奏闻,大辽皇帝降宣头一道,钱三百贯,以充资助。于天禄三年岁次己酉四月十三日安葬"[②]的纪事,表明世宗曾施钱助建葬佛牙之舍利塔。穆宗应历二年(952)十二月辛卯,"以生日,饭僧,释系囚"[③],将庆祝生日与佛事活动紧密地联系在一起。景宗保宁八年(976)八月癸卯,"汉遣使言天清节设无遮会,饭僧祝厘"[④],也将庆生与佛事活动紧密地联系在一起,说明穆宗、景宗相当崇信佛教,甚至将佛事纳入庆生的喜事之中。

圣宗朝,雄心勃勃的圣宗虽然"锐志武功",但亦"留心释典",[⑤]使得佛教在辽代的传播更加广泛。尤李先生指出:"辽圣宗统治时期是契丹人及整个辽朝转向全面崇尚佛教的关键转折点。在这一时代,

---

① (清)厉鹗:《辽史拾遗》卷三《太宗本纪下》,参见王云五主编:《丛书集成初编》,上海商务印书馆1936年版,第74页。
② 《仙露寺葬舍利佛牙石匣记》(天禄三年),参见向南:《辽代石刻文编》,河北教育出版社1995年版,第4页。
③ 《辽史》卷六《穆宗本纪上》,中华书局2016年点校本,第79页。
④ 《辽史》卷八《景宗本纪上》,中华书局2016年点校本,第103页。
⑤ 《涿州白带山云居寺东峰续镌成四大部经记》(清宁四年),参见向南:《辽代石刻文编》,河北教育出版社1995年版,第285页。

佛教基本确立了国教的地位。"① 诚然，自圣宗朝始，文献典籍中屡有帝王躬身参与佛事活动的记录，如统和元年（983）三月，"幸甘露等寺"；五月，"幸兴王寺"；② 统和二年（984）九月辛未，"以景宗忌日，诏诸道京镇遣官行香饭僧"③；统和四年（986）七月辛巳，"又以杀敌多，诏上京开龙寺建佛事一月，饭僧万人"，十月乙卯，圣宗幸南京。壬戌，"以银鼠、青鼠及诸物赐京官、僧道、耆老"；④ 统和六年（988）四月，"幸延寿、延洪二寺及秦国长公主第"；统和八年（990）三月，"幸盘山诸寺"；⑤ 统和十年（992）九月癸卯，"幸五台山金河寺饭僧"；统和十二年（994）四月戊戌，"以景宗石像成，幸延寿寺饭僧"；⑥ 统和十五年（997）四月，"幸延寿寺"；⑦ 开泰元年（1012）正月，"幸兴王寺"；⑧ 开泰八年（1019）十二月，"幸开泰寺宴饮。幸秦晋长公主第作藏阁宴。幸开泰寺"；⑨ 太平二年（1022）三月戊子，宋真宗驾崩，"为宋主饭三京僧"⑩。从圣宗躬身参与佛事活动的纪事不难看出，圣宗倡导佛学已远远超出前代，积极支持佛教活动已成为圣宗政治生活中的重要组成部分。

圣宗不仅崇信佛教，积极参与佛事活动，而且对佛教教义也洞见一二，宋朝进士叶隆礼曾评价说："至于释道二教，皆洞其旨，律吕

① 尤李：《辽代高僧思孝与觉华岛》，参见尤李：《多元文化的交融：辽代历史与文化研究》，中国社会科学出版社 2013 年版，第 111 页。
② 《辽史》卷六十八《游幸表》，中华书局 2016 年点校本，第 1160 页。
③ 《辽史》卷十《圣宗本纪一》，中华书局 2016 年点校本，第 122 页。
④ 《辽史》卷十一《圣宗本纪二》，中华书局 2016 年点校本，第 131、133 页。
⑤ 《辽史》卷六十八《游幸表》，中华书局 2016 年点校本，第 1162、1163 页。
⑥ 《辽史》卷十三《圣宗本纪四》，中华书局 2016 年点校本，第 155、156 页。
⑦ 《辽史》卷六十八《游幸表》，中华书局 2016 年点校本，第 1164 页。
⑧ 《辽史》卷六十八《游幸表》，中华书局 2016 年点校本，第 1167 页。
⑨ 《辽史》卷六十八《游幸表》，中华书局 2016 年点校本，第 1169—1170 页。
⑩ 《辽史》卷十六《圣宗本纪七》，中华书局 2016 年点校本，第 212 页。

音声，特所精彻。"① 足见圣宗的佛学造诣之深厚。圣宗朝，皇太后、皇后笃信佛法也达到了极致，皇太后萧燕燕"每岁正月辄不食荤茹，大修斋会及造寺"②，仁德皇后萧菩萨哥"以白金为浮图"③。由于统治者崇奉佛法，滥度僧尼，致使僧尼人数倍增，给辽代财政带来相当大的麻烦，导致朝廷不得不采取一些限制措施，如统和九年（991）正月丙子，"诏禁私度僧尼"；统和十五年（997）十月丁酉，"禁诸山寺毋滥度僧尼"④；开泰四年（1015）十一月庚申，"诏汰东京僧"⑤；开泰九年（1020）十二月丁亥，"禁僧燃身炼指"⑥。尽管辽统治者出台种种限制措施，然圣宗朝的僧尼数量却有增无减，足见圣宗时代佛教之炽盛。

兴宗对佛法的笃信较以前诸帝更为甚之，经常游幸佛寺，焚香拜佛，如兴宗重熙十一年（1042）十二月，"幸延寿寺饭僧"⑦；重熙十二年（1043）八月，"幸庆州诸寺焚香"⑧；重熙十六年（1047）七月，"幸庆州诸寺焚香"，十二月，"幸兴王寺拜佛"⑨；重熙二十一年（1052）七月，"幸圣济寺"⑩。可见，兴宗"尤重浮屠法"⑪"数变服入酒肆、佛寺、道观"⑫，甚至于重熙七年（1038）十二月，"幸佛寺受

① （宋）叶隆礼：《契丹国志》卷七《圣宗天辅皇帝》，上海古籍出版社 1985 年点校本，第 72 页。
② （清）徐松：《宋会要辑稿·蕃夷一（之一〇）》（第八册），中华书局 1957 年版，第 7677 页下栏。
③ 《辽史》卷七十一《圣宗仁德皇后传》，中华书局 2016 年点校本，第 1323 页。
④ 《辽史》卷十三《圣宗本纪四》，中华书局 2016 年点校本，第 153、162 页。
⑤ 《辽史》卷十五《圣宗本纪六》，中华书局 2016 年点校本，第 194 页。
⑥ 《辽史》卷十六《圣宗本纪七》，中华书局 2016 年点校本，第 210 页。
⑦ 《辽史》卷六十八《游幸表》，中华书局 2016 年点校本，第 1176 页。
⑧ 《辽史》卷六十八《游幸表》，中华书局 2016 年点校本，第 1177 页。
⑨ 《辽史》卷六十八《游幸表》，中华书局 2016 年点校本，第 1178 页。
⑩ 《辽史》卷六十八《游幸表》，中华书局 2016 年点校本，第 1179 页。
⑪ （宋）叶隆礼：《契丹国志》卷八《兴宗文成皇帝》，上海古籍出版社 1985 年点校本，第 82 页。
⑫ （宋）李焘：《续资治通鉴长编》卷一百八十，宋仁宗至和二年八月条，中华书局 1992 年标点本，第 4363 页。

戒"①。在祭山仪中，太宗增建"菩萨堂"以拜之，已改国俗，而兴宗时又增添诸多内容："先有事于菩萨堂及木叶山辽河神，然后行拜山仪，冠服、节文多所变更，后因以为常。"②可见，兴宗对佛教之重视。如同以前的诸代帝王，兴宗仍将皇家事宜与佛事活动联系在一起，重熙十一年（1042）十二月己酉，"以宣献皇后忌日，上与皇太后素服，饭僧于延寿、悯忠、三学三寺"③。兴宗还常常在处理军国政务之余暇，与高僧讨论佛教义理，如重熙八年（1039）十一月戊戌，"朝皇太后。召僧论佛法"④。召见侍臣时，亦常问起奉佛之事，如耶律马哥以散职入见，上问："卿奉佛乎？"对曰："臣每旦诵太祖、太宗及先臣遗训，未暇奉佛。""帝悦"⑤。足见兴宗对佛教的重视。

道宗朝，崇佛佞佛之风气愈加浓烈，佛事活动更加频繁多样。清宁十年（1064）九月，"幸七金山三学寺"⑥。咸雍八年（1072）正月癸未，"乌古敌烈部详稳耶律巢等奏克北边捷。以战多杀人，饭僧南京、中京"。三月癸卯，"有司奏春、泰、宁江三州三千余人愿为僧尼，受具足戒，许之"⑦。咸雍九年（1073）七月，"幸金河寺"⑧。大康四年（1078）七月甲戌，"诸路奏饭僧尼三十六万"⑨。大安九年（1093）四月乙卯，"兴中府甘露降，遣使祠佛饭僧"⑩。由于僧尼在道宗朝的过度活跃，以至再度下诏禁僧尼诣"行在""赴阙"，如道宗清宁十年（1064）七月辛巳，"禁僧尼私诣行在，妄述祸福取财物"⑪；大安元年

① 《辽史》卷六十八《游幸表》，中华书局 2016 年点校本，第 1174—1175 页。
② 《辽史》卷四十九《礼志一》，中华书局 2016 年点校本，第 929 页。
③ 《辽史》卷十九《兴宗本纪二》，中华书局 2016 年点校本，第 260 页。
④ 《辽史》卷十八《兴宗本纪一》，中华书局 2016 年点校本，第 250 页。
⑤ 《辽史》卷八十三《耶律马哥传》，中华书局 2016 年点校本，第 1433 页。
⑥ 《辽史》卷六十八《游幸表》，中华书局 2016 年点校本，第 1180 页。
⑦ 《辽史》卷二十三《道宗本纪三》，中华书局 2016 年点校本，第 311 页。
⑧ 《辽史》卷六十八《游幸表》，中华书局 2016 年点校本，第 1182 页。
⑨ 《辽史》卷二十三《道宗本纪三》，中华书局 2016 年点校本，第 319 页。
⑩ 《辽史》卷二十五《道宗本纪五》，中华书局 2016 年点校本，第 339 页。
⑪ 《辽史》卷二十二《道宗本纪二》，中华书局 2016 年点校本，第 299 页。

（1085）十一月己未，"诏僧尼无故不得赴阙"①。可以想见，道宗朝的僧尼活动已到了无有禁止之所的地步。道宗为了提高佛教的影响力，于咸雍四年（1068）二月癸丑，"颁行《御制华严经赞》"②，咸雍八年（1072）七月丁未，"以御书《华严经五公颂》出示群臣"③，使华严宗成为辽代佛教宗派中最为彰显的宗派之一。此外，道宗还大力提倡戒坛，弘扬佛法，召僧讲经，大康五年（1079）九月己卯，"诏诸路毋禁僧徒开坛"④。大康五年（1079）十一月丁丑，"召沙门守道开坛于内殿"⑤。寿昌二年（1096）十一月，"幸沙门恒策戒坛，问佛法"⑥，寿昌六年（1100）十一月丙子，"召医巫闾山僧志达设坛于内殿"⑦。

由于辽统治者对佛教的崇信与提倡，佛教在辽代社会生活中得到繁荣与兴盛，尤其是兴宗、道宗两朝佞佛之风达到极盛，出现"城邑繁富之地，山林爽垲之所，鲜不建于塔庙，兴于佛像"⑧，"故塔庙之多，迹于是也。虽殚其筋力，尝不为劳。然竭以资财亦不为费。至若累宝檐，络珠网，接云汉而起，尝不为高。并闾阎，夷井灶，有郛郭之半，亦不为广"⑨的塔庙相望的景象。辽代佛教信仰的发达、统治者的重视，为辽代佛学教育的发展提供了广阔空间。

2. 佛学官职的设置为辽代佛学教育的发展提供制度保障

辽统治者面对佛教在社会生活中的繁荣与兴盛，采取唐、五代以

---

① 《辽史》卷二十四《道宗本纪四》，中华书局 2016 年点校本，第 329 页。
② 《辽史》卷二十二《道宗本纪二》，中华书局 2016 年点校本，第 303 页。
③ 《辽史》卷二十三《道宗本纪三》，中华书局 2016 年点校本，第 312 页。
④ 《辽史》卷二十四《道宗本纪四》，中华书局 2016 年点校本，第 322 页。
⑤ 《辽史》卷二十四《道宗本纪四》，中华书局 2016 年点校本，第 322 页。
⑥ 《辽史》卷六十八《游幸表》，中华书局 2016 年点校本，第 1183 页。
⑦ 《辽史》卷二十六《道宗本纪六》，中华书局 2016 年点校本，第 352 页。
⑧ 《云居寺供塔灯邑碑》（乾统十年），参见向南：《辽代石刻文编》，河北教育出版社 1995 年版，第 614 页。
⑨ 《灵感寺释迦佛舍利塔碑铭》（天庆六年），参见向南：《辽代石刻文编》，河北教育出版社 1995 年版，第 661—662 页。

来的管理制度，设置僧官来管理辽代的僧尼事务，并依据辽代社会佛教发展的特点，实行中央、京道、地方三级管理体制。关于管理佛教事务的中央僧官之记录，最早出现于景宗保宁年间。《辽史·景宗本纪上》载：保宁六年（974）十二月戊子，"以沙门昭敏为三京诸道僧尼都总管，加兼侍中"[1]。保宁间的"三京"是指太宗会同元年十一月新获"燕云十六州"后"诏以皇都为上京，府曰临潢。升幽州为南京，南京为东京"[2]之三京，因而沙门昭敏所管理的僧尼事务应为辽统治域内的所有佛教事务，沙门昭敏所担任的僧官亦应为辽朝中央总理全国僧尼事务的僧官。

辽代的京道僧官《辽史》未载，见于石刻资料。五京道的僧官设置有左、右街僧录或某京僧录，"与唐、宋大为不同的是，于某京左、右街僧录或某京僧录之前，多加'管内'二字，表明辽代的某京左、右街僧录或某京僧录已非管理全国僧尼事务的中央僧官，而是变成了京道级的地方僧官"[3]。在上京道，见于石刻资料的最早"僧录"为重熙年间，刻于朝阳北塔天宫石函东面石板"三身佛"左侧的"都提点重修塔事题记"中残存有"都提点重修塔事义成军节度、滑濮等州观……事、行滑州刺史、判彰武军节度、霸州管内观察处置等……同提点上京管内僧录宣演大师，……彰武军节度副使、银青崇禄大夫、检……霸州观察判官、承务郎、试秘……"[4]的文字，其中就涉及都提点官"上京管内僧录"宣演大师。而出土于辽宁朝阳北塔地宫中的《朝阳北塔石函题记》上则记载有"都提点前上京管内僧录宣演

① 《辽史》卷八《景宗本纪上》，中华书局 2016 年点校本，第 102 页。
② 《辽史》卷四《太宗本纪下》，中华书局 2016 年点校本，第 49 页。
③ 张国庆：《佛教文化与辽代社会》，辽宁民族出版社 2011 年版，第 58 页。
④ 《朝阳北塔都提点重修塔事题记》（约重熙十二年），参见向南、张国庆、李宇峰：《辽代石刻文续编》，辽宁人民出版社 2010 年版，第 81 页。

大师赐紫沙门蕴珪记"①，可见，上京管内僧录宣演大师赐紫沙门蕴珪
不仅主持修缮朝阳北塔，而且还亲笔撰写题记，志其修缮事迹。此题
记撰写时间，按向南先生等学者推断，当为重熙十三年（1044），说
明上京道的僧官直至重熙年间才见诸于史料记载。此外，石刻资料
中陆续出现有兴宗重熙十八年（1049）纯慧大师非浊"授上京管内都
僧录"②。1981 年出土于内蒙古巴林左旗林东镇林东旅社地沟内的经幢
残文有"为贺维咸雍……师兄前寺主沙门法圆为……师翁上京右街
僧录演法大师赐紫沙门处衍师……沙门令悠见在弘教大师门人开龙
寺……"③文字，说明演法大师曾担任过"上京右街僧录"之僧官，从
"咸雍"字样看，演法大师所担任的时间应在道宗朝期间。

在南京道，见于石刻资料的最早"僧录"为圣宗朝末年，"诏燕
京悯忠寺特置真宗御灵，建资福道场，百日而罢"的过程中，有"燕
京僧录亦犯真宗讳，敕更名圆融"。④尔后，石刻资料中陆续出现僧
官的纪事，如兴宗重熙十八年（1049），纯慧大师非浊任上京管内都
僧录秩满后被"授燕京管内左街僧录"⑤；道宗大安二年（1086），《易
州太宁山净觉寺碑铭》记录有"前燕京左街僧录判官文胜大师赐紫
义铢"、"燕京崇孝寺左街僧录通文理大师"⑥；大安十年（1094），《悯
忠寺石函题名》记录有"故忏悔主、燕京管内左右街都僧录、崇禄

① 《朝阳北塔石函题记》（约重熙十三年），参见向南、张国庆、李宇峰：《辽代石刻文续
编》，辽宁人民出版社 2010 年版，第 86 页。
② 《纯慧大师塔幢记》（清宁九年），参见向南：《辽代石刻文编》，河北教育出版社 1995
年版，第 317 页。
③ 《上京经幢残文》，参见向南：《辽代石刻文编》，河北教育出版社 1995 年版，第 714
页。
④ （宋）叶隆礼：《契丹国志》卷七《圣宗天辅皇帝》，上海古籍出版社 1985 年点校本，
第 73 页。
⑤ 《纯慧大师塔幢记》（清宁九年），参见向南：《辽代石刻文编》，河北教育出版社 1995
年版，第 317 页。
⑥ 《易州太宁山净觉寺碑铭》（大安二年），参见向南：《辽代石刻文编》，河北教育出版社
1995 年版，第 404 页。

大夫、守司徒、聪辩大师、赐紫、沙门善制"，"□燕京管内左右街僧录、提点宏法竹林、总觉大师、赐紫、沙门惟道"，"□□燕京管内左街僧录判官、宝集讲主、觉智大师、赐紫、沙门文杰"；①大安十年（1094），《大悯忠寺观音菩萨地宫舍利石函记》记录有"功德主燕京管内左右街都僧录，崇禄大夫、检校太师、行鸿胪卿、聪辩大师、赐紫沙门善制"②；天祚帝乾统七年（1107），《普济寺严慧大德塔记铭》记录有"甘泉普济寺右街僧录判官仪范大师讳非觉"③；天庆六年（1116），《忏悔正慧大师遗行记》记录有忏悔正慧大师"奉敕为燕京□僧录"④；天庆七年（1117），通慧圆照大师在"大辽燕京涿州范阳县白带山石经云居寺释迦佛舍利塔记"中署衔为"燕京右街管内僧录"⑤，可见通慧圆照大师在天祚帝天庆年间（1111—1120）曾担任过燕京右街管内僧录之僧职；天庆八年（1118），《云居寺续秘藏石经塔记》记录有"付门人见右街僧录通慧圆照大师善定，校勘刻石，石类印板，背面俱用，镌经两纸"⑥；天庆九年（1119），《天王寺建舍利塔记》记录有"前左录通悟大师、赐紫沙门即圆提点，永泰寺左街僧录、通慧圆照大师、赐紫、沙门善定提点"⑦的官衔，可见通慧圆照大师在天庆年间或之前还曾担任过"左街僧录"，而"前左录"应

① 《悯忠寺石函题名》（大安十年），参见向南：《辽代石刻文编》，河北教育出版社1995年版，第462页。
② 《大悯忠寺观音菩萨地宫舍利石函记》（大安十年），参见向南：《辽代石刻文编》，河北教育出版社1995年版，第460页。
③ 《普济寺严慧大德塔记铭》（乾统七年），参见向南：《辽代石刻文编》，河北教育出版社1995年版，第572页。
④ 《忏悔正慧大师遗行录》（天庆六年），参见向南：《辽代石刻文编》，河北教育出版社1995年版，第658页。
⑤ 《石经寺释迦舍利塔记》（天庆七年），参见向南、张国庆、李宇峰：《辽代石刻文续编》，辽宁人民出版社2010年版，第293页。
⑥ 《云居寺续秘藏石经塔记》（天庆八年），参见向南：《辽代石刻文编》，河北教育出版社1995年版，第671页。
⑦ 《天王寺建舍利塔记》（天庆九年），参见向南、张国庆、李宇峰：《辽代石刻文续编》，辽宁人民出版社2010年版，第301页。

为"前左街管内僧录"的简称，说明通悟大师在此前还担任过前左街管内僧录。此外，南京永清县东 20 里韩村内兴寺前所立石幢记录有"大辽国燕京永清县□□北乡（下缺）三兄管内兴禅寺右街僧录融通大师赐紫沙门□方傛"①，当亦为南京道之僧官。

在中京道、东京道与西京道，有关京道的僧官记录相对较少。西京道仅有二条记录，如乾统七年（1107），《涿州石经山云居寺辩正大德石塔记（残文）》的撰者署衔为"大辽燕京涿州石经山云居寺前中京管内僧录判官辩正大德赐紫沙门"②；另一条为陈述先生辑《残碑捐施名衔》有"中京管内都僧录崇禄大夫检校太傅演妙大师赐紫沙门"与"中京管内僧录判官谨行大师赐紫施钱两贯文"的记述③。东京道唯见一条记录，道宗大康三年（1077），《为故坛主传菩萨戒大师特建法幢记》载："邑人前管内左街僧录净慧大师赐紫沙门裕方、邑人前东京管内僧录诠论大师赐紫沙门裕企。"④西京道亦唯见一条记录，道宗大康十年（1084），《重修桑干河桥记》载："大辽国天佑皇帝太康三年，除授崇雅西京僧录。"⑤尽管中京道、东京道与西京道的僧官记录较少，但足以证明辽统治者也设置了僧官来管理这三京道的僧务。

此外，石刻资料中还有不知管理地域范围的僧官，如 1975 年 11 月，内蒙古巴林左旗哈达英格乡西白音高勒村出土的辽墓内有一骨灰箱，箱木板上存墨书字"弘法寺前管内都僧录弘觉大师赐紫沙门释"⑥。沙门释管理的是哪京的僧务难于判断，此种情况还有《沙

① 《天定石幢》，参见向南：《辽代石刻文编》，河北教育出版社 1995 年版，第 702 页。
② 《涿州石经山云居寺辩正大德石塔记（残文）》（乾统七年），参见陈述：《全辽文》卷十，中华书局 1982 年版，第 288 页。
③ 《残碑捐施名衔》，参见陈述：《全辽文》卷十二，中华书局 1982 年版，第 349 页。
④ 《为故坛主传菩萨戒大师特建法幢记》，参见向南：《辽代石刻文编》，河北教育出版社 1995 年版，第 384 页。
⑤ 《天镇县志（光绪）》卷三《金石志》，台北文成出版社 1968 年影印本，第 392 页。
⑥ 《沙门弘觉墓记》（大康二年），参见陈述：《全辽文》卷十，中华书局 1982 年版，第 219 页。

门广善撰妙行大师碑铭》出现的"后传延寿太傅大师戒本弓左街僧录大今道谦之所□□□自尔随方开甘露坛""门孙故提点前管内左街僧录传妙善德大师赐紫沙门圜因""门曾孙提点前管内左街都僧录传戒通玄妙觉大师赐紫沙门善果""门人故提点前管左街僧录判官大师赐紫沙门即遵""门人故提□□□内左街僧录判官普济大师赐紫沙门即均""门曾孙提点前管内右街都僧录判官传戒圆通大师赐紫沙门善颖"，① 以及《法集经》卷六第二十一、二十二条"提点前右街僧录判官赐紫沙门善定"② 等。另外，咸雍元年（1065）的《弥勒邑特建起院碑》亦有"碑阴首书疏主忏悔师、守司徒、纯慧大师、赐紫沙门守臻，本行僧录、检校司空、精修大师、赐紫沙门智清"③ 之记载，沙门智清任职何地亦不可知。天庆九年（1119），《刘承遂墓志》记录有天庆五年（1115）八月"请王子寺僧录演菩萨戒经讲一百日"④，"僧录"的僧号、任职何地亦未可知。又乾统八年（1108）门人清摄大德讲经律论沙门即满编《妙行大师行状碑》（乾统八年）载："咸和六年，延寿太傅大师擢人传付戒本。门人左僧录道谦等，徒众当代，英玉无瑕，繁妙行师真僧宝□□□□□惟渠踵武。太傅曰然，遂以戒本授师。自后随方开放，度人无数。"⑤"咸和"即"咸雍"，金人避金讳而改之。此行状碑所记录的"左僧录道谦"虽知其为道宗咸雍年间的京道僧官，然为何道京之僧官未可知。

---

① 《沙门广善撰妙行大师碑铭》，参见陈述：《全辽文》卷十，中华书局 1982 年版，第 303 页。
② 《陈国别胥造经题记》（天庆元年），参见陈述：《全辽文》卷十，中华书局 1982 年版，第 311 页。
③ 《弥勒邑特建起院碑》（咸雍元年），参见向南：《辽代石刻文编》，河北教育出版社 1995 年版，第 325 页。
④ 《刘承遂墓志》（天庆九年），参见向南：《辽代石刻文编》，河北教育出版社 1995 年版，第 676 页。
⑤ 《妙行大师行状碑》（乾统八年），参见向南：《辽代石刻文编》，河北教育出版社 1995 年版，第 587 页。

辽代地方府州设置有管内的都僧录、僧录、僧政、僧判官、都纲等僧官，管理地方府州内诸寺院的僧尼事务。有关都僧录，《辽寿昌六年塔记》残石记载有"前兴中府管内都僧录□□大德赐紫沙门性偶"①，可见，沙门性偶曾担任过都僧录的僧官。有关僧录，1992 年于内蒙古赤峰市巴林右旗索博力嘎苏木庆州白塔刹座内发现的撰述于重熙十八年（1049）的《庆州白塔螭首造像建塔碑》有"庆州僧录宣演大师、赐紫沙门蕴珪""庆州前僧录、宣教大师、赐紫沙门道清""庆州前僧录、崇教大师赐紫沙门普勤"②的记载。又《大辽兴中府和龙山花严寺塔记》记录有"前兴中府管内僧录通圆大师赐紫沙门香峦"③。可见，在地方府州管内存在"僧录"称谓的僧官，沙门香峦、沙门道清、沙门普勤均担任过此僧职。有关僧政，《朝阳北塔塔下勾当邑人僧人题记》有"同勾当前僧政讲经沙门道净""同勾当前僧政讲经沙门法雨""管内僧政讲经沙门省章"④的记载，表明沙门道净、沙门法雨、沙门省章等曾担任此僧职。1985 年发现于沈阳塔湾无垢净光舍利塔地宫中的《沈阳塔湾无垢净光舍利塔石函记》见有"上生邑首管内僧政沙门云岳""前僧政沙门云秀"等。⑤1956 年发现于黑龙江省塔子城的《塔子城建塔题名》见有"提点塔事前管内僧政讲经沙门□"⑥。

① 陈述、朱子方主编：《辽会要》卷八《崇奉·僧官》，上海古籍出版社 2009 年版，第 389 页。

② 《庆州白塔螭首造像建塔碑》（重熙十八年），参见向南、张国庆、李宇峰：《辽代石刻文续编》，辽宁人民出版社 2010 年版，第 98 页。有关沙门蕴珪、沙门道清、沙门普勤的僧职亦见于《庆州五层塔室碑》（重熙十八年）中，参见向南、张国庆、李宇峰：《辽代石刻文续编》，辽宁人民出版社 2010 年版，第 100 页。

③ 陈述、朱子方主编：《辽会要》卷八《崇奉·僧官》，上海古籍出版社 2009 年版，第 388 页。

④ 《朝阳北塔塔下勾当邑人僧人题记》（约重熙十二年），参见向南、张国庆、李宇峰：《辽代石刻文续编》，辽宁人民出版社 2010 年版，第 82—83 页。

⑤ 《沈阳塔湾无垢净光舍利塔石函记》（重熙十三年），参见向南、张国庆、李宇峰：《辽代石刻文续编》，辽宁人民出版社 2010 年版，第 354—355 页。

⑥ 《塔子城建塔题名》（大安七年），参见向南：《辽代石刻文编》，河北教育出版社 1995 年版，第 442 页。

又出土于内蒙古赤峰市宁城县西南大明镇的《中京诸寺沙门施材题名碑》见有"知足院前成州管内僧政弘教大德赐紫、开泰寺讲法花上生经清意"。此外，僧政之下还有副职，如《沈阳塔湾无垢净光舍利塔石函记》有"管内僧副政沙门德凝"[①]的记载，说明"僧副政"当为"僧政"之副职。有关僧判官，1992 年于内蒙古赤峰市巴林右旗索博力嘎苏木庆州白塔刹座内发现的撰述于重熙十八年（1049）的《庆州白塔螭首造像建塔碑》记录有"庆州僧判官善利大德沙门从教"[②]记载，说明沙门从教担任过此僧官。刻于朝阳北塔天宫石函门框外侧的"同勾当僧判官讲论沙门志微"[③]文字亦表明"僧判官"为地方府州僧官之一。有关都纲，《净光舍利塔经幢记》记录有"顺州管内都纲讲法华上生经沙门惠真"[④]，《开元寺重修建长明灯幢记》（大康元年）记录有"前都纲讲经律运慈""前都纲讲经运思"[⑤]，《上方感化寺碑》记录有"前蓟州管内都纲提点寺事沙门士贤元悟"[⑥]，《石经寺释迦佛舍利塔记》记录有"当寺前易州管内都纲功德塔主沙门绍坦"[⑦]。据辽统治者从中央到地方设置的一系列僧官分析，辽代已然形成较为完整的僧尼管理制度与体系，为辽代佛学教育的有序开展提供了充分的人文环境，保证辽代佛学教育的顺利进行。

---

① 《沈阳塔湾无垢净光舍利塔石函记》（重熙十三年），参见向南、张国庆、李宇峰：《辽代石刻文续编》，辽宁人民出版社 2010 年版，第 355 页。

② 《庆州白塔螭首造像建塔碑》（重熙十八年），参见向南、张国庆、李宇峰：《辽代石刻文续编》，辽宁人民出版社 2010 年版，第 98 页。

③ 《朝阳北塔塔下勾当邑人僧人题记》（约重熙十二年），参见向南、张国庆、李宇峰：《辽代石刻文续编》，辽宁人民出版社 2010 年版，第 82 页。

④ 《净光舍利塔经幢记》（开泰二年），参见向南、张国庆、李宇峰：《辽代石刻文续编》，辽宁人民出版社 2010 年版，第 54 页。

⑤ 《开元寺重修建长明灯幢记》（大康元年），参见向南、张国庆、李宇峰：《辽代石刻文续编》，辽宁人民出版社 2010 年版，第 156 页。

⑥ 《上方感化寺碑》（乾统七年），参见陈述：《全辽文》卷十，中华书局 1982 年版，第 290 页。

⑦ 《石经寺释迦佛舍利塔记》（天庆七年），参见向南、张国庆、李宇峰：《辽代石刻文续编》，辽宁人民出版社 2010 年版，第 293 页。

　　辽统治者为了管理全国佛教事务，设置了较为完整的僧尼管理体系，辽代的寺院内亦设置有一套完整的寺职体系，以有效地管理寺院内的日常诸类事务，主要以"三纲"（"寺主""尚座""都维那"）为核心，以"寺主"为职官。[①]"寺主""尚座""都维那"等寺职，在辽代石刻资料中较为常见，如刻于《光赞摩诃般若波罗密经》五卷七条载有"现寺主沙门可兴，现上座讲上生经沙门可略，现都维那沙门志省"[②]，《悯忠寺石函题名》载有"寺主兼宝塔主沙门溥滋。尚座沙门惟常。都维那沙门智印"[③]，《大安山延福寺李山主实行录》载有"寺主沙门道俦、尚座沙门善重、都维那沙门善崇"[④]。此外，在辽代寺院中还常见"住持"者，作为寺院之职首，负责管理寺院的日常诸类事务，如《三盆山崇圣院碑记》载有"住持惠诚，同徒清□、清真、清宝、清实、清□、清彤。徒孙净业、净受、净□、净山、净海"[⑤]。《创建无垢净光法舍利塔记》载有"有功德主沙门□□蓟门人也，识□高远，行解淹通，杖锡而来，住持于此"[⑥]。《涿州超化寺诵法华经沙门法慈修建实录》载有"众谓我师行望素高，寻以固请不果辞让，是往住持后，克殚己力，善化他财，得一钱一饭之费，曾不自给"[⑦]。可见，"住持"如同"寺主"，为寺院之职首。除"寺主""住持"外，还常见于

① 张国庆：《佛教文化与辽代社会》，辽宁民族出版社 2011 年版，第 65 页。
② 《萧安宁等造经题记》（大康四年），参见陈述：《全辽文》卷九，中华书局 1982 年版，第 221 页。
③ 《悯忠寺石函题记》（大安十年），参见向南：《辽代石刻文编》，河北教育出版社 1995 年版，第 462 页。
④ 《大安山延福寺李山主实行录》（天庆十年），参见向南、张国庆、李宇峰：《辽代石刻文续编》，辽宁人民出版社 2010 年版，第 311 页。
⑤ 《三盆山崇圣院碑记》（应历十年），参见向南：《辽代石刻文编》，河北教育出版社 1995 年版，第 31 页。
⑥ 《创建无垢净光法舍利塔记》（开泰八年），参见陈述：《全辽文》卷六，中华书局 1982 年版，第 117 页。
⑦ 《涿州超化寺诵法华经沙门法慈修建实录》（清宁二年），参见陈述：《全辽文》卷八，中华书局 1982 年版，第 172 页。

"院主""纲首""寺宰""首座"等别称。在职首之下，寺院中的职务还常见有都知（三纲都知）、山主、洞主、殿主、阁主、疏主、藏主、座主、坛主、论主、律主、经主、讲主、知文书、知书、典座、监库、尚库、典产等，表明寺院寺职体系相当完备。这为寺院僧尼的佛学教育提供了良好的研习环境，使他们能够全身心地投入到释经理佛中去。

3. 佛学典籍的翻译、研究与著述客观上促进辽代佛学教育的顺利展开

辽统治者对佛学教育的重视，以及较为完整的僧尼管理制度与体系的建立，促进了辽代佛学教育的发展，寺院林立，高僧辈出，著述颇丰，在佛学研究上做出巨大贡献，并对高丽、日本等邻国都产生一定的影响。仍可惜的是，辽代的佛学著作传世者无多，目前仅见辽僧行均《龙龛手镜》和辽僧希麟《续一切经音义》两种。不过，据高丽沙门义天撰《新编诸宗教藏总录》记载，辽人的佛学著作至少有72部260卷。[1] 这些佛学著作的流传与散佚，朱子方、王承礼、李亚泉以及日本学者神尾弌春、野上俊静等先生均作过研究[2]，现依前贤的研究成果将辽人的佛学著作目录整理于下：

---

[1]　王承礼、李亚泉：《从高丽义天大师的著述考察辽和高丽的佛教文化交流》，参见张畅耕主编：《辽金史论集》（第六辑），社会科学文献出版社2001年版，第63页。另，朱子方先生在《辽代佛学著译考》一文中认为：《新编诸宗教藏总录》"收辽僧俗佛学著作五八部，共计二五一卷"，参见陈述主编：《辽金史论集》（第二辑），书目文献出版社1987年版，第176页。

[2]　朱子方、王承礼：《辽代佛教的主要宗派和学僧》，《世界宗教研究》1990年第1期；朱子方：《辽代佛学著译考》，参见陈述主编：《辽金史论集》（第二辑），书目文献出版社1987年版；王承礼、李亚泉：《从高丽义天大师的著述考察辽和高丽的佛教文化交流》，参见张畅耕主编：《辽金史论集》（第六辑），社会科学文献出版社2001年版；舒焚：《现存辽代的文字文献状况》，参见陈述主编：《辽金史论集》（第五辑），台湾文津出版社1991年版；［日］神尾弌春：《契丹佛教文献的东流》，参见神尾弌春：《契丹佛教文化史考》，大连满洲文化协会1937年版；［日］野上俊静：《辽金佛教》，京都田中文功社1953年版。

表 6-1　辽人佛学著述目录

序号	撰译者	著述名称	卷数
《新编诸宗教藏总录》卷一			
1	道弼	《大华严经演义集玄记》	六卷
2	道弼	《大华严经演义逐难科》	一卷
3	思孝	《大华严经玄谈钞逐难科》	一卷
4	思孝	《大华严经修慈分疏》	二卷
5	思孝	《大华严经修慈略钞》	一卷
6	思孝	《大华严经修慈分科》	一卷
7	道宗	《大华严经随品赞》	十卷
8	道宗	《发菩萨心戒本》	二卷
9	志实	《大华严经随品赞科》	一卷
10	思孝	《大涅槃经后分节要》	一卷
11	觉苑	《毗卢神变经科》	五卷
12	觉苑	《毗卢神变经大科》	一卷
13	觉苑	《毗卢神变经演密钞》	十卷
14	诠明	《法华经会古通今钞》	十卷
15	诠明	《法华经会古通今钞科》	四卷
16	诠明	《法华经会古通今钞大科》	一卷
17	思孝	《法华经三玄圆赞》	二卷
18	思孝	《法华经三玄圆赞科》	一卷
19	志实	《法华经三玄圆赞演义钞》	四卷
20	非浊	《首楞严经玄赞科》	三卷
21	诠明	《金刚般若经宣演科》	二卷
22	诠明	《金刚般若经宣演会古通今钞》	六卷

续表

序号	撰译者	著述名称	卷数
23	诠明	《金刚般若经消经钞》	二卷
24	诠明	《金刚般若经消经钞科》	一卷
25	保衡	《金刚般若经诀》	一卷
26	思孝	《般若理趣分经科》	一卷
27	志延	《般若心经科》	一卷
28	思孝	《大宝积经妙慧童女会疏》	三卷
29	思孝	《大宝积经妙慧童女会科》	一卷
30	思孝	《观无量寿经直释》	一卷
31	诠明	《弥勒上生经科》	一卷
32	诠明	《弥勒上生经大科》	一卷
33	诠明	《弥勒上生经会古通今钞》	四卷
34	思孝	《报恩奉盆经直释》	一卷
35	思孝	《八大菩萨曼陀罗经疏》	二卷
36	思孝	《八大菩萨曼陀罗经科》	一卷
37	志实	《八大菩萨曼陀罗经崇圣钞》	三卷
		《新编诸宗教藏总录》卷二	
38	志实	《梵网经科》	三卷
39	志实	《梵网经会违通理钞》	四卷
40	澄渊	《四分律删繁补阙行事钞详集记》	十四卷
41	澄渊	《四分律删繁补阙行事钞详集记科》	三卷
42	志延	《四分律尼戒略释科》	一卷
43	思孝	《发菩提心戒本》	三卷

续表

序号	撰译者	著述名称	卷数
44	思孝	《大乘忏悔仪》	四卷
45	思孝	《近住五戒仪》	一卷
46	思孝	《自誓受戒仪》	一卷
47	思孝	《诸杂礼佛文》	三卷
48	思孝	《自恣缘》	一卷
49	思孝	《释门应用》	三卷
50	思孝	《持课仪》	一卷
		《新编诸宗教藏总录》卷三	
51	志福	《释摩诃衍论通玄钞》	四卷
52	志福	《释摩诃衍论通玄钞科》	三卷
53	志福	《释摩诃衍论通玄钞大科》	一卷
54	守臻	《释摩诃衍论通赞疏》	十卷
55	守臻	《释摩诃衍论通赞科》	三卷
56	守臻	《释摩诃衍论通赞大科》	一卷
57	法悟	《释摩诃衍论赞玄疏》	五卷
58	法悟	《释摩诃衍论赞玄大科》	一卷
59	诠明	《成唯识论详镜幽微新钞》	十七卷
60	诠明	《成唯识论应新钞科文》	四卷
61	诠明	《成唯识论应新钞大科》	一卷
62	诠明	《百法论金台义府》	十五卷
63	诠明	《百法论科》	二卷
64	诠明	《百法论大科》	一卷

续表

序号	撰译者	著述名称	卷数
65	常真	《俱舍论颂疏钞》	八卷
66	道㢧	《诸宗止观》	三卷
67	道㢧	《诸宗止观科》	一卷
68	非浊	《随愿往生集》	二十卷
69	诠晓（旧名诠明）	《续开元释教录》	三卷
70	希麟	《续一切经音义》	十卷
		《新编诸宗教藏总录》未录者	
71	鲜演	《华严经悬谈诀择》	六卷
72	行均	《龙龛手镜》	四卷
73	道□	《显密圆通成佛心要集》	二卷
74	思孝	《持课仪》	一卷
75	思孝	《毗奈耶藏近事优婆塞五戒本》	不详
76	志德	《明咒集》三十卷	不详
77	德云	《大藏教诸佛菩萨名号集》	二十卷
78	非浊（续撰）	《大藏教诸佛菩萨名号集》	二卷
79	非浊	《三宝感应要略录》	三卷
80	法悟	《释摩诃衍论赞玄科》	三卷
81	守臻	《略示戒相仪》	不详
82	守臻	《大日经义释科文》	五卷
83	守臻	《大日经义释大科》	一卷
84	鲜演	《仁王护国经融通疏》	不详
85	鲜演	《菩萨戒纂要疏》	不详

续表

序号	撰译者	著述名称	卷数
86	鲜演	《唯识论掇寄提异钞》	不详
87	鲜演	《摩诃衍论显正疏》	不详
88	鲜演	《菩提心戒》	不详
89	鲜演	《诸经戒本》	不详
90	鲜演	《三宝六师外护文》	十五卷
91	纯慧	《往生集》	二十卷
慈贤译经			
1	慈贤	《妙吉祥平等瑜珈秘密观身成佛仪轨》	一卷
2	慈贤	《妙吉祥平等秘密最上观门大教王经》	五卷
3	慈贤	《妙吉祥平等观门大教王经略出护摩仪轨》	一卷
4	慈贤	《佛说如意轮莲花心如来修行观门仪》	一卷
5	慈贤	《金刚摧碎陀罗尼》	一卷
6	慈贤	《大随求陀罗尼》	一卷
7	慈贤	《一切如来白伞盖大佛顶陀罗尼》	一卷
8	慈贤	《大悲心陀罗尼》	一卷
9	慈贤	《佛顶尊胜陀罗尼》	一卷
10	慈贤	《梵本般若波罗密多心经》	一卷

在此需要说明的是,《俱舍论颂疏钞》为沙门常真述,沙门琼煦校定。另,赵州非辽境,常真是否为辽僧,还有待考定。[①] 整理辽人佛学著述后发现,辽人现存目录的佛学著述既不是朱子方先生所考订

① 朱子方:《辽代佛学著译考》,参见陈述主编:《辽金史论集》(第二辑),书目文献出版社 1987 年版,第 194 页。

的"58 部"，也不是王承礼、李亚泉等先生考订的"72 部"，而至少有 91 部（集）之多。随着碑刻资料不断被发现，也许会有更多的辽人佛学著述为世人所认知。

辽代不仅在佛学著述方面取得斐然成就，在刻经方面也是功不可没，堪有称颂者，《涿州白带山云居寺东峰续镌成四大部经记》云："自太平七年至清宁三年，中间续镌造到《大般若经》八十卷，计碑二百四十条，以全其部也。又镌写到《大宝积经》一部，全一百二十卷，计碑三百六十条，以成四大部数也。都总合经碑二千七百三十条。"[1] 又《涿州涿鹿山云居寺续秘藏石经塔记》载："至大辽留公法师，奏闻圣宗皇帝，赐普度坛利钱，续而又造。次兴宗皇帝赐钱又造。相国杨公遵勖、梁公颖，奏闻道宗皇帝，赐钱造经四十七帙。通前上石，共计一百八十七帙，已厝东峰七石室内。……通理大师所办石经小碑四千八十片经四十四帙。《大佛顶如来密因修证了义诸菩萨万行首楞严经》十卷，诗，一帙。《菩萨地持经》十卷，贤，一帙。《菩萨善戒经》九卷。《净业障经》一卷，剋，一帙。《优婆塞戒经》七卷。《梵网经》二卷。《受十□戒经》一卷，念，一帙。《菩萨璎珞本业经》二卷。《佛藏经》四卷。《菩萨善戒经》一卷，作，一帙。《菩萨内戒经》一卷。《优□塞五戒威仪经》一卷。《大乘三聚忏悔经》一卷。《菩萨五法忏悔文》一卷。《菩萨藏经》一卷。《三曼陀颰陀罗菩萨经》一卷。《菩萨受斋经》一卷。《舍利佛悔过经》一卷。《文殊悔过经》一卷。《法律三昧经》一卷。《十善业道经》一卷，圣，一帙。《大智度论》一百卷，十帙，德、建、名、立、形、端、表、正、空、谷。《十地经论》十二卷，传，一帙。《弥勒菩萨所问经论》五卷。《大乘宝积经论》四卷。《宝髻菩萨四法经论》一卷，声，一帙。《佛

---

[1]《涿州白带山云居寺东峰续镌成四大部经记》（清宁四年），参见向南：《辽代石刻文编》，河北教育出版社 1995 年版，第 286 页。

地经论》七卷。《金刚般若论》二卷，虚，一帙。《金刚般若波罗密经破取著不坏假名论》二卷。《文殊师利菩萨问菩提经论》二卷，堂，一帙。《胜思惟梵天所问经论》四卷。《涅盘论》一卷。《涅盘经本有今无偈论》一卷。《遗教经论》一卷。《三具足经论》一卷。《无量寿经论》一卷。《转法轮经论》一卷，习，一帙。《瑜珈师地论》一百卷，十帙，听、祸、因、恶、积、福、缘、善、庆、尺。《显扬圣教论》二十卷。壁、非，二帙。《瑜珈师地论释》一卷。《显扬圣教论颂》一卷，《王法正理论》一卷。《大乘阿毗达磨集论》七卷，宝，一帙。《大乘阿毗达磨杂集论》十六卷。《中论》四卷，寸，阴，一帙。《般若灯论释》十五卷。《十二门论》一卷。《十八空论》一卷。《百论》二卷。《广百论本》一卷，是，竞，二帙。《大乘广百释论》十卷，资，一帙。《成唯识论》十卷，尽，一帙。《大丈夫论》二卷。《入大乘论》二卷。《大乘掌珍论》二卷。《大乘五蕴论》一卷。《大乘广五蕴论》一卷。《大乘起信论》一卷。《宝行王正论》一卷，命，一帙。《摩诃衍论》十卷，宁，一帙。《大乘本生心地观经》八卷，壁，一帙。《大乘理趣六波罗密经》十卷，杜，一帙。"① 可见，涿鹿山云居寺所藏石经之丰富。北京图书馆金石组与中国佛教图书文物馆房山石经整理研究组的协同合作②，必会揭开辽代房山石经碑刻的神秘面纱。

无论是佛学典籍的翻译、研究与著述，还是秘藏石经，对辽代佛教的蓬勃发展均起到强大的推动作用，对辽代佛学教育产生更加深远的影响，不仅为其顺利展开提供了"经、律、论"的文献之基础，同时也营造了众心皆向佛学教育的良好社会氛围。

4. 法师"学衔"的考选制度与佛学的中外交流客观上促进辽代佛

① 《涿州涿鹿山云居寺续秘藏石经塔记》(天庆八年)，参见陈述：《全辽文》卷十一，中华书局 1982 年版，第 329—330 页。

② 北京图书馆金石组、中国佛教图书文物馆石经组编：《房山石经题记汇编》，书目文献出版社 1987 年版。

学教育水平的提高

辽统治者为了提高佛学教育水平，培养高质量、高素养的僧徒，还建立起一套考选制度。此项制度《辽史》虽无载，但在金人韩长嗣撰《兴中府尹银青改建三学寺及供给道粮千人邑碑铭》中有较为详赡的记载："三学者，其来远矣，爰自于唐肇起之也。迨及有辽，建三学寺于府西，择一境僧行清高者为纲首，举连郡'经律论'学优者为三法师，递开教门，指引学者。兵兴以来，殿堂廊庑，扫地而无。圣朝既获辽土，设三学如故法。……凡取'经律论'之师者，差官考试，本府聚五州义学各宗出题，答义中选者取三人，爰命为三宗法师，下四方学者，日与讲肄。不惟图增圣历绵长，抑亦使佛法传远而不见废绝者，其在兹乎？苟非设此，纵有清凉宣律师慈恩之才，孰将传焉？以至后来之人，虽有清凉宣律师慈恩之志，孰将学焉？"[1]又清人黄彭年在解释大辽义丰县榆子林西堡曾家湾卧如院碑上李守民的署衔"都维社"及"经律论"学时曰："建寺者乃李守民为首，故其题称曰都维社也。都维那，盖释家施主之别称，与檀越、护法等称同，乃此不曰维那，而曰维社，可见乡里之陋。释典初入中国止有大小乘经之别，后乃分其等类，别其名目，如西土原有此经，入中国后经高僧释译者曰经，支那撰述者曰论，而经论之中全讲法戒者曰律，此沙门行阐题衔曰讲经业论，盖与儒家言习某经者等义。辽金设经律论三学以试释子，以其考优者为法师，此行阐题衔盖即试优者也。"[2]据此，辽代"经律论"三学[3]考选制度大致运行机制是，由"僧行清高者"的寺主主持，以各宗（禅宗、唯识宗、华严宗、密宗、净土宗、律宗、

---

[1] （清）张金吾：《金文最》卷六十八《碑》，中华书局 1990 年版，第 995—996 页。

[2] （清）黄彭年：《畿辅通志》卷一百四十三《金石六》，上海商务印书馆 1934 年版，第5539 页上栏。

[3] 所谓"三学"，是指戒学、定学、慧学，又称经、律、论三学。在佛学中，将经、律、论称为"三藏"，将精通经、律、论的学者称为"三藏法师"。

俱舍宗）之"经""论"为考试内容，召集"本府聚五州义学各宗出题"，差官考选，择取"考优者"，授命为"三藏法师"。可见，在辽代佛学教育中能够讲授"经律论"三学的法师"学衔"者均可称得上"高僧"，是辽代佛学水平不断提高的最有力推动者。另外，鲜演大师，"清宁五年，未及弱龄，试经具戒，擢为第一"①，亦表明辽代不仅有法师"学衔"的考选制度，而且还要分出等级，这与金人韩长嗣所撰碑铭的记录相当契合，表明辽代对僧尼的法师"学衔"应该有较为严格的规定。

佛学的中外交流亦是推动辽代佛学水平不断提高的动力。辽统治者相当重视佛学的中外交流，如统和十九年（1001）正月甲申，"回鹘进梵僧名医"②；咸雍三年（1067）十一月壬辰，"夏国遣使进回鹘僧、金佛、《梵觉经》"③；大康九年（1083）十一月甲寅，"诏僧善知雠校高丽所进佛经，颁行之"④；寿昌元年（1095）十一月甲辰，"夏国进贝多叶佛经"⑤；大安七年（1091）九月己亥，"日本国遣郑元、郑心及僧应范等二十八人来贡"⑥。可见，辽与回鹘、西夏、高丽、日本均有佛学交流，这为辽代佛学的交流增添了新信息。此外，佛教界的大师、大德对辽代佛学的中外交流也起到较大的推动作用，如鲜演大师，因"凡敷究之暇，述作为心。撰《仁王护国经融通疏》《菩萨戒纂要疏》《唯识论掇奇提异钞》《花严经玄谈决择记》《摩诃衍论显正疏》《菩提心戒》暨《诸经戒本》，卷秩颇多，唯《三宝六师外护文》一十五卷，可谓筌蹄乎万行之深，笔削乎千经之奥"，"由是，高丽外

---

① 《鲜演大师墓碑》（天庆八年），参见向南：《辽代石刻文编》，河北教育出版社 1995 年版，第 667 页。
② 《辽史》卷十四《圣宗本纪五》，中华书局 2016 年点校本，第 170 页。
③ 《辽史》卷二十二《道宗本纪二》，中华书局 2016 年点校本，第 303 页。
④ 《辽史》卷二十四《道宗本纪四》，中华书局 2016 年点校本，第 327 页。
⑤ 《辽史》卷二十六《道宗本纪六》，中华书局 2016 年点校本，第 346 页。
⑥ 《辽史》卷二十五《道宗本纪五》，中华书局 2016 年点校本，第 338 页。

邦，僧统倾心；大辽中国，师徒翘首"。① 足见他们之间佛学交流之盛况。

三、辽代佛学教育的主要途径

1. 以寺院教育的方式传授佛学

佛教寺院是辽代僧尼聚居的场所，更是学僧接受佛学教育的基地。辽代佛教石刻资料中，有关此方面的事例几乎俯拾即是，例如：本师和尚法莹，"范阳县团柿村人也，俗姓梁氏。童子出家，依年受具。性柔勤学，精进为务，习律□讲唯识论"②；本师和尚季支，"范阳县梁家庄人也，姓郝氏。自小出家，受具后，住山一十五年，诵六门陁罗尼大般若经大明王经大小乘律等经，诵满万部"③；非浊大师，"俗姓张氏，其先范阳人。重熙初，礼故守太师兼侍中圆融国师为师"④；非觉大师，俗姓刘氏，析律（津）府之良乡，"虽代有簪绂，性无（下缺十七字）受具戒，乃师归义寺义从上人。亦道行高（下缺十六字）禅师宴息之所，杖锡一往，遂有终焉之志。（下缺十六字）如来阐教，大抵有经律论诠其三学，师以（下缺十六字）先于此"⑤；僧思拱，易县燕城乡龙固里人"俗姓周，卯年落发，二旬受其寒窗寻究之功，勤心口海，致解玄源之理；探迹奥业，乃讲华严经，玄谈金光明经并诸

---

① 《鲜演大师墓碑》（天庆八年），参见向南：《辽代石刻文编》，河北教育出版社 1995 年版，第 668 页。
② 《沙门志果为亡师造塔幢记》（清宁六年），参见陈述：《全辽文》卷八，中华书局 1982 年版，第 176 页。
③ 《沙门可训为本师季支造塔记》（清宁七年），参见陈述：《全辽文》卷八，中华书局 1982 年版，第 177 页。
④ 《非浊禅师实行幢记》（清宁九年），参见陈述：《全辽文》卷八，中华书局 1982 年版，第 180 页。
⑤ 《非觉大师塔记》（大康九年），参见向南：《辽代石刻文编》，河北教育出版社 1995 年版，第 398 页。

律论不可备矣"①；燕京三学寺殿主严慧大师，俗姓李氏，燕京析津县庞村人，"大康元年，师年二十有五，始剃落礼甘泉普济寺右街僧录判官仪范大师讳非觉者为师。后从师住慧济寺，于此受具。既而肄习经律二，学者推之"②；燕京永泰寺、崇禄大夫、检校太尉、传菩萨戒、忏悔正慧大师，俗姓齐氏，本永清县永□里齐公之季男，"自为幼童，天分灵异，不为髻发。尔后厌居俗室，志乐空门。出家礼燕京天王寺三藏为师，遇恩受具。以后四□□□未及行□□□律论，迥出入间，大传于世。自后回礼永泰寺□守司徒疏主大师为师，□试经受具。受宣十□□京为三学经主，因此宣赐到紫衣。未久之间，奉敕为燕京□僧录。可谓人天眼目，昏夜慈灯。为三界之导师，布八方之化主。普设义坛，所度之众，数过以百余万"③；辩正大师，"讳法闻，固安县祈务人也。俗姓李氏，自童年出家。礼石经寺律法华为师。乾统元年，遇恩受具"④；沙门圆成等燕山府故讲经律论提点慈慧大师，"讳惠忍，俗姓和氏，本燕人也。父授龙门县令。五岁依止大兴教寺山主上人为师。九岁受具"⑤；宝胜寺前监寺大德玄枢，"俗姓梁氏，代为安次县人也。幼而敏悟，具释子相。九岁出家，礼圣利寺讲法华经义隆上人为亲教，拳拳及□而检迹于无过之地。清宁二年，依法受具。尔后学大小乘教，凡□法席终擅其场"⑥。从出家僧尼的履历看，出家僧

---

① 《僧思拱墓幢记》（大安九年），参见向南、张国庆、李宇峰：《辽代石刻文续编》，辽宁人民出版社 2010 年版，第 211 页。
② 《普济寺严慧大德塔记铭》（乾统七年），参见向南：《辽代石刻文编》，河北教育出版社 1995 年版，第 571—572 页。
③ 《忏悔正慧大师遗行录》（天庆六年），参见向南：《辽代石刻文编》，河北教育出版社 1995 年版，第 658—659 页。
④ 《涿州石经山云居寺辩正大德石塔记（残文）》（乾统七年），参见陈述：《全辽文》卷十，中华书局 1982 年版，第 288 页。
⑤ 《慈慧大师塔幢实德记》（保大五年），参见向南、张国庆、李宇峰：《辽代石刻文续编》，辽宁人民出版社 2010 年版，第 313 页。
⑥ 《宝胜寺前监寺大德遗行记》（乾统十年），参见向南：《辽代石刻文编》，河北教育出版社 1995 年版，第 603 页。

尼都需要"礼"大师研习各种佛教经典,以备"遇恩受具",获取佛学教育之再教育的各种"学衔"。

辽代能够涌现出众多知名法师,传授"三学",有赖于佛教寺院的"学衔"教育体系。在获取"学衔"资格的过程中,研习各种佛教经典要勤奋钻研、下一番苦功夫,据《沙门守恩为自身建塔记》载:"故本师讲经律论沙门师赟,弟子七人。故守清、守显、守幹、守景、守寂,见在守恩持诸杂真言,大悲心小佛顶胜六字观音满愿金刚延寿文殊一字咒,大方等经,大忏悔普贤菩萨灭罪释迦寿命百存名咒,文殊菩萨十吉祥陀罗尼等真言,大般若心经,共十二道,约持四十余年。"① 又《燕京大悯忠寺故慈智大德幢记》载:"师行也以精进心,□不退轮,以勇健力,挝无畏鼓。讲说群经□□□□读杂花筒一百遍。仪范所摄,惠用所诱。贵高憎慢,罔不钦伏。其威重如是。心行禅,身持律。起居动息,皆有常节。虽冱寒隆暑,风雨黑夜,礼佛诵经,手不释卷。四十余年,凡十二时未尝阙一,其精进如是。"② 沙门师赟师徒研习佛教经典"共十二道,约持四十余年",而慈智大德惟脈研习佛教经典则手不释卷,"四十余年,凡十二时未尝阙一"。经过刻苦地研习佛教经典后,才有可能参加前文提及的考选制度之法师"学衔"的考选,获取佛学教育的"学衔"。

辽代僧尼的"学衔"种类很多,主要是讲"经""律""论"之三学的"学衔"。所谓"经",是指佛教经典传入中国前本来已有的"经典",经高僧释译后在中国域内所传诵者;所谓"论",是指中国高僧研习佛教原始经典后,依据研习者的心得体会,对原"经"所做的疏注与说辞;所谓"律",是指规范僧尼日常行为的"戒",为僧尼群体

① 《沙门守恩为自身建塔记》(大安六年),参见向南:《辽代石刻文编》,河北教育出版社 1995年版,第420页。
② 《燕京大悯忠寺故慈智大德幢记》(寿昌五年),参见陈述:《全辽文》卷九,中华书局 1982年版,第257—258页。

需要遵守的准则，经论之中全讲法戒者。《沙门守恩为自身建塔记》
就记载了讲经律论沙门师赟的弟子、重孙所持的各种"学衔"："故
讲经律论沙门守庆，当房见在法孙传大教提点沙门奉振，讲华严经奉
美，讲经律论沙门奉昭，门资讲经论沙门奉遵，习花严经沙门奉成，
重孙持念沙门智觉，讲经沙门智延，当寺讲经律论沙门奉昇，见寺主
沙门智广，见上座沙门奉舟，典座沙门智山屿，门资讲经奉测。"①这
里就涉及沙门师赟弟子沙门守庆具有讲"经律论"的"学衔"，而其
沙门奉昭、沙门奉昇都具有讲"经律论"的"学衔"，沙门奉遵具有
讲"经论"的"学衔"，奉美具有讲"华严经"的"学衔"。记录"奉
为故坛主崇禄大夫守司空传菩萨戒大师特建法幢记"的僧尼的"学
衔"亦各有不同，如门人传戒大师赐紫沙门裕经署衔为讲"经律论"，
三学寺经法师诠圆大德沙门裕贵署衔为讲"经律论"，□□大德赐紫
沙门裕林署衔为讲"经律论"，净戒大德沙门裕文署衔为讲"经律
论"，通净大德赐紫沙门裕仁署衔为讲"经律论"，沙门裕和署衔为讲
"经律论"，寺主□□大德赐紫沙门裕依署衔为讲"经律论"，而沙门
裕净、裕正、裕祥、裕谛、裕世、裕显、裕转、裕振、裕权、裕□、
裕征则称为"业论"，当寺圆通大德赐紫沙门裕住则未署置"学衔"，②
显然辽代僧尼在"经律论"三学中是有严格区分的。又《悯忠寺石函
题名》载："□□燕京管内左街僧录判官、宝集讲主、觉智大师、赐
紫、沙门文杰。华严讲主、通法大德、赐紫、沙门蕴□。讲神变□辩
慧大德、赐紫、沙门蕴潜。讲经论、文范大德、赐紫、沙门善徽。讲
经论、演奥大德、赐紫、沙门义沾。讲经论、慈智大德、赐紫、沙门
惟轸。讲经、诠微大德、赐紫、沙门义融。前校勘法师、证教大德、

---

① 《沙门守恩为自身建塔记》(大安六年)，参见向南：《辽代石刻文编》，河北教育出版社
  1995 年版，第 420 页。
② 《为故坛主传菩萨戒大师特建法幢记》，参见向南：《辽代石刻文编》，河北教育出版社
  1995 年版，第 383—384 页。

赐紫、沙门蕴寂。三学论主、辩正大德义景。"① 此题记中的僧尼"学衔"又区分为"宝集讲主"、"华严讲主"、讲"神变□"、讲"经论"、前"校勘法师"、"三学论主"等。在辽代佛教石刻资料中，这种区分似乎是"约定俗成"的，已经成为区分僧尼群体的标志，不过，在这些不同的"学衔"当中，最为推崇的"学衔"当属"经律论"学衔，只有经、律、论三学中的佼佼者才能获此殊荣，是为令人仰慕的高僧法师。

表 6-2 "经律论"三学法师辑录表

	僧号	撰述纪年	史料	史源
1	志愿	天禄三年（949）	《葬舍利石匣记》："讲经律论大德志愿录并书。"	《全辽文》第 404 页
2	惠素	开泰六年（1017）	《朝阳东塔经幢记》："同辩（办）塔事讲经律论持大长教长坐阿阇梨惠素。"	《文编》第 149 页
3	沙门季香②	清宁九年（1063）	《大方等大集经》（题记）："石经寺讲经律论沙门季香校勘。"	《文编》第 731 页
4	方□	咸雍二年（1066）	《新赎大藏经建立香幢记》："讲经律论方□。"	《续编》第 123 页
5	善□	咸雍八年（1072）	《特建葬舍利幢记》："故我涿州新城县衣锦乡曲堤里，邑众中书省大程官刘公讳清等，洎当村院内业经律论大德讳善□，抱玉璞之淳诚，持冰轮之净戒，皆一代之□人也。"	《文编》第 350 页
6	沙门裕景	大康元年（1075）	《行满寺尼惠照等建陀罗尼经幢记》："讲经律论沙门裕景。"	《文编》第 370 页

---

① 《悯忠寺石函题名》（大安十年），参见向南：《辽代石刻文编》，河北教育出版社 1995 年版，第 462 页。

② 关于"沙门季香"的学衔，《萧福延造经记》（清宁九年）载有"石经寺讲经律论沙门季香校勘"（《全辽文》第 181 页）的文字。

续表

	僧号	撰述纪年	史料	史源
7	沙门裕英	大康元年（1075）	《行满寺尼惠照等建陀罗尼经幢记》："讲经律论沙门裕英。"	《文编》第 370 页
8	沙门裕□	大康元年（1075）	《行满寺尼惠照等建陀罗尼经幢记》："□□大德讲经律论沙门裕□。"	《文编》第 370 页
9	尼惠照	大康元年（1075）	《行满寺尼惠照等建陀罗尼经幢记》："建幢施主行满寺讲经律论尼惠照。"	《文编》第 370 页
10	沙门运之	大康元年（1075）	《开元寺重修建长明灯幢记》："讲经律论沙门运之。"	《续编》第 157 页
11	沙门□□	大康元年（1075）	《开元寺重修建长明灯幢记》："前司纲讲经律论沙门僧人□□一千。"	《续编》第 157 页
12	沙门裕经	大康三年（1077）	《为故坛主传菩萨戒大师特建法幢记》："门人传戒大师讲经律论赐紫沙门裕经。"	《文编》第 383 页
13	沙门裕贵	大康三年（1077）	《为故坛主传菩萨戒大师特建法幢记》："三学寺经法师诠圆大德讲经律论沙门裕贵。"	《文编》第 383 页
14	沙门裕林	大康三年（1077）	《为故坛主传菩萨戒大师特建法幢记》："□□大德讲经律论赐紫沙门裕林。"	《文编》第 383 页
15	沙门裕文	大康三年（1077）	《为故坛主传菩萨戒大师特建法幢记》："净戒大德讲经律论沙门裕文。"	《文编》第 383—384 页
16	沙门裕仁	大康三年（1077）	《为故坛主传菩萨戒大师特建法幢记》："通净大德讲经律论赐紫沙门裕仁。"	《文编》第 384 页
17	沙门裕和	大康三年（1077）	《为故坛主传菩萨戒大师特建法幢记》："讲经律论沙门裕和。"	《文编》第 384 页

	僧号	撰述纪年	史料	史源
18	沙门裕依	大康三年（1077）	《为故坛主传菩萨戒大师特建法幢记》："寺主□□大德讲经律论赐紫沙门裕依。"	《文编》第 384 页
19	沙门□□	大康二年（1076）	《茔幢记》："□燕京天王□讲经律论沙门□□然□建□□□□□□□□□。"	《续编》第 158 页
20	沙门裕经	大康三年（1077）	《尊胜陁罗尼幢序》："门人传戒大师讲经律论赐紫沙门裕经等立。"	《全辽文》第 220 页
21	沙门普镶	大康六年（1080）	《井亭院圆寂道场藏掩感应舍利记》："慧化寺故教大师曾孙讲经律论沙门普镶述。"	《文编》第 389 页
22	比丘蕴智	大康八年（1082）	《归如等建梵字密言幢记》："门资广严寺讲经律论比丘蕴智。"	《续编》第 175 页
23	沙门法转	大安四年（1088）	《张识造经题记》："当寺提点讲经律论沙门法转。"	《全辽文》第 232 页
24	沙门师赟	大安六年（1090）	《沙门守恩为自身建塔记》："故本师讲经律论沙门师赟，弟子七人。"	《文编》第 420 页
25	沙门守庆	大安六年（1090）	《沙门守恩为自身建塔记》："故讲经律论沙门守庆。"	《文编》第 420 页
26	沙门奉昭	大安六年（1090）	《沙门守恩为自身建塔记》："讲经律论沙门奉昭。"	《文编》第 420 页
27	沙门奉昇	大安六年（1090）	《沙门守恩为自身建塔记》："当寺讲经律论沙门奉昇。"	《文编》第 420 页
28	沙门志延	大安九年（1093）	《景州陈宫山观鸡寺碑铭》："燕京右街天王寺讲经律论、前校勘法师沙门志延撰。"	《文编》第 452 页

	僧号	撰述纪年	史料	史源
29	琼奥	大安九年（1093）	《景州陈宫山观鸡寺碑铭》："今讲经律论传菩萨戒琼奥，善从宿种，却晕血以非尝；戒自性成，曾讥诃而未玷。日六时礼诵，常三昧观缘。道德相高，缁俗共仰。聿遵遗规，克肖先风。"	《文编》第453页
30	可回	大安九年（1093）	《景州陈宫山观鸡寺碑铭》："讲经律论讳可回，学赡辈流，识超物表。以宣传而自任，负才干以时推。众祈住持，兼命提点。"	《文编》第453页
31	法性	乾统四年（1104）	《安次县正觉寺传戒法师法性塔记》："大辽国燕京南左街安次县正觉寺故讲经律论传戒法师塔记。"	《文编》第543页
32	佚名	乾统七年（1107）	《朔县杭芳园栖灵寺碑》："讲经律论沙门、敕赐持正大德□□。"	《文编》第576页
33	沙门即满	乾统八年（1108）	《妙行大师行状碑》："门人清摄大德讲经律论沙门即满编。"	《文编》第584页
34	显英	乾统十年（1110）	《云门寺经幢记》："平顶山云门寺宗伯讲经律论传法梵学寺门（人）显英书。"	《文编》第602页
35	沙门慧材	天庆二年（1112）	《释迦定光二佛舍利塔记》："讲经律论师沙门慧材撰。"	《文编》第628页
36	沙门守奇	天庆六年（1116）	《灵感寺释迦佛舍利塔碑铭》："建塔先师讲经律论沙门守奇。"	《文编》第663页
37	沙门道邻	天庆六年（1116）	《灵感寺释迦佛舍利塔碑铭》："同建塔弟讲经律论通法大德赐紫沙门道邻。"	《文编》第663页
38	沙门圆成	保大五年（1125）	《慈慧大师塔幢实德记》："沙门圆成等燕山府故讲经律论提点慈慧大师实德记略。"	《续编》第313页

续表

	僧号	撰述纪年	史料	史源
39	沙门季净	年代不详	《佛说太子刷护经》(题记):"石经云居寺讲经律论沙门季净校勘。"	《文编》第 746 页

表 6—2 所统计的辽代高僧的"经律论"学衔，仅限于当前所掌握的辽代佛教石刻资料中的辑录者。这应该是辽代"经律论"群体的一部分，而不是全部，随着佛教碑刻资料的陆续发现，可能有越来越多的"经律论"三学法师被认知。不过，通过已辑录的如此数量的具有"经律论"学衔的三学法师群体完全可透视出辽代佛学教育体系的发达，尤其是辽代中后期的佛学教育更是盛况空前。

2. 以佛学大师大德侍讲方式传授佛学

佛学大师除了于寺院传授"经律论"三学的佛学教育外，亦常常被召至皇宫内庭侍讲佛法。《圆空国师胜妙塔碑》(开泰二年)载，圣宗开泰二年（1012），赐圆空国师诏曰："朕闻上从轩皇，下逮周发，皆资师保，用福邦家，斯所以累德象贤，亦不敢倚一慢二者也。今睹大禅师识超券内，心出环中，洒甘露于敬田，融葆光于实际，总持至理，开悟众迷，朕何不师之乎。"[1]拜圆空国师这样的高僧辅佐，使得圣宗对佛教义理也洞见其旨，宋朝进士叶隆礼曾评价圣宗的佛学造诣说："至于道释二教，皆洞其旨，律吕音声，特所精彻。"[2]足见圣宗留心释典，究之义理，达到相当高的水准。兴宗皇帝在听政之余，亦诏传佛学大师来研习佛法。《辽史·兴宗本纪一》载：重熙八年（1039）

———

① 《圆空国师胜妙塔碑》(开泰二年)，参见陈述:《全辽文》卷一，中华书局 1982 年版，第 15 页。
② （宋）叶隆礼:《契丹国志》卷七《圣宗天辅皇帝》，上海古籍出版社 1985 年点校本，第 72 页。

十一月戊戌，"朝皇太后。召僧论佛法"①。道宗拜高僧为师，研习佛法，用力更勤。中京报恩传教寺崇禄大夫守司空诠圆通法大师赐紫臣沙门法悟奉敕撰《释摩诃衍论赞玄疏》时曰："我天佑皇帝，传刹利之华宗，嗣轮王之宝系。每余庶政，止味玄风，升御座以谈微。光流异瑞，穷圆宗而制赞。神告休征，然备究于群经，而尤精于此论。法悟叠承中诏，侍讲内庭。凡粗见于义门，幸仰符于睿意。因兹诸释，特沥恳词。欲别制于疏文，期载扬于论旨。暨达圣听，爰降前音。且挥尘传灯，无足称者，而操觚染翰，何敢当哉。勉副宸衷，聊述鄙见云尔。"②又道宗朝宰相耶律孝杰为《释摩诃衍论赞玄疏》作引文时曰："我天佑皇帝，位联八叶，德冠百主，睿智日新，鸿慈天赋。儒书备览，优通治要之精。释典咸穷，雅尚性宗之妙。尝谓曰：'释摩诃衍论者，包一乘之妙趣，括百部之玄关。安得宗师，继为义疏。'守司空诠圆进法大师，学逾观肇，辩夺生融，屡陪内殿之谈，深副中宸之旨。"③沙门法悟、宰相孝杰阐述《释摩诃衍论赞玄疏》的撰著背景时均涉及沙门法悟在道宗听政之余常常与之"升御座以谈微"，"屡陪内殿之谈"，"叠承中诏，侍讲内庭"。鲜演大师，由于"筌蹄乎万行之深，笔削乎千经之奥。通《因明大义》，则途中暴雨而不濡其服；刊《楞严钞文》，则山内涸井而自涌其泉。……故我道宗，圣人之极也，常以冬夏，召赴庭阙，询颐玄妙，谋议便宜"④。实际上，最能体现道宗拜师研经的是道宗作诗以求居觉华岛海云寺的司空大师海山和诗的故事："当辽兴宗时，尊崇佛教，自国主以下，亲王贵主，皆师事之。

---

① 《辽史》卷十八《兴宗本纪一》，中华书局 2016 年点校本，第 250 页。
② 《释摩诃衍论赞玄疏序》（清宁八年），参见陈述：《全辽文》卷八，中华书局 1982 年版，第 178 页。
③ （辽）耶律孝杰：《释摩诃衍论赞玄疏引文》，参见陈述：《全辽文》卷九，中华书局 1982 年版，第 213 页。
④ 《鲜演大师墓碑》（天庆八年），参见向南：《辽代石刻文编》，河北教育出版社 1995 年版，第 668 页。

尝锡大师号：'崇禄大夫守司空辅国大师。'凡上章表，名而不臣。兴宗每万机之暇，与师对榻，以师不肯作诗，先以诗挑之曰：'为避绮吟不肯吟，既吟何必昧真心。吾师如此过形外，弟子争能识浅深'。师和之曰：'为愧荒疏不敢吟，不吟恐忤帝王心。本吟出世不吟意，以此来批见过深'。'天子天才已善吟，那堪二相更同心。直饶万国犹难敌，一智宁当三智深'。"[①]"绮"乃佛家用语，谓一切杂秽不正之言词为"绮语"；"真心"亦为佛家用语，谓真实无妄之心；"三智"亦佛家用语，以一切智、通种智、佛智谓三智。此故事说明道宗对佛教经典中的专门用词有相当深的领悟，这从道宗潜心撰著述《大华严经随品赞》十卷、《发菩萨心戒本》二卷亦可窥见之。辽末代皇帝天祚帝时，虽然时局动荡不安，但天祚帝仍潜心于佛法。《兴中府安德州创建灵岩寺碑》载："今天子即位之二年，有守太师通圆辅国大师法颐者，久蔼人天之誉，蔚为帝王之师。"[②]可见，天祚帝拜守太师通圆辅国大师法颐为法师，研习佛法。正因为辽代皇帝潜心佛法，才使圣宗"道释二教，皆洞其旨"，道宗有《大华严经随品赞》《发菩萨心戒本》等佛学撰述的问世。这充分表明佛学大师、大德对辽代皇帝的佛学教育取得了丰硕果实。

此外，圣宗、兴宗对石经镌刻亦相当关注，撰述《涿州白带山云居寺东峰续镌成四大部经记》的殿试进士赵遵仁刊记曰："我圣宗皇帝，锐志武功，留心释典，暨闻来奏，深快宸衷。乃委故瑜伽大师法讳可元，提点镌修。勘讹刊谬，补缺续新。释文坠而复兴，楚匠废而复作。琬师之志，因此继焉。迨及我兴宗皇帝之绍位也。孝敬恒专，真空凤悟。菲饮食致丰于庙荐，贱珠玉惟重其法宝。常念经碑数广，

---

① （金）王寂：《辽东行部志》，参见张博泉：《辽东行部志注释》，黑龙江人民出版社1984年版，第18页。
② 《兴中府安德州创建灵岩寺碑》（乾统八年），参见向南：《辽代石刻文编》，河北教育出版社1995年版，第593页。

匠役程遥。藉檀施则岁久难为,费常住则力乏焉办。重熙七年,于是出御府钱,委官吏仁之。岁析轻利,俾供书经镌碑之价。仍委郡牧相承提点,自兹无分费常住,无告藉檀施,以时系年,不暇镌勒。"① 由于圣宗、道宗两朝的支援,"四大部经,今续镌毕",成就了"石经一藏,以备法灭"的壮举。圣宗、兴宗热心于《大藏经》的镌刻,期冀流传百世,亦应是佛学教育的结果。

3. 以设置宗教邑社的方式普及佛学教育

从辽中期开始,随着辽代佛学教育走向普及,广大基层信众的崇佛风尚渐趋浓烈,"处处而敕兴佛事,方方而宣创精蓝"②,"山林爽垲之所,鲜不建于塔庙,兴于佛像"③,为了满足基层信众的崇佛意愿,信仰佛教的僧俗自发地组织起各种诵经理佛的"宗教邑社"。辽代石刻资料中,常见有"千人邑""太子邑""螺钹邑""佛顶邑""生天塔邑""钟楼邑"之类的名称,皆为基层信众自发组织的宗教团体名称。④ 从辽代佛教石刻资料看,这种邑社组织在辽代颇为盛行,"社员就是当地信徒,下设都维那、维那、邑长、邑正、邑录等职称。社员应定期量力资助寺库,以供寺用或修葺寺庙,并协助寺院从事各种佛事活动"⑤。这些以佛教信仰为纽带的邑社组织基本上成为基层信众与僧尼之间联系的桥梁,因而这种宗教邑社亦就成为辽代普及佛学教育最为有效的途径。

---

① 《涿州白带山云居寺东峰续镌成四大部经记》(清宁四年),参见向南:《辽代石刻文编》,河北教育出版社 1995 年版,第 285—286 页。

② 《安次县祠垌里寺院内起建堂殿并内藏埤记》(大安五年),参见向南:《辽代石刻文编》,河北教育出版社 1995 年版,第 418 页。

③ 《涿州云居寺供塔灯邑记》(乾统十年),参见陈述:《全辽文》卷十,中华书局 1982 年版,第 308 页。

④ 《仙露寺葬舍利佛牙石匣记》(天禄三年)之"注 2",参见向南:《辽代石刻文编》,河北教育出版社 1995 年版,第 5 页。

⑤ 黄炳章:《房山石经辽金两代刻经概述》,参见中国佛教协会编:《房山石经之研究》,中国佛教学会 1987 年版,第 110 页。

辽代佛教石刻资料中，"千人邑"是最为常见的称谓，最早记录出现于辽世宗天禄年间，清人朱彝尊《辽释志愿葬舍利石匣记跋》云："康熙二十六年五月，宣武门西南居民掘地得石匣，匣旁有记，自称经律论大德志愿录并书。乃辽世宗天禄三年，瘗舍利佛牙于此。记后有千人邑三字，盖社名也。施主姓名，首列帝后诸王大臣，下及童男小女。"①又朱氏于《辽云居寺二碑跋》云："碑额篆书'重修云居寺一千人邑会之碑'。一称'结一千人之社，一千人之心'；一称'完葺一寺，结邑千人'。近年京城发地，得仙露寺《石函记》，后有'千人邑'三字，尼曰'邑头尼'。览者疑是地名，合此碑观之，则知千人邑者，社会之名尔。"②可见，"千人邑"乃佛教社会生活中的"邑社"之通称，且在世宗、穆宗朝既已出现在普通信众的社会生活中。按《云居寺碑》云："今之所纪，但以谦讽等同德经营，协力唱和，结一千人之社，合一千人之心。春不妨耕，秋不废获。立其信，导其教。无贫富后先，无贵贱老少。施有定例，纳有常期，贮于库司。""原夫静琬之来也，以人物有否泰，像教有废兴，传如来心，成众生性者，莫大于经，勒灵篇徼来劫者，莫坚于石，石经之义远矣哉。"③据此观之，"千人邑"是由"施主"捐献财物，助寺院寺主规划建筑弘法藏经的龛所及邑众活动的场地，其功能是"立其信，导其教""传如来心，成众生性者"的佛学教化，以达"身居缁素之先，位在伽蓝之长。欲俦功于大殿，遂底□于宏基。□□□□，赞道者六□之倡；化缘自广，□□者十善之俦。微福实繁，发诚云众。越县俗于百里，萃邑社于千人。女或绩以或蚕，□以承筐之□。男若商而若贾，奉以在橐之资。工□断以献能，农辍耕而舍力，妙因天假，信

① （清）朱彝尊：《曝书亭集》卷五十一《跋十》，世界书局1937年版，第606页。
② （清）朱彝尊：《曝书亭集》卷五十一《跋十》，世界书局1937年版，第607页。
③ 《重修范阳白带山云居寺碑》（应历十五年），参见陈述：《全辽文》卷四，中华书局1982年版，第79—81页。

施日增"①的效果。对于"千人邑"的基层信众助资建寺与教化功能，《广济寺佛殿记》给出较好的诠释："度功量费，价何啻于万缗；纠邑随缘，数须满于千室。乡曲斯听，人谁不从。独有檀那，潜征翠琰。所欲令闻不朽，咸可纪于石铭。惟希净办既坚，共勿轻于金诺，此所谓千人之邑耶！"②类似于广济寺"千人之邑""香界初就，道场永开"的活动在辽代佛教石刻资料中不难寻觅，如《金山演教院千人邑记》就有相当详赡的记述："时有县之豪士董生，数诣参访。仰师德之孤高，嗟山坊之阒寂。遂罄其家产，构大藏一座，印内典五百余帙，在中龛置，及建僧房数间。师常念将令教法宣扬，必假处所成就，奈以路歧险隘，老幼之人，难虏登陟，才兴是念。有四村人等，于山下建此下院，置小佛亭一座，前左道场房各□□□边僧舍数间，东北厨房一座，准备每年起报国恩，□坛放戒度生，可谓经之营之不日成之者也。副师之意，敏如影响，修诚则物应，信不虚矣！次有沙门道常□之继先师之遗轨，远近之人，益加珍重。每启法席，常有学徒，不啻百人。自此恒有缁流十数人，在院居止。次有沙门弘昇、志霞，更辟觉路，递转法轮。与阖院大众及近邻檀越田辛等，于亭子后建正堂五间，正面画本尊八菩萨形像，专请到燕京悯忠寺论主大师义景在中开演。师时在褐衣，两次是院，启唯识论讲。八方学人，云会而至。不数年间，京师内外义学，共举师为在京三学论主，固辞不已，方诣讲筵。演法三年，寻蒙改赐。至乾统元年正月十九日，复至此院，放大乘戒三七日，以报圣奖。至孟冬朔日，为导迷徒，复弘顿教。演百千之妙颂，洞究渊源；谈十万之正文，深穷根柢。性相兼通，有如此者。复有沙门善信，俗姓许氏，板城里人也。十八出家，二十受具，

---

① 《石龟山遵化寺碑》（重熙十一年），参见向南：《辽代石刻文编》，河北教育出版社1995年版，第225页。
② 《广济寺佛殿记》（太平五年），参见向南：《辽代石刻文编》，河北教育出版社1995年版，第177页。

二十有四讲花严经，游方演化，四十有二复届斯焉。为报四种之恩，遂结千人之友。为念佛邑，每会称念阿弥陀佛名号。庶尽此报，同生极乐世界，是其愿也。会欲成，乡人韩温教嘉其事，遂述其本末。"①又《义丰县卧如院碑记》记述"千人之邑"活动盛况："集四众以投诚，顺一同而布政。爰有清信弟子守民等，特营净刹，可植福田，虔修六度之因，共结千人之邑。肇从昔构，迄至今成。聚僧徒二十余春，辟法席十五余夏。"②由此观之，辽代基层信众自发组织的"千人邑"，不仅规模宏大，僧徒致诚，而且演法妙颂，影响深远，足见有辽一代基层佛学教育之盛况空前。

"螺钹邑"，亦称"赢钹邑"，亦是基层信众普及佛学教育的宗教邑社，《靳信等造塔记》云："今则我释迦佛舍利者，如来玄远隩义穷无不尽。天地而堪倚堪托，万类而悉皆从顺。实燕京析津府涿州范阳县任和乡永乐里螺钹邑众，先去大安三年二月十五，兴供养三昼夜。大灭已后，邑长靳信等收得舍利数颗，自来未成办至第三年，有当村念佛邑等二十余人，广备信心，累世层供养诸佛。各抽有限之财，同证无为之果。遂乃特建宝塔一所，高五十余尺。去当院前堂南面约五步，一级三檐。是日有当年首领王仙、乔寿、郦翔、董选、张仁思五人，特管两檐砖灰，同成灵记，共结良因。"③又《永乐村感应舍利石塔记》云："至于今代，往往有之，或诸佛之诱化，或人心之出生，不可得知。如此殊胜，孰敢思议者，与永乐村赢钹邑靳信等，宿怀善种，同奉佛乘。于大安三年二月望日，建圆寂道场三昼夜。以草为骨，纸为肉，彩为肤，造释迦涅盘卧像一躯。具仪荼毗，火灭

---

① 《金山演教院千人邑记》（乾统九年），参见向南：《辽代石刻文编》，河北教育出版社1995年版，第533—534页。

② 《义丰县卧如院碑记》（大康九年），参见向南：《辽代石刻文编》，河北教育出版社1995年版，第395—396页。

③ 《靳信等造塔记》（大安六年），参见陈述：《全辽文》卷九，中华书局1982年版，第235页。

后，获舍利十余粒。寻欲起塔，奈外缘未备。至大安六年，当村念佛邑众张辛等，于本村僧院建砖塔一坐，三层，高五丈余，葬讫舍利。后辈螺钹邑众韩师严等，欲继前风，以垂后善。天庆九年二月十五日，亦兴圆寂道场七昼夜，依前造像。至二十一日，亦具仪荼毗。火及之处，以取净毅血。于烟焰中，见于□□举众皆睹，灰烬内又获舍利五十余粒。奇哉！众生之心，与佛心不隔；如来之体，与万物无殊。村众人郦祥、张善、石世永、董师言、张从让、郦文常等，买石请匠，亦于本村僧院建石塔一坐，八角，十三层、高二丈余，妙绝今古。至天庆十年三月三十日，葬舍利，四月三日树立。"①陈述先生曾评论说："记文中奉佛邑会有赢钹邑、念佛邑、螺钹邑，圆寂道场，由三昼夜而七昼夜，遗风延续，有加无已。"②有关以"螺钹"命名的宗教邑社，还检索出如下两条：一为《刘楷等建陀罗尼经幢记》的记述："大辽兴国寺太子螺钹邑长刘楷等建佛顶尊胜陀罗尼幢，并诸供具实录记。"③二为《井亭院圆寂道场藏掩感应舍利记》的记述："依法建圆寂道场三昼夜，命尉州延庆寺花严善兴写卧如像一躯。广列香花灯烛，备修果木茶汤。螺钹献赞，激于天宫；音乐流声，震于地狱。幢幡异盖，不殊俱尸那边；皓树奇松，何乖娑罗林内。白衣献供，若云阗噎于灵空；缁侣歌音，颇海烹滂于宇宙。神鬼咸扬哀叹之念，乌鹊并举伤切之心。龙晴垂玉筻之膏，马目落连珠之泪。"④由以上记述观之，"螺钹邑"在传教弘法的同时，还具有纳施建塔供养诸佛、参与圆寂道场的功能。从此角度视之，《武州经幢题记》

---

① 《永乐村感应舍利石塔记》（天庆十年），参见向南：《辽代石刻文编》，河北教育出版社 1995 年版，第 679—680 页。
② 陈述：《全辽文》卷十一，中华书局 1982 年版，第 331 页。
③ 《刘楷等建陀罗尼经幢记》（大安三年），参见向南、张国庆、李宇峰：《辽代石刻文续编》，辽宁人民出版社 2010 年版，第 186 页。
④ 《井亭院圆寂道场藏掩感应舍利记》（大康六年），参见向南：《辽代石刻文编》，河北教育出版社 1995 年版，第 388 页。

所云"佛顶邑拔肆人。（此处两行不可辨）……螺钹邑起办后堂上安□□□□□□□□□□□□。邑长王匡胤、刘惠、刘重瞻、（下缺）冯文善、田人□（下缺）全村主户温孝中"①之内容实为"佛顶邑众""螺钹邑众"助资共建经幢之记述。

此外，在辽代佛教石刻资料中还有"生天塔邑""钟楼邑""灯邑""供塔邑""太子邑"等称谓，其性质与功能与前述之"千人邑""念佛邑""佛顶邑""螺钹邑"的性质与功能基本一致。"生天塔邑"与"钟楼邑"见于《释迦佛舍利生天塔石匣记》："南赡部州大辽国石匠作□靳□和，维乾统七年岁次丁亥四月小尽丁巳朔十一日丁卯火日，选定辛时，于州北三岐道侧寺前，起建释迦佛生天舍利塔。"其石匣右侧有"生天塔邑众，邑长李孝松，王公成，王公才，段公才"等文字，石匣左侧有"钟楼邑众等，邑长李孝存，王公成，僧杨志英"等文字，②可见，"生天塔邑"与"钟楼邑"与"千人邑""螺钹邑""赢钹邑""念佛邑"的性质等同。"灯邑"与"供塔邑"见于《云居寺供塔灯邑碑》："昔有高僧，从西土来，之于此地。遂开左臂，取出舍利二粒，乃释迦如来之顶骨也。传授数人，楑而藏之，积有年矣。厥后有百法上人，得而秘之，外无知者，临逝之日，方付与众。接响传声，达于四方。遂使远迈瞻礼，高低仰慕，如辐凑毂，不可胜数。其间灵异。曷可殚言。是时有寺僧文密，与众谋议，化钱三万余缗，建塔一坐。耆砖以成，中设睟容，下葬舍利。上下六檐，高低二百余尺，以为礼供之所。是以灯邑高文用等，与众誓志，每岁上元，各揆己财，广设灯烛，环于塔上，三夜不息，从昔至今，殆无阙焉。而后有供塔邑僧义咸等，于佛诞之辰，炉香盘食，以供其所。

---

① 《武州经幢题记》（大康五年），参见向南：《辽代石刻文编》，河北教育出版社 1995 年版，第 385 页。
② 《释迦佛舍利生天塔石匣记》（乾统七年），参见向南：《辽代石刻文编》，河北教育出版社 1995 年版，第 580 页。

花果并陈，螺梵交响，若缁若素，无不响应，郁郁纷纷，若斯之盛也。"① 按灯邑众与供塔邑众活动的内容分析，仍是"各摈己财，广设灯烛"，"遂使远近瞻礼，高低仰慕"，与前述诸邑社具有相同的性质与功能。

至于"太子邑"，见于《洪福寺碑》之陈述先生之按语："当寺碑在左，右方另有一《陀罗尼经文碑》，末行左角上三小字曰'太子邑'。按前碑文云'敬竖双碑'，可知两碑盖同时所建。"② 又《新城县志》对《观世音陀罗尼碑》作按语曰："碑无年月，当系与前碑为咸雍六年同时所立，故前碑文曰：'敬竖双碑'。寺碑在左，经碑在右，末三小字曰'太子邑'，不知何谓。"③ 不过，从《洪福寺碑》碑文所云"教崇者弘出世之因，谛信者证升天之果。切以可久等莫不宿植善本，曩结良缘。几伤幻化之躯，共集涅槃之乐。罔凭释教，宁灭罪根。欲排多劫之殃，须仗三身之力。今则结集众力，敬竖双碑"分析，此次"太子邑"的佛教活动似亦应为基层信众纳施建塔供养诸佛之举，与"生天塔邑""钟楼邑"具有同样的功能。

总体说来，这些"千人邑""念佛邑""佛顶邑""螺钹邑""生天塔邑""钟楼邑""灯邑""供塔邑""太子邑"等基层信众自发组织的宗教邑社，很好地架起基层信众与寺院僧侣之间沟通的桥梁，给基层信众的佛学教育带来相当便利的条件与路径。

4. 以居家修佛方式接受佛学教育

佛教在辽代社会生活中久盛不衰，出现"恒崇三宝之心，大究

① 《云居寺供塔灯邑碑》（乾统十年），参见向南：《辽代石刻文编》，河北教育出版社 1995 年版，第 614 页。
② 《洪福寺碑》（咸雍六年），参见陈述：《全辽文》卷八，中华书局 1982 年版，第 196 页。
③ （民国）王晋卿总纂：《新城县志》，台湾成文出版社 1968 年影印本，第 584 页。

二宗之理"①"俗礼多依佛，居人亦贵僧"②的现象。在信众的思想观念中，认为佛祖"金臂舒光，无幽不烛，救众生之危苦，拔旁类之罪殃"③，"救火宅之焚烧，导苦海之沈溺者"④，"所有罪业，皆悉消灭"⑤，"拔三涂之苦，佛力惟能"⑥，而且能"教之惠施，作苦海之津梁；化以归依，指迷途之径路"⑦，"广法师谛听斯言，恭承彼事。应当根之善，立匪石之心。行不逸游，举步而惟思师训；谈无戏论，出言而即报佛恩"⑧。故此，居家修佛成为上达皇戚贵胄、下至士庶黎民的余暇生活中不可或缺的组成部分。

　　辽代皇戚贵胄、士庶黎民的居家修佛，在不同时期的佛教石刻史料中均可见到。在太宗朝，大契丹国东京太傅相公耶律羽之"于辅政之余，养民之暇，留心佛法，耽味儒书。入箫寺则荡涤六尘，退庙堂则讨论五典"⑨。耶律羽之为"六院部蒲古只夷离堇之后"，父偶思，太祖经营之初，"多预军谋"，人皇王奔唐，羽之镇抚东丹国，"以功加守太傅，迁中台省左相"，太宗会同初，"以册礼赴阙，加特进"⑩。在

① 《安次县祠垝里寺院内起建堂殿并内藏埠记》（大安五年），参见向南：《辽代石刻文编》，河北教育出版社 1995 年版，第 418 页。
② （宋）苏颂：《苏魏公文集》卷十三《前使辽诗·和游中京镇国寺》，中华书局 2004 年版，第 166 页。
③ 《李崇菀为父彦超造陀罗尼经幢记》（应历十六年），参见向南：《辽代石刻文编》，河北教育出版社 1995 年版，第 38 页。
④ 《会同中建陀罗尼经幢记》（会同九年），参见向南：《辽代石刻文编》，河北教育出版社 1995 年版，第 1 页。
⑤ 《郑□为亡人造经幢记》（大安二年），参见向南：《辽代石刻文编》，河北教育出版社 1995 年版，第 406 页。
⑥ 《义冢幢记》（寿昌五年），参见向南：《辽代石刻文编》，河北教育出版社 1995 年版，第 495 页。
⑦ 《李翃为考姚建陀罗尼经幢记》（统和十八年），参见向南：《辽代石刻文编》，河北教育出版社 1995 年版，第 104 页。
⑧ 《广济寺佛殿记》（太平五年），参见向南：《辽代石刻文编》，河北教育出版社 1995 年版，第 177 页。
⑨ 《耶律羽之墓志》（会同五年），参见向南、张国庆、李宇峰：《辽代石刻文续编》，辽宁人民出版社 2010 年版，第 4 页。
⑩ 《辽史》卷七十五《耶律羽之传》，中华书局 2016 年点校本，第 1366 页。

太祖、太宗时期，作为皇族后裔的耶律羽之都能够"留心佛法"，说明此时居家修佛的皇戚贵胄、士庶黎民应为数不少，这为后世更多的辽代信众居家修佛提供了社会认知基础。

世宗、穆宗、景宗诸朝，由于皇族内部争夺权力的斗争接连不断，但居家修佛之势并未减退，大契丹国故左骁卫将军金紫崇禄大夫检校太保兼御史大夫上柱国彭城刘承嗣"遇朝廷之更变，随銮辂之驱驰。因缘私门，崇重释教。创绀园之殊胜，独灵府之规谋"。其家族成员受刘公居家修佛之影响，次女"幼居香刹，恒护戒珠"，弟之次子刘兴哥，"远游追师，忘归就业"。[1] 由于刘承嗣崇重释教，直接影响到其子侄后辈的观念价值取向，纷纷具戒佛门，潜心追师佛法。这说明太祖、太宗朝所形成的佛教社会基础，在此时期仍在继续"发酵"。

圣宗、兴宗、道宗诸朝，天下太平，佛教益加盛行，居家修佛者与日俱增，已成为辽代社会生活中的时尚。在圣宗朝，李翊考妣"守谦恭则无爽五常，蕴敏惠则洞闲三教"[2]。故儒林郎前守北安州兴化县令晋国公主中京提辖使宋匡世"慎静寡言，临事能断，友于兄弟，信重佛僧。疏财物而若闲，抚贫弱而以惠"[3]。杨州节度使金紫崇禄大夫检校太傅知中京内省司提点内库陇西县开国伯李知顺，"讷言敏行，尚素黜华。归仰空门，钦崇佛事。外含淳古，内蕴融明。长者之德，君子之风，惟公之备矣！"[4]大契丹国故忠勤守节功臣辽兴军节度平滦营等州观察处置巡检屯田劝农等使崇禄大夫检校太师同政事门下平章

---

[1] 《刘承嗣墓志》(保宁二年)，参见向南：《辽代石刻文编》，河北教育出版社1995年版，第48—49页。

[2] 《李翊为考妣建陀罗尼经幢记》(统和十八年)，参见向南：《辽代石刻文编》，河北教育出版社1995年版，第105页。

[3] 《宋匡世墓志》(太平六年)，参见向南：《辽代石刻文编》，河北教育出版社1995年版，第181页。

[4] 《李知顺墓志》(太平八年)，参见向南：《辽代石刻文编》，河北教育出版社1995年版，第189页。

事使持节平州诸军事平州刺史上柱国漆水郡开国侯耶律遂正"夫人每听诵佛经，颇悟於教理，行果归依法宝，求离于地水火风。虽穷生死之根，已卜窀穸之事"①。在兴宗朝，大契丹国故宣徽南院使归义军节度沙州管内观察处置等使金紫崇禄大夫检校太尉使持节沙州诸军事沙州刺史、□□□□□□□黎郡开国侯韩橁长子"曰齐家奴，废疾居家，受浮屠之法，先公五稔而逝"②。大中大夫行给事中知涿州军州事兼管内巡检安抚屯田劝农等使上柱国开国侯赐紫金鱼袋王泽夫人"慈爱宜□□□纯植性□习之愿，近于佛乘。净信三归，坚全五戒。清旦每勤于焚祝，常时惟切于诵□。□□延景祐□遐龄岂□辖促御童篆无征。彩羽翻空，遽析于飞之凤；菱花委照，旋悲孤舞之鸾"。在夫人礼佛的影响下，长女"法微，出家，受具戒，讲传经律"，三女"崇辩，亦出家，诵全部莲经，习讲经律"。③奉陵军节度怀州管内观察处置等使金紫崇禄大夫检校太尉使持节怀州诸军事怀州刺史兼御史大夫上柱国琅琊郡开国侯王泽"素重佛乘。淡于权利。……自夫人疾殁，迨越十稔，继室无从，杜门不仕，惟与僧侣定为善交。研达性相之宗，薰练戒慧之体。间年，看法华经千三百余部，每日持陁罗尼数十本。全藏教部，读览未竟。□□□财，则欢喜布施，闻胜利则精进修行"④。贞亮弘靖保义守节耆德功臣洛京留守开府仪同三司守太师尚父兼政事令上柱国陈王张俭"而复出扶像运，现宰官身，生享耆年，有寿者相。谛崇佛宝，力转法轮。深穷诸行之源，妙达无生之理。至于尊儒重道，移孝资忠，宗九流百氏之指归，达三纲五常之要道。正气

---

① 《耶律遂正墓志》（太平七年），参见向南、张国庆、李宇峰：《辽代石刻文续编》，辽宁人民出版社 2010 年版，第 69 页。

② 《韩橁墓志》（重熙六年），参见向南：《辽代石刻文编》，河北教育出版社 1995 年版，第 207 页。

③ 《王泽妻李氏墓志》（重熙十四年），参见向南：《辽代石刻文编》，河北教育出版社 1995 年版，第 240—241 页。

④ 《王泽墓志铭并序》（重熙二十二年），参见陈述：《全辽文》卷七，中华书局 1982 年版，第 165 页。

袭物，直躬律人"①。在道宗朝，清河张文绚，"良乡县之绣户也。妻田氏，皆性钟纯，吉名闻乡间。家有余资，靡好奢华之乐；身惟积善，颇信浮图之法。越一日，谓亲族曰：我兴佛刹，餰僧徒修植善根，鸠集福聚固亦多矣"②。清河公女，"与父同兴善道，于重熙二十二年，去当村开化院内，独办法堂一坐。兼请到十方高上法师，于冬夏开花严法花经约三十余蓆，及于崀山灵峰院内请大众读了经一十藏。其余善道，不可具述"③。大契丹国故资忠佐理保义翊圣同德功臣武宁军节度徐宿等州观察处置等使开府仪同三司检校太师守太傅兼中书令行徐州大都督府长史判武定军节度奉圣归化儒可汗等州观察处置巡检屯田劝农等使上柱国魏国王赠守太师谥忠懿漆水郡耶律宗政"乐慕儒宗，谛信佛果。戚里推其孝悌，部下仰其宽仁"④。大契丹国故保顺协赞推诚功臣天雄军节度魏州管内观察处置等使开府仪同三司检校太师守司徒兼中书令行魏州大都督府长史判匡义军节度饶州管内观察处置等使上柱国鲁王进封郑王谥曰恭肃耶律宗允"加以谛慕佛乘，钦崇儒教。以至仁而抚下，以直道而事君"⑤。张景运为其亡祖建陀罗尼幢时说："□我亡妣，幼承姆教，长习闺仪。在室禀曹家之训，适□延陶氏之宾。且善礼慈氏，崇敬三宝。以日系时，恒念诸佛，是为常课。"⑥沙门方偶太子诞圣邑碑时曰："爰有邑长，家习十善，世踵

① 《张俭墓志铭并序》（重熙二十二年），参见陈述：《全辽文》卷六，中华书局 1982 年版，第 131 页。
② 《谷积山院读藏经之记碑》（大康四年），参见向南、张国庆、李宇峰：《辽代石刻文续编》，辽宁人民出版社 2010 年版，第 164 页。
③ 《清河公女坟记》（大康十年），参见向南：《辽代石刻文编》，河北教育出版社 1995 年版，第 401 页。
④ 《耶律宗政墓志》（清宁八年），参见向南：《辽代石刻文编》，河北教育出版社 1995 年版，第 308 页。
⑤ 《耶律宗允墓志》（咸雍元年），参见向南：《辽代石刻文编》，河北教育出版社 1995 年版，第 321 页。
⑥ 《张景运为亡祖造陀罗尼经幢记》（大康七年），参见向南：《辽代石刻文编》，河北教育出版社 1995 年版，第 390 页。

五常，博识多闻，矜孤恤寡者，则刘公焉。公名楷，常思诞圣之辰，拟兴供养一身。虽谨欲利多人，继年于四月八日，诵经于七处九会。或赍持于缯盖幢幡，或备其香花灯烛，或歌声赞呗，或尽理归依。想应再动于魔宫，不止重辉于沙界。庶生生世世，承佛荫以弥坚。子子孙孙，固道心而不退云尔。"[1]类似于上述的记载，辽代佛教石刻资料中尚可胪列甚多。通过对圣宗、兴宗、道宗时期相关资料的梳理，不难发现居家修佛在辽代社会生活中相当普遍，无论是皇戚贵胄，还是士庶黎民，钦崇儒教，谛慕佛乘，已成为生活中不可或缺的重要组成部分。

天祚帝朝，内忧外患，不堪重负，然居家修佛之势并未衰减，反有势张之趋向。大辽故经邦忠亮同德功臣开府仪同三司尚书左仆射兼中书侍郎同中书门下平章事监修国史知枢密院事上柱国赵国公赠侍中谥号忠懿梁公"素事佛，因焚咒祷之，雨乃降"[2]。齐国大王孙前六殿详稳太和宫副使耶律弘益妻萧氏"幼以履仁，长而近善。筵僧营佛，莫尽其称量；育老赈贫，孰测其涯漈。造次而往想佛国，斯须而留心圣经。是皆天生之异相，证圣之大端者也"[3]。礼宾副使男高泽"自幼及长，无妄言笑，不诱权利，意崇佛老，身乐丘园，自以高尚，不事王侯"[4]。昌黎韩师训"自幼及耄，志崇佛教，延供苾□，读经六藏，金光明经一百部，法华经五百部，及请名师开金光明经讲一十席，金刚、药师、弥陀、菩萨戒经等各数席，躬读大花严经五十部，及读金

---

①《易州兴国寺太子诞圣邑碑》(寿昌四年)，参见陈述：《全辽文》卷九，中华书局 1982 年版，第 256 页。

②《梁援墓志》(乾统元年)，参见向南：《辽代石刻文编》，河北教育出版社 1995 年版，第 521 页。

③《耶律弘益妻萧氏墓志》(乾统八年)，参见向南：《辽代石刻文编》，河北教育出版社 1995 年版，第 591 页。

④《高泽墓志》(乾统十年)，参见向南：《辽代石刻文编》，河北教育出版社 1995 年版，第 611 页。

刚经、行愿、观音、药师、多心经等□不记其数"①。银青崇禄大夫、
检校国子祭酒、兼监察御史、云骑尉张世卿"特于郡北方百步，以金
募膏腴，幅员三顷。尽植异花百余品，迨四万窠，引水灌溉、繁茂殊
绝。中敞大小二亭，北置道院、佛殿、僧舍大备。东有别位，层楼巨
堂，前后东西廊具焉，以待四方宾客栖息之所。随位次第，已碣于亭
左，此不具序。每年四月二十九日，天祚皇帝天兴节，虔请内外诸僧
尼男女邑众，于园内建道场一昼夜。具香花美馔，供养斋设，以报上
方覆露之恩。特造琉璃瓶五百只，自春洎秋，系日采花，持送诸寺。
致供周年，延僧一万人。及设粥济贫，积十数载矣。诵法花经一十万
部，读诵金光明经二千部，于道院长开此经及菩萨戒讲。建大院一
所，州西砖塔一坐，高数百尺。雕镂金刚、梵行、佛顶、高王常、清
净、灵枢、赤松子、中诚经、□□人福寿论、诸杂陀罗尼，举常印
施，及设诸药。自余小善，不可卒言"②。清河张世古，"自幼及耄，志
崇佛教，常诵金刚、行愿等经，神咒密言，口未尝掇。请僧转金光明
经千余部，维持经律论讲一十席，请尼万部，斋供终身。诵妙法莲花
经三十余季，至今未阙。于圣因寺堂内，绘十方佛壁一门，又礼善友
邑，曾办佛事，幢伞供具，咸得周备。每年马鞍山供合院僧，三十余
载，今犹未尽。筵僧设贫，以为常务"③。清河张恭诱"始从龀龀，性
自仁贤，以观音、行愿为常课，以满愿、准提为常持。于井亭院办佛
事一门，请刘花严。常诵金光明经五百余部。筵设僧贫，罔知其数"。
由于张恭诱崇佛，其家族中有多人"俱厌俗于荣，托身志于瞿昙，寄
性存于教"，皈依佛门，如次女法智，"动止安闲笑有则，出火宅而御

① 《韩师训墓志》(天庆元年)，参见河北省文物研究所：《宣化辽墓：1974—1993年考古发掘报告》(上)，文物出版社2001年版，第304页。
② 《张世卿墓志》(天庆六年)，参见向南：《辽代石刻文编》，河北教育出版社1995年版，第655—656页。
③ 《张世古墓志》(天庆七年)，参见河北省文物研究所：《宣化辽墓：1974—1993年考古发掘报告》(上)，文物出版社2001年版，第267页。

三车，入爱河而挥八棹。寻礼于卫家新院万部尼志总，为教之以八敬，导之以五篇，轻重之幽旨，开遮之深趣，罔不究焉。及学于大花严经讲，有颖秀之名，闻于内众"。三女小师姑，"年才及于卄，便自悟于空门，以诵持存其心，以礼念修其志"。① 彭城刘承遂"身居俗谛，念契佛家。天庆三年，充维那妆印大藏经全。四年，请诸师读大藏经，其于斋襟之资，皆自供拟。又于王子寺画毗卢会，洎暖汤院绘大悲坛及慈氏相，并楼内画观音菩萨相，皆威容庠雅，侍从端凝。公焚课筵僧，不可尽纪"②。可见，至辽晚期，佛教信仰已深深地植根于社会生活中的每个角落，辽人对佛教已达到无比虔诚和笃信的程度。

此外，辽代皇后弘扬佛教、研习佛学的现象亦颇为突出。《圣宗钦哀皇后哀册》（清宁四年）载：圣宗钦哀皇后，"好尚古风，勤求实际。普全六行之余，洞达三乘之义。动必协于人心，静必从于佛意"③。可见，钦哀皇后不仅对浮屠崇拜有加，而且还洞悉三乘之义。又《兴宗仁懿皇后哀册》（大康二年）载：兴宗仁懿皇后"崇大雄之妙教，通先哲之灵章。精穷法要，雅识朝纲。建宝塔而创精蓝百千处，即中宫而居永乐迨五十霜。靖闲之仪，郁如兰蕙。温洁之行，皎若圭璋"④。仁懿皇后在深究妙教之法要的同时，还建经塔"百千处"以弘扬佛法。足见辽代后妃居宫修佛亦达到前所未有的地步。

总体说来，有辽一代，信仰佛教的信众数量相当庞大，《六聘山天开寺忏悔上人坟塔记》载：忏悔上人，"十九受具，就学无方，所向迎刃。始讲名数税金吼石等论，次开杂花经，洎大乘起信等论，

---

① 《张恭诱墓志》（天庆七年），参见向南、张国庆、李宇峰：《辽代石刻文续编》，辽宁人民出版社 2010 年版，第 296 页。
② 《刘承遂墓志》（天庆九年），参见向南：《辽代石刻文编》，河北教育出版社 1995 年版，第 676 页。
③ 《圣宗钦哀皇后哀册》（清宁四年），参见向南：《辽代石刻文编》，河北教育出版社 1995 年版，第 283 页。
④ 《兴宗仁懿皇后哀册》（大康二年），参见向南：《辽代石刻文编》，河北教育出版社 1995 年版，第 376 页。

前后出却学徒数十人。兼放菩萨戒坛十余次，所度白黑四众二十余万"①。《法均大师遣行碑铭》载："自春至秋，凡半载，日度数千辈。半天之下，老幼奔走，疑家至户到，有神物告语而然。……乃受西楼、白霫、柳城、平山、云中、上谷泉、本地紫金之请，所到之处，士女塞涂，皆罢市辍耕，忘馁与渴。递求瞻礼之弗暇，一如利欲之相诱。前后受忏称弟子者，五百万余，所饭僧尼称于是。间或有暇，力救无告。"②可见，信仰佛教的俗家弟子不可胜纪。若与前文述及的"千人邑"之类的宗教邑社联系起来考虑，居家修佛者数以百千万计，数量相当庞大。

四、辽代佛学教育的社会意义及其影响

辽代佛学教育在辽代社会生活风气的影响下，不仅形成很多具有地域特色的佛教宗派的教育体系，同时对辽代的政治、社会、生活等各个领域均产生深远的影响。

1. 佛学教育对辽代政治生活的影响

辽统治者为了提高皇族成员的佛学水平，对影响范围较广、学问较为高深的大师、大德不惜采取加官晋爵的方式，以示统治者对佛教的恩宠。有关辽统治者对佛学大师赐授官爵之事，在辽代佛教文献中多有记载，如李内贞之"弟僧可延，天顺皇帝授普济大师，赐紫"③。《李内贞墓志》撰于保宁十年（978），而文中的"天顺皇帝"为穆宗的尊号，说明辽代初期，皇帝就对僧尼给予封赏，但未见赐授官爵

---

① 《六聘山天开寺忏悔上人坟塔记》（大安五年），参见向南：《辽代石刻文编》，河北教育出版社1995年版，第413页。
② 《法均大师遣行碑铭》（大安七年），参见向南：《辽代石刻文编》，河北教育出版社1995年版，第438页。
③ 《李内贞墓志》（保宁十年），参见向南：《辽代石刻文编》，河北教育出版社1995年版，第54页。

的记录，而所能见到赐授官爵的记录均在辽中后期。在圣宗朝，"经律论"三藏法师非觉因"师导圣宗之故，累官至武定军师"①。在兴宗朝，京师奉福寺、忏悔主、崇禄大夫、检校太尉纯慧大师，于"重熙初，礼故守太师、兼侍中、圆融国师为师"，成为佛学素养极高的大师。重熙八年（1039），"有诏赴阙，兴宗皇帝赐以紫衣"。重熙十八年（1049），"属鼎驾上仙，驿征赴阙。今上（兴宗）以师受眷先朝，乃恩加崇禄大夫、检校太保。次年，加检校太傅、太尉"。清宁六年（1060）春，"銮舆幸燕，回次花林。师（纯慧大师）坐于殿，面受燕京管内忏悔主菩萨戒师"。②可见，纯慧大师在兴宗、道宗两朝皆受到皇帝的尊崇，赐授官爵。又兴宗重熙十九年（1050）正月庚寅，"僧惠鉴加检校太尉"③，表明兴宗朝对佛学法师的加官晋爵似已常态化。道宗时，赐授官爵现象更加频繁，如咸雍二年（1066）十二月戊子，"僧守志加守司徒"④。咸雍五年（1069）闰十一月己未，"僧志福加守司徒"⑤。咸雍六年（1070）十二月戊午，"加圆释、法钧二僧并守司空"⑥。

对于辽兴宗的赐授官爵现象，宋人叶隆礼评述道："既亲政，后始自恣，拓落高旷，放荡不羁。尝与教坊使王税轻等数十人约为兄弟，出入其家，至拜其父母。变服微行，数入酒肆，亵言狎语，尽欢而返。尤重浮屠法，僧有正拜三公、三师兼政事令者，凡二十人。贵戚望族化之，多舍男女为僧尼。如王纲、姚景熙、冯立辈皆道流中

---

① 《非觉大师塔记》（大康九年），参见陈述：《全辽文》卷九，中华书局 1982 年版，第 226 页。
② 《纯慧大师塔幢记》（清宁九年），参见向南：《辽代石刻文编》，河北教育出版社 1995 年版，第 317 页。
③ 《辽史》卷二十《兴宗本纪三》，中华书局 2016 年点校本，第 275 页。
④ 《辽史》卷二十二《道宗本纪二》，中华书局 2016 年点校本，第 302 页。
⑤ 《辽史》卷二十二《道宗本纪二》，中华书局 2016 年点校本，第 305 页。
⑥ 《辽史》卷二十二《道宗本纪二》，中华书局 2016 年点校本，第 306 页。

人，曾遇帝于微行，后皆任显官。"①"时朝政不纲，溺志浮屠，僧至有正拜三公、三师者，官爵非人，妄有除授。保忠尝从容进谏，帝至怫然怒之。"②而司马光则议论说："宗真性佻脱，尝与教坊使王税轻谦等数十人约为兄弟，出入其家，至拜其父母。数变服入酒肆、佛寺、道观，王纲、姚景熙、冯立辈遇之于微行，后皆任显官。尤重浮图法，僧有正拜三公、三师兼政事令者，凡二十人。"③可见，宋人对兴宗的佞佛颇有微辞，以至于元世祖忽必烈向汉族士人张德辉提出"辽以释废"④的疑问。

当然，辽代皇帝尊僧崇佛亦给帝王的政治带来诸多变化，如兴宗崇佛为其增长了仁爱之心，重熙八年（1039），"先是，帝于重熙二年幽母法天太后于庆州，既改葬齐天后，群僚劝帝复迎之，且以觊宋朝岁聘之利，皆不从。因命僧建佛事，帝听讲报恩经感悟，即遣使迎法天太后，馆置中京门外，筮日以见，母子如初，加号法天应运仁德章圣皇太后"⑤。因佛典的《报恩经》，使兴宗产生仁爱之心绪，改"幽母"为"敬母"，实现了母子的亲融。在对待宋辽关系上，辽代皇帝亦产生些许改变，如苏辙使北归来后上疏事曰："北朝皇帝好佛法，能自讲其书。每夏季，辄会诸京僧徒及其群臣，执经亲讲，所在修盖寺院，度僧甚众。……缘此诵经念佛，杀心稍悛。此盖北界之臣蠹而中朝之利也。"⑥以平和的心态看待辽宋关系确实给辽宋士庶黎民带来

① （宋）叶隆礼：《契丹国志》卷八《兴宗文成皇帝》，上海古籍出版社1985年点校本，第82页。
② （宋）叶隆礼：《契丹国志》卷十九《马保忠传》，上海古籍出版社1985年点校本，第180页。
③ （宋）李焘：《续资治通鉴长编》卷一百八十，宋仁宗至和二年八月条，中华书局1992年标点本，第4363页。
④ 《元史》一百六十三《张德辉传》，中华书局1976年标点本，第3823页。
⑤ （宋）叶隆礼：《契丹国志》卷八《兴宗文成皇帝》，上海古籍出版社1985年点校本，第79页。
⑥ （宋）苏辙：《栾城集》卷四十二《翰林学士论时事八首》，上海古籍出版社1987年标点本，第940页。

巨大的福音。

2. 佛学教育对辽代社会风俗的影响

佛学教育的展开与普及，使得辽代民俗文化中到处渗透着佛教因素，对辽代民俗文化的嬗变产生深远影响，诸如岁时节俗与佛教的结合、父母为子女取名以"佛号"为之、佛教信众辞世后实行火化等。

在辽代的岁时节俗中，上元日燃灯与佛诞节最能体现佛教因素的影响。上元日燃灯是辽代燕京地区盛行的传统节日，随着佛教的传入，这一节日习俗便与佛教结合起来，嬗变为上元日燃灯供养佛塔及舍利的活动。《云居寺供塔灯邑碑》（乾统十年）载："每岁上元，各揆己财，广设灯烛，环于塔上，三夜不息，从昔至今，殆无阙焉。"[1]可见，辽代上元日的燃灯习俗已经融入了佛教因素。佛诞节，亦称浴佛节，为佛祖释迦牟尼的诞生日。笃信佛法的信众于此日要举行持诵经法与浴佛等盛大活动庆祝佛祖的诞生。《重修范阳白带山云居寺碑》（应历十五年）载："风俗以四月八日，共庆佛生。凡水之滨，山之下，不远百里，仅有万家，预馈供粮，号为义仓。是时也，香车宝马，藻野缛川，灵木神草，艳赫芊绵，从平地至于绝巅，杂沓驾肩，自天子达于庶人，归依福田。维摩互设于香积，焉将通戒于米山。面丹□者，熙熙怡怡，谓□阇于斯。俯清流者，意夺神骇，谓殑伽无碍。醵施者，不以食会而由法会。巡礼者，不为食来而由法来。观其感于心，外于身，所燃指续灯者，所炼顶代香者，所堕岩舍命者，所积火焚躯者，道俗之间，岁有数辈。噫！佛之下生，人即如是。"[2]又《契丹国志·四时杂记》载："四月八日，京府及诸州，各用木雕悉达

---

[1] 《云居寺供塔灯邑碑》（乾统十年），参见向南：《辽代石刻文编》，河北教育出版社1995年版，第615页。

[2] 《重修范阳白带山云居寺碑》（应历十五年），参见向南：《辽代石刻文编》，河北教育出版社1995年版，第33页。

太子一尊，城上昇行，放僧尼、道士、士庶行城一日为乐。"[1] 而对于佛诞日，《辽史·礼志六》则记为："二月八日为悉达太子生辰，京府及诸州雕木为像，仪仗、百戏导从，循城为乐。悉达太子者，西域净梵王子，姓瞿昙氏，名释迦牟尼。以其觉性，称之曰'佛'。"[2] 虽然日期不同，所载内容无大差别。由此观之，参与佛诞日庆祝活动的人员上达皇帝贵胄，下至士庶黎民，同时还有"僧尼""道士"，说明辽代社会生活中的佛教信仰超越了民族差别与社会阶层。

在辽代子女命名习俗上，居家修佛者为儿女取名时，亦深深地打上佛教烙印，或以佛号，或以佛经，或以佛教术语为名，因而"观音""菩萨""文殊""天王""弥勒""药师""和尚"等字词成为名字的选词。在皇族成员取名时就经常使用"观音"，如世宗怀节皇后二女称"观音"，景宗睿智皇后长女称"观音女"，[3] 道宗宣懿皇后萧氏，即钦哀皇后弟枢密使萧惠之女，其小字称"观音"，[4] 耶律贤适子称"观音"，[5] 仕至大同军节度使。奚王搭纥之孙称"萧观音奴"，[6] 由右祗候郎君班详稳迁奚六部大王。南赡部州、大辽国锦州界内胡僧山西廿里北撒里比部落、静江军节度使萧孝忠二女称"天王"，幼名"观音女"，[7] 大辽故左谏议大夫、开国子、赐紫金鱼袋史洵直仲子曰"观音奴"，[8] 等等。就"菩萨"之取名而言，圣宗仁德皇后萧氏，即睿智皇

① （宋）叶隆礼：《契丹国志》卷二十七《岁时杂记》，上海古籍出版社 1985 年点校本，第 251 页。
② 《辽史》卷五十三《礼志六》，中华书局 2016 年点校本，第 974 页。
③ 《辽史》卷六十五《公主表》，中华书局 2016 年点校本，第 1107 页。
④ 《辽史》卷七十一《道宗宣懿皇后萧氏传》，中华书局 2016 年点校本，第 1326 页。
⑤ 《辽史》卷七十九《耶律贤适传》，中华书局 2016 年点校本，第 1403 页。
⑥ 《辽史》卷八十五《萧观音奴传》，中华书局 2016 年点校本，第 1446 页。
⑦ 《萧孝忠墓志》（大安五年），参见向南：《辽代石刻文编》，河北教育出版社 1995 年版，第 416 页。
⑧ 《史洵直墓志》（天庆四年），参见向南：《辽代石刻文编》，河北教育出版社 1995 年版，第 652 页。

后弟隈因之女，其小字曰"菩萨哥"，①景宗皇后萧氏次子、秦晋王耶律隆庆的番名曰"菩萨奴"，②《北郑院邑人起建陀罗尼幢记》（应历五年）有郎君"菩萨留"，③等等。就"文殊"之取名而言，圣宗文武大孝宣皇帝耶律隆绪的小字称"文殊奴"，④大辽故朝散大夫、守太常少卿、知大定府少尹尚暐有孙女一人，曰"文殊"，⑤等等。就"弥勒"之取名而言，故齐国大王孙、前六殿详稳、太和宫副使耶律弘益妻萧氏曰"弥勒女"，⑥兴宗景福元年（1031）十月条载有锄不里党有"弥勒奴""观音奴"，⑦等等。就"药师"之取名而言，萧术哲侄曰"药师奴"，由祗候郎君，累迁兴圣宫使、同知殿前点检司事、右夷离毕、南面林牙、汉人行宫副部署，⑧南赡部州、大辽国锦州界内胡僧山西廿里北撒里比部落、静江军节度使萧孝忠长男称"药师奴"，⑨《澄赞上人塔记》（开泰九年）载有"女药师奴"，⑩《双城县时家寨净居院舍利塔记》（咸雍十年）载有"潘药师女"，⑪等等。就"和尚"之取名而言，国舅大父房之后取名"萧和尚"，仕至唐古部节度使，⑫系出季父

① 《辽史》卷七十一《圣宗仁德皇后萧氏传》，中华书局 2016 年点校本，第 1323 页。
② （宋）叶隆礼：《契丹国志》卷十三《后妃传》，上海古籍出版社 1985 年点校本，第 142 页。
③ 《北郑院邑人起建陀罗尼幢记》（应历五年），参见向南：《辽代石刻文编》，河北教育出版社 1995 年版，第 11 页。
④ 《辽史》卷十《圣宗本纪一》，中华书局 2016 年点校本，第 115 页。
⑤ 《尚炜墓志》（寿昌五年），参见向南：《辽代石刻文编》，河北教育出版社 1995 年版，第 499 页。
⑥ 《耶律弘益妻萧氏墓志》（乾统八年），参见向南：《辽代石刻文编》，河北教育出版社 1995 年版，第 590 页。
⑦ 《辽史》卷十八《兴宗本纪一》，中华书局 2016 年点校本，第 241 页。
⑧ 《辽史》卷九十一《萧药师奴传》，中华书局 2016 年点校本，第 1502 页。
⑨ 《萧孝忠墓志》（大安五年），参见向南：《辽代石刻文编》，河北教育出版社 1995 年版，第 416 页。
⑩ 《澄赞上人塔记》（开泰九年），参见向南：《辽代石刻文编》，河北教育出版社 1995 年版，第 166 页。
⑪ 《双城县时家寨净居院舍利塔记》（咸雍十年），参见向南：《辽代石刻文编》，河北教育出版社 1995 年版，第 366 页。
⑫ 《辽史》卷八十六《萧和尚传》，中华书局 2016 年点校本，第 1460 页。

房"耶律和尚",由祗候郎君累迁积庆、永兴宫使、同知南院宣徽使事、南面林牙、怀化军节度使、御史大夫,[①]《辽史·耶律余睹传》载有"归州观察使萧和尚奴",[②] 等等。此外,《显州北赵太保寨白山院舍利塔石函记》(清宁四年)还可见"僧家女""僧宝女""佛宝女""僧道亨""千佛女""大师奴""普贤女""千佛留""和尚女""大乘奴""大乘慈氏""圣僧留者""男和尚"等署名。[③] 以佛教的一些专有词汇作为子女名字反映了佛教对辽代社会生活影响之深入,居家修佛者希望子女能在"佛"的保佑下健康平安,幸福美满。

辽代的丧葬习俗受佛教影响而发生若干变化。辽建国前,契丹人的葬式为树葬后再焚骨炎葬,"父母死而悲哭者,以为不壮,但以其尸置于山树上,经三年后,乃收其骨而焚之"。[④] 建国后,接受中原儒家思想文化影响,又实行土葬,然随着对佛教的笃信,越来越多的辽人开始改用火葬的方式,这应该是受到了辽代僧尼火葬的影响。《六聘山天开寺忏悔上人坟塔记》(大安五年)曾描述道:"古之葬者弗封树,虑其伤心,若掩骼埋骴之类,欲人之弗得见也。而后世朴散,转加乎文,遂有贵贱丘圹高厚之制。及佛教来,又变其饬终归全之道,皆从火化,使中国送往,一类烧羌。至收余烬为浮图,令人瞻仰,不复顾归土及泉之义,世以为然,自非高道。"[⑤] 可见,佛教的火葬习俗直接影响了世俗佛教信众的丧葬方式。河北宣化张氏家族之张匡正为虔诚的佛教信众,"以不食荤茹心(辛),不乐歌酒,好读法花、金刚

---

① 《辽史》卷八十九《耶律和尚传》,中华书局 2016 年点校本,第 1489 页。
② 《辽史》卷一百二《耶律余覩传》,中华书局 2016 年点校本,第 1589 页。
③ 《显州北赵太保寨白山院舍利塔石函记》(清宁四年),参见向南:《辽代石刻文编》,河北教育出版社 1995 年版,第 289—292 页。
④ (宋)叶隆礼:《契丹国志》卷二十三《国土风俗》,上海古籍出版社 1985 年点校本,第 221 页。
⑤ 《六聘山天开寺忏悔上人坟塔记》(大安五年),参见向南:《辽代石刻文编》,河北教育出版社 1995 年版,第 413 页。

经"①，其葬式"是火化后入葬的，零乱的碎骨散落在淤泥之中"②。1982年4月，林东师范学校后山发现一座小型火葬墓，出土骨灰匣一合，匣右壁外侧墨书"西班院杨娘娘灰衬"，左壁外侧墨书"维寿昌二年□□二日忌"，匣盖墨书"南无阿□（弥）陀佛"，由此推断，墓主人当是一位有较高社会地位的女性净土宗信徒。③此类火葬墓自圣宗统和以降，明显呈现逐渐增多的趋势，如内蒙古巴林左旗双井子沟辽代火葬墓出土骨灰罐达14个④，内蒙古通辽半截店辽墓发现的骨灰罐达51处⑤，说明世俗佛教信众采用火葬方式已成为社会生活的风尚。

3. 佛学教育对辽代社会经济的影响

佛学教育的展开与普及，不仅对辽代民俗文化的嬗变产生深远影响，对社会经济的影响亦相当明显，主要体现在占用土地、劳动力流失、铸币危机等方面。

辽代的寺院数量相当庞大，总有279座之多，⑥以至于《蓟州神山云泉寺记》（咸雍八年）在描述辽统治域内的塔庙时说："故今海内塔庙相望，如睹史之化成，似耆阇之涌出。"⑦而《创建静安寺碑铭》（咸雍八年）则云："三教并化，皇国崇乎至道，则梵刹之制布域中焉。"⑧数量庞大的寺院势必占用大量土地，阻碍辽代社会经济的发展。云

---

① 《张匡正墓志》（大安九年），参见河北省文物研究所：《宣化辽墓：1974—1993年考古发掘报告》（上），文物出版社2001年版，第65页。
② 河北省文物研究所：《宣化辽墓：1974—1993年考古发掘报告》（上），文物出版社2001年版，第30页。
③ 金永田：《辽上京城址附近佛寺遗址及火葬墓》，《内蒙古文物考古》1984年第3期。
④ 中国科学院考古研究所：《内蒙古昭盟巴林左旗双井子沟辽代火葬墓》，《考古》1963年第10期。
⑤ 郝维彬：《内蒙古通辽市半截店辽代火葬墓群》，《考古》1994年第11期。
⑥ 参见王欣欣：《辽朝寺院研究》，吉林大学博士学位论文2015年，第67页。
⑦ 《蓟州神山云泉寺记》（咸雍八年），参见向南：《辽代石刻文编》，河北教育出版社1995年版，第358页。
⑧ 《创建静安寺碑铭》（咸雍八年），参见向南：《辽代石刻文编》，河北教育出版社1995年版，第360页。

泉寺位于"渔阳郡南十里外，东神西赭，对峙二山。下富民居，中厂佛寺。前后花果，左右林皋。大小逾二百家，方圆约八九里"①。觉山寺位于大同府灵丘县东南三十里处，辽道宗大安五年（1089），道宗"更赐山田五处，计一百四十余顷，为岁时寺众香火赡养之资"②。位于天津蓟县的上方感化寺，"以其创始以来，占籍斯广。野有良田百余顷，园有甘栗万余株。清泉茂林，半在疆域。斯为计久之业，又当形胜之境，宜乎与法常住，如山不骞。……自乾亨前有庄一所，辟土三十顷，间艺麦千亩，皆原隰沃壤，可谓上腴。营佃距今，即有年祀，利资日用，众实赖之。"③ 位于内蒙古大宁故地南十家村的静安寺，"僧既居，必资食以给之。遂施地三千顷，粟一万石，钱二千贯，人五十户，牛五十头，马四十匹，以为供亿之本。"④ 位于河北丰润县城北三十里的观鸡寺，"积库钱仅五千缗，广庄土逮三千亩。增山林余百数顷，树果木七千余株。"⑤ 由此可见，寺院、寺庄占用大量土地，势必导致"寺富民贫"现象的发生，阻碍了辽代社会经济的向前发展。

佛学教育的发达，导致辽代社会的信众几乎普遍信仰佛教，大量俗家子女被源源不断地输送到寺院接受佛学教育，由普通信众转化为僧尼。前文曾述及，咸雍八年（1072），有司奏曰春、泰、宁江三州三千余人愿为僧尼，受"具足戒"，朝廷许之。宋人薛居正在描述契

---

① 《蓟州神山云泉寺记》（咸雍八年），参见向南：《辽代石刻文编》，河北教育出版社 1995 年版，第 358—359 页。
② 《重修觉山寺碑记》（天祚间），参见向南：《辽代石刻文编》，河北教育出版社 1995 年版，第 689 页。
③ 《上方感化寺碑》（乾统七年），参见向南：《辽代石刻文编》，河北教育出版社 1995 年版，第 563—564 页。
④ 《创建静安寺碑铭》（咸雍八年），参见向南：《辽代石刻文编》，河北教育出版社 1995 年版，第 362 页。
⑤ 《景州陈宫山观鸡寺碑铭》（大安九年），参见向南：《辽代石刻文编》，河北教育出版社 1995 年版，第 453 页。

丹"西楼邑"时曰："城南别作一城，以实汉人，名曰汉城，城中有佛寺三，僧尼千人。"① 宋人陆游针对辽代佛教盛况评价说："北虏崇释氏，故僧寺猥多，一寺千僧者，比比皆是。楚公出使时，道中京，耶律成等邀至大镇国天庆寺烧香，因设素馔。"② 辽代僧尼之多之滥可见一斑。至于辽代究竟有多少僧尼，史无明载，然从大康四年（1078）七月甲戌"诸路奏饭僧尼三十六万"③ 的记述推断，辽代日常僧尼至少在 36 万以上。对此，刘浦江先生评论曰："辽朝僧侣人口的比例在汉传佛教地区可能是历来最高的。如果说占人口总数 1% 的僧侣人口比例代表着社会承受力的一个限度，那么辽朝的僧侣人口数量显然已严重破坏了这个平衡，从而导致了深刻的社会危机。"④ 可见，过度发达的佛学教育，在导致大量劳动力人口流失的同时，也在消耗着社会经济资源，进一步加深了辽代社会的矛盾与危机。

佛学教育的发达，不仅使得辽代域内的寺庙、佛塔数量庞大，而且寺院里的佛像和各种佛教法器以及装饰品的铸造亦随之盛行。在那些营建的寺院、佛塔中，随处可见以铜、银以及金、锡、铅等有色金属铸造的佛像与各种佛教法器，如开泰寺，重熙二十三年（1054）十月癸丑，"以开泰寺铸银佛像，典赦在京囚"⑤。此银佛像使用白银达千两，据《燕京访古录》知银佛像背后镌阴文篆书银佛铭曰："白银千两，铸二佛像，威武庄严，慈心法相，保我辽国，万世永享。开泰寺铸银佛，愿后世生中国。耶律鸿基，虔心银铸。"⑥ 皇太子耶律洪基不仅用"白银千两"铸二银佛像，而且即位后还在西京华严寺内铸诸帝

① 《旧五代史》卷一百三十七《契丹传》，中华书局 2015 年点校本，第 2132 页。
② （宋）陆游：《家世旧闻》卷上，参见钱仲联、马亚中：《陆游全集校注》（第 13 册），江苏教育出版社 2011 年版，第 37 页。
③ 《辽史》卷二十三《道宗本纪三》，中华书局 2016 年点校本，第 319 页。
④ 刘浦江：《辽金史论》，辽宁大学出版社 1999 年版，第 312 页。
⑤ 《辽史》卷二十《兴宗本纪三》，中华书局 2016 年点校本，第 281 页。
⑥ （民国）张次溪（江裁）：《燕京访古录》，中华书局 1934 年版，第 21 页。

铜像，^①可见以铜、银铸像应为辽代崇佛的常态。近年在一些辽代遗址考古发掘中亦经常出土寺院所造之金属佛像以及各种佛教法器等，如今内蒙古巴林右旗释迦舍利塔出土精美的铜佛像、陀罗尼咒金板和银板、银香炉等，^②内蒙古赤峰市敖汉旗新惠北郊辽代遗址出土一件通高 10.9 厘米的铜铸立佛像，敖汉旗丰收辽代遗址出土 8.7 厘米的铜铸药师佛像，^③赤峰市巴林右旗野猪沟盖家店村辽代遗址出土高 25.9 厘米、宽 18.5 厘米、厚 2 厘米的"庑殿式铜佛造像碑"，同时还征集到通高 14 厘米、佛高 11.5 厘米的辽代铜佛像。^④此外，用有色金属金、银、铜、锡、铅等制作的各种佛教法器亦相当普遍，如 1985 年，在维修建于重熙十三年（1044）沈阳塔湾无垢净光舍利塔时，发现塔内八角密檐"檐间壁正中，各镶嵌铜镜三面，居中的铜镜最大"，总有十三层，层层如是。在最顶的塔刹宝瓶式覆钵内置"圈足铜香炉"一件。在腹宫底部，发现"鎏金铜佛""错金银铜香炉（鼎）"及"锡制烛台""金块""铅块"等法器。^⑤《妙行大师形状碑》（乾统八年）载有"先师在时，欲于塔内镕铸丈六银佛，用□五万□才及万余，□所愿未果而终。门人右僧判通□大师因赴行在，圣孝皇帝旨曰：'先师造像之银，朕欲镕范等身观音，姑以金铜易像，当塔之阳，颇示佳尚。'有司计其物直三万余贯，□库公给。像成之日，铜货有余。复诏郢匠，陶冶洪钟。铜斤巨万，一铸而就。式样规模，胜若天造。架

---

① 《辽史》卷四十一《地理志五》载："清宁八年建华严寺，奉安诸帝石像、铜像。"参见中华书局 2016 年点校本，第 578 页。
② 中国历史博物馆、内蒙古自治区文化厅编：《契丹王朝：内蒙古辽代文物精华》，中国藏学出版社 2002 年版，第 322—323、335、351 页。
③ 邵国田主编：《敖汉文物精华》，内蒙古文化出版社 2004 年版，第 161 页。
④ 唐彩兰编著：《辽上京文物撷英》，远方出版社 2005 年版，第 27—30 页。
⑤ 沈阳市文物管理办公室、沈阳市文物考古工作队：《沈阳塔湾无垢净光舍利塔清理报告》，《辽海文物学刊》1986 年第 2 期。

诸隆楼，扣以梐杵，殷若雷动。"[1] 据此可知，辽代修寺建塔过程中盛行铸造佛像及制作各种佛教法器，势必消耗大量的金、银、铜、锡、铅等有色金属，在一定程度上影响了铜币的铸造与流通，故此，圣宗开泰中，"诏禁诸路不得货铜铁，以防私铸，又禁铜铁卖入回鹘，法益严矣"；道宗末年，"经费浩穰，鼓铸仍旧，国用不给。虽以海云佛寺千万之助，受而不拒，寻禁民钱不得出境"；天祚之世，"更铸乾统、天庆二等新钱，而上下穷困，府库无余积"。[2] 可见，圣宗、道宗、天祚诸朝出现"钱荒"问题与崇佛铸像存在着一定的关联。

　　总体说来，佛学教育的发达为辽代皇戚贵胄、士庶黎民提供了便利条件与知识基础，但对辽代社会生活带来了一定的影响。北宋人苏辙曾评论曰："北朝皇帝好佛法，能自讲其书。每夏季，辄会诸京僧徒及其群臣，执经亲讲，所在修盖寺院，度僧甚众。因此僧徒纵恣，放债营利，侵夺小民，民甚苦之。"[3] 今人张国庆先生则曰："大肆兴建寺院，寺院又组建诸多寺庄，致使大量耕地被寺院占有；因滥度而致僧尼人数猛增，众多俗家佛教邑社成员又经常参加修寺建塔等各种功德活动，致使大量的劳动力从创造物质财富的生产领域流失掉或被挪用；用大量的铜、银等贵重有色金属打造无数佛像及法器，致使辽代中后期出现了严重的钱币危机；广纳捐施，多种经营，寺院经济畸形发展，致使辽代后期'寺富国贫'之现象已显露端倪。"[4] 张先生所言极是，佛学教育的发达，导致寺院增多，给辽代社会经济带来相当大的压力，成为士庶黎民的沉重负担。

---

[1] 《妙行大师形状碑》（乾统八年），参见向南：《辽代石刻文编》，河北教育出版社 1995年版，第 588 页。

[2] 《辽史》卷六十《食货志下》，中华书局 2016 年点校本，第 1033 页。

[3] （宋）苏辙：《栾城集》卷四十二《户部侍郎论时事六首》，上海古籍出版社 1987 年校点本，第 940 页。

[4] 张国庆：《佛教文化与辽代社会》，辽宁民族出版社 2011 年版，第 182 页。

4. 辽代佛学教育对高丽佛学的影响

辽代佛学对高丽佛学的发展起到相当大的推动作用，如高丽文宗十七年（辽道宗清宁九年，1063）三月，"契丹送《大藏经》，王备法驾迎于西郊"[①]；道宗咸雍八年（1072）十二月庚寅，"赐高丽佛经一藏"[②]；高丽肃宗四年（辽道宗寿昌五年，1099）四月，"辽遣横宣使宁州管内观察使萧朗来，兼赐《藏经》"[③]；高丽睿宗二年（辽天祚帝乾统七年，1107）正月，"辽遣高存寿来贺生辰，仍赐《大藏经》"[④]；高丽睿宗时，"本朝睿庙时，慧照国师奉诏西学，市辽本大藏三部而来，一本在定惠寺（海印寺有一本，许参政宅有一本）"[⑤]。所谓《大藏经》为佛教典籍的总集，简称一切经、契经、藏经或三藏，内容包括经、律、论。佛弟子为保存释迦牟尼的说教，于释迦牟尼涅槃不久开始编纂《大藏经》，在统一信徒的见解和认识的基础上，以会议方式的结集，形成公认的经、律、论内容。尔后，《大藏经》又收录了有关经、律、论的注释和疏解等"藏外典籍"，形成卷帙浩繁的四大部类。汉文《大藏经》为大、小乘佛教典籍兼收的丛书。辽代为了佛学教育的发展，对"佛经"进行大规模的校勘、编纂和刊印，辽代所刊印的"佛经"，通称《辽藏》，或称《契丹藏》《丹藏》。《辽藏》始刊于辽兴宗重熙初（1032），至道宗咸雍四年（1086），成五百七十九帙。校勘准确，雕印精致。[⑥] 辽道宗朝将《大藏经》传入高丽后，受到高丽统

---

① ［朝］郑麟趾：《高丽史》卷八《文宗世家》，日本国书刊行会 1977 年影印本，第 118 页下栏。

② 《辽史》卷二十三《道宗本纪三》，中华书局 2016 年点校本，第 312 页。

③ ［朝］郑麟趾：《高丽史》卷十一《肃宗世家》，日本国书刊行会 1977 年影印本，第 163 页下栏。

④ ［朝］郑麟趾：《高丽史》卷十二《睿宗世家》，日本国书刊行会 1977 年影印本，第 182 页上栏。

⑤ ［高丽］一然：《三国遗事》卷三《兴法第三》，"前后所将舍利"条，参见《六堂崔南善全集》（第八册），（韩）玄岩社 1973 年新订本，第 105 页上栏。

⑥ 杨昭全、何彤梅：《中国—朝鲜·韩国关系史》，天津人民出版社 2001 年版，第 368 页。

治者与僧人的高度重视，开始刊刻《大藏经》，高丽宣宗四年（1087）
二月，宣宗"幸开国寺，庆成《大藏经》"。四月，宣宗又"幸归法
寺，庆成《大藏经》"。① 另外，前文所述及的辽人佛学著述目录亦留
存于义天大师《新编诸宗教藏总录》中，不仅能够了解辽人佛学研究
与著述的盛况，而且更可探赜到辽代佛教对高丽佛教影响之大。

第二节　辽代道学教育

在辽代，除儒教、佛教受到辽统治者的重视外，道教也较受重
视。不过，从辽代儒释道三教发展的实际情况看，道教在辽代的发
展，实际上却远不如儒释兴盛。北宋使者陆佃曾评论曰："以知北虏
道家者流，为尤寡也。"② 今人黄凤岐先生亦曰："总观辽朝统治二百
多年，虽然儒、释、道并提，佛教总是占居上风，道教在契丹发迹较
晚，道观、道士为数较少，其影响也不如萨满教、佛教。道教的影响
和势力，在辽朝统治区域内虽然比佛教较小，但也受到契丹贵族、辽
朝统治阶级的欢迎。"③ 的确如此，从教育的角度看，辽代的道学教育
与儒学教育、佛学教育相比，亦显得较为薄弱。

---

① ［朝］郑麟趾：《高丽史》卷十《宣宗世家》，日本国书刊行会 1977 年影印本，第 145
　　页下栏。
② （宋）陆游：《家世旧闻》卷上，参见钱仲联、马亚中：《陆游全集校注》（第 13 册），
　　江苏教育出版社 2011 年版，第 37 页。
③ 黄凤岐：《辽代契丹族宗教述略》，《社会科学辑刊》1994 年第 2 期。

一、道教在辽代社会生活中的传播

自魏晋以来，中国北方区域崇奉道教的社会风气就相当浓厚，这不可能不影响到生活在北部边疆区域的契丹等游牧民族。自北魏始，历经北齐、北周、隋、唐，直至辽建国前，契丹人一直保持着与中原汉人的政治、经济、文化、军事等各种关系，尤其是唐末五代以来藩镇割据，战乱频仍，社会动荡，导致幽燕地区为数不少的汉人亡入契丹，再加之回鹘汗国灭亡，契丹方张，屡次入塞，俘掠汉人，建立汉城。进入契丹社会大量北方汉人，他们大多接受了中原传统文化的熏陶，可能不乏道教信徒。从道教本身看，道教信徒为了弘扬、传播道教文化亦会趁机主动北上，发展道教势力。据胡峤《陷虏记》载："西楼有邑屋市肆，交易无钱而用布。有绫锦诸工作、宦者、翰林、伎术、教坊、角抵、秀才、僧、尼、道士等，皆中国人，而并、汾、幽、蓟之人尤多。"[1]可见，太宗、穆宗时代已有若干道士在上京西楼传播道教。

在辽代的宗教资料中，道观的记录与佛寺相比，确实是相形见绌，无多。上京天长观，"南曰临潢府，其侧临潢县。县西南崇孝寺，承天皇后建。寺西长泰县，又西天长观"[2]。南京盘山上方元宫，《盘山志》载："感化寺，魏田畴隐处，旧名宝积寺，唐贞元中建。太和、咸通间，道宗常实二沙门重修后，道士居之，改为上方元宫，至辽乾统七年，幽州主帅清河张某请易为感化寺。"[3]南京易县龙兴观，"时寿

---

① 胡峤：《陷虏记》，参见赵永春：《奉使辽金行程录》（增订本），商务印书馆 2017 年版，第 9 页。

② 《辽史》卷三十七《地理志一》，中华书局 2016 年点校本，第 499 页。

③ （清）蒋溥等纂：《（钦定）盘山志》卷五《寺宇》，上海古籍出版社 1993 年影印本，第 126 页下栏。

昌六年岁次庚辰八月乙未朔二十三日丁巳坤时建"①。南京大安山道观，"刘仁恭于大安山创宫观，师炼丹羽化之术于方士王若讷，因割蓟县分置，以供给之"②。中京集仙观，楚公陆佃出使辽代过中京受伴使耶律成等之邀至大镇国天庆寺烧香时，公问："道观几何？"曰："中京有集仙观而已。"③东京道观，齐国王耶律隆裕"为东京留守，崇建宫观，备极辉丽，东西两廊，中建正殿，接连数百间"④。通天观，尚不知所在道府，太平元年（1021）十月庚申，圣宗"幸通天观，观鱼龙曼衍之戏。翌日，再幸"⑤。此外，南京析津府内还有未被记录道观名称的道观，《辽史·地理志四》载："西城颠有凉殿，东北隅有燕角楼。坊市、廨舍、寺观，盖不胜书。"⑥上述所录之道观是辽代道教资料中唯能确认者，然辽代之道观绝不会如此稀少，《契丹国志·四时杂记》载："四月八日，京府及诸州，各用木雕悉达太子一尊，城上舁行，放僧尼、道士、庶民行城一日为乐。"⑦虽然此社会风俗描述的是京府诸州庆祝"佛诞节"的盛况，但从有"僧尼、道士、士庶"参加这一场景分析，辽代的道教在京府诸州均有流布，换言之，有道士活动、传播道教的区域就应有道观的存在，只是文献资料未予著录罢了，也许随着文献资料与考古资料的发掘，辽代道观或道观遗址可能会被陆续发现。

---

① 《龙兴观创造香幢记》（寿昌六年），参见向南：《辽代石刻文编》，河北教育出版社 1995年版，第 508 页。
② 《辽史》卷四十《地理志四》，中华书局 2016 年点校本，第 563—564 页。
③ （宋）陆游：《家世旧闻》卷上，参见钱仲联、马亚中：《陆游全集校注》（第 13 册），江苏教育出版社 2011 年版，第 37 页。
④ （宋）叶隆礼：《契丹国志》卷十四《齐国王隆裕传》，上海古籍出版社 1985 年点校本，第 153 页。
⑤ 《辽史》卷十六《圣宗本纪七》，中华书局 2016 年点校本，第 211 页。
⑥ 《辽史》卷四十《地理志四》，中华书局 2016 年点校本，第 562 页。
⑦ （宋）叶隆礼：《契丹国志》卷二十七《岁时杂记》，上海古籍出版社 1985 年点校本，第 251 页。

二、道学教育形成的主要因素

影响道学教育开展的因素很多，然因辽代道学教育资料匮乏所致，尚难梳理出究竟哪些因素对辽代道学教育起到了决定性的推动作用，不过，依据现有的资料分析，辽统治者推行"三教并行"的思想文化政策，以及辽统治者对道学教育的支持，无疑是道学教育在辽统治域内展开的主要因素。

1. "三教并行"政策为辽代道学教育开展提供制度保障

道学教育在辽代社会生活中能够展开，与辽统治者的重视与提倡息息相关。辽虽然将"尊孔崇儒"文教政策放在首位，但也推崇佛学教育和道学教育，贯彻三教并重的原则，以儒为主，以佛、道为辅来维持和巩固辽代社会秩序。从儒、佛、道的思想特点来看，儒家宣扬的是入世思想，极力要求人们遵守儒家的伦理道德规范，修身齐家，忠君报国。佛、道宣扬的是出世思想。佛教以因果报应、转世轮回为依据，要求人们弃恶从善，忍受现世的苦难，追求来世的幸福。道教以虚静无为、善恶报应为依据，要求人们行善乐施，羽化升天。儒、佛、道的这些思想主张，对各个阶级和阶层来说都有很大的诱惑力，都能从中找到自己的精神寄托和理想追求，因此，辽统治者为了缓和社会矛盾，维持和巩固社会秩序，根据民族杂居而信仰迥异的现实，在文化思想领域实行三教并重的政策。①

有关"三教并行"政策在考古资料中多有体现，如故贞亮弘靖保义守节耆德功臣洛京留守开府仪同三司守太师尚父兼政事令上柱国陈王张俭撰《圣宗皇帝哀册》评价圣宗治政时曰："洽前代无为而治，见时政不肃而成。四民殷阜，三教兴行。开拓疆场，廓静寰瀛。东

---

① 高福顺：《尊孔崇儒 华夷同风：辽朝文教政策的确立及其特点》，《学习与探索》2008年第5期。

振兵威，辰卞以之纳款；西被声教，瓜沙繇是贡珍。"①可见，辽统治者始终施行的是儒教、佛教、道教并兴的思想文化政策。具体到辽代的贵胄士庶，对辽代推行的儒释道并兴的思想文化政策亦有一致的认知，前朝请大夫守太常少卿充昭文馆直学士充史馆修撰应奉阁下文字兼编□□□□□都尉漆水郡开国子赐紫金鱼袋耶律兴公（杨遵勖）撰《创建静安寺碑铭》（咸雍八年）时云："五都错峙，帝宅尊乎中土，则大定之分甲天下焉。三教并化，皇国崇乎至道，则梵刹之制布域中焉。"②又《靳信等邑众造塔记》（大安六年）云："窃闻吾皇治化，位登九五，远则八方入贡，近则风调雨顺。八蒸承条，千龄应运，德感贤臣，匡佐内外，极无不归，然及先宗释典，三教兴焉。"③尤其是《永乐村感应舍利石塔记》（天庆十年）云："余虽为释子，三教存心。凡行其道，必须融会。"④尽管此"释子"为何法师，不甚明了，但从虔诚的佛教释子"三教存心"的实态看，崇信佛教之信徒并不排斥儒学、道学，说明兼收并蓄、三教圆融，应是辽代社会思想文化发展的主要特征。

"三教并行"政策亦成为辽代壁画题材的内容，河北宣化张氏家族墓群之 M7 张文藻墓后室壁画"对弈图"就是典型的例证。该壁画绘于后室木门门额之上和拱券之间的砖砌半圆形堵头上，长 0.98 米、高 0.54 米。画面由六人组成，以居中围坐棋盘的三个对弈老者为主，左侧绘三个儿童。右面老者头梳高髻，挽成圆形，小髭须，颏下几缕长髯，颇具道骨仙风。上身着白中单，紫色衬襦。外着缡色宽袖大

---

① 《圣宗皇帝哀册》（太平十一年），参见陈述：《全辽文》卷六，中华书局 1982 年版，第 141 页。

② 《创建静安寺碑铭》（咸雍八年），参见向南：《辽代石刻文编》，河北教育出版社 1995 年版，第 360 页。

③ 《靳信等邑众造塔记》（大安六年），参见向南：《辽代石刻文编》，河北教育出版社 1995 年版，第 427 页。

④ 《永乐村感应舍利石塔记》（天庆十年），参见向南：《辽代石刻文编》，河北教育出版社 1995 年版，第 680 页。

袍，紫色抱肚。腰系勒帛（软带）。右手抬起。中间一人头戴展脚幞头。圆面庞，五缕长髯。身着朱色交领衬襦，缥色圆领长袍。腰系朱带。二目注视棋子，左手扶于膝上，右手指向棋子，若有所动。左面一人为释者装束，光头，络腮胡子，袒胸。着圆领宽袖长袈裟。左手持体，右手抬起，用食指指向棋盘。[①] 对此幅"对弈图"，罗世平评论说："这幅壁画并非一般的对弈图，而是一幅象征儒道释三教的寓意画。画中对弈二人，束髻者为道人，光头者为僧人，观弈者为儒士。将儒、释、道三者安排在棋局前，取意即在三教合流，画家或用民间'棋'与'齐'的谐音，作成'三教会齐'的画面。"[②] 与张文藻墓"对弈图"相类似者还有辽宁阜新蒙古族自治县关山萧氏墓群中的 M1 萧德温墓壁画"对弈图"。该"对弈图"绘于墓门过洞南壁，主要内容为山间松下二人对坐下围棋，一人居中观棋。左侧弈者短须，长袍，盘腿坐于一方席上，右手夹棋子欲落。右侧弈者黑帽，长袍，跪坐于一方席上，上身前倾，凝视棋局。中间观战者为一僧人，修眉朗目，盘腿而坐，面带微笑。棋盘置于一方形矮几上，纵横交错的界格线历历可见，矮几旁置一圆几，依稀可见有碗、盘等物。周围杂草丛丛，一棵巨松从石缝间生出，树干苍虬，枝叶繁茂。[③] 尽管两幅壁画的场景有所不同，但其寓意却颇为相似，表明辽代儒释道三教圆融发展，并行不悖，是辽代思想文化领域实行三教并重政策的必然结果。

辽代儒释道三教圆融发展在实物中亦有所体现，如辽上京南塔上就镶嵌了一尊"浮雕道教石人像"，由红砂岩雕制，高 91 厘米，宽 43 厘米。头上饰球型大首髻，面容端庄，在领下有三络长髯。上穿开领长衫，长袖自臂绕下。下着长裙曳地，屈膝坐于高台之上，脚踏

---

① 河北省文物研究所：《宣化辽墓：1974—1993 年考古发掘报告》（上），文物出版社 2001 年版，第 96 页。

② 罗世平：《辽墓壁画试读》，《文物》1999 年第 1 期。

③ 辽宁省文物考古研究所：《关山辽墓》，文物出版社 2011 年版，第 9 页。

一朵祥云。右手作"说法印"，也称"说法相"。唐彩兰先生对此石人像研究后评价说："这件镶钳于佛塔的道教人物，其手势造型又与佛教有关，是佛、道的交流与融合的产物，可谓辽代'三教合流'的反映。"[1]

总体说来，无论是文献记载，还是石刻资料、实物资料，均反映出辽统治者始终实行儒释道三教并重的文教政策，而三教并重文化思想政策的实施确为辽代道学教育开展提供制度保障。

2. 辽统治者对道教的支持是辽代道学教育发展的根本因素

在"三教并重"的文教思想指导下，虽然道学教育与儒学教育、佛学教育相比，相对逊色，不足称道，但辽统治者却给予道学以足够支持。辽太祖于神册三年（918）五月乙亥，"诏建孔子庙、佛寺、道观"[2]，神册四年（919）八月丁酉，"谒孔子庙，命皇后、皇太子分谒寺观"[3]。从太祖皇帝亲祀孔子庙，而命皇太子分谒寺观的举动看，在太祖心中，儒、释、道三教的地位虽有明显的等级差别，却不可偏废，均应给予重视与提倡。

自辽太祖诏建道观，令皇后、皇太子分谒寺观之后，道学教育很快就在辽统治域内发展起来。为了让更多的契丹人了解道教，东丹王耶律倍亲自将道教经典《阴符经》翻译成契丹字，以便在契丹人中推广。世宗朝，对道学教育亦相当重视，宋人李焘《续资治通鉴长编》载："初，真定苏澄善养生，为道士，居隆兴观，唐、晋间数被召，皆辞疾不赴。契丹主凡欲自立时，求僧道之有名称者加以爵命，惟澄不受。于是，上召见之，谓曰：'朕作建隆观，思得有道之士居

---

① 唐彩兰编著：《辽上京文物撷英》，远方出版社 2005 年版，第 92 页。

② 《辽史》卷一《太祖本纪上》，中华书局 2016 年点校本，第 13 页。

③ 《辽史》卷二《太祖本纪下》，中华书局 2016 年点校本，第 17 页。

之，师岂有意乎？'对曰：'京师浩穰，非所安也。'上亦不强。"①将天下有道之士聚于"建隆观"，从事布道，苏澄得辽世宗之赏识而诏求之，表明世宗对道学教育亦相当重视。景宗第三子齐国王耶律隆裕，"自少时慕道，见道士则喜。后为东京留守，崇建宫观，备极辉丽，东西两廊，中建正殿，接连数百间。又别置道院，延接道流，诵经宣醮，用素馔荐献，中京往往化之"②。圣宗对于儒、释、道三教更是兼收并蓄，不仅专精于儒学，"至于道释二教，皆洞其旨"③。为了提高道学教育在辽代社会生活中的地位，圣宗于统和四年（986）十月壬戌幸南京时，"以银鼠、青鼠及诸物赐京官、僧道、耆老"④，太平元年（1021）十月庚申，圣宗"幸通天观，观鱼龙曼衍之戏。翌日，再幸"⑤，可见圣宗对道学教育持一贯支持的态度，同时也说明道学教育在圣宗朝有了很大发展，辽统治者对道教的认知，对道教的提倡，都达到一定的高度。兴宗不仅崇信道学，还对道上人士封官加爵，重熙十年（1041）八月，废法天皇太后专制后，渐自恣，放荡不羁，曾与教坊使王税轻等数十人约为兄弟，变服微行，数入酒肆，"如王纲、姚景熙、冯立辈皆道流中人，曾遇帝于微行，后皆任显官"⑥。又重熙十五年（1046），"帝常夜宴，与刘四端兄弟、王纲入伶人乐队，命后妃易衣为女道士"⑦。道宗的上述举止，一方面说明辽代自圣宗中兴以

---

① （宋）李焘：《续资治通鉴长编》卷十，宋太祖开宝二年闰五月条，中华书局 1992 年标点本，第 226 页。
② （宋）叶隆礼：《契丹国志》卷十四《齐国王隆裕传》，上海古籍出版社 1985 年点校本，第 153 页。
③ （宋）叶隆礼：《契丹国志》卷七《圣宗天辅皇帝》，上海古籍出版社 1985 年点校本，第 72 页。
④ 《辽史》卷十一《圣宗本纪二》，中华书局 2016 年点校本，第 133 页。
⑤ 《辽史》卷十六《圣宗本纪七》，中华书局 2016 年点校本，第 211 页。
⑥ （宋）叶隆礼：《契丹国志》卷八《兴宗文成皇帝》，上海古籍出版社 1985 年点校本，第 82 页。
⑦ （宋）叶隆礼：《契丹国志》卷八《兴宗文成皇帝》，上海古籍出版社 1985 年点校本，第 83 页。

后承平日久，国库丰盈，统治集团开始出现奢侈之风的趋向，同时也充分表明兴宗对道学教育秉持积极支持的态度。另，皇后父萧磨只看到"后妃易衣为女道士"这种举止后，深感不妥，遂建议兴宗曰："汉官皆在，后妃入戏，恐非所宜。"① 很显然，皇后父萧磨只所抗议的是因"汉官皆在"，有失儒家伦理道德行为规范，而非道教的娱乐活动，说明道教已渗透到辽代贵族群体的生活当中，成为辽代皇戚贵胄日常生活中司空见惯的现象。

辽代皇戚贵胄尊奉道教，接受道学教育，在贵族墓葬中亦有所反映。如 1986 年 6 月至 8 月，内蒙古文物考古研究所对奈曼旗青龙山镇北庙山的辽陈国公主驸马合葬壁画墓进行发掘时，发现"壁画人物上方均绘飘拂的彩色祥云。在耳室门外侧上方各绘一只仙鹤，向后室展翅飞翔，周围亦绘彩色祥云"。出土鎏金银冠 1 件，"用银丝连缀 16 片镂雕鎏金薄银片制成。前面 2 片，左右两侧各三组 6 片，后面 2 片。银片边缘多呈云朵形，唯后面上片为山形。前面下片正中錾刻一道教人物像，并錾刻云朵、凤凰。前面上片錾刻双凤。两侧下部两组银片上亦錾刻凤凰。后面两片均刻双凤、云朵"。出土高翅鎏金银冠 1 件，"清理时银冠旁边有一银质鎏金道教造像。像下为双重镂空六瓣花叶形底座，像后有背光，边缘有九朵卷云，或似九枝灵芝。造像人物高髻长须，身着宽袖长袍，双手捧物盘膝而坐"。② 祥云、仙鹤等为道教民间信仰主要代表物象，银质鎏金道教造像、道教人物像，更是反映道教信仰的直接佐证，据此可知辽代贵族崇奉道教的虔诚程度并非一般。

---

① （宋）李焘：《续资治通鉴长编》卷一百八十，宋仁宗至和二年八月条，中华书局 1992 年标点本，第 4363—4364 页。
② 孙建华、张郁：《辽陈国公主驸马合葬墓发掘简报》，《文物》1987 年第 11 期。

三、辽代道学教育的主要途径

尽管道教在辽代社会生活中并没有像儒释那样盛行，道学教育亦没有像儒学教育、佛学教育那样发达，然辽代的重儒崇释现象并未妨碍道教在辽代社会生活中的传播，道学教育仍然在辽代社会生活中得到推行与展开。

1. 以道观教育的方式传授道学

道观是辽代道士聚居的场所，更是辽代学道之士庶接受道学教育的基地。辽代道教石刻资料《龙兴观创造香幢记》（寿昌六年）载："夫大象希声，非内诚去迹，讵可冥符。而末俗恒流，假外物陈仪，始能致敬。且牺樽象斝，所以备奠于宣王。故石炉星坛，是可□□于道祖。今我观院，虽殿堂像设，夙有妆严，而祭醮供仪，素乏□□。乃采诸翠琰，琢以香幢。每圣诞嘉辰，旦元令节，或清斋洎忏，□旦良宵。用然沈水之烟，式化真仙之侣。所□九清降祉，百圣垂洪。延皇寿以无疆，保黔黎而有赖。风雨时调，禾谷岁登。干戈戢征战之劳，遐迩被洁清之气。"[1] 辽代的道学教育内容与隋唐时期的道学教育内容相类，大致是在中国古代原始宗教信仰的基础上，沿袭方仙道、黄老道的某些宗教观念和修持方法，以"道"为最高信仰，相信人通过某种实践经过一定修炼有可能长生不死，成为神仙。尊老子为教主，奉老子的著作《道德经》为主要经典，并对其进行宗教性的阐释，[2] 宣扬行善得福，积德长寿的修道思想。[3]

辽代道观的道长为了使士庶黎民更好地接受道学教育，在道观设置专门讲授《道德经》的法师，这在《龙兴观创造香幢记》中有

---

① 《龙兴观创造香幢记》（寿昌六年），参见向南：《辽代石刻文编》，河北教育出版社 1995 年版，第 508 页。
② 唐大潮编著：《中国道教简史·引言》，宗教文化出版社 2001 年版，第 3 页。
③ 唐大潮编著：《中国道教简史》，宗教文化出版社 2001 年版，第 20 页。

明确记载，其中撰述《龙兴观创造香幢记》记文者为"讲《道德经》法师□□□"，而书写者则为"当院讲经道士许玄龄"，可见，道学教育亦有"法师""讲经道士"之类的等级区分，类同于佛学教育，设置有相应的"学衔"，但"学衔"是如何获得的，因辽代道教史料的匮乏，尚不得而知。不过，唐朝道学法师的"学衔"是相当严格的，"一般地讲教外人士多称在俗弟子，遵奉正一教后可成为清信弟子、清真弟子；正式入道可称为正一道士。由正一道士再晋升为洞神派三皇弟子、无上洞神法师；然后再成为高玄派高玄弟子、太上高玄法师；再升迁为昇玄派昇玄内教弟子、昇玄法师；再上一级，成为洞玄法师、洞真法师、三洞法师、大洞法师。各派中经文戒文不可混淆杂授，只有得到洞真法师尊号后，不管原属于何派，均可再受大戒，成为三洞、大洞法师，登上道教的最高一级法师的职位"①。可见，道学"学衔"的获得有相当严格的规定，辽代道学"学衔"亦很可能按照此路径获得。不管"学衔"获得如何，道观内设有"法师""讲经道士"予以信教者布经讲道，都为普及道学教育提供了便利条件。

2. 以道学法师侍讲、陪读方式传授道学

辽代皇戚贵胄接受道学教育，一般采取道学法师侍讲、陪读的方式。如前所述，辽太祖于神册三年（918）五月，下诏修建孔子庙、佛寺、道观等进行儒学、佛学、道学教育的场所，教育信教者。神册四年（919）八月，又亲自拜谒孔子庙，同时还命令皇后、皇太子分别拜谒佛寺、道观。辽太祖的举动旨在表明奉行儒释道"三教并行"的思想文化政策，同时亦体现皇戚贵胄接受儒释道教育之要求。尤其是世宗朝时，下诏求天下道士聚于建隆观传授道学，唯真定道士苏澄不受。于是，世宗皇帝特召见之，谓曰："朕作建隆观，思得有道之

---

① 任继愈主编：《中国道教史》，上海人民出版社1990年版，第290页。

士居之，师岂有意乎？"对曰："京师浩穰，非所安也。"上亦不强。壬申，幸其所居，谓曰："师年逾八十而容貌甚少，盍以养生之术教朕！"对曰："臣养生，不过精思炼气耳。帝王养生，则异于是。老子曰：'我无为而民自化，我无欲而民自正。'无为无欲，凝神太和。昔黄帝、唐尧享国永年，用此道也。"上悦，厚赐之。[①]可见，世宗对道学教育相当感兴趣，相当尊崇道学法师，这为辽代道学的展开提供了良好的先决条件。

圣宗朝时，为了让皇戚贵胄进一步洞悉道学，圣宗于太平五年（1025）五月，令诏"道士冯若谷加太子中允"[②]。尽管不清楚圣宗所授冯若谷之太子中允是虚衔还是实职，但圣宗能够将官爵授予道士，表明道士需要接受皇戚贵胄的请求，成为皇帝及皇族成员的侍讲或陪读。对于此事件，舒焚先生评论说："到太平五年，圣宗加道士冯若谷以太子中允之官，太子中允是皇太子的官属，使道士为太子的官属，自然会给太子以道教的影响。圣宗本人很聪明，能洞悉道、释两教之旨。而他的洞悉，可以想象，在道旨方面，当需要阅读道藏，以及不时询问高明的道士。因而当时当有道藏和高明的道士的存在。冯若谷就可能是一位高明的道士。"[③]从景宗第三子齐国王耶律隆裕"自少时慕道，见道士则喜"[④]的记事分析，道士经常出入皇戚贵胄之府邸应是辽代贵族生活中的常态。另外，从前文所涉及的圣宗于统和四年（986）十月幸南京时"以银鼠、青鼠及诸物赐京官、僧道、耆老"的记载分析，圣宗即位时才十二岁，统和四年时仍由圣宗母后萧燕燕摄政，赐道士以银鼠、青鼠及诸物，很可能是承天皇太后萧燕燕所为，

---

① （宋）李焘：《续资治通鉴长编》卷十，宋太祖开宝二年闰五月条，中华书局1992年标点本，第226页。

② 《辽史》卷十七《圣宗本纪八》，中华书局2016年点校本，第223—224页。

③ 舒焚：《辽上京的道士与辽朝的道教》，《湖北大学学报》1994年第5期。

④ （宋）叶隆礼：《契丹国志》卷十四《齐国王隆裕传》，上海古籍出版社1985年点校本，第153页。

即便不为皇太后所为，皇太后对此次赏赐事件理应是首肯的，故说明皇太后与道士亦有交集。

兴宗对道学教育的重视，与前几代帝王相比，更有过之而无不及。为了洞悉道教义理，便于与道人交流，不惜对微行遇之的道人王纲、姚景熙、冯立等擢任"显官"。由于兴宗对僧尼、道士"爵赏滥行，除授无法"，枢密使马保忠尝从容进谏，言于帝曰："罚当罪，赏当功，有国之令典也。积薪之言，汲黯叹之；斜封之滥，至唐而极。国家起自朔北，奄有幽、燕，量才授官，人始称职。今臣下豢养承平，无勋可陟，宜且序进之。"帝怫然怒曰："若尔，则是君不得自行其权，岂社稷之福耶？"① 足见兴宗对道学教育的"热爱"与执着。这种执着还体现在幸燕活动上，史载：兴宗"尝夜燕，与刘四端兄弟、王纲入乐队，命后妃易衣为女道士"。② 兴宗将自己帝王身份置之度外，俨如道士一般，可以想见兴宗对道学达到了何种"痴迷"的程度。

总体说来，通过道学法师以侍讲、陪读方式对皇戚贵胄施行道学教育，道学成功地渗透到辽代的官僚贵族阶层之中，这无疑对辽统治域内道学教育的开展提供了良好契机，使道学教育得以在辽统治域内得到广泛传播。

3. 以民间活动方式传授道学

在皇戚贵胄崇奉道学教育的背景下，望族士人，黔首黎庶，纷纷加入道学教育之中亦是情理之中的。前文提及的景宗第三子齐国王耶律隆裕任东京留守时，"崇建宫观，备极辉丽，东西两廊，中建正殿，接连数百间。又别置道院，延接道流，诵经宣醮，用素馔荐献，中京

---

① （宋）叶隆礼：《契丹国志》卷八《兴宗文成皇帝》，上海古籍出版社 1985 年点校本，第 82 页。
② （宋）李焘：《续资治通鉴长编》卷一百八十，宋仁宗至和二年八月条，中华书局 1992 年标点本，第 4363 页。

往往化之"①。于东京崇建道观，却能令中京区域的俗家弟子或道士嘉惠道学教育，可见耶律隆裕所主办的崇道活动，涉及范围之广，影响范围之大，是前所未有的。

义宗耶律倍亦热衷于道学教育，史载：义宗倍"通阴阳，知音律，精医药、砭焫之术。工辽、汉文章，尝译《阴符经》。善画本国人物，如《射骑》《猎雪骑》《千鹿图》，皆入宋秘府"②。《阴符经》为道学的经典文献，"主张人欲学道修炼必须用心致志、奉天而行、使心之所图合于天道，而达'天人合发，万变定基'的境界，此后方能长生不老。但学道、修炼必须戒目收心，举事发机，务合天道，自可年寿长久。如果养之太过，役心损虑，反致短寿，即强调人要顺应阴阳相推之理、把握阴阳相胜之术，以达长生之目的"③。义宗耶律倍将《阴符经》译成契丹文，其目的就是期望《阴符经》能在契丹族群中广泛传播，足见义宗耶律倍对道学教育作出了突出贡献。

刘操，号海蟾子，为辽代知名道士。都邛《三余赘笔》曰："道家有南北二宗，其南宗，自东华少阳君得老聃之道，以授汉钟离权，权授唐进士吕岩，岩授辽进士刘操。"④又薛大训《神仙通鉴》曰："刘元英，字宗成，号海蟾子，初名操，字昭远，后得道，改称焉。燕地广陵人也（一云大辽人）。以明经擢第，仕燕主刘守光为相，素喜性命之说，钦崇黄老之教。一日忽有道人来谒，海蟾乃邀坐堂上，待以宾礼，问其氏族名字，俱不对。但自称正阳子，海蟾顺风请益，道人为演清静无为之宗，金液还丹之要。既竟，乃索鸡卵十枚，金钱十文，以一文置之几上，累十卵于钱，若浮图之状。海蟾惊异之，叹

① （宋）叶隆礼：《契丹国志》卷十四《齐国王隆裕传》，上海古籍出版社1985年点校本，第153页。
② 《辽史》卷七十二《耶律倍传》，中华书局2016年点校本，第1335页。
③ 李洪钧、刘兆伟著：《儒释道与东北教育史》，辽宁教育出版社1996年版，第68页。
④ （清）厉鹗：《辽史拾遗》卷二十一《刘操传》，参见王云五主编：《丛书集成初编》，上海商务印书馆1936年版，第409页。

曰：'危哉！'道人曰：'人居荣禄之场，履忧患之地，其危有甚于此者？'复尽以其钱擘破为二，掷之而去。海蟾因此大悟，翌早，解印辞朝，易服从道。有诗云'抛离火宅三千指，屏去门兵十万家'，纪当时之实也。后遇吕洞宾，得金丹之秘旨。自此往来终南、太华间。后结张无梦、种放访陈希夷先生，为方外友。亦间作诗，有诗集行于世。其咏修炼，则有还金篇行于世。"[1]可见，道士刘操在出家前就喜欢性命之说，钦崇黄老之教，具有相当高的道学素养，为名副其实的修道养性之官宦修行者。后得正阳子演清静无为之宗、金液还丹之要的传授，弃官从道，成为道士。后来，海蟾子又得吕洞宾之金丹秘旨，修炼成辽代知名的道人。由于海蟾子为明经进士出身，具有很高的儒学水准，故而金人王庭直作《刘海蟾堂移石刻记》（皇统三年）曰："廷直少时，读海蟾子诗帙，高风莫能企及。"[2]称赞海蟾子不仅是辽代道学领域的知名道士，而且还是一位儒学造诣相当高的具有文才风骨的道士。

另外，宋人洪迈《夷坚志补》还记载了一则"蔡州小道人"的故事。宋蔡州有村童，能棋，里中无敌。父母将为娶妻，力辞曰："吾门户卑微，所取不过农家女，非所愿也。儿当挟艺出游，庶几有美遇，以偿平生之志。"于是，"著野人服，自称小道人"。游到辽燕京，遇"棋国手"，乃一女子妙观道人，村童连日访其肆，见有误处，指点迷津。然妙观惧为众哂，阻之人视。村童愤然标一牌曰："汝南小道人手谈，奉饶天下最高手一先。"妙观益不平，择弟子之最者与之"校胜负"，不可敌。后村童适辽之宗王贵公子宴集，贵公子呼妙观至前，令赌百千。村童探怀出金五百两曰："可赌此。"妙观以无金

---

① （清）厉鹗：《辽史拾遗》卷二十一《刘操传》，参见王云五主编：《丛书集成初编》，上海商务印书馆 1936 年版，第 409—410 页。
② 《刘海蟾堂移石刻记》（皇统三年），参见（清）张金吾：《金文最》卷二十二，中华书局 1990 年版，第 300 页。

辞之，村童拱白座上曰："如彼胜则得金，某胜乞得妻。"妙观惭窘失措，遂连败。既退，背约。村童以词诉于燕府，引诸王为证，卒得女为妻，竟如初志。[①] 此故事的真伪不必论说，起码可以看出，当时辽南京地区的道士颇受皇戚望族、黔首黎庶的崇敬，说明民间活动的道学传授较为发达。

四、辽代道学教育的社会意义及其影响

随着道学教育在辽代社会生活中的展开，道教之思想文化得以在辽代广泛传播，使道教信仰成为辽代社会生活中不可或缺的组成部分。由于辽代道教资料之匮乏，有关道教影响辽代社会生活的程度尚难确知，不过，随着辽代墓葬考古发掘的不断进展，道教信仰的世俗化现象如尊奉四方之神、门神，以及长生不老、炼丹成仙、仙鹤升天、符咒等民间信仰，却在辽代壁画墓中淋漓尽致地展现出来，进而丰富了我们对辽代道学教育的社会意义及其影响的认知。

1. 辽代道士形象的展现

道士形象经常出现在辽代日常生活的器物上，如巴林右旗浩尔吐乡乌兰坝村辽墓出土一件"四龙四神纹铜镜"，此铜镜直径 19.5 厘米，圆形，桥钮。钮座莲花瓣纹。环钮饰四条展翼欲翔的飞龙与四神人相间分布。神人右侧身目视前方，眉清目秀，表情肃穆，着宽袖开领长衫。左手举供物，右手捧莲花，祥云环绕。唐彩兰先生对此铜镜研究后认为："这种神人、龙纹铜镜反映了人们渴望长生不老，羽化登仙的思想。在辽代生活用品之一的铜镜纹饰也包含有佛教思想，并富于情节性和故事性，视为一种理想的寄托。这种驭龙升天的纹饰内容是

---

① （宋）洪迈：《夷坚志补》卷十九《蔡州小道人》，参见《夷坚志》（第四册），中华书局 1981 年标点本，第 1728—1729 页。

属于道教，辽朝除佛教盛行之外，也流行道教。"① 又巴林左旗哈拉哈达乡官太沟辽墓的穹顶彩柱上亦绘有"壁画道教人物图"，身着五彩衣，骑仙鹤，飞翔于彩云间，其双手持一三层伞状幡，幡之顶部为花瓣，每层幡盖均饰流苏，幡盖之下系有飘逸绶带，图案的上方绘有一朵祥云，下方绘有二朵祥云。② 这些道士形象的出现，表明道教在辽代社会生活中具有较大的影响力，道士的形象已深深地印刻于辽人的心中，进而出现于辽代社会的日常生活之中。

辽人的修道生活场景亦融入到辽墓壁画中，如辽宁阜新蒙古族自治县关山辽墓群之 M1 萧德温墓之墓门过洞北壁的壁画中绘有"修道图"，主要内容为一道人在松树下静坐修道。道人浓眉密须，身着交领长袍，端坐于山石上。前方一柄长剑直插于地，剑柄朝上，一旁有一座三层的方台，台上插三柱香。道人身后是一棵苍松，兀立于山石间，挺拔茂盛。③ "修道图"所营造的幽静秀雅的环境，悠然闲适的人物，表现出墓主人对世外桃源生活的向往，以及修道成仙的超凡脱俗的理想愿景。当然，拜祭道士自然亦就成为辽人生活中的一部分，如关山辽墓群之 M3 墓门过洞壁画中绘有丹顶鹤，小龛内绘一名道士。南壁为"回首鹤"，鹤体形硕大，占据了大部分画面。鹤以一腿注地，一腿微抬，迈步欲行时不忘回首后顾，神情机警。鹤上方绘祥云四朵，冉冉上升，与拱顶祥云相接。鹤前方的小壁龛内绘一道士。由于受画面所限，道士形体矮小，髻发，圆脸，髭须，戴花形冠，着交领广袖黑边淡红长袍，双手捧一盘，盘内盛供果，身后有云气环绕。脚旁伏一只小龟，昂首引颈，似在吞云吸雾。北壁为"双蝶鹤"，鹤的外形与南壁相似，姿态略有不同。仙鹤单腿而立，仰首张喙，凝视前方一只翩翩起舞的彩蝶，神情专注，憨态可掬。上空绘祥云缭绕。小

---

① 唐彩兰编著：《辽上京文物撷英》，远方出版社 2005 年版，第 43 页。
② 唐彩兰编著：《辽上京文物撷英》，远方出版社 2005 年版，第 164 页。
③ 辽宁省文物考古研究所：《关山辽墓》，文物出版社 2011 年版，第 9 页。

壁龛内也绘一道士，姿态、装束均与南壁者相同，手中所捧供果似为鲜桃，脚旁亦伏一龟，与南壁龟相似。[①] 仙鹤、祥云本为驾鹤升天之寓意，同时又绘壁龛中之道士，反映出墓主人崇信道教，接受道学教育，追求长生不老，亦有死后如道教所宣扬的驾鹤升天、羽人成仙的美好愿景。

2. 辽代的星神信仰

星神崇奉在道教中具有很高的地位，其中影响较大的就有四方二十八宿星君，即青龙、白虎、朱雀、玄武"四方之神"。刘仲宇先生认为："古人又将二十八宿分为东西南北四个区域，各以一兽当之，号称四灵：南朱雀，北玄武（龟蛇合体），东青龙，西白龙。这四灵也被道教吸收，一方面作为四方的代表，又皆当成护法神将。"[②] 这种作为护卫之神的彩绘在辽墓绘画中常常出现，如翁牛特旗文化馆等部门于1970年夏发掘的赤峰市翁牛特旗解放营子辽墓墓椁上便绘有青龙、白虎、朱雀、玄武四方之神，[③] 青龙绘于木椁左壁上方，通宽107厘米，黑线勾勒，朱红、锌白平涂敷彩，白虎绘于木椁右壁上方，宽90厘米，彩绘，以朱红、锌白为主。[④]1970年夏发掘的赤峰市翁牛特旗广德公辽墓的木棺上亦绘有青龙、白虎、朱雀、玄武四方之神，东壁画一青龙，幅面通宽1.3米，锌白色勾勒线条，龙身敷墨绿色，昂首张牙、吐舌，四爪腾空，下托浮云，形象生动威严。西壁已漫漶不清，隐约可见为一白虎。前壁在棺盖下方的角形镶板上画一朱雀，身着黑色，首尾敷赭红色，雀作展翅飞翔状。后壁画一玄武，龟身粗壮，盘卧于一座上，短尾，昂首；一蛇偎倚其侧，仰脖、低首、张

① 辽宁省文物考古研究所：《关山辽墓》，文物出版社2011年版，第21—22页。
② 刘仲宇：《民间信仰与道教之关系》，参见路遥主编：《道教与民间信仰》，上海人民出版社2011年版第194页。
③ 项春松：《内蒙古解放营子辽墓发掘简报》，《考古》1979年第4期。
④ 项春松编：《辽代壁画选》，上海人民美术出版社1984年版，第六一、六二图版及说明。

牙、吐舌，与龟作相视求欢状，形象生动，神态自若。^①此外，辽庆陵和法库叶茂台辽墓等亦有四神壁画配置，可见道教中的星神崇奉在辽代社会生活中相当盛行。

3. 辽代的门神信仰

尊崇门神是辽代道教信仰的又一体现。门神古已有之，专司门户守卫之神，"其信仰流行于汉代，最初为神荼、郁垒，因其有权鬼之术，遂被奉为门神，以求驱鬼辟邪，举家平安"。"有的地方将门神分为三类，即文门神、武门神、祈福门神。文门神即画一些身着朝服的文官，如天官、仙童、刘海蟾、送子娘娘等，武门神即武官形象，如秦琼、尉迟恭等，祈福门神即为福、禄、寿三星。"^②在辽代，门神均见于墓葬壁画，如 1972 年发掘的通辽市库仑一号辽墓的墓门门洞两壁外壁绘有两门神。北壁门神，头戴兜鍪，瞠目，猬须。着鱼鳞甲，腰系圆銙宝带，身缠飘带。两肘外露，肌肉突起。缠皮裹腿，外着短裤，束于膝下。右手提一长剑，剑锋直指左膝下。身边绕云气，似有背光，已脱落；南壁门神，怒目扬眉，小髭翘起。戴兜鍪，着紧袖斜格纹衣甲，宝带饰菱形带銙。左手叉腰，右手握剑，剑锋过头。足踏云头鞋，有背光。其他装束与北壁门神同。^③敖汉旗博物馆于 1991 年对敖汉旗下湾子辽墓进行考古发掘时，在 1 号墓之西南、东南壁至南壁门两侧发现了各画一身披铠甲的门神壁画。西南壁的门神自肩以上脱落，半侧身向左而立，右手执一长柄兵器。东南壁的门神自胸以上脱落，半侧身向右而立。两门神身后有红色祥云相衬。^④内蒙古文物考古研究所会同赤峰市博物馆阿旗文物管理所于 1992 年 8 月末至 10

① 项春松：《内蒙古翁牛特旗辽代广德公墓》，《北方文物》1989 年第 4 期。
② 李远国：《〈道藏〉中的民间信仰神祇与文献》，参见路遥主编：《道教与民间信仰》，上海人民出版社 2011 年版第 12、30 页。
③ 王健群、陈相伟：《库伦辽代壁画墓》，文物出版社 1989 年版，第 16 页。
④ 《敖汉旗下湾子辽墓清理简报》，《内蒙古文物考古》1999 年第 5 期。

月初对赤峰市阿鲁科尔沁旗罕苏木苏木朝克图山的东丹国左相耶律羽
之墓进行了考古发掘，在石制的两扇墓门内面各绘一幅武士立像，怒
目虬髯，身着铠甲，双手仗剑，脚踏猛兽。[①]辽宁阜新蒙古族自治县
关山辽墓群之 M4 天井两壁各绘一门神，均为武将装束，分腿站立，
手执兵刃。南壁门神紫红脸膛，方面大耳，隆鼻厚唇，头戴淡蓝色高
冠，身着红色战袍，赭色披风，腰缠赭色云带，脚蹬战靴。右手持宝
剑，斜立于胸前，左手捏一颗宝珠，宝珠上有云气缭绕，擎于胸前，
双腿分立，二目圆睁，怒视前方，神态威严。北壁门神为姜黄脸膛，
横眉立目，鹰鼻猬须，头戴兜鍪，身材、装束及所持宝器与南壁基本
相同，唯腰间不束云带，相貌更凶恶。[②]M5 墓门过洞南壁绘有"伏鬼
图"。伏鬼者弯眉圆目，高鼻，长睫毛，头戴羽状饰，额部似缠一巾，
腰部束带，着紧身衣裤，浅口黑鞋，右手握宝剑高举过顶，左手似持
一杆横于胸前，双腿呈弓步，右脚踏住一名小鬼，左脚抬起，欲踢地
面上一物。此物尖嘴圆颈，身躯似龟，背上有纹。小鬼身体矮小，身
长不到伏鬼者 1/2，全身赤裸，骨瘦如柴，头发森立，双目圆睁，张
嘴惊呼，神情惶恐。[③]巴林右旗的白彦尔登辽墓的门神更是别具一格，
墓门内、外彩绘有门神。左为持剑门神，手持一柄长剑；右为执斧门
神，手执一长柄斧。[④]赤峰市翁牛特旗解放营子壁画墓绘有门神图两
幅，分别画于东南向和西南向两壁面上。装束大体相同：全身甲胄，
外有披肩，腰际系带，胸有护心镜，分别执剑、执斧。怒目站立于门
两侧。[⑤]1974 年 4 月发现的山西大同城区周家店辽代壁画墓之墓门甬
道两侧壁面绘有门神图两幅，人物装束大体相同：全身戎装，胸前有

---

① 齐小光、王建国、从艳双：《辽耶律羽之墓发掘简报》，《文物》1996 年第 1 期。
② 辽宁省文物考古研究所：《关山辽墓》，文物出版社 2011 年版，第 27～28 页。
③ 辽宁省文物考古研究所：《关山辽墓》，文物出版社 2011 年版，第 47～50 页。
④ 项春松：《辽宁昭乌达地区发现的辽墓绘画资料》，《文物》1979 年第 6 期。
⑤ 项春松：《辽宁昭乌达地区发现的辽墓绘画资料》，《文物》1979 年第 6 期。

护心镜，披披肩，腰系带，束腿，于膝部结扎。东侧门神持弓，西侧门神执剑，皆脚蹬山石，怒目站立于墓门两侧。[①] 上述举例的辽代墓葬壁画中的门神，多为武门神，很显然是为墓主人驱鬼辟邪，保护墓主人平安无事。

在辽代的现实社会生活中是否亦存在贴门神的习俗，因史料的限制，现无法知晓，但内蒙古赤峰市巴林左旗丰水山镇从家屯出土的一件"鎏金门神像铜门"艺术品给我们诸多启示，此"鎏金门神像铜门"长 13.5 厘米，宽 6 厘米，厚 0.3 厘米。铜门为铸成，是对门的一扇，一侧上下出门轴，四边有框，鎏金。正面与背面各半浮雕一门神，门神身披甲胄，神态猛烈，面目狰狞，威严站立。一面门神双手挂剑，另一面门神右手持剑，左手举法器，脚踏一雄狮。[②] 此门神形象虽然体现于艺术品中，然似可说明辽人的现实生活中应该有"贴门神"的习俗。

4. 辽代的仙鹤、祥云和火焰珠

在辽代壁画墓中，还常见有仙鹤、祥云和火焰珠等道教题材的壁画，这与"羽人成仙""驾鹤升天"的道教信仰紧密相连，是道教体系中的重要内容。1968 年 8 月，辽宁北票县季杖子辽墓壁画墓发现《焰珠云鹤图》一幅，分布在主室前的甬道券脸上，朝向墓门。在券脸顶端正中绘有火焰珠一枚，其余所绘者，分别向左右侧下排开，每边各绘有上下对飞的仙鹤一对，又于飞鹤上下绘有飘浮游动状的祥云六朵，所绘祥云、仙鹤以火焰珠为中心基本上对称。对此，清理发掘者韩宝兴先生认为《焰珠云鹤图》"完成了画师笔下的道家'天堂'或为'仙境'里的人间场面。既表现了墓主人生前享受荣华富贵的奢侈生活，也反映了他死后灵魂升入天界的愚妄迷信的道家思

---

① 王银田、解廷琦、周雪松：《山西大同市辽墓的发掘》，《考古》2007 年第 8 期。
② 唐彩兰编著：《辽上京文物撷英》，远方出版社 2005 年版，第 31 页。

想"，"是一部表现契丹人的道家思想意识形态的作品，内容简单，主题突出反映了辽代中后期'三教'兴行的道教场面"。① 哲里木盟博物馆于 1978 年 8 月在清理通辽县第二机械林场辽墓时出土三彩瓷枕一件，"呈倒梯形，枕面下凹，两侧面各有一通气孔。淡黄色胎，上施黄釉，除底部外均绘有花纹。枕面正中绘一牡丹，施褐釉，其两边及枕四角绘花叶，施绿釉。枕前后两面各绘一人骑一大鸟，周围压印流云式线条，似人鸟飞腾于云雾之中，鸟前后绘有花束，施褐釉。枕两侧面各绘一人，着冠，穿长袖衣，坦胸露腹，作舞蹈状，施褐釉。整个瓷枕彩釉均施于图案之上，富有浮雕效果。枕长 16、宽 8.6、高 8.6厘米"。② 此三彩瓷枕绘画所描绘的是在中原汉地广为流传的道教神仙王桥乘白鹤升天而去的典故，表明道教信仰中的"驾鹤升天"认知已深深地影响着辽人的思想观念。辽宁省文物考古研究所与沈阳市文物考古研究所合作于 2004 年 10 月对法库叶茂台 23 号辽代后族墓进行抢救性发掘，发现诸多含有道教题材中的飞鹤、祥云及火焰珠图案的壁画，如拱门由顶部向两侧从上到下近门洞侧均绘有流云和飞鹤，每侧飞鹤各三只，均一字形前后排开向上飞翔，四周祥云缭绕；甬道西侧立壁画有人物、飞鹤、祥云及火焰珠图案；甬道东侧立壁亦画有人物、飞鹤、祥云及火焰珠图案，祥云、火焰珠与飞鹤图案布局和画法与西侧立壁画面基本相同；甬道顶部画面呈拱弧形，与东西两侧立壁画面以红彩画框线相间隔，分别绘有飞鹤、祥云、阴阳鱼、火焰珠及云雷纹图案，所有图案多呈对称分布。飞鹤共绘有十只，其中画面两侧相接处分别绘有四只前后展翅的飞鹤，两两对视嬉戏。拱弧正中两侧分别同向绘有一大朵云雷图案，其间同向绘有前后两只飞鹤。所有飞鹤均朝向墓门方向飞翔。祥云、阴阳鱼、火焰珠图案分别绘于各飞

---

① 韩宝兴：《北票季杖子辽代壁画墓》，《辽海文物学刊》1995 年第 1 期。
② 张柏忠：《内蒙古通辽县二林场辽墓》，《文物》1985 年第 3 期。

鹤间隙；两个耳室的"人"字形耳室门洞上方亦绘有两只展翅对视一"阴阳鱼"图案的飞鹤，祥云与火焰珠图案分布其间。[1]有关祥云、仙鹤、火焰珠等图案在辽宁阜新蒙古族自治县关山辽墓群多有体现，如M4 墓门过洞两壁壁画均绘有飞鹤流云图，内容基本相同，仅局部微异。绘两只鹤在空中飞舞，姿态矫捷。上方一只凌空向下俯冲，下方一只展翅向前飞翔，飞鹤四周祥云缭绕。下方的小龛周围也有七朵祥云环绕。[2]M5 墓门正面壁画之拱门上方正中间绘一颗火焰珠，下面以两朵相连的祥云承托。拱门左、右上角各绘有一只仙鹤，朝中间飞翔，周围祥云环绕。拱门两侧各绘两朵祥云。[3]在陈国公主驸马合葬墓的壁画中，"壁画人物上方均绘飘浮的彩色祥云。在耳室门外侧上方各绘一只仙鹤，向后室展翅飞翔，周围亦绘彩色祥云。券顶涂深蓝色表示天空，其上满绘大小不等的白色圆点以示星辰。东壁之上券顶一侧绘一轮橙红色太阳，内用墨笔画一三足乌。与太阳相对西壁券顶绘一白色月亮，内用墨线绘一玉兔和桂树"。[4]壁画中的祥云、仙鹤、三足乌是道教故事的常见题材，而"玉兔捣药"题材反映的是道教信仰中追求"长生不老"的象征。总体说来，辽代壁画墓中的仙鹤、祥云和火焰珠等内容的道教题材，充分反映了墓主人生前深受道教的熏陶，具有强烈的"羽人成仙""驾鹤升天"的道教信仰。

此外，近年来出版的辽代壁画有关道教题材的壁画亦多有选用，如《辽上京文物撷英》选用了巴林右旗白音罕山韩匡嗣墓的藻井上的"祥云仙鹤图"，"前室穹隆顶绘有祥云、瑞鹤、莲花、蟠龙。瑞鹤、祥云分两层绘成。第一层靠近 4 个圆角的上方各绘一展翼曲颈高翔之鹤，之间绘灵芝状如意祥云两朵。第二层绘姿态相同的瑞鹤，之间绘

① 李龙彬、沈彤林：《辽宁法库县叶茂台 23 号辽墓发掘简报》，《考古》2010 年第 1 期。
② 辽宁省文物考古研究所：《关山辽墓》，文物出版社 2011 年版，第 29 页。
③ 辽宁省文物考古研究所：《关山辽墓》，文物出版社 2011 年版，第 28 页。
④ 孙建华、张郁：《辽陈国公主驸马合葬墓发掘简报》，《文物》1987 年第 11 期。

4 朵祥云。穹隆顶中心绘一蟠龙，周围绘有一垂瓣莲花"。①《内蒙古辽代壁画》选用了赤峰市巴林右旗岗根苏木床金沟 5 号辽墓的"门神图""飞鹤图"，"门神图"有二，其一绘于前室甬道西壁壁龛内，"门神身着盔甲，右手执斧荷于肩部"；其一绘于前室甬道东壁壁龛内，"门神身穿铠甲，右手握剑柄，左手托剑首"。"飞鹤图"有二，其一绘于前室甬道西壁上方，"仙鹤丹顶、长喙、双腿直立，面向墓室内，展翅向上飞翔"；其一绘于前室甬道东壁上方，"仙鹤长喙、红顶、双腿后伸，展翅向墓室内飞翔"。② 这不仅反映道教题材的壁画不断在辽代壁画墓中被发现，而且说明越来越多的学者开始关注辽代的道教，关注道学教育在辽代社会生活中的实态。

5. 辽代的符咒与卜具

符咒为符篆和咒语的合称，是道家修炼中的一个重要组成部分，是僧道与灵界对话的媒介和渠道，侍奉者认为，通过此渠道，可役使鬼神，为人祈福禳灾、祛病除邪。1982 年夏，巴林右旗的郑庆新先生曾向巴林右旗博物馆捐赠一枚辽代石印，"系由白色巴林石制成。形近扁平，上无印纽。印面呈方形，边长 7.2 厘米。印文为阳文，且有外阔内窄的边重边栏，剔地深 0.2 厘米。四个侧面均无边款和纹饰。印顶为盝顶式，在其正中阳刻一汉字'上'字。石印高 2、盝顶高 0.4、边宽 3.5 厘米。在印文近中间字的一'圆圈'内，钻有与印顶直通的穿孔，或为携带方便之用，但未见有磨损痕迹。该印文十分奇异，结构诡谲，既不是汉字，又不是契丹字，应为符咒"③。此符咒说明，道教民间信仰已成为辽代社会生活中不可或缺的组成部分。

赤峰市敖汉旗出土过一件陶质的卜具，呈八角形宝珠状，其上刻

① 唐彩兰编著：《辽上京文物撷英》，远方出版社 2005 年版，第 167 页。
② 孙建华编著：《内蒙古辽代壁画》，文物出版社 2009 年版，第 68—70 页。
③ 韩仁信：《内蒙古巴林右旗出土契丹大字铜符牌和石质道教符印》，《考古》1999 年第 6 期。

有五言吉词："王子去求仙，旦成入九天，洞中方七日，世上几千年，仙列上中下，才分天地人，五行生五子，八卦定君臣。"从形状和刻词上可认定陶质卜具是道教中的一种法具，因为道教经籍曾取《周易》阴阳八卦的思想，以衍经义。《周易》中的八卦符号图形，组成八角形，吉词中的"求仙""九天""洞中""才分天地人""五行生五子"等，亦是道教经常使用的名词术语。[①]可见，道教"卜具"在辽代社会生活中亦是广为流传的。

从道士形象的展现、星神信仰、门神信仰、仙鹤、祥云和火焰珠等道教题材壁画以及符咒、卜具等法器在辽代的盛行，不难看出道教予以辽代社会生活以深刻影响，道学教育的社会意义及其影响显而易见。

---

① 邢康：《从考古材料看道教在辽地的流传》，《内蒙古民族师院学报》1988 年第 1 期。

第七章　辽代科技教育

辽代在 200 余年的发展过程中，不仅在政治上、经济上、文化上、军事上作出卓越贡献，为中华民族的嬗变增添新的内涵，而且在科学技术领域也作出比较大的贡献。辽代的科技教育内容涵盖较广，大凡医药卫生、天文历法、书籍印刷、冶金制造、纺织、建筑等各个领域都含其中。本章选取医学教育与天文历法教育两个领域作为个案进行较为深入的研究，期望以此来窥视辽代科技教育的发展及取得的成就。

第一节　辽代医学教育

辽代医学在中国医学史上颇具民族特色，是契丹传统医学与中原医学相结合的产物。在辽代医学嬗变的过程中，医学教育起到举足轻重的作用。通过医学教育，辽代医学在契丹传统医学的基础上，充分吸收中原医学和其他民族医学所取得的成就，进而走上一个新的高度。

一、辽代医学教育形成的主要因素

关于辽代医学教育，学界比较一致的看法是：辽代医学教育取得较大成绩，不仅使契丹社会的医学知识得到广泛普及，医学水平得到较大提高，而且在中国医学发展史上起到重要作用。[①] 辽代医学教育之所以能取得较大成绩，与统治者对医学教育的重视、医疗机构的设置、医学典籍的输入以及各种药材的输入息息相关。

1. 统治者对医学的重视是辽代医学教育发展的根本因素

辽统治者对医学颇为重视，对有技业专长的医者给予特殊优厚待遇。《辽史·直鲁古传》载："直鲁古，吐谷浑人。初，太祖破吐谷浑，一骑士弃橐，反射不中而去。及追兵开橐视之，中得一婴儿，即直鲁古也。因所俘者问其故，乃知射橐者，婴之父也。世善医，虽马上视疾，亦知标本。意不欲子为人所得，欲杀之耳。由是进于太祖，淳钦皇后收养之。长亦能医，专事针灸。"由于直鲁古具有高超的医术，"尝撰《脉诀》《针灸书》，行于世"，在太宗时，"以太医给侍"。[②] 辽太祖对医学人才颇为重视，当得知直鲁古为名医之后，令淳钦皇后收养之。太宗更加重视医术卓越的医者，针对直鲁古的才能，给予太医的称号。直鲁古也不负太祖、太宗所望，不仅成为一代名医，专事针灸，还撰述《脉诀》《针灸书》传于世间，对辽代医学起到推动作用。

圣宗对医学的重视不逊于太祖、太宗。《辽史·圣宗本纪五》载：统和十九年（1001）正月甲申，"回鹘进梵僧名医"[③]。从事件本身看，回鹘统治者显然是为了迎合圣宗趣意而贡献回鹘名医，以得圣宗欢

---

① 周俊兵：《试述辽代之医学教育》，《南京中医药大学学报》2003 年第 1 期；王能河：《辽代的医学发展与医学教育》，《成都中医药大学学报》2008 年第 2 期。
② 《辽史》卷一百八《直鲁古传》，中华书局 2016 年点校本，第 1625—1626 页。
③ 《辽史》卷十四《圣宗本纪五》，中华书局 2016 年点校本，第 170 页。

心。但从另一角度看，恰恰说明圣宗颇为重视医学，才有了回鹘贡献名医这一事件的发生。此外，《辽史·耶律敌鲁传》载：耶律敌鲁，"精于医，察形色即知病原。虽不诊候，有十全功。统和初，为大丞相韩德让所荐，官至节度使"①。可见，耶律敌鲁能够被官至节度使，无疑得益于他是名医，名医耶律敌鲁官至节度使也可佐证圣宗对医学的重视。

辽兴宗也是一位颇为重视医学的帝王，《辽史·兴宗本纪三》载：重熙十年（1041）八月丙戌，"以医者邓延贞治详稳萧留宁疾验，赠其父母官以奖之"②。实际上，这种奖励行为的意义已经超出事件本身，它透视出辽代颇为重视医学的信息，对辽代臣民重医、习医起到示范作用，推动辽代医学的发展。此外，兴宗还于重熙十九年（1050）六月壬申，"诏医卜、屠贩、奴隶及倍父母或犯事逃亡者，不得举进士"③。在辽代，进士擢第是应举士人一生中最高的荣耀，成为世人羡慕的对象，受到辽统治者的高度重视，并给予极高的礼遇，使进士阶层成为辽代社会生活中有较高地位和影响的阶层。④辽代不允许医者、占卜者举进士，并不是因为他们与"屠贩、奴隶及倍父母或犯事逃亡者"受到辽代社会的歧视，而是因为辽代社会养成尊医重教的社会风尚，勿欲使医者转习儒家经史而分散精力。正如《辽史·方技传》所云："孔子称：'小道必有可观'，医卜是已。医以济夭札，卜以决犹豫，皆有补于国，有惠于民。"⑤可见，医者、占卜者在辽代社会具有特殊重要地位，故而受到辽统治者的高度重视。

辽历代统治者重视医学和医学教育，充分调动了医者的积极性，

---

① 《辽史》卷一百八《耶律敌鲁传》，中华书局 2016 年点校本，第 1627 页。
② 《辽史》卷十九《兴宗本纪二》，中华书局 2016 年点校本，第 258 页。
③ 《辽史》卷二十《兴宗本纪三》，中华书局 2016 年点校本，第 276 页。
④ 高福顺：《辽朝南京地区官学教育发展探析》，《社会科学战线》2008 年第 1 期。
⑤ 《辽史》卷一百八《方技传》，中华书局 2016 年点校本，第 1625 页。

为辽代医学教育的发展起到极大的推动作用。

2. 医疗机构的设置为辽代医学教育的发展提供制度保障

辽对医学教育的重视还体现在医疗机构的设置上。辽采取的基本国策是"官分南、北，以国制治契丹，以汉制待汉人"的"因俗而治"政策，① 故有北南两套官制体系。从辽代医学机构的设置看，在北、南官制系统中均设置有医疗管理机构，这不仅说明辽统治者对医学相当重视，也为医学教育的发展提供了制度保障。

在北面官制体系中，设有"局"官系统，其中就设置有"太医局"，在太医局中署置有"局使""副局使"等官职，② 主掌辽代医政之事。太医局当为辽代医疗管理机构中最高权力机构，不仅担当着医疗事务管理，而且其属官还应具有培养和教育医者的职能。在太医局中，除局使、副局使等职官外，还有太医官、太医都林牙等属官。关于太医官，如前所述，名医直鲁古在太宗时曾任太医官。此外，《辽史·耶律敌烈传》载："（耶律敌烈）有疾，上命乘傅赴阙，遣太医视之。"③ 又《辽史·耶律俨传》载："（耶律俨）疾甚，遣太医视之。"④ 可见，太医官为太医局之属官当毋庸置疑。至于太医都林牙，《辽史·萧和尚传》载：在圣宗开泰初，萧和尚"补御盏郎君，寻为内史、太医等局都林牙"⑤，这说明太医都林牙为太医局之属官也当毋庸置疑。

在南面官制体系中，辽代应于翰林院下设置有"翰林医官"⑥，主掌供奉朝廷医药、承诏诊疗众疾等。从《辽史·天祚帝本纪三》载有保大二年（1122）三月天锡皇帝耶律淳曾诏"李奭为少府少监、提举

---

① 《辽史》卷四十五《百官志一》，中华书局 2016 年点校本，第 773 页。
② 《辽史》卷四十六《百官志二》，中华书局 2016 年点校本，第 822 页。
③ 《辽史》卷九十六《耶律敌烈传》，中华书局 2016 年点校本，第 1543 页。
④ 《辽史》卷九十八《耶律俨传》，中华书局 2016 年点校本，第 1558 页。
⑤ 《辽史》卷八十六《萧和尚传》，中华书局 2016 年点校本，第 1460 页。
⑥ 《辽史》卷四十七《百官志三》，中华书局 2016 年点校本，第 873 页。

翰林医官"①看，辽代在南面官系统中的翰林院之下暑置翰林医官是毫无疑问的。从《辽史·礼志四》载有翰林医官院为文官来看，似乎管理翰林医官的管理机构当为"翰林医官院"。

辽在北、南面官制系统中均设置有管理医学的机构，为辽代医学的有序开展提供制度保障，使辽代医学教育的顺利进行。

3. 医学典籍的输入客观上促进辽代医学教育水平的提高

辽代重视医学典籍的收求从辽初便已开始。太祖长子耶律倍医学造诣很高，"精医药、砭焫之术"②，在耶律倍的藏书中，不乏重要的或在中原早已佚失的医学典籍。《新五代史·四夷附录第二》载：耶律倍"自契丹归中国，载书数千卷，枢密使赵延寿每假其异书、医经，皆中国所无者"③。可见，在耶律倍所藏"医经"中，存有在中原早已佚失的医学典籍，说明辽代很重视医学典籍的收求。

太宗灭亡后晋时，也曾将后晋的医者及医学典籍悉入于辽。《辽史·太宗本纪下》载：大同元年（947）三月壬寅，"晋诸司僚吏、嫔御、宦寺、方技、百工、图籍、历象、石经、铜人、明堂刻漏、太常乐谱、诸宫县、卤簿、法物及铠仗，悉送上京"④。所谓"方技"，按《辽史·方技传》载，当指"卜者"和"医者"。所谓"铜人"，是医者施行针灸术教育的教学用具。所谓"图籍"，除儒家经典外，还应包括医学典籍在内的文献。

就辽宋文化交流而论，宋朝的印刷技术和大量图书北传契丹，苏辙《北使还论北边事札子五道》曰："本朝民间开版印行文字，臣等窃料北界无所不有。……臣等因此料本朝印本文字多已流传在彼，……访闻此等文字贩入虏中，其利十倍。人情嗜利，虽重为赏

① 《辽史》卷二十九《天祚帝本纪三》，中华书局2016年点校本，第386页。
② 《辽史》卷七十二《耶律倍传》，中华书局2016年点校本，第1335页。
③ 《新五代史》卷七十三《四夷附录第二》，中华书局2015年点校本，第1019页。
④ 《辽史》卷四《太宗本纪下》，中华书局2016年点校本，第64页。

罚，亦不能禁。"① 从苏辙的描述看，由于贩书于辽可获利"十倍"，致使辽宋商人贩书至辽境者"无所不有"，以至于宋景德三年（1006），"诏民以书籍赴沿边榷场博易者，非《九经》书疏悉禁之"②。在这些北传的著作中，当然也应包括宋朝流传的医学典籍。这从耶律倍收藏的典籍中有大量"医经"就可推测之。这些医学类典籍大量北传契丹，为辽代医学教育的发展提供了大量的典籍储备。

4. 药材输入间接为辽代医学教育的发展提供便利条件

辽与宋及其周边部族之间的物品交易颇为兴盛，作为物品之一的药材也得以广泛流通，药材的流通为辽代医学及医学教育的发展提供了物质条件。从文献记载来看，辽代与中原等政权的药材流通实际上在辽初就已经开始，如辽太祖二年，辽与后梁交聘时，辽多以良马、金花鞍辔、麝香、貂皮、朝霞锦等物品与之贸易。③ 太宗会同三年（940）四月丙辰，"晋遣使进茶药"④。太宗会同四年（941）二月甲辰，"晋遣使进香药"⑤。穆宗应历三年（953）九月庚子，"汉遣使贡药"⑥。穆宗应历四年（954）二月丙辰，"汉遣使进茶药"⑦。从上述史料记载看，辽代在辽初就与中原五代诸政权进行着包括麝香、茶药、香药等药材在内的物品交易活动。另外，辽还与割据江南的吴越、南唐等诸政权进行交聘活动。据陈述先生统计，吴越遣使于辽凡十一次，辽遣使吴越凡四次，南唐遣使于辽凡二十四次，辽派往南唐的使者凡九次。⑧ 这些交聘活动，大多数都是物品交易活动，在交易的物品中就

① （宋）苏辙：《栾城集》卷四十二《北使还论北边事札子五道·论北朝所见于朝廷不便事》，上海古籍出版社 1987 年标点本，第 937—938 页。
② 《宋史》卷一百八十六《食货志八下》，中华书局 1977 年标点本，第 4562 页。
③ 张亮采：《补辽史交聘表》，中华书局 1958 年版，第 2 页。
④ 《辽史》卷四《太宗本纪下》，中华书局 2016 年点校本，第 51 页。
⑤ 《辽史》卷四《太宗本纪下》，中华书局 2016 年点校本，第 53 页。
⑥ 《辽史》卷六《穆宗本纪上》，中华书局 2016 年点校本，第 80 页。
⑦ 《辽史》卷六《穆宗本纪上》，中华书局 2016 年点校本，第 80 页。
⑧ 陈述：《契丹社会经济史稿》，生活·读书·新知三联书店 1963 年版，第 112 页。

包括医用药材。① 到了圣宗朝以后，药材流通更加频繁，交易品种之多、交易量之大都远远超过辽初。辽宋之间的物品交易主要是通过带有经济性质的聘使往来、官办的榷场贸易和民间的走私买卖等多种形式而完成。从聘使往来、榷场贸易来看，在"澶渊之盟"前，北宋向辽输入的药材主要有香药、犀角、象牙、苏木、茶叶等。《宋史·食货志八下》载："契丹在太祖时，虽听缘边市易，而未有官署。太平兴国二年，始令镇、易、雄、霸、沧州各置榷务，辇香药、犀象及茶与交易。"② 宋太宗淳化二年（991），又"令雄霸州、静戎军、代州雁门砦置榷署如旧制，所鬻物增苏木，寻复罢"③。从民间的走私买卖来看，宋太宗时曾诏曰："自今惟珠贝、玳瑁、犀象、镔铁、鼉皮、珊瑚、玛瑙、乳香禁榷外，他药官市之余，听市于民。"④ 从所禁榷物品来看，就有玳瑁、犀象等之类的药材，而听市于民者当也有诸多物品为药材。在"澶渊之盟"后，从北宋输入辽的药材为数更多。如宋真宗景德三年（1006），"凡官鬻物如旧，而增缯帛、漆器、粳糯，所入者有银钱、布、羊马、橐驼，岁获四十余万"⑤。宋神宗熙宁八年（1075），"（宋朝）市易司请假奉宸库象、犀、珠直总二十万缗，于榷场贸易，明年终偿之"⑥。这种情况，"终仁宗、英宗之世，契丹固守盟好，互市不绝"⑦。可见，辽宋之间的贸易量之大是空前的。宋朝在与辽的贸易过程中，有些物品官方贸易允许，但在民间贸易中就属于非法，如宋神宗熙宁九年（1076），宋朝"又禁私市硫黄、焰硝及以卢甘石入他界者，河东亦如之"；宋神宗元丰元年（1078），"复申卖书

① 杨树森：《辽史简编》，辽宁人民出版社 1984 年版，第 197 页。
② 《宋史》卷一百八十六《食货志八下》，中华书局 1977 年标点本，第 4562 页。
③ 《宋史》卷一百八十六《食货志八下》，中华书局 1977 年标点本，第 4562 页。
④ 《宋史》卷一百八十六《食货志八下》，中华书局 1977 年标点本，第 4559 页。
⑤ 《宋史》卷一百八十六《食货志八下》，中华书局 1977 年标点本，第 4562 页。
⑥ 《宋史》卷一百八十六《食货志八下》，中华书局 1977 年标点本，第 4563 页。
⑦ 《宋史》卷一百八十六《食货志八下》，中华书局 1977 年标点本，第 4563 页。

北界告捕之法"①。虽然宋朝多次下诏禁易，但效果并不十分理想。据
《宋会要辑稿·刑法二》载：宋徽宗大观四年（1110）二月，诏曰：
"访闻河北诸路帅司人吏与沿边巡检捕盗官司兵员管营等，上下计会，
受赇作弊，容纵客旅，公然般运违禁物色。透漏盗贩过界，帅臣安
抚，通知其弊，莫肯按劾，弥缝胶固，牢不可破，虽设禁制，仅成虚
文。"②可见，民间走私颇为盛行。在这些走私物品中就应该包括禁入
辽的某些药材。

此外，辽也与西夏、吐蕃、回鹘等政权或部族相互往来交易。辽
在上京置"回鹘营"以待蕃人，交易的药材主要有香料、硇砂、星
矾、羚羊角、大硼砂、大琥珀、香药等，《契丹国志·南北朝贡献礼
物》"诸小国贡进物件"条载：高昌、龟兹、于阗、大食、小食等国，
"三年一次遣使，约四百余人，至契丹贡献"。贡献物品主要"玉、
珠、犀、乳香、琥珀、玛瑙器、宾铁兵器、斜合黑皮、褐黑丝、门得
丝、怕里呵、钢砂、褐里丝"等，而契丹回赐，"至少亦不下四十万
贯"。③可见，贡献的物品中药材占有一定比例，而且贡献与回赐的
物品量也比较大。在东方，辽也设置榷场，与女真人交易，《契丹国
志·天祚皇帝上》载："先是，州有榷场，女真以北珠、人参、生金、
松实、白附子、蜜蜡、麻布之类为市，州人低其直，且拘辱之，谓之
'打女真'。"④同时，女真人不仅与辽代进行药材交易，而且还要以贡
献的形式向辽输入大量药材，如熟女真国"不与契丹争战，或居民等
自意相率赍以金、帛、布、黄蜡、天南星、人参、白附子、松子、蜜

① 《宋史》卷一百八十六《食货志八下》，中华书局1977年标点本，第4563页。
② （清）徐松辑：《宋会要辑稿·刑法二（之五一）》（第七册），中华书局1957年版，第6521页。
③ （宋）叶隆礼：《契丹国志》卷二十一《南北朝贡献礼物》，上海古籍出版社1985年点校本，第205页。
④ （宋）叶隆礼：《契丹国志》卷十《天祚皇帝上》，上海古籍出版社1985年点校本，第102页。

等诸物，入贡北番；或只于边上买卖，讫，却归本国。契丹国商贾人等就入其国买卖，亦无所碍，契丹亦不以为防备"①。从上述记载来看，辽与女真的药材交易量应该也很大。

二、辽代医学教育的主要途径

中国古代医学教育主要包括官学教育与私学教育。官学教育集中体现在学校教育，学生通过官办的医学学校获取医学知识与技能。私学教育有家传、师承等民间教育模式。在辽代，从供职于太医局、医官院的医官看，他们似乎皆不是经考试而选拔出来的。《辽史·萧胡笃传》载：萧胡笃"其先撒葛只，太祖时愿隶宫分，遂为太和宫分人。曾祖敌鲁，明医。人有疾，观其形色即知病所在。统和中，宰相韩德让贵宠，敌鲁希旨，言德让宜赐国姓，籍横帐，由是世预太医选。子孙因之入官者众"②。从这条史料可知，萧胡笃的曾祖萧敌鲁以言韩德让宜赐国姓籍横帐而得宠，获得"世预太医选"的资格，于是子孙入官者众。可见，太医不是通过考试而是通过"世选制度"而获得。另外，从上引李奭的情况看，李奭的翰林医官是天锡皇帝耶律淳赐予的，也不是通过考试而获得。萧敌鲁、李奭的事例足以说明辽代似乎还没有设立专门施行医学教育的官办学校，换言之，辽代医学教育并非通过官办专门学校而完成。从现已掌握的史料分析，辽代医学教育主要有以下两种途径：

1. 以私学教育的方式传授医学

由于辽代没有设立专门学校施行医学教育，因而医学教育的重点就在于医者自学和私人传授。前文提及的辽太祖长子耶律倍曾"市书

---

① （宋）叶隆礼：《契丹国志》卷二十二《四至邻国地里远近》，上海古籍出版社 1985 年点校本，第 212 页。
② 《辽史》卷一百一《萧胡笃传》，中华书局 2016 年点校本，第 1582 页。

至万卷，藏于医巫闾绝顶之望海堂"①。其所藏"异书、医经，皆中国所无者"②。耶律倍利用这些藏书刻苦自学，其成为"通阴阳，知音律，精医药、砭焫之术。工辽、汉文章"③的博学之士。景宗皇帝不仅"喜医术"，而且还颇为重视培养善于医学的"针灸之辈"，并授予"针灸之辈"以较高的地位，这极大地刺激了民众习医的积极性，为医学教育创造了良好的氛围。又《史洵直墓志》（天庆四年）载："爰自幼学，卓立不群。文章敏巧，出于自然。甫及弱冠，声华籍甚。……甘贫守道，拙于谋进。内典医方，音律星纬、书数射御，无不精妙。"④很显然，史洵直也是通过自幼力学而精通"内典医方"之术的。

此外，萧蒲奴也是通过私学而成为名医的，《辽史·萧蒲奴传》载："萧蒲奴，字留隐，奚王楚不宁之后。幼孤贫，佣于医家牧牛。伤人稼，数遭笞辱。医者尝见蒲奴熟寐，有蛇绕身，异之。教以读书，聪敏嗜学。不数年，涉猎经史，习骑射。既冠，意气豪迈。"⑤这里提到的"医者""医家"当是以家庭为基础的家传医学教育，世代为医。再如前文提及的萧敌鲁，之所以能够获得"世预太医选"的资格，也是由于家传医学教育的结果，若不是家族世代培养出名医，也断然不会以"世选"资格世代担当太医之职。

2. 通过对外交流方式接受医学教育

辽朝统治者为了提高医学教育水平，还以对外交流的方式学习域外的医学技术。如前文提及的太宗天显十二年（937）十一月己未，太宗派遣使臣至后晋，请求后晋派遣有较高医学成就的医者北上辽

---

① 《辽史》卷七十二《耶律倍传》，中华书局 2016 年点校本，第 1335 页。
② 《新五代史》卷七十三《四夷附录第二》，中华书局 2015 年点校本，第 1019 页。
③ 《辽史》卷七十二《耶律倍传》，中华书局 2016 年点校本，第 1335 页。
④ 《史洵直墓志》（天庆四年），参见向南：《辽代石刻文编》，河北教育出版社 1995 年版，第 651—652 页。
⑤ 《辽史》卷八十七《萧蒲奴传》，中华书局 2016 年点校本，第 1469 页。

朝，诊病治疾，交流医学技术。后晋医者的到来，为辽朝带来中原医学诊治技术。后晋医者在行医问诊的过程中，自然少不了辽朝医者相伴，通过晋辽医者的交流，辽朝医者必然会从中学到许多中原医学技术。圣宗时，辽与回鹘的医学技术交流也相当密切，圣宗统和十九年（1001）正月甲申，"回鹘进梵僧名医"[①]。回鹘医者入辽，必然与辽朝医者切磋医学技术，使回鹘医学技术传入于辽。总之，后晋、回鹘医者入辽，为辽代医学教育注入新鲜血液，使辽代医学教育在对外交流中得到迅速发展和提高。

此外，辽代医者还善于利用与他国交聘的机会，相互交流，获取信息。《王师儒墓志》（天庆四年）载：王师儒年二十六，举进士第，于"直道、纯德、懿文、朴学，士人之于四者，而长于一焉犹难，公独兼而有之"，时王师儒"接伴宋使钱勰者，南国之闻人也。在驿涂，相与论六经子史及天文□□山海异物医卜之书，公无不知者"[②]。虽然王师儒不是纯粹的医者，但从其与宋使钱勰的论辩中也曾提及"医卜之书"来看，辽代的医者完全可以利用与异国交往的机会相互交流医学技术。

三、辽代医学教育的社会意义及其影响

辽历代皇帝都重视医学，给医者以较高的社会地位，医疗机构的设置为医学教育的发展提供制度保障，医学典籍的输入客观上促进医学教育水平的提高，药材的输入间接为医学教育的发展提供便利条件，这些使医学教育能够在辽代社会取得较大成绩，使辽代医学教育水平得到极大提高，并涌现出许多著名医者，如上面提及的耶律倍、

---

① 《辽史》卷十四《圣宗本纪五》，中华书局 2016 年点校本，第 170 页。
② 《王师儒墓志》（天庆四年），参见向南：《辽代石刻文编》，河北教育出版社 1995 年版，第 645—648 页。

直鲁古、耶律敌鲁，还有迭里特、萧敌鲁、耶律庶成、邓延正、琅琊仁及等。迭里特，"尤神于医，视人疾，若隔纱睹物，莫不悉见"，"会帝患心痛，召迭里特视之，迭里特曰：'膏肓有瘀血如弹丸，然药不能及，必针而后愈。'帝从之。呕出瘀血，痛止。"[①] 萧敌鲁，"明医。人有疾，观其形色即知病所在。统和中，宰相韩德让贵宠，敌鲁希旨，言德让宜赐国姓，籍横帐，由是世预太医选。子孙因之入官者众。"[②] 耶律庶成，"译《方脉书》行之，自是人皆通习，虽诸部族亦知医事"[③]。又《邓中举墓志》(寿昌四年)载："大父延正，通术数，尤长于医卜。兴庙时，皇太后齿疾，工治不验，因召入，遽以术止之。尔后出入扈徒，蔚有缓(华)佗之能。至于寓泊涂舍，贫贱茕独婴疾恙者，皆阴治活之。后累官至节度使，加勤劳奉职功臣，右千牛卫上将军。"[④] 《郑佛男为祖父造经幢记》(乾统八年)载："(上缺)父者，姓琅琊，讳仁及。德动四民，学通半古。自丱岁来，(上缺)弱冠时，复通二仪八宅，尔后医方针灸，光扬内外，芳(上缺)经州府。感诸方之士庶，叠迹求音；使四远之英俊，鳞集趋(上缺)俗道巡游，尽皆重□。"[⑤] 可见，辽代社会出现众多名医，而这些名医的出现正是辽代医学教育发展的必然体现。

① 《辽史》卷一百一十二《耶律迭里特传》，中华书局 2016 年点校本，第 1649 页。
② 《辽史》卷一百一《萧胡笃传》，中华书局 2016 年点校本，第 1582 页。
③ 《辽史》卷八十九《耶律庶成传》，中华书局 2016 年点校本，第 1485 页。
④ 《邓中举墓志》(寿昌四年)，参见向南：《辽代石刻文编》，河北教育出版社 1995 年版，第 488 页。
⑤ 《郑佛男为祖父造经幢记》(乾统八年)，参见向南：《辽代石刻文编》，河北教育出版社 1995 年版，第 599 页。

第二节　辽代天文历法教育

辽代天文历法在中国天文历法发展史中占有重要地位，对中国北疆游牧区域的天文历法发展起到一定的推动作用。[①] 在辽代天文历法嬗变的过程中，天文历法教育成为辽代天文历法传承、发展的基础。通过天文历法教育，辽代天文历法在中国古代天文历法成就的基础上，充分吸收西方天文历法研究所取得的成就，进一步丰富中国古代天文历法的内容。

一、辽代天文历法教育形成的主要因素

关于辽代天文历法，学界比较一致的看法是：辽代天文历法取得了较大成就，不仅使契丹社会的天文历法知识得到广泛普及，而且在中国天文学发展史上起到了重要作用。[②] 辽代天文历法之所以能取得如此成绩，与统治者对天文历法教育的重视、天文历法机构的设置、天文历法典籍的输入以及对外交流互通有无密切相连。

1.统治者对天文历法教育的重视是辽代天文历法教育发展的根本因素

长期生活于中国北疆地区的契丹族，主要依靠畜牧经济，其次是农业经济。在从事畜牧业、农业生产以及生活活动时，都需要天文历法知识的辅助，故此，契丹族对日食、星变、节气、风云雨雪

---

① 《中国天文学史》整理研究小组编著：《中国天文学史》，科学出版社1981年版，第36页。

② 杜成辉：《中西合璧的辽代天文历法》，《雁北师范学院学报》2005年第2期；杜成辉：《中西合璧的辽代天文历法》，《广西民族大学学报》2009年第7期；杜成辉：《辽代天文历算成就浅论》，《黑龙江工业大学学报》第2007年第1期；蔡·尼玛：《契丹族天文学初探》，《昭乌达蒙族师专学报》1999年第4期。

等天文历法现象自然比较重视。《契丹国志·太祖大圣皇帝》载：太祖天赞元年（922）六月朔，"日食"①。《辽史·太宗本纪上》载：太宗天显九年（934）五月癸丑，"大星昼陨"。九月庚子，"西南星陨如雨"。②《契丹国志·穆宗天顺皇帝》载：穆宗应历二年（952）四月朔，"日食"③。《契丹国志·兴宗文成皇帝》载：兴宗重熙十四年（1045）六月，"有流星出营室南，大如杯，其光烛地，隐然有声"④。《契丹国志·天祚皇帝上》载：天祚帝乾统元年（1101）正月，"有流星烛地，自西南入尾，抵距星。是夕，有赤气起东北方，亘西方，中出白气，二气将散，复有黑气在旁"⑤。类似于上述天文历法现象，《辽史》《契丹国志》多有记载，尤其是《辽史》用三卷的篇幅对辽的"历""闰""朔考""象""刻漏""官星"等作了专门记述，说明辽统治者对天文历法的教育与研究比较重视。不过，《辽史·历象志上》载："辽以幽、营立国，礼乐制度规模日完，授历颁朔二百余年。今奉诏修辽史，体与宋、金似，其《大明历》不可少也。历书法禁不可得，求大明历元，得祖冲之法于外史。冲之之法，辽历之所从出也欤？国朝亦尝因之。以冲之法算，而至于辽更历之年，以起元数，是盖辽《大明历》。辽历因是固可补，然弗之补，史贵阙文也。外史纪其法，司天有其职，《辽史》志是足矣。"⑥元末史家修撰辽代《历象志》时已见不到辽原版《大明历》，说明辽代天文历法史料阙略相当严重，故

---

① （宋）叶隆礼：《契丹国志》卷一《太祖大圣皇帝》，上海古籍出版社1985年点校本，第4页。
② 《辽史》卷三《太宗本纪上》，中华书局2016年点校本，第38页。
③ （宋）叶隆礼：《契丹国志》卷五《穆宗天顺皇帝》，上海古籍出版社1985年点校本，第50页。
④ （宋）叶隆礼：《契丹国志》卷八《兴宗文成皇帝》，上海古籍出版社1985年点校本，第83页。
⑤ （宋）叶隆礼：《契丹国志》卷十《天祚皇帝上》，上海古籍出版社1985年点校本，第99页。
⑥ 《辽史》卷四十二《历象志上》，中华书局2016年点校本，第593页。

此辽统治者在生产、生活中对天文历法教育重视到何种程度难以作出准确判断。

辽统治者对天文历法教育的重视，除生产、生活需要外，可能与辽统治者崇拜大自然、祭祀天地活动存在密切关系。北宋宋绶使辽归来后所上《上契丹事》曰："木叶山在中京微北，本阿保机葬处，又为祭天之所，东向设毡，屋署曰省方殿，后有二大帐。次北毡，屋曰庆寿殿，国主帐在毡屋西北。"[1]清人毕沅《续文献通考》亦云："臣等谨按：辽初立国，不知郊祀之礼。自可汗创为祭山之仪，历代因之。史载神位树木悬牲，告办班位，奠祀致嘏饮福诸仪，皆因其国俗稍致文饰，终非可拟于南郊之礼。此外，又有独祭天者，有兼祭天地者，或以黑白羊，或以青牛白马。太祖以后，代不绝书，皆非祀天正礼"。[2]虽然契丹统治者祭天之礼并不符合中原祀天正礼，然而他们对祭天活动的重视是不言而喻的。这种频繁的祭天活动虽说是对大自然神秘天象的崇拜，但在总结、探索神秘天象的过程中肯定与天文历法发生内在联系。关于此，辽代祭黑山所选择的日期颇值得重视。《辽史·礼志六》载："冬至日，国俗，屠白羊、白马、白雁，各取血和酒，天子望拜黑山。黑山在境北，俗谓国人魂魄，其神司之，犹中国之岱宗云。每岁是日，五京进纸造人马万余事，祭山而焚之。俗甚严畏，非祭不敢近山。"[3]又《契丹国志·岁时杂记》载："冬至日，国人杀白羊、白马、白鴈，各取其生血和酒，国主北望拜黑山，奠祭山神。言契丹死，魂为黑山神所管。又彼人传云：凡死人，悉属此山神所管，富民亦然。契丹黑山，如中国之岱宗。云北人死，魂皆归此

---

[1] （清）李有棠：《辽史纪事本末》卷三十六引《上契丹事》，中华书局1983年版，第668页。

[2] （清）乾隆官修：《续文献通考》卷六十五《郊社考》，浙江古籍出版社2000年版，第3395页。

[3] 《辽史》卷五十三《礼志六》，中华书局2016年点校本，第975页。

山。每岁五京进人、马、纸物各万余事，祭山而焚之。其礼甚严，非祭不敢近山。"① 辽代之所以选择"冬至日"祭山，恐怕与契丹人知晓冬至日是北半球白昼最短一日存在必然联系。契丹人认为黑山是逝后灵魂归处，而灵魂的出现又只能在黑夜，冬至日是一年中黑夜最长的一日，恰好是灵魂活动最长的一天，故此，辽统治者选择冬至日祭祀黑山应该并非偶然。1983 年，内蒙古文物工作队主持发掘清理巴林右旗北部罕山主峰山顶辽代祭祀遗址时，确认"辽代黑山的祭祀地点在今罕山南麓的黄花沟内"②。这与文献记载的"黑山在庆州北十三里，上有池，池中有金莲"③ 相符。蔡·尼玛先生作出大胆推测："发掘报告中说，在祭祀遗址，除了专为祭祀活动设置的祭殿等建筑物外，另外还发现了一处巨大的祭殿，殿址座落于一米多高的夯土台基上，其长、宽均为 50 米。在祭祀遗址已经有一座专供祭祀活动用的祭殿和为工作人员住宿设置的配有火炕、火墙的房屋。那么，这巨大的祭殿是否是一种天文观象台呢？完全有可能。因为，天子望黑山是在冬至日，所以，在这里设置圭表测量冬至日影，用刻漏记昼夜时刻，用别的仪器观测天象等天文观测活动，是有必要的和可能的。"④ 不管事实是不是如蔡先生所推测的那样，但宗教活动与天文历法教育存在密切关联当毋庸置疑。

此外，辽代皇帝四时捺钵举行活动时还要求"司天监一人""漏刻生二人""司辰一人"扈从，⑤ 说明辽统治者的仪式活动需要具有天文历法学识者为之服务。从这一点上看，辽统治者亦需要对天文历法教育给予重视，以满足辽代社会生产、生活以及仪式活动的需要。

---

① （宋）叶隆礼：《契丹国志》卷二十七《岁时杂记》，上海古籍出版社 1985 年点校本，第 254 页。

② 齐晓光：《内蒙古巴林右旗罕山辽代祭祀遗址发掘报告》，《考古》1988 年第 11 期。

③ 《辽史》卷三十二《营卫志中》，中华书局 2016 年点校本，第 424 页。

④ 蔡·尼玛：《契丹族天文学初探》，《昭乌达蒙族师专学报》1999 年第 4 期。

⑤ 《辽史》卷五十八《仪卫志四》，中华书局 2016 年点校本，第 1023 页。

2. 辽代天文历法机构的设置有力保障辽代天文历法教育的运行

辽统治者对天文历法教育的重视还体现在天文历法机构的设置上。如前所述，辽代采取的基本国策是"官分南、北，以国制治契丹，以汉制待汉人"的"因俗而治"政策，存在北南两套官制体系。从辽代天文历法机构的设置看，任职于天文历法机构的官吏，隶属于南面朝官系统。天文历法机构的设置，为辽代天文历法教育的发展提供了制度保障。

司天监是天文历法的中央主管机构，主要职掌观察天象，推算历法，还可能兼有传授天文历法知识的职能。在历史上，司天监的名称多有变化，周朝有太史，秦汉以后有太史令。至隋朝置太史监，唐朝设太史局，后又改称司天台，隶属于秘书省，宋元两朝称司天监。辽代天文历法的中央主管机构称司天监，有太史令、司历、灵台郎、挈壶正、五官正、丞、主簿、五官灵台郎、保章正、司历、监候、挈壶正、司辰、刻漏博士、典钟、典鼓等职官。[①] 太史令，也称太史，始见于夏朝。《吕氏春秋·先识览》载："夏太史令终古出其图法，执而泣之，夏桀迷惑，暴乱愈甚，太史令终古乃出奔如商。"[②] 夏虽有其名，但主掌为文书。春秋战国时期，太史令主管范围逐渐扩大，掌管起草文书，记载史事，编写史书，兼管国家典籍、天文历法、祭祀等方面的事务。魏晋以后，由于修史的任务划归著作局，太史令便专掌天文历法。这种情况一直延续至隋唐，以至为辽代所继承。对于太史令的职掌，按唐志，主掌观察天文，稽定历数，"凡日月星辰之变，风云气色之异，率其属而占候之"[③]。司历掌管历法，《左传·襄公二十七年》载：鲁襄公二十七年（前546年）十一月乙亥朔，"日有食之。

---

① 《辽史》卷四十七《百官志三》，中华书局 2016 年点校本，第 880 页。
② 《吕氏春秋》卷十六《先识览》，上海书店 1985 年版，第 179 页。
③ 《旧唐书》卷四十三《职官志二》，中华书局 1975 年标点本，第 1855 页。

辰在申，司历过也，再失闰矣"。① 在辽代，司历为太史令或五官灵台郎之下的属官，按《旧唐书·职官志二》记载，太史令之属官司历，"掌造历"。五官灵台郎之属官五官司历，"掌国之历法，造历以颁四方"，"天下之测量之处，分至表准，其详可载，故参考星度，稽验晷影，各有典章"。② 灵台郎掌教习天文气色，为太史令属官，始见于东汉，称灵台丞。据《后汉书·百官志二》载："太史令一人，六百石。本注曰：掌天时、星历。凡岁将终，奏新年历。凡国祭祀、丧、娶之事，掌奏良日及时节禁忌。凡国有瑞应、灾异，掌记之。丞一人。明堂及灵台丞一人，二百石。本注曰：二丞，掌守明堂、灵台。灵台掌候日月星气，皆属太史。"可见，灵台郎的职掌沿袭至唐辽而不变。挈壶正掌知漏刻孔壶，考中星昏明。在辽代，挈壶正为太史令或五官灵台郎之下的属官，按唐志，五官挈壶正"孔壶为漏，浮箭为刻，以告中星昏明之候也"③。五官正是指春官正、夏官正、秋官正、冬官正和中官正五职官，掌司四时，各司其方之变异，始置于唐朝。《旧唐书·职官志二》载："五官正五员，正五品。乾元元年置五官，有春、夏、秋、冬、中五官之名。丞二员，正七品。主簿二员，正七品。"④ 又《新唐书·百官志二》载："春官、夏官、秋官、冬官、中官正，各一人，正五品上；副正各一人，正六品上。掌司四时，各司其方之变异。冠加一星珠，以应五纬；衣从其方色。元日、冬至、朔望朝会及大礼，各奏方事，而服以朝见。"⑤ 五官灵台郎是春官、夏官、秋官、冬官、中官灵台郎的总称，为五官正之属官，按唐志，"掌观天文之

---

① 《春秋左传正义》卷三十八《襄公二十七年》，参见（清）阮元校刻：《十三经注疏》（清嘉庆刊本），中华书局 2016 年影印本，第 4338 页上栏。
② 《旧唐书》卷四十三《职官志二》，中华书局 1975 年标点本，第 1855—1856 页。
③ 《旧唐书》卷四十三《职官志二》，中华书局 1975 年标点本，第 1856 页。
④ 《旧唐书》卷四十三《职官志二》，中华书局 1975 年标点本，第 1856 页。
⑤ 《新唐书》卷四十七《百官志二》，中华书局 1975 年标点本，第 1216 页。

变而占候之。凡二十八宿，分为十二次"。[①] 五官保章正、五官监候，亦为五官正之属官，"掌历法及测景分至表准"。[②] 至于司辰、刻漏博士、典钟、典鼓等职官亦均为五官正之属官，"凡孔壶为漏，浮箭为刻，以考中星昏明，更以击鼓为节，点以击钟为节"。[③]

辽代在南面朝官机构中设置管理天文历法的机构，为天文历法教育的有序开展提供了制度保障，使辽代天文历法教育顺利进行。

3. 天文历法典籍的输入促进辽代天文历法教育水平的提升

辽代重视天文历法典籍的收求应始于辽太宗时期。《辽史·历象志上》载："大同元年，太宗皇帝自晋汴京收百司僚属伎术历象，迁于中京，辽始有历。先是，梁、唐仍用唐景福《崇玄历》。晋天福四年，司天监马重绩奏上《乙未元历》，号《调元历》，太宗所收于汴是也。穆宗应历十一年，司天王白、李正等进历，盖《乙未元历》也。圣宗统和十二年，可汗州刺史贾俊进新历，则《大明历》是也。高丽所志《大辽古今录》称统和十二年始颁正朔改历，验矣。《大明历》本宋祖冲之法，具见沈约《宋书》。"[④] 可见，辽代最初收求的天文历法典籍应是后晋马重绩所上奏的《调元历》，并于辽太宗大同元年（947）颁行天下。穆宗时，司天官王白、李正等进《乙未元历》，说明辽代司天监官员对《乙未元历》即《调元历》中存在的问题进行修正，重新上奏朝廷。圣宗统和十二年（994），可汗州刺史贾俊依据祖冲之《大明历》上新历，标志着辽代重新正式"颁正朔改历"。不过，对于《大明历》的来源，钱宝琮先生认为："《辽史·历象志》照录《宋书》所载的祖冲之《大明历》的全文，以为辽代颁行的是五百年

---

① 《旧唐书》卷四十三《职官志二》，中华书局 1975 年标点本，第 1856 页。
② 《新唐书》卷四十七《百官志二》，中华书局 1975 年标点本，第 1216 页。
③ 《新唐书》卷四十七《百官志二》，中华书局 1975 年标点本，第 1216 页。
④ 《辽史》卷四十二《历象志上》，中华书局 2016 年点校本，第 594 页。

前的祖冲之历，这显然是编纂《辽史》人们的错误。"[1] 对于此次颁历改正朔，蔡·尼玛先生亦认为是"辽朝的《大明历》不是祖冲之《大明历》，也没有照录北宋的历法。辽朝的历法基本上是采用唐代《宣明历》之术，而编制的一种新的历法；辽朝在编制历法的过程中，曾进行过测量日影等与编历法有关的一些天文测量工作"[2]。钱氏、蔡氏的观点无疑是值得信赖的。

辽代除收求《乙未元历》《大明历》，还曾翻译过《通历》。《辽史·萧韩家奴传》载："韩家奴欲帝知古今成败，译《通历》《贞观政要》《五代史》。"[3]《通历》乃为历书，据《晋书·律历志下》载："穆帝永和八年，著作郎琅邪王朔之造《通历》，以甲子为上元，积九万七千年，四千八百八十三为纪法，千二百五为斗分，因其上元为开辟之始。"[4] 从辽代君臣对历书的重视程度看，可能中原的其他历书也在辽代社会流传。大量天文历法典籍输入辽代社会，客观上促进了辽代天文历法教育水平的提高，为辽代天文历法取得突出成就提供了充分条件。

二、辽代天文历法教育的主要途径

辽代史料过于简略，阙如甚重，有关天文历法教育的史料更无只言片语。不过，从前述司天监的设置、皇帝出驾扈从需要天文历法专职技术官吏情况看，辽代确实存在天文历法教育。只有通过天文历法教育培养专门人才，才能满足司天监各职司专职技术官吏以及生产、

---

[1] 钱宝琮：《从春秋到明末的历法沿革》，参见彭卫、张彤、张金龙主编：《中国古代史卷（下）》（20 世纪中华学术经典文库·历史学），兰州大学出版社 2000 年版，第 576 页。
[2] 蔡·尼玛：《契丹族天文学初探》，《昭乌达蒙族师专学报》1999 年第 4 期。
[3] 《辽史》卷一百三《萧韩家奴传》，中华书局 2016 年点校本，第 1598 页。
[4] 《晋书》卷十八《律历志下》，中华书局 1974 年标点本，第 565—566 页。

生活、宗教等诸多活动的需要。从供职于司天监的各职司专职技术官吏的情况观察，辽代天文历法教育似乎并非通过专门学校而完成。据现已掌握的史料分析，辽代天文历法教育主要有以下三种途径。

1. 以私学教育的方式传授天文历法知识

从辽代教育结构分析，辽代似乎未设立专门培养天文历法技术人才的专职学校，但在辽代的非司天监官吏中却有诸多懂得天文历法的士人，如萧阳阿，“端毅简严，识辽、汉字，通天文、相法”①；耶律屋质，“博学，知天文”②；萧挞凛，“幼敦厚，有才略，通天文”③。王师儒接伴宋使钱勰时，“在驿涂，相与论六经子史及天文□□山海异物医卜之书，公无不知者。闻其讲贯，一皆输伏”④。就王师儒而言，他虽知天文，但从他详细宦历上看，未曾在辽代司天监任过任何职务。⑤至于萧阳阿、耶律屋质、萧挞凛等因宦历简约，难于判断他们是否在司天监任职，但就宦历简约文字判断，他们在司天监任职的可能性也

① 《辽史》卷八十二《萧阳阿传》，中华书局 2016 年点校本，第 1426 页。

② 《辽史》卷七十七《耶律屋质传》，中华书局 2016 年点校本，第 1385 页。

③ 《辽史》卷八十五《萧挞凛传》，中华书局 2016 年点校本，第 1445 页。

④ 《王师儒墓志》（天庆四年），参见向南：《辽代石刻文编》，河北教育出版社 1995 年版，第 646 页。

⑤ 据《王师儒墓志》（天庆四年）记载可知，王师儒年二十有六，举进士，屈于丙科。特授将仕郎、守秘书省校书郎。执政者惜公徒劳于州县，擢充枢密院令史。六年夏，加太子洗马。是岁冬，遽迁儒林郎、直史馆。间一岁，授秘书丞、应奉阁下文字。十年冬，加尚书比部员外郎，充史馆修撰。大康三年秋，加朝散大夫、尚书职方郎中，赐紫金鱼袋。次岁夏，迁将作少监，知尚书吏部铨。未几，改授堂后官，仍充史馆修撰。是历试公以职业，盖将以公□□□□，超授秘书少监，充南宋正旦国信接伴。九年冬，以太常少卿、乾文阁待制，命为伴读。旋授知制诰。以公善辞令，可与宾客言，俾复充南宋贺生辰国信接伴。甫及大安岁，出为南宋祭奠副使。三年，加谏议大夫。明年，迁给事中，权翰林侍读学士。又明年，正授前职，仍加大中大夫。又明年，即拜翰林学士，签诸行宫都部署。未周岁，兼枢密直学士。八年，加尚书刑部侍郎，知枢密副使。是冬，正授枢密副使。阶升崇禄大夫，爵封开国公。十年，改授参知政事、签枢密院事。仍加散骑常侍，特赐佐理功臣。寿昌初，超拜同中书门下平章事，再知枢密副使，签中书省事。六年夏之后因故改授宣政殿大学士、判史馆事、上柱国、食邑五百户，依前伴读燕国王。乾统元年夏六月，改授诸行宫都部署，加尚书左仆射、兼判太常□□□□十一月十日感疾薨于广平甸之公府，时年六十二。

不大。此外，如前所述，可汗州刺史贾俊、翰林都林牙、兼修国史萧韩家奴也是精通天文历法的士人，从他们的宦历上看，也看不出他们曾在司天监任职。① 由此可以推断他们对天文历法知识的获取，很可能由私学教育养成，故辽代天文历法专门技术人才的培养，私学教育是其主要途径之一。

此外，从唐朝司天台专职技术官吏结构的分析，可能还存在"以师傅带徒弟"的方式传授天文历法知识，《旧唐书·职官志二》载有"历生四十一人""天文生六十人""漏刻生三百六十人"，②《新唐书·百官志二》载有"五官礼生十五人""天文观生九十人""天文生五十人""历生五十五人"。③《旧唐书》所载的"历生""天文生""漏刻生""天文观生""五官礼生"等很显然与司天台专职技术官吏有所不同。可见，司职于司天监各职能部门的"生"，在实践过程中不断获取天文历法知识，最终成为具有天文历法知识的专职技术官吏。这是唐朝司天台的情况，辽承唐制，辽代的司天监很可能也存在类似于唐朝模式的情况。若上述推论能够成立，辽代司天监不仅具有观天象授时历的职能，也担负着教授诸生、传授天文历法知识的职能。

2. 通过对外交流方式接受天文历法知识教育

辽统治者为了提高天文历法教育水平，还以对外交流的方式学习域外的天文历法技术。《辽史·太宗本纪下》载：大同元年（947）三月壬寅，太宗入汴后，"晋诸司僚吏、嫔御、宦寺、方技、百工、图籍、历象、石经、铜人、明堂刻漏、太常乐谱、诸宫县、卤簿、法物

---

① 据《辽史》卷一百三《萧韩家奴传》记载，萧韩家奴，字休坚，涅剌部人，中书令安抟之孙。少好学，弱冠入南山读书，博览经史，通辽、汉文字。统和十四年始仕。二十八年，为右通进，典南京栗园。重熙初，同知三司使事。四年，迁天成军节度使，徙彰愍宫使。擢翰林都林牙，兼修国史。时帝以其老，不任朝谒，拜归德军节度使。以善治闻。帝遣使问劳，韩家奴表谢。召修国史，卒，年七十二。

② 《旧唐书》卷四十三《职官志二》，中华书局 1975 年标点本，第 1855 页。

③ 《新唐书》卷四十七《百官志二》，中华书局 1975 年标点本，第 1216 页。

及铠仗，悉送上京"。①可见，历象、刻漏之类皆在收求之内。辽代
天文学家王白也是太宗入汴后由晋得之。《辽史·王白传》载：王白，
冀州人，"明天文，善卜筮，晋司天少监，太宗入汴得之"②。可见，太
宗入汴不仅收求与天文历法相关的典籍、器物，而且对后晋的天文历
法专职人才也在网罗之中。王白入辽后，任职于司天监，并为辽代
天文历法的发展做出贡献。《辽史·穆宗本纪上》载：穆宗应历十一
年（961）五月乙亥，"司天王白、李正等进历"③，王白、李正所进之
"历"，当为《乙未元历》。由此可见，王白、李正对晋司天监马重绩
的《乙未元历》进行重新修订，颁行于辽统治城内。

辽宋之间的天文历法交流相当频繁，这对辽代天文历法知识教育
起到很大作用。如前文提及的馆伴王师儒与宋朝使臣钱勰的相互讨论
就涉及天文历法问题。由于辽宋历法存在差异，宋朝使臣在辽庆贺冬
至日时，就与辽馆伴产生矛盾。宋人叶梦得《石林燕语》载：苏颂于
宋神宗熙宁十年（1077）出使贺道宗生辰时，"适遇冬至，本朝先契
丹一日。使副欲为庆，而契丹馆伴官不受。子容徐曰：'历家迟速不
同，不能无小异；既不能一，各以其日为节，致庆可也。'契丹不能
夺，遂从之。归奏，神宗喜曰：'此事难处，无逾于此。'"④可见，契
丹历法与宋朝历法素差一日，导致辽代馆伴使、宋朝贺辰使之间发生
争讼。这种争讼促进了辽代天文历法教育的发展。对于辽宋天文历法
的交流，《辽史·历象志下》作如下描述："宋元丰元年十二月，诏司

① 《辽史》卷四《太宗本纪下》，中华书局2016年点校本，第64页。
② 《辽史》卷一百八《王白传》，中华书局2016年点校本，第1626页。
③ 《辽史》卷六《穆宗本纪上》，中华书局2016年点校本，第85页。
④ （宋）叶梦得：《石林燕语》卷三，三秦出版社2004年版，第65页。《宋史》卷
三百四十《苏颂传》与之记载大同小异："使契丹，遇冬至，其国历后宋历一日。北
人问孰为是，颂曰：'历家算术小异，迟速不同，如亥时节气交，犹是今夕；若踰数
刻，则属子时，为明日矣。或先或后，各从其历可也。'北人以为然。使还以奏，神
宗嘉曰：'朕尝思之，此最难处，卿所对殊善。'"见中华书局1977年标点本，第
10863页。

天监考辽及高丽、日本国历与《奉元历》同异。辽己未岁气朔与《宣明历》合，日本戊午岁与辽历相近，高丽戊午年朔与《奉元历》合，气有不同。戊午，辽大康四年；己未，五年也。当辽、宋之世，二国司天固相参考矣。"①元末史家所作出的辽宋天文历法交流频繁的判断无疑值得信赖。

辽、高丽之间也存在天文历法交流，在辽人耶律纯所撰《星命总括》的序文中有如下记载："大辽统和二年，翰林学士耶律纯，以议地界事，奉国书使于高丽。辽东至其国，颇闻国师精于星躔之学，具重币设威仪求见，屡请不从。一日，自请于高丽国王曰：'臣奉国书来此，稔闻国师富于道德星命之学，愿借玉音得遂一见，以请所学，何啻昌黎之遇，大颠也。'国王遂命一见。既见之后，往复数回。"②其中，耶律纯与国师有这样一段对话：师曰："吾尝以近世谈星者，言宫不知度，言度不知宫，二者胥失矣。吾于海上异人授我以偏正之垣，于二十八宿之中分之，曰一太阳、五太阴、六木、六土、六水、二火、二金之说。学士曾闻之乎？"曰："未也。"国师曰："人生于地，日月五行见于天。其生值此七曜之吉，则一生享福安荣，七曜之凶，则一生迍忙，百不如意。日月五星，其为物也。于天地间，最大

---

① 《辽史》卷四十四《历象志下》，中华书局 2016 年点校本，第 760 页。

② （辽）耶律纯：《星命总括·序文》，参见《四库全书·子部·术数类》，台湾商务印书馆影印文渊阁四库全书本第 809 册第 192 页。《钦定四库全书总目》（整理本）称："旧本题辽耶律纯撰。有纯原序一篇，末署统和二年八月十三日，自称为翰林学士，奉使高丽议地界，因得彼国国师传授星躔之学云云。案统和为辽圣宗年号。《辽史·本纪》，是年无遣使高丽事。其《二国外纪》，但称统和三年诏东征高丽，以辽泽沮洳罢师，亦无遣使议界之文。辽代贵仕不出耶律氏、萧氏二族，而遍检列传，独无纯名。殆亦出于依托也。《文渊阁书目》载有是书一部，不著册数。《绿竹堂书目》作五册，又不著卷数。外间别无传本。惟《永乐大典》所载，始末完具，然计其篇页，不足五册之数，或叶盛所记有讹欤。中间议论精到，剖析义理，往往造微，为术家所宜参考。惟所称宫有偏正，则立说甚新，而验之殊多乖迕。盖天道甚远，非人所能尽测，故言命者，但当得其大要而止。苟多出奇思，曲意揣度，以冀无所不合，反至于窒塞而不可通矣。术家流弊，往往坐此。读者取其所长而略其繁琐可也。"（中华书局 1999 年版，第 1440—1441 页）

于天下万物，日主昼，月主夜，乃天之眼目也。在天有五星，在地有五行，人生在世，五者一日不可缺。观星谈命，苟不知此，根本则为徒然徒学。宫度兼论之术，何以决人之祸福？故十二宫有偏正之垣，子宫以虚日鼠为正垣，鼠乃子垣之宫神，非正垣而何也。丑宫牛金牛，寅宫尾火虎，卯宫房日兔，辰宫亢金龙，巳宫翼火蛇，午宫星日马，未宫鬼金羊，申宫觜火猴，酉宫昴日鸡，戌宫娄金狗，亥宫室火猪。皆本宫之正垣。此乃千古不易之论，此谈星之大根本，可不尽知要妙哉！"耶律纯在序文中所记录的对话内容，虽然属占星术之学，但对天文学之精通跃然纸上。

3.著书立说普及天文历法知识教育

由于"契丹起于松漠，建国之初崇尚武功，礼文之事，固所未遑。继而又书禁甚严，不仅禁止文字出境，而且民间私刊书籍亦以死论罪，故在当时就流传无多。后来女真、蒙古迭起，五京兵燹，缣帛扫地，从此辽朝典籍文献散佚殆尽"①，现存辽人著作仅有《龙龛手镜》《焚椒录》《续一切经音义》《星命总括》四种。如前所述，《星命总括》所载内容就与辽代天文历法密切相关。是书作者耶律纯虽不见于《辽史》，生卒年不详，但从其序文所署日期"大辽统和二年八月十三日耶律纯自识"推断，耶律纯应生活于辽代中期的圣宗时代。《星命总括》上卷主要是以二十八宿为标准观测太阳、月亮和五星的相对变化进行推算的占星术，使之符合中国传统的"推命之术，必在乎精。先观主曜，次察身宫，以二十八宿为经，用十一曜为用"的占星学说。②中卷以黄道十二宫为标准观测太阳、月亮和五星的相对变化进行推算的占星术，主要是利用古希腊时期占星学理论，依据人诞生时的星象，即日、月、行星各星位的位置，推衍出"星占图"的一种占

① 参见向南：《辽代石刻文编·前言》，河北教育出版社1995年版，第1页。
② 佚名：《星命溯源》卷二，参见《钦定四库全书·子部·术数类·命书相书之属》，台湾商务印书馆影印文渊阁四库全书本第809册，第58页。

星术。下卷主要是以月亮和星辰的天象为主的占星术和经文。总之,《星命总括》熟练地应用中国传统的二十八宿和西方的十二宫体系,观测日、月和行星运动,以天文度数为标准计算行星的位置。[1] 虽然《星命总括》的撰著目的是占星之术,但客观上促进了辽代天文历法知识的广泛传播。

三、辽代天文历法教育的社会意义及其影响

辽历代皇帝都很重视天文历法知识的普及,再加上天文历法机构的设置为辽代天文历法教育的发展提供制度保障,天文历法典籍的输入客观上又促进了辽代天文历法教育水平的提高,以及辽与宋、高丽等的交流间接为辽代天文历法教育的发展提供了便利条件,使辽代天文历法教育取得较大成绩,天文历法水平得到极大的提高,并涌现出诸多著名的天文学家。

前文所述的宋熙宁十年(辽大康三年,1077)苏颂使辽天文历法案,虽然经过苏颂机敏应对,总算应付过去,但事实上是辽历更为准确。宋人叶梦得《石林燕语》载:"苏子容过省,赋'历者,天地之大纪',为本场魁。既登第,遂留意历学。元丰中,使虏适会冬至,虏历先一日,趋使者入贺。虏人不禁天文术数之学,往往皆精。其实虏历为正也,然势不可从。子容乃为泛论历学,援据详博,虏人莫能测,无不耸听。即徐曰:'此亦无足深较,但积刻差一刻尔。以半夜子论之,多一刻即为今日,少一刻即为明日,此盖失之多尔。'虏不能遽折。遂从归奏,神宗大喜,即问:'二历竟孰是?'因以实言,太史皆坐罚。至元祐初,遂命子容重修浑仪,制作之精,皆出前古。其学略授冬官正袁惟几,而创为规模者,吏部史张士廉。士廉有巧思,

---

[1]　蔡·尼玛:《契丹族天文学初探》,《昭乌达蒙族师专学报》1999 年第 4 期。

子容时为侍郎，以意语之，士廉辄能为，故特为精密。虏陷京师，毁合台，取浑仪去。今其法，苏氏子孙亦不传云。"① 可见，辽代天文历法水平在当时是相当先进的，以至于文化发达的宋朝也不得不重新重修浑仪，提高天文历法的精准性。

实际上，代表辽代天文学成就者是河北宣化张世卿墓内所彩绘的天文星图。② 1974 年，考古工作者在河北省宣化下八里村发现葬于天庆六年（1116）的银青崇禄大夫、检校国子祭酒、兼监察御史、云骑尉张世卿墓，在其墓室后室穹窿顶部正中央绘有一幅彩色星图。现将彩绘天文星图结构与组成介绍如下：

在星图中心，镶嵌直径 35 厘米的铜镜一面，象征着天空的中心。铜镜周围用朱白两色绘重瓣莲花。莲分九瓣，墨勾，从莲瓣中心到周边，以红、白、黑等几色相间，层次分明。垂莲外径 100 厘米。再外以白灰为地，上面涂一层淡蓝色，表示晴空（颜色不匀）。星宿围绕中心莲花作圆形分布。星际间外周直径（十二宫）为 217 厘米，内周（二十八宿）为 180—167 厘米。每颗星以朱、蓝色涂成圆点表示，星点间连以直线。星宿的最内层即中心莲花的周围，东北画北斗七星。斗柄近开阳一小星。在围绕垂莲的四周，绘九大圆圈，五红四蓝，合为九星。正东偏南方位的一大星，朱色，直径 6 厘米，是星图上最大的一颗星。内画金鸟一只。鸟展翅南飞，表明太阳出自东方，自南而西，落入西方。红色大星四颗，直径 4 厘米左右，基本分布在东、西、南、北四个正方向。蓝色大星四颗。大小同前，皆出现在东北、东南、西北、西南的偏斜方位，但不直对。四红星代表仲春、仲夏、仲秋、仲冬，四蓝星代表黄道十二宫创立时春分、秋分、夏至、冬至点。第二层依周天方位画二十八宿，星用红

---

① （宋）叶梦得：《石林燕语》卷九，三秦出版社 2004 年版，第 188 页。

② 河北省文物管理所、河北省博物馆：《河北宣化辽壁画墓发掘简报》，《文物》1975 年第 8 期。

点，直径 2—3 厘米，星间连以直线。各星宿、星数的组成是：东方
七宿（角、亢、氐、房、心、尾、箕）为苍龙，房宿取正东。北方七
宿（斗、牛、女、虚、危、室、壁）为玄武，虚宿取正东。西方七
宿（奎、娄、胃、昴、毕、觜、参）为白虎，昴宿取正西。南方七宿
（井、鬼、柳、星、张、翼、轸）为朱雀，张宿取正南。在东自角宿
起，至南方轸宿止，角宿二星。亢宿四星。氐宿四星。房宿六星。心
宿三星，中间一颗为大火。尾宿九星。箕宿四星。斗宿七星，画的准
确性较差。牛宿六星。女宿四星。虚宿二星。危宿三星。室宿八星，
其中包括离宫六星。壁宿二星。奎宿十六星。娄宿三星。胃宿三星。
昴宿七星。毕宿七星。觜宿三星。参宿七星，下又三星，合十星。井
宿八星。鬼宿四星。柳宿八星。星宿六星。张宿六星。翼宿二十星。
轸宿四星，又将长沙一、左右辖各一星也括而有之，计七星。以上北
斗、日、红蓝八星、二十八宿总计一百八十六星，按方位标出，星宿
罗列，井然有序。第三层即最外层，布黄道十二宫图。黄道十二宫从
白羊宫（当时春分点所在），向东计算，太阳每月在天上东移一个宫，
每宫三十度，依次是白羊宫（星图西北）、金牛宫（星图正西）、双子
宫（星图西南）、巨蟹宫（星图西南）、狮子宫（星图正南）、室女宫
（星图东南）、天秤宫（星图东南）、天蝎宫（星图正东）、人马宫（星
图东北）、摩羯宫（星图东北）、宝瓶宫（星图正北）、双鱼宫（星图
西北）。每宫星座各以符号和图像来表示。白羊宫、金牛宫、双子宫
代表春季。巨蟹宫、狮子宫、室女宫代表夏季。天秤宫、天蝎宫、人
马宫代表秋季。摩羯宫、宝瓶宫、双鱼宫代表冬季。[①]

　　张世卿墓内彩绘天文星图的发现，在天文学史上具有重要意义，
研究彩绘天文星图的专家学者皆给予高度评价。夏鼐先生认为："宣

---

① 河北首文物管理处、河北省博物馆：《辽代彩绘星图是我国天文史上的重要发现》，《文物》1975 年第 8 期。

化星图的特点是把黄道十二宫和二十八宿相对照。虽然现存唐代文物中也有之，但不及这幅的完整。"[1] 蔡·尼玛先生认为："在天文星象观测方面，宣化墓星图，反映了中原传统的二十八宿星象的观测活动等内容，同时也表现了印度天文学中'九执历'的内容。以佛教象征手法绘制的宝镜、九瓣莲花，也显示了印度佛教图绘的特点。在天文研究方面，契丹民族不仅采用了中原赤道二十八宿体系之说，也积极研究西亚地区的黄道十二宫体系。在十二宫图形中，又按本民族的习俗给双子和宫女都穿着了胡服，人马身像的人马宫图形变成了持鞭牵马的骑士。这都充分反映辽代对外来文化的吸收、消化的程度。""一座普通墓的壁画，如此准确地绘出了个星图，并且同时表现中国、印度和埃及三个古代文明古国的天文体系，这的确了不起。"[2] 伊世同先生认为：宣化辽墓的星图，"既显示了中国传统星象的主流形态，也显示了诸家对星象的利用和再加工（改造）；有佛教的象征手法（例如室顶莲花和宝镜）；也有儒家的道德观念形态（如黄道十二宫人物的服式，以及让西方的裸像全都穿上了衣服等等）。它是科学与文化的形态表现，也反映着当时政治与文化的混合局面，是很具代表性和时代特色的"。[3] 通过这些评价不难看出，辽的天文历法教育水平很高，在实践活动中也多有足以称道者。

辽代天文历法教育所获得的成就具有重要的社会意义，不仅使天文历法知识在辽代得到普及，而且在吸收西方天文学成就的基础上，促进了辽代天文历法的高水平发展，也为元明清天文历法的高水平发展奠定了良好基础。

---

[1] 夏鼐：《从宣化辽墓的星图论二十八宿和黄道十二宫》，《考古学和科技史》，科学出版社，1979 年版第 50 页。
[2] 蔡·尼玛：《契丹族天文学初探》，《昭乌达蒙族师专学报》1999 年第 4 期。
[3] 伊世同：《河北宣化辽金墓天文图简析》，《文物》1990 年第 10 期。

第八章　辽代教育的历史地位
与历史局限性

辽代教育所取得的成就，清代史家魏源曾给予过高度评价："辽起塞外，宜乎不识汉文，而首立孔子庙，太祖即亲祭孔子。太宗及东丹王兄弟皆工绘事，勒石能铭，登高能赋，师旅能誓，其才艺有足称者。每科放进士榜百余人，故国多文学之士。其史、纪、表、志、传皆详明正大，虽在元代前，而远出元代之上。"[1]通过对辽代教育的考察与梳理可知，辽代教育虽未必全面达到清人魏源所说的那种程度，但所取得的成就也是显而易见的。因此，对教育在辽代社会生活中的历史作用给予清晰的定位，当十分必要。

第一节　教育在辽代社会生活中的
地位及其影响

辽朝以武立国，礼文之事在辽初未及兴办，《辽史·文学传上》之"序"称："辽起松漠，太祖以兵经略方内，礼文之事固所未遑。

---

① （清）魏源：《古微堂外集》，参见《中国近代史料丛刊》(第43辑第424册)，文海出版社影印本，第494页。

及太宗入汴，取晋图书、礼器而北，然后制度渐以修举。至景、圣间，则科目聿兴，士有由下僚擢升侍从，骎骎崇儒之美。但其风气刚劲，三面邻敌，岁时以蒐狝为务，而典章文物视古犹阙。"① 随着儒家思想文化被正式确立为辽代统治的思想基础，儒家思想文化的社会地位不断被抬升，与之相适应的教育制度与教育体系也随之建立。在教育制度不断完善的过程中，儒家思想文化在辽朝统治域内得到广泛传播，影响日益扩大，诵之经书，习之儒学，逐渐成为辽代社会生活中不可或缺的内容。儒学的发达，学校的设立，科举的实施，在提高中国北疆游牧社会文化素质、促进中国北疆游牧社会进步的同时，通过儒家思想文化渗透到中国北疆游牧社会的诸层面，逐渐缩小中国北疆游牧社会与中原农耕社会之间的文化差距，为中华民族的大融合铺平道路。在这一大融合的过程中，辽代教育起到不可低估的作用。

一、辽代教育使习经读史成为社会生活时尚

辽建国伊始，在太祖的主持下便召开具有重大意义的"意识形态"会议，讨论的结果就是确立儒家思想为辽代社会统治的主体思想，体现在文教上就是推行"尊孔崇儒"文教政策，再加之太宗取得燕云地区后坚定不移地在儒家思想文化相对发达的南京地区率先推行科举制度，从而使辽代社会朝野上下形成诵经习儒的社会生活风尚。诸多契丹人都能博通经史，通汉、契文字。如前所述，辽代皇帝都是在儒家思想文化熏陶下成长起来的帝王，对儒家经史的习读可谓是至深至精，无不通晓，就连契丹贵族或普通民众，通晓儒家经史者也比比皆是，如前文提及的义宗耶律倍，"幼聪敏好学，外宽内挚"，"市书至万卷，藏于医巫闾绝顶之望海堂。通阴阳，知音律，精医药、砭

---

① 《辽史》卷一百三《文学传上》，中华书局 2016 年点校本，第 1593 页。

燕之术。工辽、汉文章，尝译阴符经。善画本国人物，如射骑、猎雪骑、千鹿图，皆入宋秘府"；[①] 懿祖萨剌德曾孙耶律羽之，"幼勤事业，长负才能。儒、释、庄、老之文，尽穷旨趣；书、算、射、御之艺，无不该通。咸谓生知，亦曰天性。事有寓目历耳者，终身不忘；言有可记堪录者，一览无余。博辩洽闻，光前绝后"[②]；国舅少父房之萧朴，"幼如老成人。及长，博学多智"[③]；太祖二十部之一的楮特部人萧孝恭，"译缀史册，添辽汉之风；定礼删诗，执投壶之刃。其老子典、孔氏文、律吕、象纬不烦学习，皆生而知之，盖天性也"[④]；系出仲父房的耶律资忠，"博学，工辞章"，滞留高丽期间，"每怀君亲，辄有著述，号《西亭集》"；[⑤] 季父房之后耶律庶成，"幼好学，书过目不忘。善辽、汉文字，于诗尤工。重熙初，补牌印郎君，累迁枢密直学士。与萧韩家奴各进《四时逸乐赋》，帝嗟赏。初，契丹医人鲜知切脉审药，上命庶成译方脉书行之，自是人皆通习，虽诸部族亦知医事。……偕林牙萧韩家奴等撰实录及礼书"，"有诗文行于世"；[⑥] 季父房之后耶律蒲鲁，"幼聪悟好学，甫七岁，能诵契丹大字。习汉文，未十年，博通经籍。重熙中，举进士第"，"是时，父庶箴尝寄《戒谕诗》，蒲鲁答以赋，众称其典雅"；[⑦] 皇族耶律大石，"太祖八代孙也。通辽、汉字，善骑射，登天庆五年进士第"[⑧]。可见，精通经史、工诗巧画、能歌善赋的中国北疆游牧民族的饱学之士为数不少。生活在中

[①] 《辽史》卷七十二《耶律倍传》，中华书局 2016 年点校本，第 1333、1335 页。

[②] 《耶律羽之墓志》（会同五年），参见向南、张国庆、李宇峰：《辽代石刻文续编》，辽宁人民出版社 2010 年版，第 3 页。

[③] 《辽史》卷八十《萧朴传》，中华书局 2016 年点校本，第 1411 页。

[④] 《萧孝恭墓志》（大康七年），参见向南、张国庆、李宇峰：《辽代石刻文续编》，辽宁人民出版社 2010 年版，第 169 页。

[⑤] 《辽史》卷八十八《耶律资忠传》，中华书局 2016 年点校本，第 1478 页。

[⑥] 《辽史》卷八十九《耶律庶成传》，中华书局 2016 年点校本，第 1485—1486 页。

[⑦] 《辽史》卷八十九《耶律蒲鲁传》，中华书局 2016 年点校本，第 1487 页。

[⑧] 《辽史》卷三十《天祚帝本纪》，中华书局 2016 年点校本，第 401 页。

国北疆游牧地区的契丹族士人能够达到如此高的儒家思想文化水准，充分说明儒家思想文化的习读已经成为其社会生活中不可或缺的组成部分。

二、辽代教育促进中国北疆游牧民族的儒家思想文化水平普遍提高

在"尊孔崇儒"文教政策影响下，中国北疆游牧民族崇尚儒家经史之社会风尚日甚一日，习读儒家思想文化的中国北疆游牧民族士人日益增多，从而使中国北疆游牧民族的儒家思想文化水平普遍提高。在辽代涌现出众多各族士人，著述颇多。据王巍先生研究，"辽代人所撰经史子集四部书籍共 144 种，其中经部 2 种，史部 23 种，子部 102 种，集部 17 种"，"就这些书目所见，辽代著作中存在着汉文、契丹文两种文字形式，汉文书籍占据很大比重，经、史、子、集四大部类中，绝大多数的著述是汉文形式，契丹文书籍，只是对汉文书籍的翻译"。[1] 仅以集部为例：道宗有《清宁集》[2]，秦晋国妃萧氏有《见志集》[3]，耶律隆先"有《阆苑集》行于世"[4]，萧柳有《岁寒集》[5]，萧孝穆有《宝老集》[6]，耶律资忠有《西亭集》[7]，耶律庶成"有诗文行于世"[8]，

---

① 王巍：《辽代著述研究》，参见张畅耕主编：《辽金史论集》(第六辑)，社会科学文献出版社 2001 年版，第 182—183 页。
② 《辽史》卷九十六《耶律良传》，中华书局 2016 年点校本，第 1539 页。
③ 《秦晋国妃墓志》(咸雍五年)，参见向南：《辽代石刻文编》，河北教育出版社 1995 年版，第 341—342 页。
④ 《辽史》卷七十二《耶律隆先传》，中华书局 2016 年点校本，第 1336 页。
⑤ 《辽史》卷八十五《萧柳传》，中华书局 2016 年点校本，第 1449 页。
⑥ 《辽史》卷八十七《萧孝穆传》，中华书局 2016 年点校本，第 1466 页。
⑦ 《辽史》卷八十八《耶律资忠传》，中华书局 2016 年点校本，第 1478 页。
⑧ 《辽史》卷八十九《耶律庶成传》，中华书局 2016 年点校本，第 1486 页。

耶律良有《庆会集》[1]，萧韩家奴"有《六义集》十二卷行于世"[2]。从上述文集不难看出，辽代北疆游牧民族士人能诗善赋者不乏其人。不过，由于"契丹书禁甚严，传入中国者法皆死"[3]，导致上述文集未能南传入宋，均已佚失，难睹其貌。尽管如此，从文集能够在当时辽统治域内广泛流传也可以窥视出辽朝对各种著述的需求，这表明辽代各族士人的儒家思想文化水平普遍提高。

三、辽代教育促进中国北疆北方游牧民族对儒家思想文化的认同

辽代对儒家思想文化的广泛接受当在道宗时，宋人洪皓《松漠纪闻》云："大辽道宗朝，有汉人讲《论语》至'北辰居其所而众星拱之'，道宗曰：'吾闻北极之下为中国，此岂其地耶？'至'夷狄之有君'，疾读不敢讲。则又曰：'上世獯鬻、猃狁荡无礼法，故谓之夷。吾修文物彬彬，不异中华，何嫌之有？'卒令讲之。"[4] 在道宗看来，古代中国有华夷之别，认可獯鬻、猃狁为夷狄，但否认契丹有别于华夏，主张契丹"修文物彬彬，不异中华"。由此观之，道宗时辽代儒家思想文化认同观已然形成。对此，道宗宣懿皇后萧观音作出恰如其分的阐释："虞廷开盛轨，王会合奇琛。到处承天意，皆同捧日心。文章通谷蠡，声教薄鸡林。大寓看交泰，应知无古今。"[5] 宣懿皇后借助历史典故描绘辽代盛世气象，犹如虞舜、周公所开创的华夏大一统之事业，极力颂扬辽统治者已将儒家思想文化传播至辽的北部边疆以

---

① 《辽史》卷九十六《耶律良传》，中华书局 2016 年点校本，第 1539 页。
② 《辽史》卷一百三《萧韩家奴传》，中华书局 2016 年点校本，第 1598 页。
③ （宋）沈括：《梦溪笔谈》卷十五《艺文二》，岳麓书社 1998 年版，第 127 页。
④ （宋）洪皓：《松漠纪闻》，参见李澍田主编：《长白丛书》，吉林文史出版社 1986 年标点本，第 22 页。
⑤ 蒋祖怡、张涤云：《全辽诗话》，岳麓书社 1992 年标点本，第 17—18 页。

及朝鲜半岛等边远区域。在宣懿皇后看来，辽统治者所开创的极具本民族特色之儒家思想文化与汉、唐并无二致，均将儒家大一统作为调和民族关系、维护社会统治秩序的基石。

追溯历史，道宗时能够实现儒家思想文化认同观之美好愿景，应得益于辽初施行的"尊孔崇儒"文教政策。如前所述，辽太祖"变家为国"后，采取以文治国方略，在创制契丹大、小字，与汉字并行于统治域内的同时，还迅速确立"尊孔崇儒"文教政策以及以儒家思想为治国安邦之主体思想。太宗在取得燕云地区后，果断推行"因俗而治"基本国策，于南京析津府置南京（太）学，传习儒家经史子集。圣宗时，以儒家思想为指导，在辽统治域内遍设府州县学，推广儒家思想文化教育的同时，又把科举制度由南京一隅推向所统治的全域，进一步扩大科举制度于辽代社会生活中的地位及其影响，尤其是"澶渊之盟"后，辽统治域内掀起"学唐比宋"之慕华向学高潮，致使儒家思想文化深深植根于北疆游牧民族心中。北宋使辽使苏辙于《神水馆寄子瞻兄四绝》诗所描绘的"谁将家集过幽都，逢见胡人问大苏""虏廷一意向中原，言语绸缪礼亦虔"①之契丹社会景象即为中国北疆游牧民族慕华向学的真实写照。道宗时，绍承圣宗之典制，即位伊始便"诏设学养士，颁五经传疏，置博士、助教各一员"②，积极兴办学校，推广儒学教育。由于辽统治者对儒学教育的推崇，至圣宗、兴宗、道宗时代，"勒石能铭，登高能赋，师旅能誓"之中国北疆游牧民族士人辈出，出现"礼乐交举，车书混同。行大圣之遗风，钟兴宗之正体"③儒家思想文化繁盛景象，彻底改变"草居野次，靡有定

① （宋）苏辙：《栾城集》卷十六《诗一百二十道》，上海古籍出版社1987年标点本，第398页。
② 《辽史》卷二十一《道宗本纪一》，中华书局2016年点校本，第287页。
③ 《义丰县卧如院碑记》（大康七年），参见向南：《辽代石刻文编》，河北教育出版社1995年版，第395页。

所"，"生生之资，仰给畜牧，绩毛饮湩，以为衣食。各安旧风，狃习劳事，不见纷华异物而迁"①之落后状态，儒家思想文化认同之社会观念已然成为契丹社会的共识。

四、辽代教育加速汉契一体的民族大融合的实现

在儒家思想文化认同社会观念影响下，契丹人俨然以华夏族自居，自以为炎黄子孙，源出轩辕或曰炎帝。"知枢密院事，赐经邦佐运功臣，封越国公。修《皇朝实录》七十卷"②之耶律俨，"称辽为轩辕后"③。元末史家撰《辽史》时，依据契丹族源流与《周书》所载宇文氏"其先出自炎帝神农氏，为黄帝所灭，子孙遁居朔野"④，考证契丹族乃炎帝后裔，故在《太祖本纪》"赞"述及契丹先世纪事时曰："辽之先，出自炎帝"。⑤契丹族是否为炎黄后裔暂且不论，而将出自炎黄后裔的唐尧、虞舜作为先贤圣哲视为赞美、歌颂的偶像却为不争之事实。圣宗《赐圆空国师诏》曰："朕闻上从轩皇，下逮周发，皆资师保，用福邦家。斯所以累德象贤，亦不敢倚一慢二者也。"⑥又《圣宗皇帝哀册》（太平十一年）曰："肇分覆载，建立皇王。德惟善政，邦乃其昌。远则有虞大舜，近则唐室文皇。"⑦《道宗皇帝哀册》（乾统元年）曰："元孙牢让，勉临庶务。难求尧圣之高蹈，遽迫崦嵫之已

① 《辽史》卷三十二《营卫志中》，中华书局2016年点校本，第427页。
② 《辽史》卷九十八《耶律俨传》，中华书局2016年点校本，第1558页。
③ 《辽史》卷六十三《世表》，中华书局2016年点校本，第1051页。
④ 《周书》卷一《文帝本纪上》，中华书局1971年标点本，第1页。
⑤ 《辽史》卷二《太祖本纪下》"赞曰"条，中华书局2016年点校本，第26页。
⑥ 《圆空国师胜妙塔碑》，参见陈述：《全辽文》卷一，中华书局1982年版，第15页。
⑦ 《圣宗皇帝哀册》（太平十一年），参见向南：《辽代石刻文编》，河北教育出版社1995年版，第193—194页。

暮。"① 由此观之，在契丹人心目中尧舜皆为"德惟善政"，需要"累德象贤"。契丹族在绍述唐尧、虞舜之仁政爱民的同时，制度设计上亦尊崇奉行轩辕、唐尧、虞舜之典，《辽史·刑法志》"帝尧清问下民，乃命三后恤功于民，伯夷降典，折民惟刑"②之记载，就体现出辽代制定法律制度之依据来自唐尧。"上古之世，草衣木食，巢居穴处，熙熙于于，不求不争。爰自炎帝政衰，蚩尤作乱，始制干戈，以毒天下。轩辕氏作，戮之涿鹿之阿。处则象吻于宫，行则悬旄于纛，以为天下万世戒。于是师兵营卫，不得不设矣"③与"轩辕氏合符东海，邑于涿鹿之阿，迁徙往来无常处，以兵为营卫。飞狐以北，无虑以东，西暨流沙，四战之地，圣人犹不免于兵卫，地势然耳"④之记载，阐释出契丹社会营卫制度、兵卫制度之渊薮，可谓与尧舜以来所开创的华夏制度一脉相承。

在辽宋南北对峙形势下，契丹人始终强调南北"义若一家"。景宗保宁六年（974），涿州刺史耶律琮致书于北宋权知雄州、内园使孙全兴曰："切思南北两地，古今所同。"⑤很显然，辽代群臣认为南北区域从古至今在政治、经济、文化等诸层面皆为相连互通、几无隔断，足见景宗时代南北两朝就有"义若一家"之义。"澶渊之盟"以后，随着北方游牧民族儒化加深，"义若一家"意识更趋明确。圣宗统和二十三年（1005）十月，契丹国主弟耶律隆庆面对辽宋结好通欢，榷场贸易畅达之情形时欣然强调曰："今与中朝结好，事同一家，道路

---

① 《道宗皇帝哀册》（乾统元年），参见向南：《辽代石刻文编》，河北教育出版社 1995 年版，第 514 页。
② 《辽史》卷六十一《刑法志上》，中华书局 2016 年点校本，第 1037 页。
③ 《辽史》卷三十一《营卫志上》，中华书局 2016 年点校本，第 409 页。
④ 《辽史》卷三十四《兵卫志上》，中华书局 2016 年点校本，第 449 页。
⑤ （清）徐松：《宋会要辑稿》，蕃夷一之二，中华书局 1987 年影印本，第 6 册，第 7673 页上、下栏。

永无虞矣。"① 此后，契丹君臣类似于此之表述不绝于书。兴宗重熙十一年（1042）三月，兴宗致书北宋仁宗皇帝时阐释辽宋两朝一家之美："粤自世修欢契，时遣使轺，封圻殊两国之名，方册纪一家之美。盖欲洽于绵永，固将有以披陈。"② 重熙十二年（1043）七月，兴宗于调解宋夏纠纷时又表示："今两朝事同一家，若元昊请罪，其封册礼待，亦宜一如北朝。"③ 虔诚地要求北宋封册西夏礼仪，宜如北朝。道宗咸雍十年（1074）三月，道宗遣林牙兴复军节度使萧禧致书北宋神宗皇帝时曰："爰自累朝而下，讲好以来，互守成规，务敦夙契。虽境分二国，克保于欢和；而义若一家，共思于悠永。事如闻于违越，理惟至于敷陈。"④ 道宗亦明确指出辽宋"义若一家"之大义，祈求共思于悠永。道宗寿昌五年（1099）三月，辽遣泛使萧德崇等致北宋国书云："肇自祖宗开统，神圣贻谋，三朝通五世之欢，二国敦一家之睦，阜安万宇，垂及百年。"⑤ 辽代君臣仍强调辽宋南北长久通好，"敦一家之睦"。由此观之，辽代君臣所强调"事同一家""义若一家"，就地域言之，乃为"北南一家"，以民族论之，则属"汉契一体"。⑥此与契丹人自称轩辕或炎帝之后裔有异曲同工之妙，均表现为儒家大一统思想观念，中华民族多元一体之具体体现。

---

① （宋）李焘：《续资治通鉴长编》卷六十一，真宗景德二年十月条，中华书局 1992 年标点本，第 1371 页。
② （宋）李焘：《续资治通鉴长编》卷一百三十五，仁宗庆历二年三月条，中华书局 1992 年标点本，第 3229 页。
③ （宋）李焘：《续资治通鉴长编》卷一百四十二，仁宗庆历三年七月条，中华书局 1992 年标点本，第 3408 页。
④ （宋）李焘：《续资治通鉴长编》卷二百五十一，神宗熙宁七年三月条，中华书局 1992 年标点本，第 6122 页。
⑤ （宋）李焘：《续资治通鉴长编》卷五百七，哲宗元符二年三月条，中华书局 1992 年标点本，第 12081 页。
⑥ 辽末，留守耶律赤狗儿面对辽兵出河店之败，召军民谕之曰："契丹、汉人久为一家，今边方有警，国用不足，致使兵士久涸父老间，有侵扰亦当相容。"《金史》卷七十五《卢彦伦传》，中华书局 1975 年标点本，第 1715 页。

第二节　辽代教育发展的历史局限性

经过辽统治者的不懈努力，辽代教育取得令人瞩目的成就，尤其是把中原农耕社会的教育制度与教育体系移植到北疆游牧地区，开创了中国北疆游牧民族全面接受儒家思想文化教育的新阶段，为中国古代多民族国家的文化认同以及民族大融合做出应有的贡献。虽然如此，但缘于当时政治、经济、自然环境、民族特性等诸多方面因素的制约，辽代教育的发展也存在较大的历史局限性，这也是研究辽代教育时所不能回避的问题。

一、辽代教育发展的地域不平衡性

辽代教育发展平衡与否取决于地方官学教育的发达程度，从上京道、中京道、南京道、东京道、西京道设置地方府州学的实际状况看，辽代教育还存在不平衡的现象，如表 8—1 所示：

表 8—1　辽代地方官学统计表

道别	总府州军城数	府州类型	府州数	设学数	占州比例		总比例数
上京道	37	节度使州	13	0	0.00%	7	18.92%
		观察使州	2	2	100.00%		
		刺史州	6	5	83.33%		
		头下州	12	0	0.00%		
		城	4	0	0.00%		

续表

道别	总府州军城数	府州类型	府州数	设学数	占州比例		总比例数
中京道	23	府	1	1	100.00%	17	73.91%
		节度使州	6	0	0.00%		
		观察使州	3	3	100.00%		
		刺史州	13	13	100.00%		
南京道	9	节度使州	1	0	0.00%	8	88.89%
		刺史州	8	8	100.00%		
东京道	93	府	7	5	71.43%	46	49.46%
		节度使州	21	0	0.00%		
		观察使州	4	4	100.00%		
		防御使州	3	3	100.00%		
		团练使州	1	1	100.00%		
		刺史州	34	32	94.12%		
		未详州	4	0	0.00%		
		未知属性的州	14	0	0.00%		
		军	3	0	0.00%		
		城	2	1	50.00%		
西京道	16	节度使州	6	0	0.00%	8	50.00%
		刺史州	8	8	100.00%		
		未知属性州	1	0	0.00%		
		军	1	0	0.00%		

说明：东京道总有7府，除黄龙府为真正意义上的"府"之外，率宾、定理、铁利、镇海、安定、长岭等6府并非真正意义上的"府"，虽然以"府"称之，但实际上与刺史州的地位相当，故将其列入刺史州内考察。

根据表 8—1 统计，上京道设置州一级的行政区划凡 37 州（城），设置州学者为 7 州，占州总数的 18.92%；中京道设置州一级的行政区划凡 23 府州，设置府州学者为 17 州，占州总数的 73.91%；南京地区设置州一级行政区划凡 9 州，设有州学者为 8 州，州学数占88.89%；东京道设置相当于州一级的行政区划凡 93 府州军城，设置府州学者为 46 州，占州总数的 49.46%；西京道设置相当于州一级的行政区划凡 16 州（军），设有州学者为 8 州，占州级单位总数的50%。从府州学设置的比例看，很显然辽代教育的发展是不平衡的。如若将边疆部族地区的情况计算在内，这种不平衡现象则更为严重。

不过，仅从地方府州学的角度考虑，辽代府州学的设置还有一个比较奇怪的现象，即节度使州、头下州、军、城等，除东京之"顺化城"外，均未设置官学。关于"顺化城"，《辽史·地理志二》载："顺化城，向义军，下，刺史。开泰三年以汉户置。兵事隶东京统军司。"[1] 顺化虽称"顺化城"而不称"顺化州"，但却把之定性为"下刺史"，说明顺化城应该相当于刺史州。关于这一属性，从《辽史·百官志四》之记载也可得到确认，[2] 因为兹处在叙录东京道刺史州州学时也将"顺化"列入其中。由此观之，"顺化城"恐为"顺化州"之误。若此想法成立的话，实际上节度使州、头下州、军、城等均未设置官学。对于观察使州、防御使州、团练使州和刺史州来说，设置官学的比例还是相当高的。

辽代教育之所以出现如上所述的地域不平衡性，与辽代民族构成及地理环境等因素应是息息相关的。辽是一个多民族组成的政权，在辽统治域内有契丹、汉、渤海、奚、阻卜、室韦、女真等诸多民族，而且他们分布的地域既相对集中，又比较分散。正如学者所阐述

---

① 《辽史》卷三十八《地理志二》，中华书局 2016 年点校本，第 537 页。
② 《辽史》卷四十八《百官志四》，中华书局 2016 年点校本，第 914 页。

的那样："在这个国家的北部（上京道）是契丹人传统的聚居地，南部（南京道、西京道）则分布着广大的汉人，居住在这两个区域之间（中京道）的是奚人，东部（东京道）的主要居民是渤海人。另外，在东京道和上京道广袤的疆域内，还分布着女真、室韦、阻卜等许多民族。"[①] 同时，辽统治域内的自然地理环境极为复杂，从地貌上看，有高山、平原、盆地、高原、沙漠、河流等；从气候上看，从暖温带跨度到寒带，又处于亚洲大陆的季风气候区，雨热同季；从植被上看，有森林、草原、沼泽等。这样的自然地理环境，为辽代各民族提供了不同的生活条件和经济类型，如"东部的白山黑水间形成了最古老的渔猎民族；北部山林中和江河两岸则有专事狩猎的民族；西部草原则有游牧射猎民族；中南部的黑土带和暖温带发展农耕条件好，是汉族最早的移居区"[②]。正因为辽统治地域内自然地理环境复杂多样，民族众多，才导致辽统治域内的经济类型多种多样，既有以农业为主的汉族、渤海人聚居区，又有以畜牧经济为主体的中国北疆游牧地区，既有以汉、契民族为主体的农牧混合区，又有以女真族为主体的渔猎经济区。由于各地区自然地理环境的差异，导致不同的经济类型。又由于不同经济类型的发展，制约区域文化的发展。故此，辽各区域的社会发展出现不平衡现象，导致各区域的教育水平也千差万别。一般说来，居住于农业经济类型区域的汉、渤海以及契丹等族的教育发达程度相对较高，居住于游牧经济类型、渔猎经济类型区域的契丹、奚、阻卜、室韦、女真等族的教育发达程度相对较低。从地区的角度说，南京地区是传统的汉族聚居区，儒家思想文化底蕴向来深厚，是辽代教育发达程度最高的地区；其次是中京大定府以东以南地区、中京兴中府附近地区、上京临潢府附近地区、东京辽阳府附近地

---

① 刘浦江：《辽金史论》，辽宁大学出版社 1999 年版，第 36 页。
② 韩宾娜、王兆明：《中国历史地理》，东北师范大学出版社 1995 年版，第 383 页。

区、东京黄龙府附近地区以及西京大同府周边地区。

二、辽代教育发展的相对滞后性

通过辽代教育诸层面的分析，大致可得出这样的结论：辽代教育经过辽朝统治者的不懈努力，获得迅速发展的态势，不仅具有类似于中原农耕地区的较成熟的教育制度，而且形成较完整的教育体系。不过，从总体上分析、评估辽代教育的发展水平，它不仅具有地域不平衡的特征，也具有相对滞后性的特点。究其原因，主要有以下几个方面。

第一，契丹民族原有教育基础薄弱导致辽代教育发展相对缓慢。以契丹民族为核心的中国北疆游牧民族在建国前，仍处于"本无文纪，惟刻木为信"[①]的状态，还根本谈不上真正意义上的教育。《北史·契丹传》载：契丹俗"好为寇盗。父母死而悲哭者，以为不壮。但以其尸置于山树之上，经三年后，乃收其骨而焚之。因酹酒而祝曰：'冬月时，向阳食，若我射猎时，使我多得猪、鹿。'其无礼顽嚚，于诸夷最甚"。[②]关于契丹此风俗，《隋书·契丹传》也有与之类似的记载。[③]从契丹风俗及古代史家的评价看，此时的契丹族几乎是无礼仪的，足见儒家思想文化教育相当阙如，甚至谈不上有儒家思想文化教育之痕迹。这种情况一直延续到唐末，直至"刘守光末年苛惨，军士亡叛皆入契丹。洎周德威攻围幽州，燕之军民多为寇所掠，既尽得燕中人士，教之文法，由是渐盛"。[④]这里所云的"文法"大概即是《新五代史·四夷附录第一》所载"至阿保机，稍并服旁诸小

---

① （宋）王溥：《五代会要》卷二十九《契丹》，中华书局 1998 年版，第 349 页。
② 《北史》卷九十四《契丹传》，中华书局 1974 年标点本，第 3128 页。
③ 《隋书》卷八十四《契丹传》，中华书局 1973 年标点本，第 1881 页。
④ 《旧五代史》卷一百三十七《契丹传》，中华书局 2015 年点校本，第 2130 页。

国，而多用汉人，汉人教之以隶书之半增损之，作文字数千，以代刻木之约。又制婚嫁，置官号。乃僭称皇帝，自号天皇王"[①]之内容。可见，契丹在崇尚武功的同时，开始重视文治教化作用，以契丹文字代替"刻木之约"。由于契丹统治者"多用汉人"帮助治理契丹内部事务，儒家思想、儒家文化可能在契丹社会生活中产生一定的作用。这可能是辽太祖耶律阿保机"变家为国"后，及时召开"意识形态"会议，确立以儒家思想为辽朝统治的主体思想的主要因素之一。虽然太祖神册三年（918），辽朝设置国子监管理辽统治域内的教育事务，但天显元年（926）后唐使臣姚坤谒见太祖时，善汉语的太祖则谓坤曰："吾解汉语，历口不敢言，惧部人效我，令兵士怯弱故也。"[②]这说明契丹民族不仅儒家思想文化教育基础薄弱，而且契丹统治者也有意识地令契丹人不识汉语，从而导致辽代教育发展相对缓慢。

第二，因俗而治政策对辽代教育起到阻碍作用。辽太宗虽然继承太祖时期的文教政策，继续推行儒家思想文化教育，但在会同元年（938）取得燕云十六州时，却采取"因俗而治"的基本国策，从而阻碍儒家思想文化教育在游牧民族居住区的快速发展，这从辽代科举制度的发展情况就可窥之一二。如前所述，太宗会同元年获得燕云地区后即开始推行中原王朝所固有的治世人才的选拔方式——科举制度。众所周知，科举考试的基础内容为儒家的《五经》及其传疏，也就是说，科举考试是与儒家思想文化教育息息相关的，辽代士人若想在科举上获得功名，就必须严格地接受儒家思想文化教育。基于此，辽代教育就应得到良好的发展，如南京地区出现的"人多技艺，秀者学读

[①]《新五代史》卷七十二《四夷附录第一》，中华书局2015年点校本，第1004页。
[②]《旧五代史》卷一百三十七《契丹传》，中华书局2015年点校本，第2134页。又《新五代史》卷七十二《四夷附录第一》记载："吾能汉语，然绝口不道于部人，惧部人效汉而怯弱也"，见中华书局2015年点校本，第1006页。

书，次者习骑射"①景象，就是当时辽代教育发展的真实写照。但是，在"因俗而治"基本国策的影响下，辽初科举制度仅局限于南京地区，辽代教育繁荣发展的景象也仅限于南京地区，尚未在全国范围内展开。太宗以后，由于辽代内部发生一系列的权力斗争，导致辽代教育和科举的发展出现振荡的局面，直到辽景宗保宁八年（976）十二月诏南京复礼部贡院，辽代教育和科举才再次步入正轨，开始逐渐恢复与发展，但仍局限于南京一隅。经过景宗、圣宗年间的发展，至圣宗统和六年（988）诏开贡举之后，辽代科举制度才由南京的局部地区推向辽统治全域，随之辽代教育也开始在辽统治域内繁荣发展起来。从辽初科举考试发展历程不难看出，辽代科举制度从设立之日起，经历半个世纪的时间才由南京局部地区推向辽统治全域，与之相辅相成的辽代教育也基本处于这种状态，可见辽代教育在"因俗而治"基本国策影响下，在辽统治域内的全面发展相对比较缓慢。

第三，契丹统治者崇尚骑射思想观念使辽代教育的发展受到局限。辽朝统治者重视、强调尚武骑射观念虽然在武力强国的过程中起到一定的作用，但客观上却阻碍了辽代教育的发展。辽朝统治者为了保持契丹族及其他游牧民族的尚武骑射精神，从科举创立伊始，以"国制"条文的形式禁止契丹族士人以及辽北疆的其他游牧部族士人参加科举考试。不过，随着契丹社会经济的发展，契丹族与汉族的经济联系越来越紧密；再加之契丹族士人与汉族士人的相互杂居，契丹族和契丹北疆其他游牧部族受儒家思想文化教育的影响越加剧烈，儒家思想文化教育渐趋成为他们社会生活中的重要组成部分。在这样的历史背景下，契丹族的某些士人开始冲破禁止契丹族士人策试进士的限制，私自参加被汉族士人引以为豪的科举考试。如横帐季父房

---

① （宋）叶隆礼：《契丹国志》卷二十二《四京本末》，上海古籍出版社1985年点校本，第217页。

的耶律蒲鲁，"幼聪悟好学，甫七岁，能诵契丹大字。习汉文，未十年，博通经籍。重熙中，举进士第"①。对耶律蒲鲁的行为，当时的契丹统治者并没有默许或变通，仍坚持禁止契丹族士人参加科举考试的规定。因而在耶律蒲鲁进士及第后，知贡举"以国制无契丹试进士之条，闻于上，以庶箴擅令子就科目，鞭之二百"②。耶律庶箴因私自令子参加科举考试，违背"国制无契丹试进士"之律令，受到当朝统治者辽兴宗"鞭之二百"的严厉处罚。辽之所以对契丹族士人以及辽的其他游牧部族士人采取与汉族和渤海族士人截然不同的政策，与"因俗而治"基本国策大背景紧密相连。辽以武立国，虽然从建国伊始便开始"尊孔崇儒"，但始终强调尚武骑射精神。辽历代皇帝皆是尚武骑射的榜样，如世宗耶律阮，"仪观丰伟，内宽外严，善骑射，乐施予，人望归之"③；景宗耶律贤能"与诸王大臣较射"④；圣宗耶律隆绪"既长，精射法，晓音律，好绘画"⑤；兴宗耶律宗真"幼而聪明，长而魁伟，龙颜日角，豁达大度。善骑射，好儒术，通音律"⑥。辽代皇帝皆如此，作为人臣者更应该加强维持契丹族固有的尚武骑射精神，如前文提及的耶律蒲鲁受到惩戒一事就是这一思想的集中体现。辽兴宗之所以要给予耶律蒲鲁以严厉的处罚，主要是认为耶律蒲鲁"文才如此，必不能武事"⑦。在辽兴宗看来，契丹人一旦过于崇文，那么尚武就可能弃之，武备就会松弛，从而削弱契丹人的战斗力，国家安全就很难得以保障。正是在这种思想指导下，契丹族士人始终保持尚武骑射的传统观念。从《辽史》记载上看，许多契丹族士人即便习

① 《辽史》卷八十九《耶律蒲鲁传》，中华书局2016年点校本，第1487页。
② 《辽史》卷八十九《耶律蒲鲁传》，中华书局2016年点校本，第1487页。
③ 《辽史》卷五《世宗本纪》，中华书局2016年点校本，第71页。
④ 《辽史》卷九《景宗本纪下》，中华书局2016年点校本，第113页。
⑤ 《辽史》卷十《圣宗本纪一》，中华书局2016年点校本，第115页。
⑥ 《辽史》卷十八《兴宗本纪一》，中华书局2016年点校本，第239页。
⑦ 《辽史》卷八十九《耶律蒲鲁传》，中华书局2016年点校本，第1487页。

儒诵经，也未忘记尚武骑射精神，耶律蒲鲁就是典型的代表，"会从猎，三矢中三兔"①。再如五院部人耶律八哥，"幼聪慧，书一览辄成诵。……会宋将曹彬、米信侵燕，八哥以扈从有功，擢上京留守"②；于越耶律洼之后耶律乌不吕，"严重，有膂力，善属文。统和中伐宋，屡任以军事"③；北府宰相兀里之孙耶律题子，"善射，工画"④；萧乐音奴，"貌伟言辨，通辽、汉文字，善骑射击鞠，所交皆一时名士。年四十，始为护卫。平重元之乱，以功迁护卫太保，改本部南克，俄为旗鼓拽剌详稳"⑤。可见，契丹族士人在重视儒家思想文化教育的同时，亦皆保持尚武骑射精神，只有文武兼备，才能达到契丹族仕宦官吏所应具有的最高境界，进而成为辽代的核心治世人才。由此可见，辽代君臣尚武骑射思想观念在一定程度上影响了辽代教育的繁荣发展，成为阻碍辽代教育快速发展的主因之一。

---

① 《辽史》卷八十九《耶律蒲鲁传》，中华书局 2016 年点校本，第 1487 页。
② 《辽史》卷八十《耶律八哥传》，中华书局 2016 年点校本，第 1412 页。
③ 《辽史》卷八十三《耶律乌不吕传》，中华书局 2016 年点校本，第 1436 页。
④ 《辽史》卷八十五《耶律题子传》，中华书局 2016 年点校本，第 1447 页。
⑤ 《辽史》卷九十六《萧乐音奴传》，中华书局 2016 年点校本，第 1542 页。

辽代皇族教育

辽代皇族教育在贵族教育中占有重要地位，是辽代社会教育中的重要组成部分。关于皇族教育的内容，非常广泛，大凡语言文字、儒家思想、文学艺术、科技知识、佛道宗教、尚武骑射以及上述内容之社会实践化等均在其中，本节所阐述的皇族教育主要是指以儒家思想文化为核心的教育和以忠孝礼仪为核心的儒家伦理道德行为规范教育，至于皇族的忠孝教育等内容，已于第四章有所阐述，本节从略。所谓皇族是指二院皇族和四帐皇族，即"肃祖长子洽慎之族在五院司；叔子葛剌、季子洽礼及懿祖仲子帖剌、季子裹古直之族皆在六院司。此五房者，谓之二院皇族。玄祖伯子麻鲁无后，次子岩木之后曰孟父房；叔子释鲁曰仲父房；季子为德祖，德祖之元子是为太祖天皇帝，谓之横帐；次曰剌葛，曰迭剌，曰寅底石，曰安端，曰苏，皆曰季父房。此一帐三房，谓之四帐皇族"①。

一、辽代皇族经史教育

契丹族在未接受中原儒家文明之前，尚是"草居野次，靡有定所"，"生生之资，仰给畜牧，绩毛饮湩，以为衣食。各安旧风，狃习劳事，不见纷华异物而迁"，②"本无文纪，惟刻木为信"③的游牧民族。然而在辽太祖"变家为国"，势力逐渐膨胀，占领区越来越大之后，

① 《辽史》卷四十五《百官志一》，中华书局 2016 年点校本，第 795—796 页。
② 《辽史》卷三十二《营卫志中》，中华书局 2016 年点校本，第 427 页。
③ （宋）王溥：《五代会要》卷二十九《契丹》，中华书局 1998 年版，第 349 页。

雄才大略的辽太祖认为用纯粹的武功不足以应付复杂多变的契丹社会发展局势。于是，辽太祖在崇尚武功的同时，开始注重文治。

如前所述，辽建国伊始就开始坚定不移地实行"尊孔崇儒"的文教政策，辽代帝王率先垂范，潜心研读儒家经典，使朝野上下形成习儒诵经的新风尚。在这种新风尚的影响下，皇族成员也积极投身到儒家经典的研读热潮中，诸多皇族成员都能博通经史，能诗善赋，如义宗耶律倍"初市书至万卷，藏于医巫闾绝顶之望海堂。通阴阳，知音律，精医药、砭焫之术。工辽、汉文章，尝译阴符经。善画本国人物，如射骑、猎雪骑、千鹿图，皆入宋秘府"[①]；国舅少父房之萧朴"博学多智"，"以明经致位"[②]；系出仲父房的耶律资忠"博学，工辞章，年四十未仕。圣宗知其贤，召补宿卫。数问以古今治乱，资忠对无隐。开泰中，授中丞，眷遇日隆"[③]；季父房之后耶律庶成"幼好学，书过目不忘。善辽、汉文字，于诗尤工。重熙初，补牌印郎君，累迁枢密直学士。与萧韩家奴各进《四时逸乐赋》，帝嗟赏。初，契丹医人鲜知切脉审药，上命庶成译方脉书行之，自是人皆通习，虽诸部族亦知医事。时入禁中，参决疑议。偕林牙萧韩家奴等撰《实录》及《礼书》。与枢密副使萧德修定法令，上诏庶成曰：'方今法令轻重不伦。法令者，为政所先，人命所系，不可不慎。卿其审度轻重，从宜修定。'庶成参酌古今，刊正讹谬，成书以进。帝览而善之"[④]；季父房之后耶律蒲鲁"幼聪悟好学，甫七岁，能诵契丹大字。习汉文，未十年，博通经籍。重熙中，举进士第。主文以国制无契丹试进士之条，闻于上，以庶箴擅令子就科目，鞭之二百"[⑤]；皇族耶律大石"通辽、

---

① 《辽史》卷七十二《耶律倍传》，中华书局 2016 年点校本，第 1335 页。
② 《辽史》卷八十《萧朴传》，中华书局 2016 年点校本，第 1411 页。
③ 《辽史》卷八十八《耶律资忠传》，中华书局 2016 年点校本，第 1478 页。
④ 《辽史》卷八十九《耶律庶成传》，中华书局 2016 年点校本，第 1485 页。
⑤ 《辽史》卷八十九《耶律蒲鲁传》，中华书局 2016 年点校本，第 1487 页。

汉字，善骑射，登天庆五年进士第，擢翰林应奉，寻升承旨"①。通过上述皇族成员的经史教育素养的史料记载可知，辽代皇族教育的成就还是相当显著的。

二、辽代皇族教育的运行模式

1. 辽代设置惕隐官职

辽统治者为了巩固统治地位，培养治世之才，从建国初就很注意皇族成员的儒家思想文化教育和礼仪教育。为了使皇族成员能够获得良好的礼仪和文化教育，在朝官中设置惕隐一职，还设立如大惕隐司、大内惕隐司和皇太子惕隐司等管理机构。

大惕隐司。辽在北面朝官中设置大惕隐司，用以管理皇族的政教。《辽史·百官志一》"大惕隐司"条载：大惕隐司的职掌为"掌皇族之政教"②。所谓"政教"，当指教化。《荀子·王制》载："本政教，正法则，兼听而时稽之，度其功劳，论其庆赏，以时慎修，使百吏免尽，而众庶不偷，冢宰之事也。"③可见，政教是对一个国家的礼仪、法度进行规范的必要手段，是当时教育的根本，其核心内容就是教化。辽的"政教"也当如是，这从耶律义先对皇族成员的告诫及其自身的伦理道德行为规范也可获知这一点。《辽史·百官志一》载：兴宗朝的耶律义先，于重熙二十一年（1052）十二月戊戌，以契丹行宫都部署之职拜为惕隐，命其管理皇族，则义先诫其族人曰："国家三父房最为贵族，凡天下风化之所自出，不孝不义，虽小不可为。"④又《辽史·耶律义先传》载：义先常诫其族人曰："国中三父房，皆帝之

---

① 《辽史》卷三十《天祚皇帝本纪四》，中华书局 2016 年点校本，第 401 页。
② 《辽史》卷四十五《百官志一》，中华书局 2016 年点校本，第 783 页。
③ 梁启雄：《荀子简译》，中华书局 1983 年版，第 113 页。
④ 《辽史》卷四十五《百官志一》，中华书局 2016 年点校本，第 783 页。

昆弟，不孝不义尤不可为。"①从耶律义先的训诫可以看出皇族的教化
如何直接关涉平民百姓的风化，皇族成员的一言一行为平民百姓的
楷模，因而耶律义先要求皇族成员要以儒家的伦理道德来规范自身
的行为。耶律义先在教育皇族成员要孝义天下的同时，还以身作则，
起表率作用。《辽史·百官志一》"大惕隐司"条载："其妻晋国长公
主之女，每见中表，必具礼服。义先以身率先，国族化之。"又《辽
史·耶律义先传》载："其接下无贵贱贤否，皆与均礼。其妻晋国长
公主之女，每遇中表亲，非礼服不见，故内外多化之。"②可见，耶律
义先夫妇率先垂范在皇族群体的社会生活中起到良好示范作用，结果
是皇族上下、朝野内外，往往皆化之。从耶律义先的言行来看，大
惕隐司的主要职能显然主要是对皇族的礼仪、忠孝等思想品德的教
育，当然，皇族的文化教育也应是大惕隐司分内之事。正是基于此观
念，才把大惕隐司作为教育方式之一置于此。关于大惕隐司设置的时
间，《辽史·百官志一》曰："太祖置。"此载虽然明确指出太祖立国
便设置大惕隐司用以管理皇族之教育，但没有指出大惕隐司确切的设
置时间。不过，根据史料记载，最早出现大惕隐司这一官职是在 908
年，《辽史·太祖本纪上》载：太祖二年（908）正月辛巳，"始置惕
隐，典族属，以皇弟撒剌为之"③。可见，辽太祖即可汗位后的第二年
便以其族弟撒剌为惕隐以掌皇族政教。另外，从《辽史·百官志一》
所载"太祖有国，首设此官，其后百官择人，必先宗姓"来分析，大
惕隐司的设置当在太祖立国之时，由此可以断定，大惕隐司的设置当
在辽太祖即汗位之际分官设职之时。辽太祖在立国之时就设大惕隐
司，并以宗姓为之，说明辽太祖对皇族成员的教育颇为重视。从《辽
史·百官志一》的记载可知，辽在大惕隐司中设有"惕隐""知惕隐

① 《辽史》卷九十《耶律义先传》，中华书局 2016 年点校本，第 1495 页。
② 《辽史》卷九十《耶律义先传》，中华书局 2016 年点校本，第 1495 页。
③ 《辽史》卷一《太祖本纪上》，中华书局 2016 年点校本，第 3 页。

事""惕隐都监"等官职，用以管理皇族的日常皇族教育。不过，《辽史·百官志一》记载过于简略，除知惕隐也称梯里已之外，别的一无所知，因而各职事机构的具体职掌，还有待于新史料的发现。此外，从将"大惕隐司"置于"北面朝官"系列可知，大惕隐司应该属于朝官。从"二院治之以北、南二王，四帐治之以大内惕隐，皆统于大惕隐司"来看，大惕隐司所管理的皇族包括二院皇族和四帐皇族。

大内惕隐司。辽代除在皇族设大惕隐司外，还在四帐皇族设大内惕隐司。《辽史·百官志一》"大内惕隐司"条载：大内惕隐司的职掌为"掌皇族四帐之政教"。① 很显然，大内惕隐司的职掌范围仅为横帐、孟父房、仲父房、季父房，与大惕隐司的职掌范围完全不同。关于大内惕隐司设置的时间，《辽史·百官志一》未作明确记载。考索史料可知，最早记录大内惕隐司这一官职的时间为918年，《辽史·太祖本纪上》载：太祖神册三年（918）正月丙申，以皇弟安端为大内惕隐，命攻云州及西南诸部。② 从大惕隐司与大内惕隐司出现的时间来看，大内惕隐司比大惕隐司要晚得多，从此点上来说，大内惕隐司似乎是从大惕隐司派生出来的，管理范围相对较小，专职于四帐皇族的政教。在大内惕隐司的职事机构中，设有"大内惕隐""知大内惕隐事""大内惕隐都监"等官职，用以管理四帐皇族的日常教育。由于《辽史·百官志一》仅记载上述职官而无文，因而诸职官的职掌尚不可知，还有待于新史料的发现。从大内惕隐司置于"北面皇族帐官"体系可知，大内惕隐司应属于辽代帐官体系。这与大惕隐司属于辽代朝官体系是完全不同的。

皇太子惕隐司。辽代除了在皇族中设大惕隐司、在四帐皇族中设大内惕隐司外，还在皇太子帐中设皇太子惕隐司。据《辽史·百官志

---

① 《辽史》卷四十五《百官志一》，中华书局 2016 年点校本，第 796 页。
② 《辽史》卷一《太祖本纪上》，中华书局 2016 年点校本，第 12 页。

一》"皇太子惕隐司"条载：皇太子惕隐司的职掌为"掌皇太子宫帐之事"。很显然，皇太子惕隐司的职掌范围仅为皇太子宫帐之政教，这与大惕隐司、大内惕隐司的职掌范围又完全不同。对比三者之间的关系不难看出，辽统治者颇为重视皇族的政教，在大惕隐司之内设大内惕隐司，又在大内惕隐司之内设皇太子惕隐司，说明辽统治者把皇太子的教育视为皇族教育中的重中之重。关于皇太子惕隐司设置的时间，《辽史·百官志一》未作明确记载，而《辽史》中也考索不到某人曾做过皇太子惕隐，因而皇太子惕隐司设置时间暂无考。不过，从将皇太子惕隐司置于"北面御帐官"体系可知，皇太子惕隐司属于辽代御帐官体系，与大惕隐司属于辽代朝官体系、大内惕隐司属于辽代帐官体系是完全不同的。

总之，辽统治者为了皇族成员能够接受良好的儒家伦理道德和思想文化教育，在皇族内部设置不同的管理机构，以便加强对皇族的儒家思想文化教育和礼仪教育。

2. 辽代设置帝王侍读学士

辽统治者为了加强自身的修养和治世能力，设置侍读之官，随时令其讲解经义和以备顾问。关于侍读之官，《辽史·百官志》未载，但从马得臣、王师儒曾任职于侍读学士、翰林侍读学士来看，辽代应设有此类官职。《辽史·马得臣传》载："圣宗即位，皇太后称制，兼侍读学士。"[①] 又如王师儒，道宗大安六年（1090）奉敕撰《萧袍鲁墓志》时署为"翰林侍读学士、大中大夫、行给事中、知制诰、充史馆修撰、伴读燕国王、上轻车都尉、太原县开国侯、食邑一千户、赐紫金鱼袋王师儒奉敕撰"[②]。又《王师儒墓志》载：道宗大安四年

---

① 《辽史》卷八十《马得臣传》，中华书局 2016 年点校本，第 1409 页。
② 《萧袍鲁墓志》（大安六年），参见向南：《辽代石刻文编》，河北教育出版社 1995 年版，第 423 页。

（1088），"迁给事中，权翰林侍读学士"①。可见，辽代设置侍读之官是毋庸置疑的。

辽承唐制，辽代侍读之职掌可从唐朝窥之。据《旧唐书·玄宗本纪上》载：开元三年（715）十月甲寅，"制曰：'朕听政之暇，常览史籍，事关理道，实所留心，中有阙疑，时须质问。宜选耆儒博学一人，每日入内侍读。'以光禄卿马怀素为左散骑常侍，与右散骑常侍褚无量并充侍读"②。可见，侍读的职掌就是讲解经义和以备顾问。此外，以《辽史·马得臣传》的记载观之，侍读不仅解经释疑，而且还具有劝谏帝王之职能。③

关于辽代侍读的署置时间，由于史料记载的阙略，已难于确知，不过，从马得臣曾为圣宗的侍读来看，侍读之官似乎在辽圣宗之前就已经设置。侍读之制，一直延续到辽末。据《辽史·道宗本纪四》载：大安二年（1086）正月癸丑，"召权翰林学士赵孝严、知制诰王师儒等讲《五经》大义"④。又《辽史·道宗本纪五》载：大安四年（1088）四月癸卯，"召枢密直学士耶律俨讲《尚书·洪范》"⑤。可见，道宗朝的侍读之风尚颇为兴盛。

3. 辽代设置太子伴读之官

辽统治者颇为重视对太子的培养，为了加强太子的儒学修养和丰富太子的治世经验，不仅设置皇太子惕隐司，以掌皇太子之政教，而且还与其他王朝一样，于东宫设置诸官管理太子事宜，在这些东宫官职中有诸多官职都是围绕太子习读经史，提高儒学修养，储备治世经验而设置。如文学馆设置有崇文馆学士、崇文馆直学士、太子校书

---

① 《王师儒墓志》（天庆四年），参见向南：《辽代石刻文编》，河北教育出版社1995年版，第646页。
② 《旧唐书》卷八《玄宗本纪上》，中华书局1975年标点本，第175页。
③ 《辽史》卷八十《马得臣传》，中华书局2016年点校本，第1409—1411页。
④ 《辽史》卷二十四《道宗本纪四》，中华书局2016年点校本，第329页。
⑤ 《辽史》卷二十五《道宗本纪五》，中华书局2016年点校本，第334—335页。

郎。司经局设置有太子洗马、太子文学、太子校书郎、太子正字。除了上述常设机构外，辽统治者还为皇太子设置太子伴读之官，如前文提及的王师儒就曾"伴读燕国王"。据《王师儒墓志》（天庆四年）载：王师儒在咸雍二年（1066）举进士第，咸雍六年（1070）夏，"加太子洗马"。大康九年（1083）冬，"道宗孝文皇帝以今上始出阁，封梁王。而于卿士门选□□□□□，公以太常少卿、乾文阁待制，命为伴读"。大安四年（1088），"迁给事中，权翰林侍读学士"。寿昌六年（1100）夏，"改授宣政殿大学士、判史馆事、上柱国、食邑五百户，依前伴读燕国王"。[①] 除王师儒外，耶律化哥、耶律固等也曾任太子伴读，《辽史·道宗本纪四》载：大康八年（1082）十月乙卯，"诏化哥传导梁王延禧，加金吾卫大将军"[②]。大康十年（1084）三月丁巳，"命知制诰王师儒、牌印郎君耶律固傅导燕国王延禧"[③]。可见，辽代设置太子伴读之官当毫无疑问。

关于辽代太子伴读的署置时间，由于史料记载的阙略，已难于确知，不过，从王师儒、耶律化哥、耶律固等曾为燕王伴读来看，太子伴读之官至晚在辽道宗时就已经设置是确切无疑的。

4. 辽代设置王傅府和诸王文学馆

辽代诸王府在崇尚武力、世预其选的同时，也相当重视经史的修习。辽统治者在诸王府设置有王傅府和诸王文学馆。在王傅府有王傅之官，如萧惟信，"重熙十五年为燕赵王傅"[④]。关于王傅之职掌，从萧惟信的事迹便可略知，据《辽史·萧惟信传》载：萧惟信，楮特部人，"资沉毅，笃志于学，能辨论。重熙初始仕，累迁左中丞。十五

---

① 梁王、燕王均指天祚皇帝耶律延禧，如《辽史·道宗本纪四》载：大康六年（1080）三月庚寅，"封皇孙延禧为梁王"；大康九年（1083）十一月丙午，"进封梁王延禧为燕国王"。

② 《辽史》卷二十四《道宗本纪四》，中华书局 2016 年点校本，第 325 页。

③ 《辽史》卷二十四《道宗本纪四》，中华书局 2016 年点校本，第 328 页。

④ 《辽史》卷四十七《百官志三》，中华书局 2016 年点校本，第 887 页。

年，徙燕赵国王傅，帝谕之曰：'燕赵左右多面谀，不闻忠言，浸以成性。汝当以道规诲，使知君父之义。有不可处王邸者，以名闻。'惟信辅导以礼"①。可见，王傅的职责就是辅导以礼，以道规诲，使知君父之义。在诸王文学馆设有诸王教授和诸王伴读，如姚景行，"重熙中为燕赵国王教授"，"圣宗太平八年，长沙郡王宗允等奏选诸王伴读"。②又《辽史·姚景行传》载："景行博学。重熙五年，擢进士乙科，为将作监，改燕赵国王教授。"③足见辽统治者对诸王的经史修习相当重视。

除上述官职外，在石刻文献中还见有王府文学、公主文学等官职。如张从可④、张德邻⑤等曾任职于王府文学。公主文学见于《沈阳无垢净光舍利塔石函记》的注释三："按，石函题名百余人，所见署衔有：节度推官、节度巡官、兵马都知、成州都孔目官、白川州咸康县主、东京都麹院都监、东京户部押衙、左班祗候、控鹤军使、随驾步军什将、随驾第一什将、银冶务使、闾山县商麹都监，秦国公主文学等。其中公主文学为石刻首见。"据向南先生研究，公主文学职掌同王府文学。⑥关于王府文学的职掌，由于《辽史》记载阙略，难于查考，但从唐朝置此官的职掌窥之，王府官置"傅一人，从三品。掌辅正过失。咨议参军事一人，正五品上。掌讦谋议事。友一人，从五品下。掌侍游处，规讽道义。侍读，无定员。文学一人，从六品上。

---

① 《辽史》卷九十六《萧惟信传》，中华书局 2016 年点校本，第 1541 页。
② 《辽史》卷四十七《百官志三》，中华书局 2016 年点校本，第 887 页。
③ 《辽史》卷九十六《姚景行传》，中华书局 2016 年点校本，第 1543 页。
④ 《张思忠墓志》（重熙八年）记载："次可从，王府文学。"参见向南：《辽代石刻文编》，河北教育出版社 1995 年版，第 216 页。
⑤ 《张景运为亡祖造陀罗尼经幢记》（大康七年）记载："况我亡考前摄洛安王府文学张，名德邻，字闻善，世代本安次县留马人也。"参见向南：《辽代石刻文编》，河北教育出版社 1995 年版，第 390 页。
⑥ 《沈阳无垢净光舍利塔石函记》之注释"三"，参见向南：《辽代石刻文编》，河北教育出版社 1995 年版，第 238 页。

掌校典籍，侍从文章。东西合祭酒各一人，从七品上。掌礼贤良、导宾客"①。以辽承唐制论，辽代王府文学的职掌也应是辅正过失，规讽道义，掌校典籍，侍从文章，接待贤良宾客。

三、辽代皇族教育的社会意义及其影响

辽代皇族教育对契丹社会的发展产生极为重要影响，有辽一代200 余年，始终将儒家思想作为治国安邦的理论基石，同时也为中国北疆游牧民族广泛接受儒家思想文化创造了方便条件，出现"华夷同风"的良好局面，为多民族的文化认同和民族大融合奠定坚实基础。

1. 辽代皇族教育为治国安邦奠定思想基础

在耶律阿保机建国之前，契丹族"本无文纪，惟以刻木为信"，以中国北疆游牧民族传统"固俗"统治域内民族，但随着契丹族与中原汉族的频繁接触，逐渐认识到儒家思想文化在政权统治中具有不可替代的重要性，开始有意识地研习儒家经典。耶律阿保机建国后，出于统治域内各族的政治需要，在汉族士人的影响下，确立文治天下的理论基础就是儒家思想，故而把"尊孔崇儒"作为文教政策的基本国策，于是儒家思想就成为契丹族统治天下的理论基础。如前所述，辽太祖、太宗都颇为重视以儒家思想统治域内，收到良好的统治效果，尤其是景宗驾崩后皇太后萧绰扶持幼子耶律隆绪继皇帝位由己摄政时，更加坚定不移地维护儒家思想的统治地位，面对"母寡子弱，族势雄强，边防未靖"②的困难局面，宰相室昉及时"进《尚书·无逸篇》以谏"③，拯救危局，受到太后嘉奖。于是，辽统治者实施息民薄

---

① 《新唐书》卷四十九下《百官志四下》，中华书局 1975 年标点本，第 1305 页。
② 《辽史》卷七十一《景宗睿智皇后萧氏传》，中华书局 2016 年点校本，第 1322 页。
③ 《辽史》卷七十九《室昉传》，中华书局 2016 年点校本，第 1401 页。

赋、修明法度的儒家治国理念，结果是"法度修明，朝无异议"①，从而稳固了圣宗的统治地位。就圣宗而言，也常常"游心典籍，分解章句"，当圣宗"阅唐高祖、太宗、玄宗三纪"时，马得臣"乃录其行事可法者进之"，②以备圣宗统治之需要。由于圣宗始终不渝地坚持儒家的治国安邦理念，致使辽代社会迎来中兴盛世的局面，故此元末史家撰述《辽史》时曾评价圣宗曰："其践阼四十九年，理冤滞，举才行，察贪残，抑奢僭，录死事之子孙，振诸部之贫乏，责迎合不忠之罪，却高丽女乐之归。辽之诸帝，在位长久，令名无穷，其唯圣宗乎！"③兴宗在位时，重用儒臣治国。重熙十五年（1046），诏曰："古之治天下者，明礼义，正法度。我朝之兴，世有明德，虽中外向化，然礼书未作，无以示后世。卿可与庶成酌古准今，制为礼典。事或有疑，与北、南院同议。"于是，萧韩家奴"博考经籍，自天子达于庶人，情文制度可行于世，不缪于古者，撰成三卷，进之"，兴宗"又诏译诸书，韩家奴欲帝知古今成败，译《通历》《贞观政要》《五代史》"。④重熙二十一年（1052）七月甲辰朔，"召北府宰相萧塔烈葛、南府宰相汉王贴不、南院枢密使萧革、知北院枢密使事仁先等，赐坐，论古今治道"⑤。可见，兴宗仍坚持不懈地以儒家思想作为治国安邦的政治理念。道宗继承先祖的遗志，虽然崇佛兴盛，但仍以儒家思想作为统治辽代社会的理论基础。道宗"聪达明睿，端严若神，观书通其大略，神领心解"⑥。道宗大安二年（1086）正月癸丑，"召权翰林学士赵孝严、知制诰王师儒等讲《五经》大义"⑦，说明道宗不断地从

---

① 《辽史》卷七十九《室昉传》，中华书局 2016 年点校本，第 1402 页。
② 《辽史》卷八十《马得臣传》，中华书局 2016 年点校本，第 1409 页。
③ 《辽史》卷十七《圣宗本纪八》，中华书局 2016 年点校本，第 233 页。
④ 《辽史》卷一百三《萧韩家奴传》，中华书局 2016 年点校本，第 1598 页。
⑤ 《辽史》卷二十《兴宗本纪三》，中华书局 2016 年点校本，第 278 页。
⑥ （宋）叶隆礼：《契丹国志》卷九《道宗天福皇帝》，上海古籍出版社 1985 年点校本，第 95 页。
⑦ 《辽史》卷二十四《道宗本纪四》，中华书局 2016 年点校本，第 329 页。

儒家经典中汲取治国安邦的政治理念。道宗不仅自己专心儒家经典，而且还命燕国王耶律延禧抄"写《尚书·五子之歌》"①，用以教诲燕国王成为理想的皇位继承人。正是辽统治者努力地维护儒家思想作为辽代治国安邦的政治理念，才使得辽成长为与北宋长期对峙的北朝，国祚延续 200 余年。

2. 辽代皇族教育促进儒学在辽代的广泛传播

由于辽统治者坚持以儒家思想作为治国安邦的理论基础，使得研读儒家经史成为有辽一代的时尚。如前所述，不仅包括《五经》及其传疏在内的儒家经典在辽代得到广泛传播，就连宋朝政治家、文学家的奏疏文集也在辽统治域内得到大量翻刻、广泛流传。宋人苏辙《栾城集·北使还论北边事札子五道》载：苏辙北使辽还宋论北边事时曰："本朝民间开版印行文字，臣等窃料北界无所不有。臣等初至燕京，副留守邢希古相接送，令引接殿侍元辛传语臣辙云：'令兄内翰《眉山集》已到此多时，内翰何不印行文集，亦使流传至此？'及至中京，度支使郑颛押宴，为臣辙言：先臣洵所为文字中事迹，颇能尽其委曲。及至帐前，馆伴王师儒谓臣辙：'闻常服茯苓，欲乞其方。'盖臣辙尝作《服茯苓赋》，必此赋亦已到北界故也。臣等因此料本朝印本文字，多已流传在彼。其间臣僚章疏及士子策论，言朝廷得失、军国利害，盖不为少。"②苏辙能把此事作为一项重要奏章提出，说明宋朝臣僚章疏及士子策论在辽代流传是相当普遍的。又《渑水燕谈录》载："张芸叟奉使大辽，宿幽州馆中，有题子瞻《老人行》于壁者。

---

① 《辽史》卷二十五《道宗本纪五》，中华书局 2016 年点校本，第 335 页。
② （宋）苏辙：《栾城集》卷四十二《北使还论北边事札子五道·论北朝所见于朝廷不便事》，上海古籍出版社 1987 年标点本，第 937 页。

闻范阳书肆亦刻子瞻诗数十篇，谓《大苏小集》。"① 可见，苏洵的诗赋在辽代也是广为流传的，以至于苏辙发出这样的感慨："谁将家集过幽都，逢见胡人问大苏。莫把文章动蛮貊，恐妨谈笑卧江湖。"② 在这种风气的影响下，在中国北疆游牧民族中涌现出一大批通五经、善属文、工诗画、知古今的士人，如耶律倍、耶律资忠、耶律庶成、耶律蒲鲁、萧德、萧惟信、萧韩家奴等，这说明儒家思想在中国北疆游牧地区得到广泛传播，并取得较为显著的效果。

---

① （宋）王辟之：《渑水燕谈录》，中华书局1997年版，第89页。又（宋）江少虞：《宋朝事实类苑》记载"张芸叟奉使大辽，宿幽州馆中，有题苏子瞻《老人行》于壁间者。闻范阳书肆亦刻子瞻诗数十篇，谓之《大苏集》"。（卷三十四《诗歌赋咏》，上海古籍出版社1981年版，第434页。）此载无"小"字，不知孰是。
② 赵永春：《奉使辽金行程录》（增订本），商务印书馆2017年版，第129页。

附录二

辽代女性教育

辽统治者比较重视女性教育。辽代女性教育的内容丰富多彩，大凡语言文字、儒家思想、文学艺术、科技知识、宗教、尚武骑射以及上述内容之社会实践化等均在其中。[①] 从现存的辽代史料看，辽代诸多女性都得到较好的教育，为其自身素质的养成起到积极的作用，对辽代社会生活产生深远的影响。

一、辽代社会生活中的女性教育

辽代女性教育，无论从教育内容，还是教育模式，既遵从中国北疆游牧民族固有的风俗习惯，又充分吸收中原汉族女性教育的传统，故而，辽代的女性教育具有鲜明特色，培养出一大批无论在政治、军事、文化上，还是在齐家、教子上，都相当优秀的女性。

1.辽代女性的儒家礼仪教育

在辽代，女性的社会地位相对较高，有很多贵族女性直接或间接地参与到政治生活中去，得到较好的教育。辽代女性通过参加各种仪礼活动，接受礼仪教育。如祭山仪就需要皇后、命妇等女性参与，据《辽史·礼志一》载："祭山仪：设天神、地祇位于木叶山，东乡；中立君树，前植群树，以像朝班；又偶植二树，以为神门。皇帝、皇后至，夷离毕具礼仪。牲用赭白马、玄牛、赤白羊，皆牡。仆臣曰旗

---

① 本文所阐述的女性教育主要是指以儒家经史教育、忠孝礼仪为核心的儒家伦理道德行为规范教育，以及尚武骑射教育等，至于女性的宗教教育及其实践已在本书正文"辽代宗教教育"中有所阐述，此文略之。

鼓拽刺，杀牲，体割，悬之君树。太巫以酒醑牲。礼官曰敌烈麻都，奏'仪办'。皇帝服金文金冠，白绫袍，绛带，悬鱼，三山绛垂，饰犀玉刀错，络缝乌靴。皇后御绛帨，络缝红袍，悬玉佩，双结帕，络缝乌靴。皇帝、皇后御鞍马。群臣在南，命妇在北，服从各部旗帜之色以从。皇帝、皇后至君树前下马，升南坛御榻坐。群臣、命妇分班，以次入就位；合班，拜讫，复位。皇帝、皇后诣天神、地祇位，致奠；合门使读祝讫，复位坐。北府宰相及惕隐以次致奠于君树，遍及群树。乐作。群臣、命妇退。皇帝率孟父、仲父、季父之族，三匝神门树；余族七匝。皇帝、皇后再拜，在位者皆再拜。上香，再拜如初。皇帝、皇后升坛，御龙文方茵坐。再声警，诣祭东所，群臣、命妇从，班列如初。巫衣白衣，惕隐以素巾拜而冠之。巫三致辞。每致辞，皇帝、皇后一拜，在位者皆一拜。皇帝、皇后各举酒二爵，肉二器，再奠。大臣、命妇右持酒，左持肉各一器，少后立，一奠。命惕隐东向掷之。皇帝、皇后六拜，在位者皆六拜。皇帝、皇后复位，坐。命中丞奉茶果，饼饵各二器，奠于天神、地祇位。执事郎君二十人持福酒、胙肉，诣皇帝、皇后前。太巫奠醑讫，皇帝、皇后再拜，在位者皆再拜。皇帝、皇后一拜，饮福，受胙，复位，坐。在位者以次饮。皇帝、皇后率群臣复班位，再拜。声跸，一拜。退。"[①] 相传木叶山是契丹族的发祥地，有男子乘白马沿土河（今老哈河）而来，有女性驾青牛沿潢河（今西拉木伦河）而来，相遇于木叶山，结为夫妻，生八子，形成契丹初期的八部，[②] 因而，辽朝在木叶山举行祭祀天地活动。辽通过祭山仪的祭祀活动，使皇后、命妇养成对神灵的虔诚信仰，懂得处理各种事务的规则，提高她们参与政治活动的意识。

　　再如柴册仪，虽然是辽代皇帝转换角色、树立权威的仪式，但

---

① 《辽史》卷四十九《礼志一》，中华书局 2016 年点校本，第 928—929 页。
② 武玉环：《辽制研究》，吉林大学出版社 2001 年版，第 206 页。

也是提高皇后地位、提高辽代女性社会地位的仪礼。据《辽史·礼志一》载："柴册仪：择吉日。前期，置柴册殿及坛。坛之制，厚积薪，以木为三级坛，置其上。席百尺毡，龙文方茵。又置再生母后搜索之室。皇帝入再生室，行再生仪毕，八部之叟前导后扈，左右扶翼皇帝册殿之东北隅。拜日毕，乘马，选外戚之老者御。皇帝疾驰，仆，御者、从者以毡覆之。皇帝诣高阜地，大臣、诸部帅列仪仗，遥望以拜。皇帝遣使敕曰：'先帝升遐，有伯叔父兄在，当选贤者。冲人不德，何以为谋？'群臣对曰：'臣等以先帝厚恩，陛下明德，咸愿尽心，敢有他图。'皇帝令曰：'必从汝等所愿，我将信明赏罚。尔有功，陟而任之；尔有罪，黜而弃之。若听朕命，则当谟之。'佥曰：'唯帝命是从。'皇帝于所识之地，封土石以志之。遂行。拜先帝御容，宴飨群臣。翼日，皇帝出册殿，护卫太保扶翼升坛。奉七庙神主置龙文方茵。北、南府宰相率群臣圜立，各举毡边，赞祝讫，枢密使奉玉宝、玉册入。有司读册讫，枢密使称尊号以进，群臣三称'万岁'，皆拜。宰相、北南院大王、诸部帅进赭、白羊各一群。皇帝更衣，拜诸帝御容。遂宴群臣，赐赉各有差。"[1] 以柴册仪的活动过程观之，柴册仪实质上是再生仪和册封仪的结合体。仪式初始，皇帝要先行再生礼。再生礼的进行过程就是母亲生子过程的象征性重复。在这一过程中，母后无比尊贵，是母亲把生命带给儿子，同时也把富贵和尊位带给皇帝。再生仪将母亲之伟大形象地演示出来。在辽代，几乎每个皇帝即位不久都要举行柴册仪，再生仪也就在柴册仪中一次次地重复。辽代皇帝对母后都颇为尊重，他们不仅尊重母后，也尊重她们的权力。[2] 在柴册仪中，辽代女性得到很好的社会教育，认知自己的社会地位，增强参与社会活动和政治活动的自信心和决心。

---

[1] 《辽史》卷四十九《礼志一》，中华书局 2016 年点校本，第 930 页。
[2] 贾秀云：《略论契丹女性之参政心态》，《山西大学学报》2005 年第 2 期。

2. 辽代女性的儒家经史教育

辽在建国之初就开始坚定不移地实行"尊孔崇儒"的文教政策，使朝野上下形成习儒诵经的社会风尚。在这种社会风尚的影响下，辽代的女性也掀起研经习儒的热潮，使诸多生活在辽统治域内的女性都能精通经史，能诗善赋。邢简妻陈氏，营州人，"甫笄，涉通经义，凡览诗赋，辄能诵，尤好吟咏，时以女秀才名之。年二十，归于简"①。道宗宣懿皇后萧氏，"姿容冠绝，工诗，善谈论。自制歌词，尤善琵琶"②。《全辽诗话》云：道宗清宁二年（1056）八月，道宗游猎秋山，宣懿皇后率嫔妃从行在所，至伏虎林，道宗命宣懿皇后赋诗，宣懿皇后应声曰："威风万里压南邦，东去能翻鸭绿江。灵怪大千俱破胆，那教猛虎不投降！"道宗大喜，出示群臣曰："皇后可谓女中才子。"③宣懿皇后用短短的四句诗凝练地描述了辽与宋朝、高丽及其周边民族之间的关系，高度概括了当时辽在东北亚新秩序中的核心地位与重要作用。又《全辽诗话》云：清宁三年（1057）秋，道宗作《君臣同志华夷同风诗》，宣懿皇后应制嘱和曰："虞廷开盛轨，王会合奇琛。到处承天意，皆同捧日心。文章通谷蠡，声教薄鸡林。大寓看交泰，应知无古今。"④宣懿皇后借助历史典故描绘了辽代盛世景象，犹如虞舜、周公开创的伟大事业，主宰着东北亚新秩序。此外，宣懿皇后的《回心院词》《怀古诗》《绝命词》等也是文采极致，显示出很高的儒学素养。像邢简妻陈氏、宣懿皇后萧氏这样文采奕奕的女性就是辽代"尊孔崇儒"文教政策的现实体现。

3. 辽代女性的儒家伦理道德培养

辽代女性的儒家伦理道德培养受契丹旧俗的影响，没有像中原那

① 《辽史》卷一百七《邢简妻陈氏传》，中华书局 2016 年点校本，第 1620 页。
② 《辽史》卷七十一《道宗宣懿皇后萧氏传》，中华书局 2016 年点校本，第 1326 页。
③ 蒋祖怡、张涤云：《全辽诗话》，岳麓书社 1992 年版，第 17 页。
④ 蒋祖怡、张涤云：《全辽诗话》，岳麓书社 1992 年版，第 17—18 页。

样形成严格的"三从四德"标准,儒家礼教成分相对较弱,具有鲜明的中国北疆游牧民族特色,可以说是儒家伦理道德契丹化。不过,辽统治者对女性的儒家伦理道德培养颇为重视,《辽史·兴宗本纪三》载:兴宗重熙十六年(1047)十月丙辰,"定公主行妇礼于舅姑仪"[1],为辽代社会生活中的女性儒家伦理道德树立了典范。从现有的史料分析,辽代女性在儒家伦理道德培养方面有如下几个方面的表现。第一,辽代女性具有端重、宽容、娴淑的天性。如世宗妃甄氏"严明端重,风神闲雅"[2];圣宗钦哀皇后"婉淑慈仁,聪明正直。嫔嫱卑下,示之以谦抑;子孙众多,勖之以温克。对袆褕之纤靡,辄不更衣;处宫室之深严,尝无逾阈"[3];兴宗皇后仁懿萧氏"仁慈淑谨","性宽容";[4]天祚皇后萧氏"性闲淑,有仪则"[5]。从《辽史》对后妃天性的描述不难看出,辽代女性所追求的理想仍然端庄稳重,典雅娴淑。第二,辽代女性具有睿智、果敢的处事能力。景宗睿智皇后萧氏,"明达治道,闻善必从,故群臣咸竭其忠"[6]。对外能够与宋朝缔结"澶渊之盟",对内能够赏罚有度,天下大治,为圣宗朝的盛世局面奠定了基础。第三,辽代女性具有尊母仪、守妇道的传统特质。圣宗钦哀皇后"于孝宣有妇顺之容,所以承爱敬;于孝章有王业之训,所以享推称。……礼度在躬,不取珂璜之节;廉纯为事,不从簪珥之荣、行不旁履,视不斜眄。好尚古风,勤求实际"[7]。道宗宣懿皇后"处金屋之富,而守以约素;同天王之尊,而务在谦祗。以恩结民心,民心皆乐

① 《辽史》卷二十《兴宗本纪三》,中华书局 2016 年点校本,第 272 页。
② 《辽史》卷七十一《世宗妃甄氏传》,中华书局 2016 年点校本,第 1322 页。
③ 《圣宗钦哀皇后哀册》(清宁四年),参见陈述:《全辽文》卷二,中华书局 1982 年版,第 36 页。
④ 《辽史》卷七十一《兴宗仁懿皇后萧氏传》,中华书局 2016 年点校本,第 1325 页。
⑤ 《辽史》卷七十一《天祚皇后萧氏传》,中华书局 2016 年点校本,第 1327 页。
⑥ 《辽史》卷七十一《景宗睿智皇后萧氏传》,中华书局 2016 年点校本,第 1322 页。
⑦ 《圣宗钦哀皇后哀册》(清宁四年),参见陈述:《全辽文》卷二,中华书局 1982 年版,第 36 页。

乎子育；以身教天下，天下咸遵乎母仪。贵不自骄，尊不自满"①。国
舅驸马都尉陶苏斡之女萧意辛，"美姿容，年二十，始适奴。事亲睦
族，以孝谨闻。尝与娣姒会，争言厌魅以取夫宠；意辛曰：'厌魅不
若礼法。'众问其故，意辛曰：'修己以洁，奉长以敬，事夫以柔，抚
下以宽，毋使君子见其轻易，此之为礼法，自然取重于夫。以厌魅获
宠，独不愧于心乎！'闻者大惭"②。行给事中、知涿州军州事、兼管内
巡检安抚屯田劝农等使王泽妻李氏"厚夫妇之和，无返掌跬步之闲，
赞有□颜，奉舅姑之孝，虽烦暑凛寒之极，略无怠色"③。耶律中妻萧
氏，韩国王惠之四世孙，"聪慧谨愿。年二十归于中，事夫敬顺，亲
戚咸誉其德。中尝谓曰：'汝可粗知书，以前贞淑为鉴。'遂发心诵
习，多涉古今。天庆中，为贼所执，潜置刃于履，誓曰：'人欲污我
者，即死之。'至夜，贼遁而免。久之，帝召中为五院都监，中谓妻
曰：'吾本无宦情，今不能免。我当以死报国，汝能从我乎？'挼兰对
曰：'谨奉教。'及金兵徇地岭西，尽徙其民，中守节死。挼兰悲戚不
形于外，人怪之。俄跃马突出，至中死所自杀"④。辽代女性的妇道、
母仪之举比比皆是，不绝于书。

4. 辽代女性的尚武骑射教育

辽以武立国，在重视文治的同时，也颇为崇尚骑射教育。辽代
女性受到这种尚武骑射教育的影响，往往也都具有高超的御马较射
技艺。元末史家撰《辽史·后妃传》时曾这样评论道："辽以鞍马为
家，后妃往往长于射御，军旅田猎，未尝不从。如应天之奋击室韦，

---

① 《道宗宣懿皇后哀册》（乾统元年），参见向南：《辽代石刻文编》，河北教育出版社 1995
年版，第 517 页。
② 《辽史》卷一百七《耶律奴妻萧氏传》，中华书局 2016 年点校本，第 1621 页。
③ 《王泽妻李氏墓志》（重熙十四年），参见向南：《辽代石刻文编》，河北教育出版社 1995
年版，第 240 页。
④ 《辽史》卷一百七《耶律中妻萧氏传》，中华书局 2016 年点校本，第 1622—1623 页。

承天之御戎澶渊，仁懿之亲破重元，古所未有，亦其俗也。"①辽代后妃的御马射箭，能征善战，在当时并不是什么新鲜事，太祖淳钦皇后述律氏，"勇决多权变，太祖行兵御众，后尝预其谋。太祖尝渡碛击党项，留后守其帐。黄头、臭泊二室韦乘虚掠之，后知之，勒兵以待其至，奋击，大破之。由是名震诸夷"②；太宗靖安皇后萧氏，"性聪慧洁素，尤被宠顾，虽军旅、田猎必与"③；景宗睿智皇后萧氏，"习知军政，澶渊之役，亲御戎车，指麾三军，赏罚信明，将士用命"④；圣宗钦哀皇后萧氏，兴宗重熙十年（1041）九月庚申，"射获熊，上进酒为寿"⑤；兴宗仁懿皇后萧氏，在与逆党耶律重元作战时"亲督卫士，破逆党"⑥；又道宗咸雍元年（1065）七月丙子，"以皇太后射获熊，赏赉百官有差"⑦，道宗咸雍元年（1065）十月乙亥，"皇太后射获虎，大宴群臣，令各赋诗"⑧；秦晋国妃"颇习骑射，尝在猎围，料其能中则发，发即应弦而倒"⑨。再如辽代承天皇后的姐姐齐妃（皇太妃）萧胡辇"领兵三万屯西鄙驴驹儿河"，"西捍达靼"。⑩统和十五年（997）三月甲午，"皇太妃献西边捷"⑪，"因谋帅其众奔骨历扎国，结兵以篡萧氏。萧氏知之，遂夺其兵，命领幽州"⑫。可见，辽代后妃在尚武骑

① 《辽史》卷七十一《后妃传》，中华书局 2016 年点校本，第 1329 页。
② （宋）叶隆礼：《契丹国志》卷十三《后妃传》，上海古籍出版社 1985 年点校本，第 138 页。
③ 《辽史》卷七十一《太宗靖安皇后传》，中华书局 2016 年点校本，第 1321 页。
④ 《辽史》卷七十一《景宗睿智皇后传》，中华书局 2016 年点校本，第 1323 页。
⑤ 《辽史》卷十九《兴宗本纪二》，中华书局 2016 年点校本，第 258 页。
⑥ 《辽史》卷七十一《兴宗仁懿皇后萧氏传》，中华书局 2016 年点校本，第 1325 页。
⑦ 《辽史》卷二十二《道宗本纪二》，中华书局 2016 年点校本，第 300 页。
⑧ 《辽史》卷二十二《道宗本纪二》，中华书局 2016 年点校本，第 301 页。
⑨ 《秦晋国妃墓志铭》（咸雍五年），参见陈述：《全辽文》卷八，中华书局 1982 年版，第 193 页。
⑩ （宋）李焘：《续资治通鉴长编》卷五十五，宋真宗咸平六年秋七月条，中华书局 1992 年标点本，第 1207 页。
⑪ 《辽史》卷十三《圣宗本纪四》，中华书局 2016 年点校本，第 161 页。
⑫ （宋）李焘：《续资治通鉴长编》卷五十五，宋真宗咸平六年秋七月条，中华书局 1992 年标点本，第 1207 页。

射上也是巾帼不让须眉，她们既能文又善武，文武双全。

在辽代，不仅后妃能文善武，其他女性也常常具有尚武骑射的精神风貌，东北路兵马监军妻婆底里就曾经主掌兵权，镇守诸部。《辽史·百官志二》载："迪离毕部。涅刺部。乌滩部。已上三部，隶夫人婆底里东北路管押司。"①《辽史·圣宗本纪一》载：统和三年（985）十一月丁丑，"诏以东北路兵马监军妻婆底里存抚边民"。②《辽史·圣宗本纪三》载：统和七年（989）七月甲午，"以迪离毕、涅刺、乌滩三部各四人益东北路夫人婆里德，仍给印绶"③。"婆里德"即婆底里，可见，婆底里在东北路主掌兵权。婆里德能主掌兵权，必善治军骑射。

二、辽代女性教育的社会意义及其影响

纵观辽代女性教育，就内容而言，丰富多彩，就教育模式而言，不拘一格。辽代女性教育在治国安邦、儒家思想文化传播、齐家相夫教子等方面的表现比较突出，给予辽代社会以深远的影响。

1. 辽代女性教育在治国安邦上发挥了重要作用

辽代通过对女性的儒家礼仪、经史、姆仪以及尚武骑射教育，使辽代诸多女性养成伏案能文、跃马能武的品格。辽代女性这种能文能武的品格，在辽代治国发邦上发挥了重要作用。太祖淳钦皇后述律氏，"简重果断，有雄略"④，使室韦乘虚抄掠的计谋未能得逞，化解了神册元年（916）的一次危机。又《契丹国志·太祖述律皇后传》载："刘守光末年衰困，遣参军韩延徽求援，太祖怒其不拜，留之，使牧

① 《辽史》卷四十六《百官志二》，中华书局 2016 年点校本，第 854 页。
② 《辽史》卷十《圣宗本纪一》，中华书局 2016 年点校本，第 124 页。
③ 《辽史》卷十二《圣宗本纪三》，中华书局 2016 年点校本，第 145—146 页。
④ 《辽史》卷七十一《太祖淳钦皇后述律氏传》，中华书局 2016 年点校本，第 1319 页。

马于野。后言于太祖曰:'延徽能守节不屈,此今之贤者,奈何辱以牧圉? 宜礼用之。'太祖召延徽语,悦之,用为谋主,后为名相。"[①] 述律后以儒家思想劝诱太祖以礼待遇韩延徽起到了良好效果,使韩延徽转变观念,忠诚侍辽,成为一代名相。前文述及的皇太后萧绰摄政时,能够重用宰相室昉、耶律斜轸、耶律休哥、韩德让等儒臣名将,遵行息民薄赋、修明法度的儒家治国理念,促使辽逐渐走向强盛,故此,元末史家修撰《辽史》时给予很高的评价:"后明达治道,闻善必从,故群臣咸竭其忠。习知军政,澶渊之役,亲御戎车,指麾三军,赏罚信明,将士用命。圣宗称辽盛主,后教训为多。"[②] 此外,前文述及的秦晋国妃[③]、耶律常哥[④],针对辽代当时的实际情况,提出自己的治国主张,切中时弊,高瞻远瞩。耶律常哥的忧国忧民思想连道宗皇帝阅后也大加"称善"。天祚文妃萧氏[⑤],不顾个人安危,以歌赋形式直言劝谏天祚帝重用忠良,疏远佞臣,抚恤百姓,鲜耽畋游,致力于防御日益强大女真势力的呐喊,具有极其深刻的社会意义及影响。

2. 辽代女性教育推动了儒家思想文化的广泛传播

儒家思想文化在中国北疆游牧地区广泛传播的过程中,辽代女性起到一定的推动作用。道宗宣懿皇后萧氏善文工诗,其所作诗词《伏虎林应制诗》《君臣同志华夷同风应制诗》《回心院》《怀古诗》等感情真挚,充满激情,朝野上下广为传诵。对于《君臣同志华夷同风诗》而言,"所表达的并非萧观音个人的情感意志,而是契丹统治者在政治上、文化上的自信,也反映出辽代对于文教礼乐的教化作用的高度

---

① (宋)叶隆礼:《契丹国志》卷十三《太祖述律皇后传》,上海古籍出版社 1985 年点校本,第 138 页。

② 《辽史》卷七十一《景宗睿智皇后萧氏传》,中华书局 2016 年点校本,第 1323 页。

③ 《秦晋国妃墓志》(咸雍五年),参见向南:《辽代石刻文编》,河北教育出版社 1995 年版,第 341—342 页。

④ 《辽史》卷一百七《耶律氏常哥传》,中华书局 2016 年点校本,第 1620 页。

⑤ 《辽史》卷七十一《天祚文妃萧氏传》,中华书局 2016 年点校本,第 1328 页。

重视。辽朝不以自己为'夷狄'，而认为辽朝全然是中华正统，不是将自己置于中华文明传统之外，这种观念是颇有积极意义的"①。对于《回心院》而言，清人徐釚曾评价道："其《回心院》词，则怨而不怒，深得词家含蓄之意，斯时柳七之调尚未行于北国，故萧词大有唐人遗意也。"②总之，宣懿皇后的作品，"表现了契丹民族在文化上接受汉化、形成特色的过程"③。秦晋国妃"博览经史，聚书数千卷。能于文词，其歌诗赋咏，落笔则传诵朝野，脍炙人口"④。秦晋国妃的歌诗赋咏，虽然传诵朝野，脍炙人口，可惜没有留传下来，但不可否认的是，她的歌赋对儒家思想文化在中国北疆游牧地区的广泛传播肯定起到了积极的推动作用。

3. 辽代女性教育在齐家相夫教子方面成效显著

由于辽代女性接受较好的教育，故而大多已婚女性在子女抚育、教养、规诫以及齐家、相夫等方面均发挥出较大的作用，对辽代社会的治理、稳定产生积极影响。道宗宣懿皇后，"以恩结民心，民心皆乐乎子育；以身教天下，天下咸遵乎母仪。贵不自骄，尊不自满"⑤。可见，宣懿皇后在妇女社会生活中起到楷模作用，其"母仪"形象成为辽代妇女纷纷效仿的代表。前文提及的邢简妻陈氏，"有六子；陈氏亲教以经"⑥，陈氏在教子上也取得优异成绩⑦，其事迹也得到辽统治者的赞赏。《辽史·邢简妻陈氏传》载："睿智皇后闻之，嗟悼，赠鲁

① 张晶：《辽金诗史》，东北师范大学出版社1994年版，第60页。
② （清）徐釚撰，唐圭璋译注：《词苑丛谈》，上海古籍出版社1981年版，第160页。
③ 罗斯宁、彭玉平：《宋辽金元文学史》，中山大学出版社1999年版，第255页。
④ 《秦晋国妃墓志》（咸雍五年），参见向南：《辽代石刻文编》，河北教育出版社1995年版，第341—342页。
⑤ 《道宗宣懿皇后哀册》（乾统元年），参见向南：《辽代石刻文编》，河北教育出版社1995年版，第517页。
⑥ 《辽史》卷一百七《邢简妻陈氏传》，中华书局2016年点校本，第1620页。
⑦ 参见《辽史》卷八十《邢抱朴传》，中华书局2016年点校本，第1409页。

国夫人，刻石以表其行。及迁祔，遣使以祭。"① 前文提及的耶律奴妻萧意辛事亲睦族，以孝谨闻，在相夫教子上也是声名赫赫。在辽代，像宣懿皇后、陈氏、萧意辛这样齐家相夫教子的女性在史料记载中俯拾即是，还有如秦晋国大长公主，"克正母仪，遂专家事。庭闱之训，肄慈诲于义方；筐筐之仪，竭勤诚于荐献"②；耶律弘益妻萧氏，"秉五常之性，执四德之维。夙彰训子之规，殊有事亲之礼。故美誉远延，休称遍达"③。综上所述，辽代女性教育在齐家相夫教子等方面取得显著成效，她们的言传身教予以辽代社会以深刻影响，其社会意义不言而喻。

---

① 《辽史》卷一百七《邢简妻陈氏传》，中华书局 2016 年点校本，第 1620 页。
② 《秦晋国大长公主墓志》（重熙十五年），参见向南：《辽代石刻文编》，河北教育出版社 1995 年版，第 249 页。
③ 《耶律弘益妻萧氏墓志》（乾统八年），参见向南：《辽代石刻文编》，河北教育出版社 1995 年版，第 590 页。

附录三

辽代尚武骑射教育

尚武骑射是中国古代北疆游牧民族固有的传统习俗。北疆游牧民族与中原传统农耕民族具有不同特点，以农业经济为主体的农耕民族对土地相当依赖，安土重迁观念异常浓厚，而北疆游牧民族则相反，他们以车马为家，逐水草而居，具有很强的移动性和掠夺性，常常因其掠夺而与周边邻族或政权发生武力冲突，而尚武骑射则是保证他们平时生活能力与战时掠夺能力的必备条件之一，因此尚武骑射教育就成为北疆游牧民族教育的重要内容。作为北疆游牧民族之一的契丹族也是如此，《辽史·食货志上》云："契丹旧俗，其富以马，其强以兵。纵马于野，弛兵于民。有事而战，骁骑介夫，卯命辰集。马逐水草，人仰湩酪，挽强射生，以给日用，糇粮刍茭，道在是矣。"[1] 可见，尚武骑射既是契丹人平时猎取食物、防御野兽侵袭的必备本领，也是掠夺战争所需要的基本技艺。尚武骑射在契丹社会生活中发挥着极其重要的作用。

一、辽代尚武骑射教育形成的历史背景

尚武骑射是契丹族进行掠夺战争与平时谋生的重要手段，上至皇帝、官僚、贵族，下至平民黎庶，对此都颇为重视。尚武骑射教育常常与辽代日常社会生活中的各种活动如四时捺钵之游猎、瑟瑟仪之射柳、平时娱乐之击鞠、角抵等紧密结合起来，寓教于乐，在完成各种

---

[1] 《辽史》卷五十九《食货志上》，中华书局 2016 年点校本，第 1025 页。

仪式或游乐活动的同时，也完成骑射、博击的军事训练，达到尚武骑射教育的目的。

1. 辽统治者重视尚武骑射教育

生活于中国北疆游牧地区的契丹族先民尚无明确的尚武骑射教育观念，《旧唐书·契丹传》载：契丹"逐猎往来，居无常处。其君长姓大贺氏。胜兵四万三千人，分为八部，若有征发，诸部皆须议合，不得独举。猎则别部，战则同行。本臣突厥，好与奚斗，不利则遁保青山及鲜卑山"①。这说明在大贺氏时代契丹族尚未形成尚武骑射教育观念，但契丹族的尚武骑射已经同掠夺战争与平时谋生结合起来，成为他们掠夺与谋生的重要手段。此后，随着契丹族的不断强大与对外掠夺战争的频繁发生，契丹统治者进一步意识到尚武骑射在契丹人社会生活中扮演着相当重要的角色，因而尚武骑射教育观念在契丹人的心目中逐渐树立起来，尚武骑射教育也就逐渐成为契丹人社会生活的重要组成部分。

契丹族建国后，为了达到统驭臣民、抚育万邦的目的，更加重视尚武骑射教育，统治者本人具有浓厚的尚武骑射教育观念，还通过自身的实践，向他统治下的臣民发出重视尚武骑射教育的信息，从而形成从贵族到平民百姓皆有尚武骑射教育观念的局面。纵观《辽史》《契丹国志》以及诸史"契丹传"的记载，辽代皇帝的行迹中留下诸多尚武骑射教育方面的记录，这些记录既是尚武骑射思想的具体体现，也是尚武骑射教育的必然结果。辽代诸帝在尚武骑射教育方面都能率先垂范，全力施教，成为后世史家足以称道的楷模。

辽代开国皇帝辽太祖就是尚武骑射教育的典范。《新五代史·四夷附录第一》载："阿保机，亦不知其何部人也，为人多智勇而善骑

---

① 《旧唐书》卷一百四十九下《契丹传》，中华书局 1975 年标点本，第 5350 页。

射。"^① 又《契丹国志·太祖大圣皇帝》载：阿保机"及壮，雄健勇武，有胆略。好骑射，铁厚一寸，射而洞之"^②。可见，辽太祖在尚武骑射教育的观念与行为上是值得称道的。此后即位的辽代诸帝也都颇为重视尚武骑射教育，如辽太宗"及长，美姿貌，雄杰有大志，精于骑射"^③；辽世宗"仪观丰伟，内宽外严，善骑射，乐施予，人望归之。太宗爱之如子"^④；辽圣宗"性英辨多谋，神武冠绝。游猎时，曾遇二虎方逸，帝策马驰之，发矢，连殪其二虎。又曾一箭贯三鹿"^⑤；辽兴宗"幼而聪明，长而魁伟，龙颜日角，豁达大度。善骑射，好儒术，通音律"^⑥；西辽皇帝耶律大石"通辽、汉字，善骑射，登天庆五年进士第"^⑦。上述史料说明，辽代皇帝在尚武骑射方面的表现都颇为出众，以至于元末史家撰著诸帝事迹时给予辽代诸帝的尚武骑射特别书写一笔。辽代诸帝的尚武骑射行为是辽代臣民效仿的楷模，使辽代社会上下都形成重视尚武骑射的良好风尚。

辽统治者为了保障契丹人的尚武骑射风尚，还利用固定国俗来激励臣民尚武骑射。《辽史·礼志六》载："三月三日为上巳，国俗，刻木为兔，分朋走马射之。先中者胜，负朋下马列跪进酒，胜朋马上饮之。国语谓是日为'陶里桦'。'陶里'，兔也；'桦'，射也。""九月重九日，天子率群臣部族射虎，少者为负，罚重九宴。射毕，择高地卓帐，赐蕃、汉臣僚饮菊花酒。兔肝为臡，鹿舌为酱，又研茱萸酒，

① 《新五代史》卷七十二《四夷附录第一》，中华书局 2015 年点校本，第 1002 页。
② （宋）叶隆礼：《契丹国志》卷一《太祖大圣皇帝》，上海古籍出版社 1985 年点校本，第 1 页。
③ （宋）叶隆礼：《契丹国志》卷二《太宗嗣圣皇帝上》，上海古籍出版社 1985 年点校本，第 11 页。
④ 《辽史》卷五《世宗本纪》，中华书局 2016 年点校本，第 71 页。
⑤ （宋）叶隆礼：《契丹国志》卷七《圣宗天辅皇帝》，上海古籍出版社 1985 年点校本，第 72 页。
⑥ 《辽史》卷十八《兴宗本纪一》，中华书局 2016 年点校本，第 239 页。
⑦ 《辽史》卷三十《天祚皇帝本纪四》，中华书局 2016 年点校本，第 401 页。

洒门户以袚禳。国语谓是日为'必里迟离'，九月九日也。"① 由此观之，辽统治者对尚武骑射教育相当重视。

辽统治者对尚武骑射教育的重视，还常常体现在对契丹族固有的尚武骑射品格的保护。《新五代史·四夷附录第一》载，辽太祖曾对后唐使臣姚坤曰："吾能汉语，然绝口不道于部人，惧其效汉而怯弱也。"② 这条史料说明辽太祖为了保护契丹族的尚武骑射，连自己擅长的汉语都不敢与契丹部众讲，就是担心契丹部众效仿中原，重文轻武，削弱契丹强大的国力。辽统治者为了保持传统的尚武骑射精神，虽然允许契丹人习儒诵经，但不准他们以科举入仕，而是要求他们按传统的世选制度入仕，以此强化契丹人的尚武骑射观念。如耶律蒲鲁试进士就是非常典型的事例，《辽史·耶律蒲鲁传》载：耶律蒲鲁"幼聪悟好学，甫七岁，能诵契丹大字。习汉文，未十年，博通经籍。重熙中，举进士第。主文以国制无契丹试进士之条，闻于上，以庶箴擅令子就科目，鞭之二百。寻命蒲鲁为牌印郎君。应诏赋诗，立成以进。帝嘉赏，顾左右曰：'文才如此，必不能武事。'蒲鲁奏曰：'臣自蒙义方，兼习骑射，在流辈中亦可周旋。'帝未之信。会从猎，三矢中三兔，帝奇之，转通进"③。可见，在辽统治者的理念中，只要能文之人，武事必弱。正是在这种思想的指导下，辽统治者才刻意要求契丹人不能以科举取士，而以世选授官，目的就是防止契丹族丧失他们固有的尚武骑射精神，从而削弱辽的强大国力。事实上，契丹人并未像辽代皇帝所担心的那样重文必定轻武，在崇尚儒学的同时，并没有弱化武事，在重文的同时仍兼习骑射，文武并重。耶律蒲鲁应诏赋诗，能立成以进，但扈从皇帝狩猎，也能三矢中三兔。耶律敌刺"善

① 《辽史》卷五十三《礼志六》，中华书局 2016 年点校本，第 974、975 页。
② 《新五代史》七十二《四夷附录第一》，中华书局 2015 年点校本，第 1006 页。
③ 《辽史》卷八十九《耶律蒲鲁传》，中华书局 2016 年点校本，第 1487 页。

骑射，颇好礼文"①。奚王楚不宁之后萧蒲奴"涉猎经史，习骑射。既冠，意气豪迈"②。萧乐音奴，"貌伟言辨，通辽、汉文字，善骑射击鞠，所交皆一时名士"③。由此可见，在辽统治者的影响与教育下，契丹人全然形成尚武骑射教育观念。

2. 辽代臣民崇尚骑射教育

在辽统治者的引导和教育下，契丹族传统的尚武骑射观念已经深入到辽代社会生活中的各个方面，尚武骑射成为衡量契丹人能力强弱的重要标志，是辽代契丹人世选入仕的重要标准之一，因而辽代契丹人几乎都具有骑马射箭的高超技艺。关于契丹人的尚武骑射，《辽史》《契丹国志》等史籍的记载，随处可见。李胡子宋王耶律喜隐，"雄伟善骑射"④。孝文皇太弟耶律隆庆，"长善骑射，骁捷如风"⑤。道宗长子顺宗耶律浚，"从上猎，矢连发三中。……后遇十鹿，射获其九"⑥。大国舅帐萧解里四郎君，"善骑射，豪侠不羁。尝养亡命数十人从行，往来游猎于辽"⑦。萧拔剌，"多智，善骑射"⑧。国舅少父房之后萧排押，"多智略，能骑射"⑨。耶律释鲁于越之后裔耶律信先，"善骑射"⑩。萧夺剌，"体貌丰伟，骑射绝人"⑪。孟父房楚国王之后耶律化哥，"善骑

① 《辽史》卷七十四《耶律敌剌传》，中华书局 2016 年点校本，第 1355 页。
② 《辽史》卷八十七《萧蒲奴传》，中华书局 2016 年点校本，第 1469 页。
③ 《辽史》卷九十六《萧乐音奴传》，中华书局 2016 年点校本，第 1542 页。
④ 《辽史》卷七十二《耶律喜隐传》，中华书局 2016 年点校本，第 1338 页。
⑤ （宋）叶隆礼：《契丹国志》卷十四《孝文皇太弟传》，上海古籍出版社 1985 年点校本，第 152 页。
⑥ 《辽史》卷七十二《耶律浚传》，中华书局 2016 年点校本，第 1339 页。
⑦ （宋）叶隆礼：《契丹国志》卷九《道宗天福皇帝》，上海古籍出版社 1985 年点校本，第 92 页。
⑧ 《辽史》卷八十八《萧拔剌传》，中华书局 2016 年点校本，第 1474 页。
⑨ 《辽史》卷八十八《萧排押传》，中华书局 2016 年点校本，第 1475 页。
⑩ 《辽史》卷九十《耶律信先传》，中华书局 2016 年点校本，第 1495 页。
⑪ 《辽史》卷九十二《萧夺剌传》，中华书局 2016 年点校本，第 1505 页。

射"①。乌隗部人萧阿鲁带,"少习骑射,晓兵法"②。奚迭剌部人耶律斡腊,"趫捷有力,善骑射"③。六院部人萧兀纳,"魁伟简重,善骑射"④。萧胡笃"长于骑射,见天祚好游畋,每言从禽之乐,以逢其意"⑤。明王安端之子察割,"善骑射"⑥。奚王㧑邻之后奚回离保,"善骑射,趫捷而勇"⑦。从上述举例可以看出,从皇室的贵族成员,到普通的部族黎庶,皆长于骑射,这说明辽代的尚武骑射教育观念已经深深扎根于契丹人的心中。

在契丹人的影响下,本不注重骑马射箭的汉族、渤海族也逐渐养成尚武骑射之风,《契丹国志·四京本末》载:南京"水甘土厚,人多□艺,秀者学读书,次则习骑射,耐劳苦"⑧。可见,辽代南京地区的臣民已经形成以儒为重、以武为次的教育理念,足见辽代尚武骑射教育观念也深入到汉人、渤海人当中。就连以汉人为主、儒家思想文化深厚的南京地区都以习武骑射为时尚,可以想见,与游牧民族杂居的中国北疆,尚武骑射教育观念应比南京地区更加浓厚。韩瑜,"生而魁伟,幼有端良。雅好大谋,卓闻奇节。趋庭就傅,学诗礼以检身;筮仕勤王,便骑射而成性"⑨。耿延毅,"善骑射,聪敏绝伦,晓北方语"⑩。耿知新,"生而聪惠,善骑射,有异相。自孩幼习将相艺,识

---

① 《辽史》卷九十四《耶律化哥传》,中华书局 2016 年点校本,第 1519 页。
② 《辽史》卷九十四《萧阿鲁带传》,中华书局 2016 年点校本,第 1521 页。
③ 《辽史》卷九十四《耶律斡腊传》,中华书局 2016 年点校本,第 1520 页。
④ 《辽史》卷九十八《萧兀纳传》,中华书局 2016 年点校本,第 1555 页。
⑤ 《辽史》卷一百一《萧胡笃传》,中华书局 2016 年点校本,第 1583 页。
⑥ 《辽史》卷一百一十二《耶律察割传》,中华书局 2016 年点校本,第 1649 页。
⑦ 《辽史》卷一百一十四《奚回离保传》,中华书局 2016 年点校本,第 1666 页。
⑧ (宋)叶隆礼:《契丹国志》卷二十二《四京本末》,上海古籍出版社 1985 年点校本,第 217 页。
⑨ 《韩瑜墓志》(统和九年),参见向南:《辽代石刻文编》,河北教育出版社 1995 年版,第 94 页。
⑩ 《耿延毅墓志》(开泰九年),参见陈述:《全辽文》卷六,中华书局 1982 年版,第 119 页。

蕃汉书"①。韩橁,"尤工骑射,洞晓韬钤"②。刘日泳,"将门后嗣,志绍前勋。善骑射而□诗书,尊德义而明礼乐"③。韩瑞,"兄讳璪,好博施,善骑射"④。渤海人高模翰,"有膂力,善骑射,好谈兵"⑤。以上述举例观之,具有高超骑射技艺的汉族、渤海族子弟也为数不少,这说明汉人、渤海人对辽朝统治者提倡的尚武骑射教育观念也颇为重视,与契丹人一样,也常常工于骑射。

二、辽代尚武骑射教育的运行机制

辽朝统治者对辽统治域内的臣民进行尚武骑射教育的方式很多,归纳起来主要有四时捺钵的射猎教育、举行仪式的射柳教育、闲暇娱乐的击鞠教育、各种集会的角抵教育、将士的四时讲武教育等诸方面。

1. 辽代皇帝四时捺钵的射猎教育

捺钵是契丹语的汉语译写,不同时期又译写为"纳跋""纳钵""剌钵""纳宝"等词,其含义为"行在""营盘"。⑥《辽史·营卫志中》载:"辽国尽有大漠,浸包长城之境,因宜为治。秋冬违寒,春夏避暑,随水草就畋渔,岁以为常。四时各有行在之所,谓之'捺钵'。"⑦又《辽史·营卫志上》载:"有辽始大,设制尤密。居有宫卫,谓之斡鲁朵;出有行营,谓之捺钵;分镇边圉,谓之部族。有事则以

---

① 《耿知新墓志》(太平七年),参见陈述:《全辽文》卷六,中华书局1982年版,第138页。
② 《韩橁墓志》(重熙六年),参见陈述:《全辽文》卷六,中华书局1982年版,第121页。
③ 《刘日泳墓志》(重熙十五年),参见陈述:《全辽文》卷十三,中华书局1982年版,第371页。
④ 《韩瑞墓志》(大安八年),参见向南:《辽代石刻文编》,河北教育出版社1995年版,第449页。
⑤ 《辽史》卷七十六《高模翰传》,中华书局2016年点校本,第1377页。
⑥ 田广林:《契丹礼俗考论》,哈尔滨出版社1995年版,第118页。
⑦ 《辽史》卷三十二《营卫志中》,中华书局2016年点校本,第423页。

攻战为务，闲暇则以畋渔为生。无日不营，无在不卫。立国规模，莫重于此。"①

对于辽代四时捺钵的研究，过去学者多从政治的角度加以阐释，如傅乐焕先生《辽代四时捺钵考》"引言"这样写道："所谓捺钵者，初视之似仅为辽帝弋猎网钓，避暑消寒，暂时游幸之所。宜无足重视。然而夷考其实，此乃契丹民族生活之本色，有辽一代之大法，其君臣之日常活动在此，其国政之中心机构在此。凡辽代之北南面建官，蕃汉人分治，种种特制，考其本源，无不出于是。"② 杨树森先生《辽史简编》这样阐释道："辽代四时捺钵，以夏、冬两次最为重要。辽帝去捺钵时，契丹大小臣僚及汉人宣徽院所属百司皆随从出行。夏、冬在行在处所召开政事会议及处理政务。每次会议完毕，皇帝拔牙帐起行，到春水秋山的行猎地点，契丹全体官员及部分汉官扈从随行。大部分汉官则返回中京居守，处理汉人一切事务。契丹官员全体扈从，这样，契丹官员所辖北面官、帐、部族、兵机、武铨、群牧之政，自然就可由皇帝随时随地地处理了。"③ 据此，捺钵，实际上是辽代的政治中心所在地，是辽代皇帝处理政务的主要场所，因此，四时捺钵的政治意义更加突出。

四时捺钵在辽代政治上发挥巨大作用，同时不可忽视的是，它也是辽统治者对统治下的臣民进行尚武骑射教育的有效途径，这从其活动内容就可知晓。第一，从春捺钵的记载来看，主要活动是"弋猎网钓"，在冰解之前，以凿冰钩鱼为主，而冰解之后，鹅雁飞来则纵鹘（海东青）捕鹅雁。在捕鹅雁时有如下具体仪式："皇帝每至，侍御皆服墨绿色衣，各备连锤一柄，鹰食一器，刺鹅锥一枚，于泺周围相去各五七步排立。皇帝冠巾，衣时服，系玉束带，于上风望之。有鹅之

---

① 《辽史》卷三十一《营卫志上》，中华书局 2016 年点校本，第 409—410 页。
② 傅乐焕：《辽史丛考》，中华书局 1984 年版，第 37 页。
③ 杨树森：《辽史简编》，辽宁人民出版社 1984 年版，第 82 页。

处举旗，探骑驰报，远泊鸣鼓。鹅惊腾起，左右围骑皆举帜麾之。五坊擎进海东青鹘，拜授皇帝放之。鹘擒鹅坠，势力不加，排立近者，举锥刺鹅，取脑以饲鹘。救鹘人例赏银绢。皇帝得头鹅，荐庙，群臣各献酒果，举乐。更相酬酢，致贺语，皆插鹅毛于首以为乐。赐从人酒，遍散其毛。"① 这种仪式表面上看是专为捕鹅雁而做，但实际上是对群臣、宫卫兵士的尚武骑射教育。通过这一系列的训练，使群臣、宫卫兵士养成良好的军事习惯。春捺钵的活动持续到"春尽乃还"。第二，从夏捺钵的记载来看，无常所，多在吐儿山。五月末旬、六月上旬至，七月中旬后乃去。主要活动是避暑纳凉、与北、南臣僚议国事、暇日从事游猎。可见，夏捺钵除政治活动外，还有一项活动就是游猎，这种游猎活动实际上就是对群臣、兵士的骑马射箭训练，仍然与尚武骑射教育有关。第三，从秋捺钵的记载来看，主要地点在伏虎林，主要活动是"入山射鹿及虎"②。每年七月中旬，皇帝自纳凉处起牙帐至此。"每岁车驾至，皇族而下分布泺水侧。伺夜将半，鹿饮盐水，令猎人吹角效鹿鸣，既集而射之。"③ 可见，秋捺钵仍然与尚武骑射教育有关。第四，从冬捺钵的记载来看，地点主要在广平淀（本名白马淀），主要活动为与北、南大臣会议国事、受南宋及诸国礼贡、出营校猎、讲习武艺。④ 除政治活动外，所进行的活动仍然与尚武骑射教育相关联。总之，在辽代四时捺钵的活动中，处处体现尚武骑射之功用。

此外，辽代皇帝日常游猎活动也是对臣民进行尚武骑射教育的有效途径。清人毕沅《续资治通鉴》载："辽旧俗，其富以马，其强以兵。纵马于野，弛兵于民，有事而战，骁骑介夫，卯命辰集。马逐水

---

① 《辽史》卷三十二《营卫志中》，中华书局 2016 年点校本，第 424 页。
② 《辽史》卷三十二《营卫志中》，中华书局 2016 年点校本，第 425 页。
③ 《辽史》卷三十二《营卫志中》，中华书局 2016 年点校本，第 425 页。
④ 《辽史》卷三十二《营卫志中》，中华书局 2016 年点校本，第 424—426 页。

草，人仰湩酪，挽强射生，以给日用，糗粮刍茭，不烦挽运。以是制胜，所向无前。辽主岁时射猎，以示不忘本俗。"[1] 可见，辽朝统治者为了保持契丹族尚武骑射的固有国俗，提高契丹人骑射善战的能力，继续沿用契丹旧俗，岁时游牧畋渔。

《辽史·本纪》所载辽代皇帝射猎一览表

	帝王	纪年	史料	史源
1	辽太祖	神册四年（919）正月丙申	射虎东山	卷二《太祖本纪下》（下同）第17页
2		天赞三年（924）十月丙寅朔	猎寓乐山，获野兽数千，以充军食	第22页
3		天赞三年（924）十一月	射虎于乌剌邪里山，抵霸室山。六百余里且行且猎，日有鲜食，军士皆给	第22页
4	辽太宗	天显三年（928）三月乙丑	猎松山	卷三《太宗本纪上》（下同）第30页
5		天显三年（928）五月丙午	猎索剌山。戊申，至自猎	第31页
6		天显八年（933）五月己丑	猎独牛山	第37页
7		天显十年（935）七月乙卯	猎南赤山	第39页
8		会同元年（938）二月丁酉	猎松山	卷四《太宗本纪下》（下同）第47页

---

[1] （清）毕沅：《续资治通鉴》卷十九，宋纪十九，宋太宗至道三年条，中华书局1957年标点本，第454页。

续表

	帝王	纪年	史料	史源
9		会同三年（940）三月癸未	猎水门，获白鹿	第51页
10		七月己巳	猎猾底烈山	第52页
11		会同八年（945）七月乙卯	猎平地松林	第60页
12	辽穆宗	应历二年（952）九月壬戌	猎炭山	卷六《穆宗本纪上》（下同）第78页
13		十二月甲辰	猎于近郊	第79页
14		应历七年（957）十月庚申	猎于七鹰山	第82页
15		应历八年（953）七月	猎于拽剌山。迄于九月，射鹿诸山	第83页
16		应历十一年（961）四月	是月，射鹿	第85页
17		应历十二年（962）秋	如黑山、赤山射鹿	第85页
18		应历十三年（963）四月壬寅	猎于潢河	第86页
19		八月戊戌	幸近山，呼鹿射之，旬有七日而后返	第86页
20		十一月庚午	猎，饮于虞人之家，凡四日	第86页
21		十二月戊子	射野鹿，赐虞人物有差	第86页
22		应历十四年（964）五月	射舐麟鹿于白鹰山，至于浃旬	卷七《穆宗本纪下》（下同）第89页

续表

	帝王	纪年	史料	史源
23		六月丙午朔	猎于玉山，竟月忘返	第 89 页
24		八月乙巳	如硙子岭，呼鹿射之，获鹿四，赐虞人女瓌等物有差	第 90 页
25		应历十七年（967）九月丙戌朔	猎于黑山、赤山，至于月终	第 93 页
26		应历十八年（968）九月己亥	猎熊	第 94 页
27		应历十八年（968）秋	是秋，猎于西京诸山	第 94 页
28		应历十九年（969）二月己巳	如怀州，猎获熊甲寅	第 95 页
29	辽景宗	保宁六年（974）七月庚申	猎于平地松林	卷八《景宗本纪上》（下同）第 102 页
30		保宁九年（977）十二月戊辰	猎于近郊，以所获祭天	卷九《景宗本纪下》（下同）第 108 页
31		乾亨四年（982）九月甲辰	猎于祥古山	第 113 页
32	辽圣宗	统和元年（983）八月己亥	猎赤山，遣使荐熊肪、鹿脯于乾陵之凝神殿	卷十《圣宗本纪一》（下同）第 119 页
33		统和二年（984）二月庚子	朝皇太后，太后因从观猎于饶乐川	第 121 页
34		统和五年（987）七月	是月，猎平地松林	卷十二《圣宗本纪三》（下同）第 140 页

续表

	帝王	纪年	史料	史源
35		统和七年（988）五月辛卯	猎桑乾河	第145页
36		统和七年（988）十二月甲寅	钩鱼于沈子泺	第146页
37		统和七年（988）十二月癸亥	猎于好草岭	第146页
38		统和十年（992）十二月庚辰	猎儒州东川	卷十三《圣宗本纪四》（下同）第155页
39		统和十二年（994）冬十月乙酉	猎可汗州之西山	第157页
40		统和十五年（997）八月丁酉	猎于平地松林	第162页
41		统和二十七年正月	钩鱼土河，猎于瑞鹿原	卷十四《圣宗本纪五》（下同）第178页
42		统和二十七年正月	钩鱼土河，猎于瑞鹿原	第178页
43		统和二十九年（1011）	是秋，猎于平地松林	卷十五《圣宗本纪六》（下同）第186页
44		开泰元年（1012）正月戊子	猎于买曷鲁林	第186页
45		开泰三年（1014）正月丙午	畋潢河滨	第191页
46		开泰三年（1014）正月壬子	帝及皇后猎瑞鹿原	第191页

续表

	帝王	纪年	史料	史源
47		开泰四年（1015）正月丁酉	猎马兰淀。自八月射鹿至于九月，复自癸丑至于辛酉，连猎于有柏、碎石、太保、响应、松山诸山	第192—193页
48		开泰五年（1016）七月甲辰	猎于赤山	第194页
49		九月癸卯	皇弟南京留守秦晋国王隆庆来朝，上亲出迎劳至实德山，因同猎于松山	第195页
50		开泰六年（1017）十月辛未	猎铧子河	第196页
51		太平元年（1021）二月壬戌	猎高柳林	卷十六《圣宗本纪七》（下同）第210页
52		秋七月甲戌朔	赐从猎女直人秋衣，是月，猎潢河	第211页
53		太平三年（1023）七月	是月，猎赤山	第214页
54		太平四年（1024）二月己未朔	猎挞鲁河	第214页
55		太平五年（1025）七月	猎平地松林	卷十七《圣宗本纪八》（下同）第224页
56		太平六年（1026）七月戊申	猎黑岭	第225页
57		太平七年（1027）四月乙未	猎黑岭	第227页

续表

	帝王	纪年	史料	史源
58		太平八年（1028）七月戊戌	猎平地松林	第 228 页
59		重熙元年（1032）七月	猎平地松林	卷十八《兴宗本纪一》（下同）第 242 页
60		重熙四年（1035）七月壬午朔	猎于黑岭	第 244 页
61		重熙五年（1036）九月癸巳	猎黄花山，获熊三十六，赏猎人有差	第 246 页
62		重熙六年（1037）四月	猎野狐岭	第 246 页
63		闰（四）月	猎龙门县西山	第 246 页
64		重熙七年（1038）四月乙未	猎金山	第 248 页
65		重熙十年（1041）九月癸亥	上猎马盂山，草木蒙密，恐猎者误射伤人，命耶律迪姑各书姓名于矢以志之	卷十九《兴宗本纪二》（下同）第 258 页
66		重熙十三年（1044）正月辛未	猎兀鲁馆冈	第 262 页
67		重熙十六年（1047）	自是月（七月）至于九月，日射猎于楚不沟霞列、系轮、石塔诸山	卷二十《兴宗本纪三》（下同）第 272 页
68		重熙十七年（1048）闰（正）月癸丑	射虎于候里吉	第 272 页
69		重熙十八年（1049）正月丙辰	猎霸特山	第 274 页

续表

	帝王	纪年	史料	史源
70		重熙十九年（1050）七月壬子	猎候里吉	第 276 页
71		重熙二十一年（1052）十月戊戌	射虎于南撒葛柏	第 279 页
72		重熙二十二年（1053）四月戊子	猎鹤淀	第 280 页
73		重熙二十三年（1054）正月甲午	猎盘直坡	第 281 页
74		九月庚寅	猎，遇三虎，纵犬获之	第 281 页
75	辽道宗	清宁四年（1058）七月壬午	猎于黑岭	卷二十一《道宗本纪一》（下同）第 291 页
76		清宁八年（1062）七月甲子	射熊于外室剌	卷二十二《道宗本纪二》（下同）第 297 页
77		咸雍四年（1068）正月丁亥	猎炭山	第 303 页
78		秋七月丙子	猎黑岭	第 304 页
79		咸雍六年（1070）七月辛亥	猎于合鲁聂特	第 306 页
80		咸雍八年（1072）闰（七）月辛未	射熊于羖羊山	卷二十三《道宗本纪三》（下同）第 312 页
81		咸雍九年（1073）七月甲辰	猎大熊山	第 313 页
82		大康元年（1075）七月辛酉朔	猎平地松林	第 315 页

续表

	帝王	纪年	史料	史源
83		大康二年（1076）八月庚寅	猎，遇麛失其母，悯之，不射	第 316 页
84		大康五年（1079）七月己卯	猎夹山	卷二十四《道宗本纪四》（下同）第 322 页
85		大康六年（1080）四月乙卯	猎炭山	第 323 页
86		七月甲申，	猎沙岭	第 323 页
87		大康七年（1081）八月丁卯	射鹿赤山	第 324 页
88		大康九年（1083）七月乙巳	猎马尾山	第 326 页
89		九月己酉	射熊于白石山	第 327 页
90		大安元年（1085）七月戊午	猎于赤山	第 329 页
91		大安二年（1086）七月戊午	猎沙岭	第 330 页
92		大安三年（1087）七月丙辰	猎黑岭	卷二十五《道宗本纪五》（下同）第 334 页
93		大安四年（1088）十月丁丑	猎辽水之滨	第 335 页
94		大安五年（1089）四月壬子	猎北山	第 336 页
95		七月庚午	猎沙岭	第 336 页
96		大安八年（1092）四月丁丑	猎西山	第 338 页
97		秋七月丁亥	猎沙岭	第 339 页

续表

	帝王	纪年	史料	史源
98		大安九年（1093）四月癸酉	猎西山	第 339 页
99		大安十年（1094）七月庚子朔	猎赤山	第 342 页
100		寿昌元年（1095）七月癸卯	猎沙岭	卷二十六《道宗本纪六》（下同）第 346 页
101		寿昌二年（1096）七月丙午	猎赤山	第 347 页
102		寿昌三年（1097）七月壬子朔	猎黑岭	第 348 页
103	天祚帝	乾统二年（1102）七月	猎黑岭	卷二十七《天祚本纪一》（下同）第 357 页
104		乾统四年（1104）正月壬寅	猎木岭	第 359 页
105		七月	猎南山	第 359 页
106		乾统五年（1105）四月甲申	射虎炭山	第 360 页
107		乾统六年（1106）七月庚子	猎鹿角山	第 360 页
108		乾统七年（1107）十月	猎医巫闾山	第 361 页
109		乾统九年（1109）七月甲寅	猎于候里吉	第 362 页
110		乾统十年（1110）四月癸巳	猎于北山	第 363 页
111		天庆元年（1111）七月	猎秋山	第 364 页

续表

	帝王	纪年	史料	史源
112		天庆二年（1112）七月乙丑	猎南山	第365页
113		九月己未	射获熊	第365页
114		天庆三年（1113）正月丙子	猎狗牙山，大寒，猎人多死	第365页
115		天庆四年（1114）七月	上（皇帝）在庆州射鹿	第366页
116		天庆五年（1115）七月丙子	猎于岭东	卷二十八《天祚本纪二》（下同）第372页
117		天庆六年（1116）七月	猎秋山	第375页
118		天庆七年（1117）七月癸卯	猎秋山	第376页
119		八月丙寅	猎狨斯那里山	第376页
120		九月丁酉	猎辋子山	第376页
121		天庆八年（1118）七月	猎秋山	第377页
122		天庆九年（1119）七月	猎南山	第378页
123		天庆十年秋	猎沙岭	第379页
124		保大元年（1121）七月	猎炭山	卷二十九《天祚本纪三》（下同）第384页

　　根据上表统计，辽朝统治者畋猎的频度是相当高的，说明辽朝统治者对传统的尚武骑射教育颇为重视。关于此，从辽太宗与侍中崔穷古的对话中就可以确知。《辽史·太宗本纪下》载：辽太宗会同三

年（940）九月庚午，"侍中崔穷古言：'晋主闻陛下数游猎，意请节
之。'上曰：'朕之畋猎，非徒从乐，所以练习武事也。'乃诏谕之"①。
又《辽史·圣宗本纪四》载：辽圣宗统和十四年（996）十一月甲戌，
"诏诸军官毋非时畋猎妨农"②。圣宗对诸军的诏令，进一步证实辽太宗
所言的畋猎目的是为了辽朝军队练习武事。

辽朝统治者对那些不热衷于骑射的大臣也给予一定的惩罚，从反
面激励辽代臣民崇尚尚武骑射精神。《辽史·兴宗本纪二》载：兴宗
重熙十年（1041）九月癸亥，"上猎马盂山，草木蒙密，恐猎者误射
伤人，命耶律迪姑各书姓名于矢以志之"，丙寅，"夏国献宋俘。以石
硬砦太保郭三避虎不射，免官"。③硬砦太保郭三仅因避虎不射而遭到
辽朝统治者免官惩罚表明，辽朝统治者为了保持契丹族固有的尚武骑
射风气，增强契丹族对外战争的战斗能力，对契丹族的尚武骑射教育
有相当清醒的认识。

辽朝统治者的游猎活动虽然对辽代尚武骑射教育起到积极的促进
作用，但过度游猎也会造成辽朝统治者不恤国事、天下愁怨的不良
影响，元末史家修撰《辽史》时曾对穆宗作过如下评价："穆宗在位
十八年，知女巫妖妄见诛，谕臣下滥刑切谏，非不明也。而荒耽于
酒，畋猎无厌。侦鹅失期，加炮烙铁梳之刑；获鸭甚欢，除鹰坊刺面
之令。赏罚无章，朝政不视，而嗜杀不已。变起肘腋，宜哉！"④元末
史家的议论并非空穴来风，穆宗被弑与其畋渔无度确有一定的关联。
在景宗朝，南院枢密使兼政事令郭袭对于辽朝统治者的过度畋猎所引
起的某些不良影响也有较为清醒的认识，曾上书景宗切谏过度畋渔之
弊。《辽史·郭袭传》载："以帝数游猎，袭上书谏曰：'昔唐高祖好

① 《辽史》卷四《太宗本纪下》，中华书局2016年点校本，第52页。
② 《辽史》卷十三《圣宗本纪四》，中华书局2016年点校本，第160页。
③ 《辽史》卷十九《兴宗本纪二》，中华书局2016年点校本，第258页。
④ 《辽史》卷七《穆宗本纪下》，中华书局2016年点校本，第95页。

猎，苏世长言不满十旬未足为乐，高祖即日罢，史称其美。伏念圣祖创业艰难，修德布政，宵旰不懈。穆宗逞无厌之欲，不恤国事，天下愁怨。陛下继统、海内翕然望中兴之治。十余年间，征伐未已，而寇贼未弭；年谷虽登，而疮痍未复。正宜戒惧修省，以怀永图。侧闻恣意游猎，甚于往日。万一有衔橛之变，搏噬之虞，悔将何及？况南有强敌伺隙而动，闻之得无生心乎？伏望陛下节从禽酣饮之乐，为生灵社稷计，则有无疆之休。'上览而称善。"①景宗对于南院枢密使兼政事令郭袭上书谏畋猎，"嘉纳之"。②在圣宗朝，承天皇太后曾告诫圣宗曰："前圣有言：欲不可纵。吾儿为天下主，驰骋田猎，万一有衔橛之变，适遗予忧。其深戒之！"③据此可知，恣意畋猎很容易造成怠政、荒政之弊，以至于皇太后、官僚大臣都时时提醒帝王游猎畋渔的适度性，这说明过度强调尚武骑射教育，沉溺于射猎之中，而忽视其他，不但不能"以是制胜，所向无前"，反而使"天下愁怨"，民心背弃，最终达不到尚武骑射教育的目的。

辽朝统治者为了提高契丹族的尚武骑射能力，使尚武骑射教育观念深入人心，还经常组织臣民进行"较射"活动。《辽史·穆宗本纪上》载：穆宗应历十三年（963）二月癸巳，穆宗"观群臣射，赐物有差"④。《辽史·景宗本纪下》载：景宗乾亨四年（982）三月，景宗"与诸王大臣较射，宴饮"⑤。《辽史·圣宗本纪一》载：圣宗统和二年（984）二月丙午，圣宗"与诸王大臣较射"⑥。《辽史·圣宗本纪四》载：统和十年（992）四月庚寅，圣宗"命群臣较射"⑦。这些记载说

① 《辽史》卷七十九《郭袭传》，中华书局 2016 年点校本，第 1404 页。
② 《辽史》卷九《景宗本纪下》，中华书局 2016 年点校本，第 110 页。
③ 《辽史》卷十三《圣宗本纪四》，中华书局 2016 年点校本，第 162 页。
④ 《辽史》卷六《穆宗本纪上》，中华书局 2016 年点校本，第 86 页。
⑤ 《辽史》卷九《景宗本纪下》，中华书局 2016 年点校本，第 113 页。
⑥ 《辽史》卷十《圣宗本纪一》，中华书局 2016 年点校本，第 121 页。
⑦ 《辽史》卷十三《圣宗本纪四》，中华书局 2016 年点校本，第 154 页。

明，辽朝统治者对尚武骑射教育相当重视。

2. 辽代仪式活动中的射柳教育

射柳是中国北疆游牧民族古老的传统习俗，契丹因之。[①] 在辽代，射柳既是辽代契丹人社会生活中的一项重要活动，也是辽代瑟瑟礼中不可或缺的主要内容之一。射柳在辽代颇为盛行，从皇帝到贵族、大臣都相当喜爱这项既可以娱乐，又可以练习骑射的运动。由于辽代皇帝颇为喜爱这项运动，后晋为了处理好与辽朝的关系，投其所好，便时常向辽朝进奉射柳鞍马之类的贡物，如太宗会同五年（942）四月丙子，"晋遣使进射柳鞍马"[②]。关于射柳，《辽史》多有记载，详见下表：

《辽史》所记射柳活动表

	活动纪年	史料记载	史源
1	天显四年（929）五月戊子	射柳于太祖行宫	卷三《太宗本纪上》（下同）第 32 页
2	天显五年（930）六月己亥	射柳于行在	第 34 页
3	天显六年（931）闰（五）月庚寅	射柳于近郊	第 35 页
4	应历十七年（967）夏四月丙子	射柳祈雨，复以水沃群臣	卷七《穆宗本纪下》（下同）第 92 页
5	保宁元年（969）年五月丙申朔	射柳祈雨	卷八《景宗本纪上》（下同）第 98 页
6	保宁七年（975）夏四月辛亥	射柳祈雨	第 102 页

---

① 徐秉琨：《横簇箭与射柳仪》，《社会科学辑刊》1980 年第 4 期。
② 《辽史》卷四《太宗本纪下》，中华书局 2016 年点校本，第 55 页。

续表

	活动纪年	史料记载	史源
7	开泰元年（1012）三月乙酉	诏卜日行拜山、大射柳之礼，命北宰相、驸马、兰陵郡王萧宁，枢密使、司空邢抱质督有司具仪物	卷十五《圣宗本纪六》（下同）第 186 页
8	开泰七年（1018）八月丙午①	行大射柳之礼	卷十六《圣宗本纪七》（下同）第 206 页
9	重熙九年（1040）六月	射柳祈雨	卷十八《兴宗本纪一》（下同）第 250 页
10	清宁七年（1060）六月丁卯	幸弘义、永兴、崇德三宫致祭。射柳，赐宴，赏赉有差。戊辰，行再生礼，复命群臣分朋射柳	卷二十一《道宗本纪一》（下同）第 293 页
11	乾统八年（1108）六月丙申	射柳祈雨	卷二十七《天祚皇帝本纪一》（下同）第 362 页

从此表统计的内容可知，辽代的射柳是"祈雨"活动必不可少的重要内容之一。此外，辽代在其他活动如祭祀、行再生礼等仪式上也要经常举行射柳，这说明射柳活动在辽代的各种活动中都扮演着重要角色。之所以如此，就是因为射柳活动既可以为所举行的仪式活动增添乐趣，同时辽朝统治者又可以借此检阅贵族、大臣等"挽强射生"的真实水平。由于射柳活动的这种功用，因而得到辽朝统治者的重视，从而使射柳活动成为辽代尚武骑射教育的重要内容之一。

射柳之仪始于辽朝"变家为国"前，《辽史·国语解》载："瑟瑟礼，祈雨射柳之仪，遥辇苏可汗制。"②射柳之具体仪式，《辽史》《金

---

① "八月丙午"四字夹于上文六月与下文七月之间，六月壬辰朔，丙午是十五日，"八月"二字疑衍，或是八月一段应在七月、九月之间。

② 《辽史》卷一百一十六《国语解》，中华书局 2016 年点校本，第 1693 页。

史》皆有较为详细描述。《辽史·礼志一》载："瑟瑟仪：若旱，择吉日行瑟瑟仪以祈雨。前期，置百柱天棚。及期，皇帝致奠于先帝御容，乃射柳。皇帝再射，亲王、宰执以次各一射。中柳者质志柳者冠服，不中者以冠服质之。不胜者进饮于胜者，然后各归其冠服。又翼日，植柳天棚之东南，巫以酒醴，黍稗荐植柳，祝之。皇帝、皇后祭东方毕，子弟射柳。皇族、国舅、群臣与礼者，赐物有差。既三日雨，则赐敌烈麻都马四疋、衣四袭；否则以水沃之。道宗清宁元年，皇帝射柳讫，诣风师坛，再拜。"①《金史·礼志八》载："金因辽旧俗，以重五、中元、重九日行拜天之礼。……行射柳、击球之戏，亦辽俗也，金因尚之。凡重五日拜天礼毕，插柳球场为两行，当射者以尊卑序，各以帕识其枝，去地约数寸，削其皮而白之。先以一人驰马前导，后驰马以无羽横镞箭射之，既断柳，又以手接而驰去者，为上。断而不能接去者，次之。或断其青处，及中而不能断，与不能中者，为负。每射，必伐鼓以助其气。……既毕赐宴，岁以为常。"②综上记载，辽代的射柳活动内容大致是：（1）射柳以尊卑序。皇帝先后射柳两次，亲王、宰执等群臣依次各射柳一次。（2）以帕识其枝。插柳两行，去地约数寸剥其青皮而露出白色木质，以手帕系其上以识之。（3）射柳。先从一人驰马前导，射柳者驰马以无羽横镞箭射所识柳枝。（4）胜负。以断柳枝白处，并能以手接住，骑马驰去者为优胜者，给予冠服。断而不能接去者为次等。断柳枝之青处，或中而不能断之，或不能中者，为负，以冠服质之。（5）赐宴。射柳活动结束，皇帝赐宴，负者进饮于胜者，然后各归其冠服。（6）次日，先为植柳、祈雨、致祭，尔后仍是射柳，主要由皇族子弟参加。（7）奖励。对皇族、国舅，以及群臣等参加活动者，皇帝根据比赛结果，赐物有差。

---

① 《辽史》卷四十九《礼志一》，中华书局 2016 年点校本，第 929—930 页。
② 《金史》卷三十五《礼志八》，中华书局 1975 年标点本，第 826—827 页。

从射柳活动的内容看，若想取得优胜，必须具备两个条件：第一，精准娴熟的箭法；第二，精练高超的骑马技术。而箭法和骑技正是尚武骑射教育中的两大关键要素，因而，射柳活动的功用之一就是尚武骑射教育。

除瑟瑟仪要举行射柳活动外，平时的一些祭祀活动也要举行射柳活动，这从上文可得到较为明晰的认知。此外，据《辽志·宫室制度》载：辽代皇帝"每谒木叶山，即射柳枝，讹子唱番歌前导，弹胡琴和之，已事而罢"[①]。由此可见，辽代皇帝每次祭祀木叶山也都要举行射柳活动。关于辽代皇帝祭祀木叶山的情况如下表所示。

《辽史》所载辽代皇帝祭祀木叶山一览表

	祭祀皇帝	祭祀纪年	祭祀史料	史源
1	辽太祖	太祖七年（913）十一月	祠木叶山	卷一《太祖本纪上》（下同）第9页
2		天赞三年（924）九月丁巳	凿金河水，取乌山石，辇致潢河、木叶山，以示山川朝海宗岳之意	卷二《太祖本纪下》（下同）第22页
3		天赞四年（925）十二（闰）月壬辰	祠木叶山	第23页
4	辽太宗	天显四年（929）九月戊寅	祠木叶山	卷三《太宗本纪上》（下同）第33页
5		天显六年（931）五月乙丑	祠木叶山	第35页
6		天显七年（932）正月戊申	祠木叶山	第35页

[①]（宋）叶隆礼：《辽志》"宫室制度"条，参见王云五主编：《丛书集成初编》，商务印书馆1934年版，第5页。

	祭祀皇帝	祭祀纪年	祭祀史料	史源
7		天显九年（934）二月壬申	祠木叶山	第 38 页
8		天显十二年（937）十二月甲申	东幸，祀木叶山	第 44 页
9		会同二年（939）四月乙亥	幸木叶山	卷四《太宗本纪下》（下同）第 50 页
10		会同八年（945）十月辛未	祠木叶山	第 61 页
11	辽穆宗	应历十二年（962）六月甲午	祠木叶山及潢河	卷六《穆宗本纪上》（下同）第 85 页
12	辽景宗	保宁元年（969）十一月甲辰朔	行柴册礼，祠木叶山，驻跸鹤谷	卷八《景宗本纪上》（下同）第 98 页
13		保宁三年（971）四月己卯	祠木叶山，行再生礼	第 99 页
14		保宁七年（975）正月壬寅	望祠木叶山	第 102 页
15		保宁七年（975）四月己酉	祠木叶山	第 102 页
16		保宁九年（977）十一月癸卯	祠木叶山	卷九《景宗本纪下》（下同）第 108 页
17	辽圣宗	统和元年（983）五月戊寅	幸木叶山	卷十《圣宗本纪一》（下同）第 118 页
18		统和二年（984）五月乙卯	祠木叶山	第 121 页
19		统和三年（985）四月乙亥朔	祠木叶山	第 123 页

续表

	祭祀皇帝	祭祀纪年	祭祀史料	史源
20		统和六年（988）八月癸亥	以将伐宋，遣使祭木叶山	卷十二《圣宗本纪三》（下同）第141页
21		统和七年（989）三月壬午朔	遣使祭木叶山	第144页
22		统和十六年（998）四月乙卯	如木叶山	卷十四《圣宗本纪五》（下同）第167页
23		统和十六年（998）五月丁卯	祠木叶山，告来岁南伐	第167页
24		统和二十六（1008）四月辛卯朔	祠木叶山	第178页
25		开泰元年（1012）正月丙戌	望祠木叶山	卷十五《圣宗本纪六》（下同）第186页
26		开泰元年（1012）正月庚寅	祠木叶山	第186页
27		开泰六年（1017）五月乙卯	祠木叶山、潢河	第196页
28	辽兴宗	重熙十四年（1045）十月甲子	望祀木叶山	卷十九《兴宗本纪二》（下同）第265页
29		重熙十六年（1047）十一月戊寅	祠木叶山	卷二十《兴宗本纪三》（下同）第272页
30	辽道宗	清宁四年（1058）十一月丙戌	祠木叶山	卷二十一《道宗本纪一》（下同）第291页

	祭祀皇帝	祭祀纪年	祭祀史料	史源
31		咸雍十年（1074）九月癸亥	祠木叶山	卷二十三《道宗本纪三》（下同）第314页
32		大康六年（1080）九月壬寅	祠木叶山	卷二十四《道宗本纪四》（下同）第323页
33		大安七年（1091）十一月甲子	望祀木叶山	卷二十五《道宗本纪五》（下同）第338页
34		寿昌元年（1095）九月甲寅	祠木叶山	卷二十六《道宗本纪六》（下同）第346页
35		寿昌六年（1100）九月癸未	望祠木叶山	第352页
36	天祚帝	乾统六年（1106）十一月甲辰	祠木叶山	卷二十七《天祚帝本纪一》（下同）第361页
37		乾统九年（1109）十月癸酉	望祠木叶山	第362页

以此表观之，辽代每位皇帝都曾祭祀木叶山，其中太祖3次、太宗7次、穆宗1次、景宗5次、圣宗11次、兴宗2次、道宗6次、天祚帝2次，总计为37次，再加上瑟瑟礼和日常的射柳活动的次数11次，《辽史》记载射柳活动就达48次。由此可知，在辽代社会生活中举行射柳活动应该比较频繁，这充分表明射柳活动是辽代进行尚武骑射教育的主要方式之一。

3. 辽代的击鞠教育

击鞠也称马球，是一种马上击球的竞赛活动。关于击鞠的起源，目前还存在不同的观点，有人主张源于西亚波斯，也有人认为源于中国的西藏，而契丹社会生活中的击鞠，应该是直接或间接由唐朝传入。[①]

辽代击鞠的具体内容，《辽史》未作详细记载，只能从《金史》记载间接得之。《金史·礼志八》载："行射柳、击球之戏，亦辽俗也，金因尚之。……（射柳）已而击球，各乘所常习马，持鞠杖。杖长数尺，其端如偃月。分其众为两队，共争击一球。先于球场南立双桓，置板，下开一孔为门，而加网为囊，能夺得鞠击入网囊者为胜。或曰：'两端对立二门，互相排击，各以出门为胜。'球状小如拳，以轻韧木枵其中而朱之。皆所以习跷捷也。既毕赐宴，岁以为常。"[②] 由此可知，击鞠是马上击球的比赛，把参加比赛的人员分成两队，共击一鞠，以射入网囊者为胜。

从击鞠比赛的内容看，没有高超的御马之术和娴熟的击鞠水准是很难取得胜利的，因而击鞠比赛既是一项娱乐性相当强的体育比赛，同时也是锻炼辽代皇帝、贵族、大臣、黎庶等"跃马挥杖，纵横驰骋"能力的体现。正因为击鞠具有这种尚武骑射的功用，从而受到从皇帝到臣民的普遍喜爱，击鞠也就成为一项寓尚武骑射于体育娱乐之中的重要活动。《辽史·萧孝忠传》载："重熙七年，为东京留守。时禁渤海人击球，孝忠言：'东京最为重镇，无从禽之地，若非球马，何以习武？且天子以四海为家，何分彼此？宜驰其禁。'从之。"[③] 从萧孝忠的议论可知，辽代的击鞠活动并非完全是为了娱乐，更主要的目的是为了习武骑射，正因如此，击鞠便成为辽代进行尚武骑射教育的主要方式之一。

关于辽代的击鞠，《辽史》有诸多记载，现仅根据辽代诸帝《本

① 田广林：《契丹礼俗考论》，哈尔滨出版社 1995 年版，第 287—288 页。
② 《金史》卷三十五《礼志八》，中华书局 1975 年标点本，第 826—827 页。
③ 《辽史》卷八十一《萧孝忠传》，中华书局 2016 年点校本，第 1417 页。

纪》和《游幸表》统计如下：

《辽史》本纪、游幸表所载击鞠一览表

	皇帝	击鞠纪年	击鞠史料	史源
1	辽穆宗	应历三年（953）三月	庚寅，如应州击鞠。丁酉，汉遣使进球衣及马	卷六《穆宗本纪上》（下同）第 79 页
2		应历六年（956）八月	击鞠	卷六十八《游幸表》（下同）第 1153 页
3		应历十六年（966）正月	击鞠	第 1156 页
4	辽圣宗	统和元年（983）七月	癸酉，上与诸王分朋击鞠	卷十《圣宗本纪一》（下同）第 119 页
5		统和三年（985）七月	击鞠	卷六十八《游幸表》（下同）第 1161 页
6		统和四年（986）十月	甲子，上与大臣分朋击鞠	卷十一《圣宗本纪二》（下同）第 133 页
7		统和七年（989）三月	击鞠	卷六十八《游幸表》（下同）第 1162 页
8		统和七年（989）四月	击鞠	第 1162 页
9		统和十四年（996）七月	击鞠	第 1164 页
10	辽兴宗	太平十一年（1031）七月	丁未，击鞠	卷十八《兴宗本纪一》（下同）第 240 页
11		重熙五年（1036）正月	己巳，上与大臣分朋击鞠	第 245 页
12		重熙五年（1036）六月	击鞠。放海东青鹘于苇泺。击鞠	卷六十八《游幸表》（下同）第 1174 页
13		重熙六年（1037）五月	击鞠	第 1174 页

续表

	皇帝	击鞠纪年	击鞠史料	史源
14		重熙六年（1037）十月	击鞠	第 1174 页
15		重熙七年（1038）七月	击鞠	第 1174 页
16		重熙七年（1038）十一月	击鞠	第 1174 页
17		重熙七年（1038）十二月	召善击鞠者数十人于东京，令与近臣角胜，上临观之	卷十八《兴宗本纪一》（下同）第 249 页
18		重熙八年（1039）十月	击鞠	卷六十八《游幸表》（下同）第 1174 页
19		重熙八年（1039）闰十二月	击鞠	第 1174 页
20		重熙十年（1041）四月	又以东京留守萧撒八言，弛东京击鞠之禁	卷十九《兴宗本纪二》（下同）第 257 页
21		重熙十五年（1046）四月	辛亥朔，禁五京吏民击鞠	第 265 页
22		重熙十六年（1047）七月	击鞠	卷六十八《游幸表》（下同）第 1178 页
23		重熙十六年（1047）十月	观击鞠	第 1178 页
24		重熙二十一年（1052）七月	击鞠	第 1179 页
25		重熙二十一年（1052）十二月	观击鞠	第 1179 页
26		重熙二十三年（1054）六月	击鞠	第 1180 页

续表

	皇帝	击鞠纪年	击鞠史料	史源
27		重熙二十三年（1054）七月	击鞠	第 1179 页
28		重熙二十三年（1054）十一月	击鞠	第 1179 页

从此表可以看出，辽初，击鞠活动在社会生活中并不十分盛行，直到辽穆宗时期（951—969）才逐渐兴盛起来。《辽史·穆宗本纪上》载：穆宗应历三年（953）三月庚寅，"如应州击鞠"。丁酉，"汉遣使进球衣及马"。[①] 从北汉遣使进贡击鞠球衣及马匹来看，在穆宗去西京应州击鞠之前辽代的击鞠活动就已比较流行。关于此，投奔契丹的中原人李澣与其兄李涛言契丹事云："今皇骄矜，唯好击鞠。"[②] 又《辽史·李澣传》载：李澣初仕后晋，"晋亡归辽"，"穆宗即位，累迁工部侍郎。时澣兄涛在汴为翰林学士，密遣人召澣。澣得书，托求医南京，易服夜出，欲遁归汴。至涿，为徼巡者所得，送之南京，下吏"。[③] 可见，李澣所述辽帝当指辽穆宗。这说明辽穆宗时期击鞠活动已经成为社会生活的时尚。

圣宗朝以后，击鞠活动更加风靡辽朝，五京和诸多重要州城都建设有击鞠场地，如南京析津府的"球场在城南"[④]。圣宗颇为热衷于击鞠活动，即位伊始，便"与诸王分朋击鞠"[⑤]，"与大臣分朋击鞠"[⑥]。北宋使臣张安道对圣宗的高超击鞠技艺感到颇为惊讶，《辽史拾遗补》

---

① 《辽史》卷六《穆宗本纪上》，中华书局 2016 年点校本，第 79 页。
② （宋）王钦若等编：《册府元龟》卷七百六十二《总录部·忠义三》，中华书局 1960 年版，第 9060 页。
③ 《辽史》卷一百三《李澣传》，中华书局 2016 年点校本，第 1598—1599 页。
④ 《辽史》卷四十《地理志四》，中华书局 2016 年点校本，第 562 页。
⑤ 《辽史》卷十《圣宗本纪一》，中华书局 2016 年点校本，第 119 页。
⑥ 《辽史》卷十一《圣宗本纪二》，中华书局 2016 年点校本，第 133 页。

引孔子仲《谈苑》曰："张安道言：尝使契丹，方燕，戎主（圣宗）在廷下打球，安道见其缨绂诸物，鲜明有异，知其为戎主也，不敢显言，但再三咨其艺之精耳。接伴刘六符意觉安道知之，色甚怍云。"①圣宗对击鞠达到迷恋的程度，"击鞠无度"②，以至于谏议大夫、知宣徽院事马得臣不得不上书劝谏："今陛下以球马为乐，愚臣思之，有不宜者三，故不避斧钺言之。窃以君臣同戏，不免分争，君得臣愧，彼负此喜，一不宜。跃马挥杖，纵横驰骛，不顾上下之分，争先取胜，失人臣礼，二不宜。轻万乘之尊，图一时之乐，万一有衔勒之失，其如社稷、太后何？三不宜。傥陛下不以臣言为迂，少赐省览，天下之福，群臣之愿也。"③圣宗是一位相当开明的皇帝，书奏后，圣宗嘉叹良久。此后，圣宗的击鞠活动果然减少。兴宗朝是辽代击鞠活动最为兴盛时期，据《兴宗本纪》和《游幸表》统计，在兴宗在位的23年时间里，有关兴宗击鞠或观击鞠的记录多达20余次，足见兴宗对击鞠活动的酷爱。

在皇帝的引导下，诸王、大臣以及贵戚，也大都喜爱击鞠活动，精于击鞠。如淳钦皇后弟阿古只六世孙萧撒八"性廉介，风姿爽朗，善球马、驰射"④；奚六部敞稳突吕不六世孙萧乐音奴"貌伟言辨，通辽、汉文字，善骑射击鞠"⑤；仲父房之后耶律塔不也，"以善击鞠，幸于上，凡驰骋，鞠不离杖"⑥；宫分人古迭，"膂力过人，善击鞠"⑦；天祚帝次子耶律雅里"好击鞠"⑧。可见，击鞠活动在辽代社会生活中颇

---

① （清）杨复吉：《辽史拾遗补》卷五《刘六符传》，参见王云五主编：《丛书集成初编》，上海商务印书馆1936年版，第121页。
② 《辽史》卷八十《马得臣传》，中华书局2016年点校本，第1410页。
③ 《辽史》卷八十《马得臣传》，中华书局2016年点校本，第1410页。
④ 《辽史》卷八十七《萧撒八传》，中华书局2016年点校本，第1467页。
⑤ 《辽史》卷九十六《萧乐音奴传》，中华书局2016年点校本，第1542页。
⑥ 《辽史》卷一百一十一《耶律塔不也传》，中华书局2016年点校本，第1644页。
⑦ 《辽史》卷一百一十四《古迭传》，中华书局2016年点校本，第1665页。
⑧ 《辽史》卷三十《天祚帝本纪四》，中华书局2016年点校本，第400页。

为盛行。

　　击鞠虽然是尚武骑射教育的有效途径之一，但它也是比较激烈的马上比赛运动，很容易对比赛者造成伤害，因而一些别有用心的人便利用击鞠活动来实施阴险狠毒的政治阴谋。《辽史·耶律隆运传》载：圣宗统和六年（988），"太后观击鞠，胡里室突隆运坠马，命立斩之"①。此事件《辽史·圣宗本纪三》也有明确记载：圣宗统和六年（988）四月丁酉，"胡里室横突隆运坠马，皇太后怒，杀之"②。在击鞠比赛场上，由于双方队员的激烈拼抢，偶尔出现冲撞，并无可厚非，但是，错综复杂的政治角逐渗透到击鞠场上就会制造出诸多阴谋，耶律隆运坠马事件就是这种阴谋的折射。又如圣宗统和七年（989）三月己丑，"乙室王贯宁击鞠，为所部郎君高四纵马突死，诏讯高四罪"③。可见，击鞠事件的制造者胡里室、高四之所以获罪，并非是击鞠比赛过程中的"合理冲撞"，而是政治阴谋使然。

　　辽朝统治者为了规避政治矛盾在击鞠比赛场上上演，兴宗朝曾两次下诏，禁止某些人进行击鞠比赛。第一次是禁止渤海遗民击鞠比赛，下诏时间史无明载，但从重熙十年（1041）"以东京留守萧撒八言，弛东京击鞠之禁"④来看，当在兴宗重熙十年之前。第二次是禁止五京吏民进行击鞠比赛，下诏时间是重熙十五年（1046）。《辽史·兴宗本纪二》载：重熙十五年（1046）四月辛亥朔，"禁五京吏民击鞠"⑤。这样，以击鞠为尚武骑射教育的方式也就完成了它的历史使命。

　　4. 辽代各种集会的角抵教育

　　角抵，亦作角觝、觳觝或角力，唐时也称相扑，时至今日则演变

---

① 《辽史》卷八十二《耶律隆运传》，中华书局 2016 年点校本，第 1422 页。
② 《辽史》卷十二《圣宗本纪三》，中华书局 2016 年点校本，第 140 页。
③ 《辽史》卷十二《圣宗本纪三》，中华书局 2016 年点校本，第 144 页。
④ 《辽史》卷十九《兴宗本纪二》，中华书局 2016 年点校本，第 257 页。
⑤ 《辽史》卷十九《兴宗本纪二》，中华书局 2016 年点校本，第 265 页。

为摔跤。① 它勃发于秦，大盛于汉，而其渊源又可上溯于商周的社祭和社乐，其余绪亦沿唐宋明清绵绵而下。② 而田广林先生认为，角抵可以一直追溯到史前时代。③

在辽代，角抵比赛相当普遍，《辽史·太祖本纪上》载：太祖八年（914）正月，"有司所鞠逆党三百余人，狱既具，上以人命至重，死不复生，赐宴一日，随其平生之好，使为之。酒酣，或歌、或舞、或戏射、角抵，各极其意。明日，乃以轻重论刑"④。叛逆之徒在临刑之前还要做角抵比赛，说明角抵的确是契丹人的"平生之好"。又《契丹国志》引胡峤《陷北记》载：上京"有绫、锦诸工作，宦者、翰林、伎术、教坊、角抵、秀才、僧尼、道士等，皆中国人，而并、汾、幽、蓟之人尤多"⑤。尽管胡峤所云角抵者皆为汉人，但汉人能够在辽皇都上京以角抵为业，也完全可以说明角抵在辽代颇受欢迎，由此可见，角抵这项欢快、激烈、刺激的比赛活动深受辽代皇帝和君臣的喜爱，从而成为辽代社会生活中不可或缺的一部分。

关于角抵的比赛形式，《辽史》没作任何记载，唯有宋朝出使辽的使臣张舜民在其《画墁录》中有简略描述："北虏待南使，乐列三百余人，舞者更无回旋，止于顿挫手足而已。角觚以倒地为负，两人相持终日，欲倒而不可得。又物如小额，通蔽其乳，脱若褪露之，则两手覆面而走，深以为耻也。"⑥ 这是《辽史·乐志》"曲宴宋国使乐

---

① 金启孮：《中国式摔跤源出契丹、蒙古考》，载于《中国蒙古史学会成立大会纪念集刊》，中国蒙古史学会编印 1979 年版，第 375—399 页。
② 卜键：《角抵考》，《文学遗产》2000 年第 1 期。
③ 田广林：《契丹礼俗考论》，哈尔滨出版社 1995 年版，第 282 页。
④ 《辽史》卷一《太祖本纪上》，中华书局 2016 年点校本，第 9 页。
⑤ （宋）叶隆礼：《契丹国志》卷二十五引《胡峤陷北记》，上海古籍出版社 1985 年点校本，第 238 页。
⑥ （清）厉鹗：《辽史拾遗》卷十五，参见王云五主编：《丛书集成初编》，上海商务印书馆 1936 年版，第 322 页。

次""酒九行：歌，角抵"时场景的描述。[①]从张舜民的描述可知，角抵的胜负以倒地为准。此外，蔽乳之物，"脱若裢露之"则深以为耻，两手覆面而退，这似乎也是判断胜负的标准之一。虽然张舜民对辽代的角抵作了较为详尽的描述，但过于简略，仅能获知胜负的标准。不过，1931 年于辽东京故城遗址中出土的八角形白釉陶罐上所绘的人物花鸟画却为我们提供了极为珍贵的可靠资料。据日本学者鸟居龙藏考证，白釉陶罐上所绘契丹小儿游戏形象就是辽代的角抵，并有裁判与力士之别。此壶八面所绘可分四图：第一图中央与左方之小儿，各自拱手蹲立练力，以待角抵的开始。胸部悬有兜肚。第二图中央二面，各皆举手，运练足力，身上胸部穿无袖短衣及兜肚。此为角抵即将开始，相互扭捕之准备的情形。第三图中央右方与右侧二人，各手持花一朵，为两力士的裁判。大概某力士获胜时，则以花予之。第三图中央左方及左侧之力士，行将角抵，而尚未互相揪扯，胸部的兜肚为黑色，与第一图中央及左侧之力士穿着相同。第四图中央及左侧之图，为角抵开始，两力士相互紧张拼命地进行角斗，左面的力士正以两手揪扭，而以一足撩其他力士，使之倒地。[②]

从角抵的比赛形式观之，没有超人的气力和敏捷的身手很难取得胜利，因而角抵比赛既是富有娱乐性、刺激性的体育比赛，同时也是锻炼辽代臣民击搏能力的运动。正因为角抵具有这种尚武好勇、强身健体的功用，从而受到辽代朝野上下的普遍喜爱，于是，角抵也就成为辽代社会生活中一项寓尚武好勇于体育娱乐之中的重要活动，成为辽代进行尚武骑射教育的主要方式之一。辽代角抵教育的方式可以归纳为以下几种。第一，皇帝举行宴会时常举行角抵。太宗天显四年

---

① 《辽史》卷五十四《乐志》，中华书局 2016 年点校本，第 991 页。
② ［日］鸟居龙藏：《契丹之角抵》，《燕京学报》第 29 期，1941 年，载于孙进己等编《契丹史论著汇编》(下)，辽宁省社会科学院历史研究所 1988 年版，第 540—549 页

（929）正月壬申朔，"宴群臣及诸国使，观俳优角觝戏"①。又太宗天显七年（932）六月庚辰，"观角觝戏"②。兴宗重熙十年（1041）十月辛卯，"以皇子胡卢斡里生，北宰相、驸马撒八宁迎上至其第宴饮，上命卫士与汉人角觝为乐"③。第二，在契丹节日、宫廷仪式时常举行角觝。在"皇帝生辰乐次"，举行到最后一道仪式"酒七行"时，"歌曲破，角觝"。④在"皇帝纳后之仪"，大婚第二日的庆祝活动最后一项内容也是皇族、后族以百戏、角觝、戏马较艺为乐。《辽史·礼志五》载："翼日，皇帝晨兴，诣先帝御容拜，奠酒讫，复御殿，宴后族及群臣，皇族、后族偶饮如初，百戏、角觝、戏马较胜以为乐。"⑤在"辽册皇后仪"，也是"呈百戏、角觝、戏马以为乐"。⑥又《辽史·乐志》载："正月朔日朝贺，用宫悬雅乐。元会，用大乐；曲破后，用散乐；角觝终之。是夜，皇帝燕饮，用国乐。"⑦可见，在举行宫廷仪式时也要进行角觝比赛。第三，在欢迎宋朝使臣的仪式上也要举行角觝。《辽史·乐志》"曲宴宋国使乐次"载："酒九行：歌，角觝。"⑧"酒九行"是曲宴宋朝使臣的九道程式中的最后一道程式。关于曲宴宋使之事，在宋人的著作中也有反映，《续文献通考·乐考十九》引成德《渌水亭杂识》曰："辽曲宴宋使：酒一行，觱篥起歌。酒三行，手伎入。酒四行，琵琶独弹，然后食。入杂剧，进以吹笙、弹筝、歌击、架乐、角觝。"⑨综上所述，角觝从表面上看是辽代君臣喜闻乐见的体

① 《辽史》卷三《太宗本纪上》，中华书局2016年点校本，第32页。
② 《辽史》卷三《太宗本纪上》，中华书局2016年点校本，第36页。
③ 《辽史》卷十九《兴宗本纪二》，中华书局2016年点校本，第258页。
④ 《辽史》卷五十四《乐志》，中华书局2016年点校本，第990页。
⑤ 《辽史》卷五十二《礼志五》，中华书局2016年点校本，第960页。
⑥ 《辽史》卷五十四《乐志》，中华书局2016年点校本，第989页。
⑦ 《辽史》卷五十四《乐志》，中华书局2016年点校本，第980页。
⑧ 《辽史》卷五十四《乐志》，中华书局2016年点校本，第991页。
⑨ （清）乾隆官修：《续文献通考》卷一百一十九《乐考十九》，浙江古籍出版社2000年版，第3867页。

育比赛，于各种社会活动中都有一席之地，但统治者深知这种体育活动能培养出辽代臣民尚武善斗的品格和搏击能力，达到尚武教育的目的。

5. 辽代将士的四时讲武教育

辽朝统治者除利用各种活动对臣民进行尚武骑射教育外，也经常对军士进行专门的训练。《辽史·圣宗本纪四》载：圣宗统和十四年（996）十月丙辰，"命刘遂教南京神武军士剑法，赐袍带锦币"①。《辽史·圣宗本纪八》载：圣宗太平八年（1028）十月，"诏燕城将士，若敌至，总管备城之东南，统军守其西北，马步军备其野战，统军副使缮壁垒，课士卒，各练其事"②。《辽史·道宗本纪六》载：道宗寿昌元年（1095）九月丙辰，"诏西京炮人、弩人教西北路汉军"③。从史料记载分析，辽朝统治者不仅坚定不移地在军队中实施技战术的军事训练，还常常以"赐物"的方式奖励在技战术军事训练中有突出贡献的将士，以提高军队的战斗能力。

在圣宗统治时期，为了提高军队的指挥和战斗能力，还以各种方式选拔军事人才。《辽史·圣宗本纪四》载：圣宗统和十二年（994）十一月戊申朔，"诏诸部所俘宋人有官吏儒生抱器能者，诸道军有勇健者，具以名闻"④。通过此种选拔方式，将具有军事才能的人才尽收辽朝军队之中。

---

① 《辽史》卷十三《圣宗本纪四》，中华书局 2016 年点校本，第 160 页。
② 《辽史》卷十七《圣宗本纪八》，中华书局 2016 年点校本，第 228 页。
③ 《辽史》卷二十六《道宗本纪六》，中华书局 2016 年点校本，第 346 页。
④ 《辽史》卷十三《圣宗本纪四》，中华书局 2016 年点校本，第 157 页。

三、辽代尚武骑射教育的社会意义及其影响

1.辽代尚武骑射教育为兵民合一创造充分条件

契丹族生活在中国北疆游牧地区，地广人稀，过着"以鞍马为家"的游牧生活，客观上并不利于军队的大规模集中，从而形成强大的战斗力，但事实上却是契丹族的军事力量相当强大，究其原因，就是契丹统治者承继中国北疆游牧民族的传统，即军事组织与生产组织合二为一的寓兵于民的传统。《辽史·食货志上》载："契丹旧俗，其富以马，其强以兵。纵马于野，弛兵于民。有事而战，骁骑介夫，卯命辰集。马逐水草，人仰湩酪，挽强射生，以给日用，糗粮刍茭，道在是矣。以是制胜，所向无前。"[1]《辽史·兵卫志上》又载："辽国兵制，凡民年十五以上，五十以下，隶兵籍。"[2] 由此可知，在辽统治域内，无论是哪个民族，凡健壮男子，从15岁至50岁，皆隶于军籍，亦兵亦农，兵民结合，无战事则参与生产，有战事则集结为兵，驰马弯弓，从征疆场。再加之平时"习于武勇""长于射御"，于是，辽就能够源源不断地获得训练有素、武风强悍的后备兵源，使得辽的军事力量在与之相邻抗衡对峙的所有政权中始终处于优势地位。这种兵民合一的优势给予辽代社会生活以深刻影响，使得兴起于中国北疆游牧地区的契丹族能够雄霸北方200余年。

2.辽代尚武骑射教育为技战术的养成提供有力保障

契丹族具有尚武彪悍的品格，骑射成为契丹人能力强弱的重要标志，就连后妃也"往往长于射御，军旅田猎，未尝不从。如应天之奋击室韦，承天之御戎澶渊，仁懿之亲破重元，古所未有"[3]。张念棠等对辽朝军队战斗力评价说："辽朝军队没有正规、正式的军训科目。

---

[1] 《辽史》卷五十九《食货志上》，中华书局2016年点校本，第1025页。
[2] 《辽史》卷三十四《兵卫志上》，中华书局2016年点校本，第451页。
[3] 《辽史》卷七十一《后妃传》，中华书局2016年点校本，第1329页。

然其军队在作战时，战斗力却很强，尤其是契丹骑兵，兵锋所指，更是所向披靡，无往不胜。其原因就是契丹军队以围猎代军训，融猎技于战术之中、猎战合一的结果。"① 这一结论相对比较公允。辽朝军队技战术的养成正是源于契丹族四时捺钵时的射猎、仪式活动时的射柳、闲暇娱乐时的击鞠、各种集会时的角抵等尚武骑射教育，故此，辽代尚武骑射教育的社会意义及其影响不言而喻。

---

① 张念棠、张国庆：《略论辽朝军事机构及军事制度的特色》，《辽宁大学学报》1996 年第 2 期。

主要参考文献

一、典籍文献

1.（宋）刘道醇：《五代名画补遗》（一卷），宋临安府陈道人书籍铺刻本。

2.（清）魏源：《古微堂外集》，《中国近代史料丛刊》（第 43 辑第 424 册），文海出版社影印本。

3.（清）黄彭年：《畿辅通志》，商务印书馆 1934 年版。

4.（民国）张次溪：《燕京访古录》，中华书局 1934 年版。

5.（清）厉鹗：《辽史拾遗》，王云五主编：《丛书集成初编》，商务印书馆 1936 年版。

6.（清）杨复吉：《辽史拾遗补》，王云五主编：《丛书集成初编》，商务印书馆 1936 年版。

7.（汉）荀悦：《申鉴》，《潜夫论·申鉴》（三），《丛书集成初编》，商务印书馆 1937 年版。

8.（清）朱彝尊：《曝书亭集》，世界书局 1937 年版。

9.（宋）叶隆礼撰：《辽志》，王云五主编：《丛书集成初编》，商务印书馆 1937 年版。

10.（宋）王溥：《唐会要》，中华书局 1955 年版。

11.（宋）司马光：《资治通鉴》，中华书局 1956 年版。

12.（清）毕沅：《续资治通鉴》，中华书局 1957 年标点本。

13.（清）徐松辑：《宋会要辑稿》（第七册），中华书局 1957 年影印本。

14.（宋）王钦若等编：《册府元龟》，中华书局 1960 年版。

15.（东汉）班固：《汉书》，中华书局 1962 年标点本。

16.（民国）王晋卿总纂：《新城县志》，台湾成文出版社 1968 年影印本。

17.（清）洪汝霖、鲁彦光：《天镇县志（光绪）》，台湾成文出版社 1968 年影印本。

18.（唐）魏征：《隋书》，中华书局 1973 年标点本。

19.［高丽］一然：《三国遗事》，《六堂崔南善全集》（第八册），（韩）玄岩社 1973 年新订本。

20.（元）脱脱等：《金史》，中华书局 1975 年标点本。

21.（后晋）刘昫：《旧唐书》，中华书局 1975 年标点本。

22.（宋）宋祁、欧阳修：《新唐书》，中华书局 1975 年标点本。

23.（明）宋濂：《元史》，中华书局 1976 年标点本。

24.（元）脱脱等：《宋史》，中华书局 1977 年标点本。

25.［朝］郑麟趾：《高丽史》卷十一《肃宗世家》，日本国书刊行会 1977 年影印本。

26.（宋）江少虞：《宋朝事实类苑》，上海古籍出版社 1981 年版。

27.（清）徐釚撰，唐圭璋译注：《词苑丛谈》，上海古籍出版社 1981 年版。

28.（宋）洪迈：《夷坚志补》，《夷坚志》（第四册），中华书局 1981 年标点本。

29.陈述：《全辽文》，中华书局 1982 年版。

30.（清）李有棠：《辽史纪事本末》，中华书局 1983 年版。

31.梁启雄：《荀子简释》，中华书局 1983 年版。

32.（元）陶宗仪：《书史会要》，上海书店 1984 年版。

33.（清）赵翼：《廿二史札记校证》，中华书局 1984 年版。

34. 张博泉：《辽东行部志注释》，黑龙江人民出版社 1984 年版。

35.（宋）叶隆礼：《契丹国志》（贾敬颜、林荣贵点校），上海古籍出版社 1985 年标点本。

36.（元）许有壬：《至正集》，参见《（景印）文渊阁四库全书》，第 1211 册，（台湾）商务印书馆影印本，1986 年版。

37.（元）马端临：《文献通考》，中华书局 1986 年版。

38.（宋）苏辙：《栾城集》，上海古籍出版社 1987 年版。

39. 北京图书馆金石组、中国佛教图书文物馆石经组编：《房山石经题记汇编》，书目文献出版社 1987 年版。

40. 颜维才、黎邦元：《蒙求注释》，山西教育出版社 1987 年版。

41.（清）张金吾：《金文最》，中华书局 1990 年版。

42.（元）元好问：《元好问全集》，山西人民出版社 1990 年版。

43.（宋）李焘：《续资治通鉴长编》，中华书局 1992 年标点本。

44. 蒋祖怡、张涤云整理：《全辽诗话》，岳麓书社 1992 年版。

45.（清）蒋溥等纂：《（钦定）盘山志》，上海古籍出版社 1993 年影印本。

46. 王利器：《颜氏家训集解》（增补本），中华书局 1993 年版。

47.（元）王恽：《玉堂嘉话》，《困学斋杂录》（外十四种），上海古籍出版社 1993 年版。

48. 向南：《辽代石刻文编》，河北教育出版社 1995 年版。

49. 黄怀信等：《逸周书汇校集注》，上海古籍出版社 1995 年版。

50.（宋）蔡襄：《蔡襄集》，上海古籍出版社 1996 年版。

51.（宋）朱熹：《四书集注》，岳麓书社 1997 年版。

52.（宋）王辟之：《渑水燕谈录》，中华书局 1997 年版。

53.（清）纪昀等：《钦定四库全书总目》（整理本），中华书局

1997 年版。

54.（宋）王溥：《五代会要》，中华书局 1998 年版。

55.（清）顾祖禹：《读史方舆纪要》，上海书店 1998 年影印本。

56.（宋）包拯：《包拯集校注》（杨国宜），黄山书社 1999 年校注本。

57. 李修生主编：《全元文》，江苏古籍出版社 1999 年版。

58.（清）官修：《续文献通考》，浙江古籍出版社 2000 年版。

59.（清）于敏中：《日下旧闻考》，北京古籍出版社 2001 年版。

60. 盖之庸：《内蒙古辽代石刻文研究》，内蒙古大学出版社 2002 年版。

61.（宋）陆游：《老学庵笔记》，三秦出版社 2003 年版。

62.（宋）叶梦得：《石林燕语》，三秦出版社 2004 年版。

63.（宋）苏颂：《苏魏公文集》，中华书局 2004 年版。

64.（清）钱大昕：《廿二史考异》，上海古籍出版社 2004 年版。

65. 贾敬颜：《五代宋金元人边疆行记十三种疏证稿》，中华书局 2004 年版。

66. 梅宁华：《北京辽金史迹图志》，北京燕山出版社 2004 年版。

67. 盖之庸：《内蒙古辽代石刻文研究》（增订本），内蒙古大学出版社 2007 年版。

68. 陈述、朱子方主编：《辽会要》，上海古籍出版社 2009 年版。

69. 刘凤翥、唐彩兰、青格勒：《辽上京地区出土的辽代碑刻汇辑》，社会科学文献出版社 2009 年版。

70. 王新英：《金代石刻辑校》，吉林人民出版社 2009 年版。

71. 向南、张国庆、李宇峰：《辽代石刻文续编》，辽宁人民出版社 2010 年版。

72. 齐作声：《辽代墓志疏证》，沈阳出版社 2010 年版。

73. 钱仲联、马亚中：《陆游全集校注》，江苏教育出版社 2011

年版。

74. 王新英：《全金石刻文辑校》，吉林文史出版社 2013 年版。

75.（宋）薛居正等：《旧五代史》，中华书局 2015 年点校本。

76.（宋）欧阳修：《新五代史》，中华书局 2015 年点校本。

77.（元）脱脱等：《辽史》，中华书局 2016 年点校本。

78.（清）阮元校刻：《十三经注疏》（清嘉庆刊本），中华书局 2016 年影印本。

79.（北齐）魏收：《魏书》，中华书局 2017 年点校本。

80. 赵永春：《奉使辽金行程录》（增订本），商务印书馆 2017 年版。

81. 陈述：《辽史补注》，中华书局 2018 年版。

二、学术著作

1. 陈东原：《中国科举时代之教育》，上海商务印书馆 1934 年版。

2.［日］神尾弌春：《契丹佛教文化史考》，大连满洲文化协会 1937 年版。

3. 李洁非：《东北小史》（史地教育丛刊），（重庆）中国文化服务社 1942 年版。

4.［日］野上俊静：《辽金佛教》，京都田中文功社 1953 年版。

5. 李慎儒：《辽史地理志考》，《二十五史补编》（第六册），中华书局 1957 年版。

6. 张亮采：《补辽史交聘表》，中华书局 1958 年版。

7. 姚丛吾编著：《东北史论丛》，（台湾）正中书局 1959 年版。

8. 陈述：《契丹社会经济史稿》，生活·读书·新知三联书店 1963 年版。

9. 冯家昇：《辽史证误三种》，中华书局 1964 年版。

10. ［日］岛田正郎：《辽代社会史研究》，日本东京岩南堂书店1978年版。

11. ［日］岛田正郎：《辽朝史研究》，日本东京创文社1979年版。

12. 张正明：《契丹史略》，中华书局1979年版。

13. 《中国蒙古史学会成立大会纪念集刊》，中国蒙古史学会编印1979年版。

14. 杨树森：《辽史简编》，辽宁人民出版社1980年版。

15. 郭朋：《隋唐佛教》，齐鲁书社1980年版。

16. 陈述：《辽代史话》，河南人民出版社1981年版。

17. ［韩］金渭显：《契丹的东北政策：契丹与高丽女真关系之研究》，台北华世出版社1981年版。

18. 傅乐焕：《辽史丛考》，中华书局1984年版。

19. 舒焚：《辽史稿》，湖北人民出版社1984年版。

20. 清格尔泰、刘凤翥等著：《契丹小字研究》，中国社会科学出版社1985年版。

21. 陈述：《契丹政治史稿》，人民出版社1986年版。

22. 张博泉等：《金史论稿》（第一卷），吉林文史出版社1986年版。

23. 《中国历史地名辞典》，江西教育出版社1986年版。

24. 冯家昇：《冯家昇论著辑粹》，中华书局1987年版。

25. 陈述主编：《辽金史论集》（第一辑），上海古籍出版社1987年版。

26. 陈述主编：《辽金史论集》（第二辑），书目文献出版社1987年版。

27. 陈述主编：《辽金史论集》（第三辑），书目文献出版社1987年版。

28. 中国佛教协会编：《房山石经之研究》，中国佛教学会1987

年版。

29. 孙进已等编:《契丹史论著汇编》,辽宁省社会科学院历史研究所 1988 年版。

30.［日］爱宕松男:《契丹古代史研究》(邢复礼译),内蒙古人民出版社 1988 年版。

31. 王健群、陈相伟:《库伦辽代壁画墓》,文物出版社 1989 年版。

32. 中国辽金史学会编:《辽金史论集》(第四辑),书目文献出版社 1989 年版。

33. 任继愈主编:《中国道教史》,上海人民出版社 1990 年版。

34. 陈述主编:《辽金史论集》(第五辑),台湾文津出版社 1991 年版。

35. 杨若薇:《契丹王朝政治军事制度研究》,中国社会科学出版社 1991 年版。

36. 齐红深主编:《东北地方教育史》,辽宁大学出版社 1991 年版。

37. 谭英杰等:《黑龙江区域考古学》,中国社会科学出版社 1991 年版。

38. 陈述主编:《辽金史论集》(第五辑),文津出版社 1991 年版。

39. 赵振绩:《契丹族系源流考》,台北文史哲出版社 1992 年版。

40. 王鸿宾、向南、孙孝恩主编:《东北教育通史》,辽宁教育出版社 1992 年版。

41. 程方平:《辽金元教育史》,重庆出版社 1993 年版。

42.［日］岛田正郎:《契丹国:游牧民契丹王朝》,日本东京东方书店株式会社 1993 年版。

43. 孟广耀:《儒家文化:辽皇朝之魂》,哈尔滨出版社 1994 年版。

44. 冯继钦、孟古托力、黄凤岐：《契丹族文化史》，黑龙江人民出版社 1994 年版。

45. 漆侠、乔幼梅：《辽夏金经济史》，河北大学出版社 1994 年版。

46. 张晶：《辽金诗史》，东北师范大学出版社 1994 年版。

47. 干志耿、王可宾主编：《辽金史论集》（第八辑），吉林文史出版社 1994 年版。

48. 林荣贵：《辽朝经营与开发北疆》，中国社会科学出版社 1995 年版。

49. 田广林：《契丹礼俗考论》，哈尔滨出版社 1995 年版。

50. 李洪钧、刘兆伟编著：《儒释道与东北教育史》，辽宁教育出版社 1996 年版。

51. 《中国历代政区沿革》，河北教育出版社 1996 年版。

52. 吴霓：《中国古代私学发展诸问题研究》，中国社会科学出版社 1996 年版。

53. 项春松：《辽代历史与考古》，内蒙古人民出版社 1996 年版。

54. 穆鸿利、黄凤岐主编：《辽金史论集》（第七辑），中州古籍出版社 1996 年版。

55. 于宝林：《契丹古代史稿》，黄山书社 1998 年版。

56. 白寿彝总主编：《中国通史》（第七卷），上海人民出版社 1999 年版。

57. 黄凤岐：《契丹史研究》，内蒙古科学技术出版社 1999 年版。

58. 刘浦江：《辽金史论集》，辽宁大学出版社 1999 年版。

59. 罗斯宁、彭玉平：《宋辽金元文学史》，中山大学出版社 1999 年版。

60. 孙培青主编：《中国教育史》，华东师范大学出版社 1999 年版。

61. 李国钧、王炳照主编:《中国教育制度通史》(第三卷),山东教育出版社 2000 年版。

62. 武玉环:《辽制研究》,吉林大学出版社 2001 年版。

63. 陈乃雄、包联群编:《契丹小字研究论文选编》,内蒙古人民出版社 2001 年版。

64. 李锡厚:《临潢集》,河北大学出版社 2001 年版。

65. 河北省文物研究所:《宣化辽墓:1974—1993 年考古发掘报告》,文物出版社 2001 年版。

66. 孟凡云、陶玉坤:《辽代后妃参政现象考略》,国际华文出版社 2001 年版。

67. 任爱君:《辽代的契丹本土风貌》,国际华文出版社 2001 年版。

68. 杨昭全、何彤梅:《中国—朝鲜·韩国关系史》,天津人民出版社 2001 年版。

69. 张修桂、赖青寿:《辽史地理志汇释》,安徽教育出版社 2001 年版。

70. 张畅耕主编:《辽金史论集》(第六辑),社会科学文献出版社 2001 年版。

71. 唐大潮编著:《中国道教简史》,宗教文化出版社 2001 年版。

72. 孟广耀:《北部边疆民族史研究》,黑龙江教育出版社 2002 年版。

73. 潘运告编著:《宣和画谱》,湖南美术出版社 2002 年版。

74. 张国刚:《佛学与隋唐社会》,河北人民出版社 2002 年版。

75. 中国历史博物馆、内蒙古自治区文化厅编:《契丹王朝:内蒙古辽代文物精华》,中国藏学出版社 2002 年版。

76. 贾敬颜:《五代宋金元人边疆行记十三种疏证稿》,中华书局 2004 年版。

77. 邵国田主编：《敖汉文物精华》，内蒙古文化出版社 2004 年版。

78. 宋德金：《辽金论稿》，湖北教育出版社 2005 年版。

79. 姜维公：《汉代学制研究》，中国文史出版社 2005 年版。

80. 唐彩兰编著：《辽上京文物撷英》，远方出版社 2005 年版。

81. 毛礼锐、沈灌群主编：《中国教育通史》（第三卷），山东教育出版社 2005 年版。

82. 张国庆：《辽代社会史研究》，中国社会科学出版社 2006 年版。

83. 李锡厚：《中国历史·辽史》，人民出版社 2006 年版。

84. ［日］爱新觉罗·乌拉熙春：《契丹文墓志所见之辽史》，日本京都松香堂 2006 年版。

85. 肖爱民：《中国古代北方游牧民族两翼制度研究》，人民出版社 2007 年版。

86. 韩世明主编：《辽金史论集》（第十辑），中国社会科学出版社 2007 年版。

87. 刘浦江：《松漠之间：辽金契丹女真史研究》，中华书局 2008 年版。

88. 王善军：《世家大族与辽代社会》，人民出版社 2008 年版。

89. 孙伯君、聂鸿音：《契丹语研究》，中国社会科学出版社 2008 年版。

90. 吴凤霞：《辽金元史学研究》，中国社会科学出版社 2009 年版。

91. 孙建华：《内蒙古辽代壁画》，文物出版社 2009 年版。

92. 王民信：《王民信辽史研究论文集》，台北台大出版中心 2010 年版。

93. 孙进己、孙泓：《契丹民族史》，广西师范大学出版社 2010

年版。

94. 陈永志:《契丹史若干问题研究》,文物出版社 2011 年版。

95. 路遥:《道教与民间信仰》,上海人民出版社 2011 年版。

96. 辽宁省文物考古研究所:《关山辽墓》,文物出版社 2011 年版。

97. 张国庆:《佛教文化与辽代社会》,辽宁民族出版社 2011 年版。

98. 孙建华主编:《辽金史论集》(第十一辑),内蒙古大学出版社 2011 年版。

99. 王善军:《阳都集》,中国社会科学出版社 2012 年版。

100. 余蔚:《中国行政区划通史》(辽金卷),复旦大学出版社 2012 年版。

101. 任仲书主编:《辽金史论集》(第十二辑),吉林大学出版社 2012 年版。

102. 陶晋生:《宋辽金史论丛》,台北联经出版事业股份有限公司 2013 年版。

103. 尤李:《多元文化的交融:辽代历史与文化研究》,中国社会科学出版社 2013 年版。

104. [日] 荒川慎太郎等:《契丹与 10—12 世纪内陆欧亚》,日本东京勉诚出版株式会社 2013 年版。

105. 刘宁主编:《辽金史论集》(第十三辑),中国社会科学出版社 2013 年版。

106. 武玉环:《辽金社会与文化研究》,中国社会科学出版社 2014 年版。

107. 高福顺:《辽朝教育研究论集》,吉林文史出版社 2014 年版。

108. 肖爱民:《辽朝政治中心研究》,人民出版社 2014 年版。

109. 蔡美彪:《辽金元史十五讲》,中华书局 2015 年版。

110. 林鹄：《〈辽史·百官志〉考订》，中华书局 2015 年版。

111. 高福顺：《科举与辽代社会》，中国社会科学出版社 2015 年版。

112.［日］高井康典行：《渤海与藩镇：辽代地方统治研究》，日本东京汲古书院 2016 年版。

113. 吴凤霞：《辽金元史论思想研究》，黑龙江人民出版社 2016 年版。

114. 符海朝：《辽金元时期北方汉人上层民族心理研究》，中国社会科学出版社 2016 年版。

115. 韩世明、孔令海：《辽金史论集》（第十四辑），中国社会科学出版社 2016 年版。

116. 刘浦江：《宋辽金史论集》，中华书局 2017 年版。

117. 王明逊：《辽城：中国北方草原城市的兴起》，新北市花木兰文化事业有限公司 2017 年版。

118. 齐伟：《辽代汉官集团的婚姻与政治》，科学出版社 2017 年版。

119. 史为乐主编：《中国历史地名大辞典》，中国社会科学出版社 2017 年版。

120. 清格尔泰、吴英喆、吉如何：《契丹小字再研究》，内蒙古大学出版社 2017 年版。

121. 周峰：《辽金史论稿》，新北市花木兰文化出版社 2017 年版。

122. 刘宁、齐伟主编：《辽金史论集》（第十五辑），科学出版社 2017 年版。

123. 韩世明主编：《辽金史论集》（第十六辑），黑龙江人民出版社 2017 年版。

124. 林鹄：《南望：辽前期政治史》，生活·读书·新知三联书店 2018 年版。

三、学术论文

1. 陈东原：《辽金元之科举与教育》，《学风》2 卷 10 期，1932 年 12 月。

2. 高时良：《辽金元清时代之中国学制》，《厦大周刊》2 卷 14 期，1935 年 5 月。

3. 姚丛吾：《说阿保机时代的汉城》，《国学季刊》5 卷 1 号，1935 年。

4.［日］鸟居龙藏：《契丹之角抵》，《燕京学报》第 29 期，1941 年。

5. 王增新：《辽宁辽阳县金厂辽画像石墓》，《考古》1960 年第 2 期。

6. 雁羽：《锦西大窝铺辽金时代画像石墓》，《考古》1960 年第 2 期。

7. 中国科学院考古研究所：《内蒙古昭盟巴林左旗双井子沟辽代火葬墓》，《考古》1963 年第 10 期。

8. 郑绍宗：《辽代彩绘星图是我国天文史上的重要发现》，《文物》1975 年第 8 期。

9. 河北首文物管理处、河北省博物馆：《辽代彩绘星图是我国天文史上的重要发现》，《文物》1975 年第 8 期。

10. 河北省文物管理处等：《河北宣化辽壁画墓发掘简报》，《文物》1975 年第 8 期。

11. 项春松：《内蒙古解放营子辽墓发掘简报》，《考古》1979 年第 4 期。

12. 项春松：《辽宁昭乌达地区发现的辽墓绘画资料》，《文物》1979 年第 6 期。

13. 金启琮：《中国式摔跤源出契丹、蒙古考》，《中国蒙古史学会成立大会纪念集刊》，中国蒙古史学会编印 1979 年版。

14. 夏鼐：《从宣化辽墓的星图论二十八宿和黄道十二宫》，《考古学和科技史》，科学出版社 1979 年版。

15. 陈述：《十一十二世纪我国北方草原上的民族医学》，《民族研究》1980 年第 4 期。

16. 徐秉琨：《横簇箭与射柳仪》，《社会科学辑刊》1980 年第 4 期。

17. 鲁琪、赵福生：《北京市斋堂辽壁画墓发掘简报》，《文物》1980 年第 7 期。

18. 许玉林：《辽宁鞍山市汪家峪辽画像石墓》，《考古》1981 年第 3 期。

19. 李福泉：《我国古代忠君思想的形成》，《湖南师范学院学报》1982 年第 4 期。

20. 毕素娟：《世所仅见的辽版书籍：〈蒙求〉》，《文物》1982 年第 6 期。

21. 任崇岳：《论辽代契丹族对汉族文化的吸收和继承》，《中州学刊》1983 年第 3 期。

22. 张柏忠：《内蒙古通辽县二林场辽墓》，《文物》1985 年第 3 期。

23. 黄凤岐：《契丹族尊孔崇儒述略》，《辽金契丹女真史研究》1986 年第 1 期。

24. 沈阳市文物管理办公室、沈阳市文物考古工作队：《沈阳塔湾无垢净光舍利塔清理报告》，《辽海文物学刊》1986 年第 2 期。

25. ［韩］金渭显：《契丹教育与科举制度考》，《明知大论文集》1986 年第 17 辑。

26. 孙建华、张郁：《辽陈国公主驸马合葬墓发掘简报》，《文物》1987 年第 11 期。

27. 邢康:《从考古材料看道教在辽地的流传》,《内蒙古民族师院学报》1988 年第 1 期。

28. 苗泼:《论辽袭唐制》,《昭乌达蒙族师专学报》1988 年第 2 期。

29. 范寿琨:《辽代儒家思想简论》,《社会科学辑刊》1988 年第 5 期。

30. 陈述:《辽代教育史论证》,《辽金史论集》(第一辑),上海古籍出版社 1987 年版。

31. 陈述、黄凤岐:《辽朝的教育》,《辽金契丹女真史研究》1989 年第 1 期。

32. 曹显征:《辽中期徙都中京原因管窥》,《昭乌达蒙族师专学报》1989 年第 2 期。

33. 韩光辉:《辽代中国北方人口的迁移及其社会影响》,《北方文物》1989 年第 2 期。

34. 项春松:《内蒙古翁牛特旗辽代广德公墓》,1989 年第 4 期。

35. 朱子方、王承礼:《辽代佛教的主要宗派和学僧》,《世界宗教研究》1990 年第 1 期。

36. 曹显征:《契丹族女性社会地位述略》,《昭乌达蒙族师专学报》1990 年第 3 期。

37. 伊世同:《河北宣化辽金墓天文图简析》,《文物》1990 年第 10 期。

38. 范寿琨:《辽代的学校教育与科举》,《北方民族》1991 年第 1 期。

39. 孟古托力:《辽代契丹族儒家伦理观撮要》,《黑河学刊》1991 年第 4 期。

40. 苗泼:《论辽代儒释道三教的兼收并蓄》,《昭乌达蒙族师专学报》1992 年第 1 期。

41. 蔡美彪：《辽代后族与辽季后妃三案》，《历史研究》1994 年第 2 期。

42. 黄凤岐：《辽代契丹族宗教述略》，《社会科学辑刊》1994 年第 2 期。

43. 金永田：《辽上京城址附近佛寺遗址及火葬墓》，《内蒙古文物与考古》1994 年第 3 期。

44. 舒焚：《辽上京的道士与辽朝的道教》，《湖北大学学报》1994 年第 5 期。

45. 哲里木盟博物馆：《内蒙古通辽市半截店辽代火葬墓群》，《考古》1994 年第 11 期。

46. 韩宝兴：《北票季杖辽代壁画墓》，《辽海文物学刊》1995 年第 1 期。

47. 齐小光、王建国、从艳双：《辽耶律羽之墓发掘简报》，《文物》1996 年第 1 期。

48. 张念棠、张国庆：《略论辽朝军事机构及军事制度的特色》，《辽宁大学学报》1996 年第 2 期。

49. 唐玉萍：《辽代妇女贞节观淡化微议》，《昭乌达蒙族师专学报》1996 年第 4 期。

50. 黄凤岐：《论辽朝的教育与科举》，《社会科学辑刊》1997 年第 4 期。

51. 孟凡云：《论辽代后权的双重性及齐天后失败之原因》，《内蒙古社会科学》1997 年第 6 期。

52. 武玉环：《论契丹族妇女的社会地位》，《昭乌达蒙族师专学报》1998 年第 3 期。

53. 冯永谦：《辽史地理志考补：中京道、南京道、西京道失载之州军》，《北方文物》1998 年第 3 期。

54. 顾宏义：《辽代儒学传播与教育的发展》，《华东师范大学学报》1998 年第 3 期。

55. 沈怀灵、王卫东：《"育"的思想与古代蒙养教育》，《云南教育学院学报》1998 年第 3 期。

56. 刘民：《辽金元教育思想概说》，《民族教育研究》1998 年第 4 期。

57. 冯永谦：《辽史地理志考补：上京道、东京道失载之州军》，《社会科学战线》1998 年第 4 期。

58. 罗世平：《辽代壁画试读》，《文物》1999 年第 1 期。

59. 郑玉书：《论契丹女性的民族意识和军事风貌》，《辽宁工程技术大学学报》1999 年第 1 期。

60. 蔡·尼玛：《契丹族天文学初探》，《昭乌达蒙族师专学报》1999 年第 4 期。

61. 李文泽：《辽代的官方教育与科举制度研究》，《四川大学学报》1999 年第 4 期。

62. 韩仁信：《内蒙古巴林右旗出土契丹大字铜符牌和石质道教符印》，《考古》1999 年第 6 期。

63. 郭康松、陈莉：《辽、金对中原典籍的收求》，《北方文物》2000 年第 1 期。

64. 曹显征：《辽代的忠君教育》，《昭乌达蒙族师专学报》2000 年第 5 期。

65. 卜键：《角抵考》，《文学遗产》2000 年第 1 期。

66. 王宏刚：《古代北方民族妇女社会地位、作用的历史考察》，《黑龙江民族丛刊》2001 年第 4 期。

67. 陈筱芳：《也论中国古代忠君观念的产生》，《西南民族学院学报》2001 年第 6 期。

68. 申友良：《论辽代中京地区的开发》，《辽宁大学学报》2001 年第 6 期。

69. 王巍：《辽代著述研究》，《辽金史论集》（第六辑），社会科学文献出版社，2001 年版。

70. 梅蕾：《隋唐童蒙教育文献研究》，华中师范大学硕士学位论文，2001 年。

71. 杨选娣、赵敏：《试论契丹族妇女的社会地位：从其生活习俗谈起》，《内蒙古师范大学学报》2002 年第 1 期。

72. 任丽颖：《辽代贵族妇女社会生活状况评价》，《昭乌达蒙族师专学报》2003 年第 1 期。

73. 周俊兵：《试述辽代之医学教育》，《南京中医药大学学报》2003 年第 1 期。

74. 胡兴东：《辽代后妃与辽代政治》，《北方文物》2003 年第 2 期。

75. 周宝荣：《契丹承天太后的儒化战略》，《史学月刊》2003 年第 7 期。

76. 宋德金：《辽金人的忠孝观》，《史学集刊》，2004 年第 4 期。

77. 杜成辉：《中西合璧的辽代天文历法》，《雁北师范学院学报》2005 年第 2 期。

78. 贾秀云：《略论契丹族女性之参政心态》，《山西大学学报》2005 年第 2 期。

79. 王德忠：《论辽代社会阶层间的流动及其意义》，《东北师大学报》2005 年第 2 期。

80. 马志强：《略论辽代西京的文化教育》，《社会科学战线》2006 年第 3 期。

81. 杜成辉：《辽代天文历算成就浅论》，《黑龙江工业大学学报》第 2007 年第 1 期。

82. 侯怀银、张宏波：《"社会教育"解读》，《教育学报》2007 年第 4 期。

83. 王银田、解廷琦、周雪松：《山西大同市辽墓的发掘》，《考古》2007年第8期。

84. 王能河：《辽代的医学发展与医学教育》，《成都中医药大学学报》2008年第2期。

85. 尤李：《辽代佛教研究评述》，《中国史研究动态》2009年第2期。

86. 石金民：《儒家思想对辽代契丹女性的影响》，《北方文物》2009年第3期。

87. 杜成辉：《中西合璧的辽代天文历法》，《广西民族大学学报》2009年第7期。

88. 李秀：《从参与政治活动看辽代契丹贵族女性的社会地位》，《前沿》2009年第7期。

89. 都兴智、赵浩：《契丹女性参政及其原因浅析》，《文化学刊》2010年第6期。

90. 李龙彬、沈彤林：《辽宁法库县叶茂台23号辽墓发掘简报》，《考古》2010年第1期。

91. 吴敬：《辽代契丹文化与汉文化的考古学观察》，《社会科学战线》2011年第5期。

92. 郭康松：《辽文化是唐代文化延续》，《辽金史论集》（第十二辑），吉林大学出版社2012年版。

93. 郭东升、薛璐璐：《从辽墓二十四孝画像石管窥儒家思想对辽契丹文化的影响》，《辽金历史与考古国际学术研讨会论文集》（上），辽宁教育出版社2012年版。

94. 何天明：《辽代佛教的勃兴与历史作用》，《阴山学刊》2012年第6期。

95. 赵永春：《关于辽金的"正统性"问题：以元明清辽宋金"三史分修"问题讨论为中心》，《学习与探索》2013年第1期。

96. 张斌：《治国理念对辽、金两朝击球的影响》，《内蒙古农业大学学报》2013 年第 1 期。

97. 于新春、孙昊:《论辽代医药及疾病治疗》,《北方文物》2013 年第 4 期。

98. 张志勇:《三十年来辽代教育研究述评》,《辽宁工程技术大学学报》2013 年第 4 期。

99. 王明荪:《辽金元时期的角抵》,《辽金史论集》(第 13 辑),中国社会科学出版社 2013 年版。

100. 葛华廷:《耶律阿保机时期辽朝佛教的再认识》,《辽金历史与考古》(第四辑),辽宁教育出版社 2013 年版。

101. 张家口市宣化区文物保管所:《河北宣化辽金壁画墓发掘简报》,《文物》2014 年第 4 期。

102. 张国庆:《辽代佛教世俗表象探微:以石刻文字资料为中心》,《黑龙江社会科学》2014 年第 4 期。

103. 张国庆:《相契与互融:辽代佛儒关系探论》,《浙江学刊》2014 年第 5 期。

104. 施国新:《辽代的图书出版与书籍传播诸问题论析》,《理论月刊》2014 年第 6 期。

105. 程清旭等:《辽朝私学教育对当时教育的影响》,《兰台世界》2014 年第 12 期。

106. 黄凤岐、燕煦:《辽朝的教育与科举》,《辽金历史与考古》(第五辑),辽宁教育出版社 2014 年版。

107. 王晓衡:《辽体育研究》,《体育文化导刊》2015 年第 1 期。

108. 姜维公、姜维东:《辽代碑志铭记中的纪时法研究》,《史学集刊》2015 年第 2 期。

109. 王永颜:《辽元时期中央官学教育管理活动和师生生活》,《青海师范大学学报》2015 年第 2 期。

110. 张家口市宣化区文物保管所:《河北张家口宣化辽金壁画墓

发掘简报》,《文物》2015 年第 3 期。

111. 武玉环:《契丹文化的源流及其历史影响》,《契丹学论集》(第一辑),内蒙古人民出版社 2015 年版。

112. 邱靖嘉:《〈辽史〉所见祖冲之〈大明历〉文献价值发覆》,《契丹学论集》(第一辑),内蒙古人民出版社 2015 年版。

113. 王淑琴:《论辽代契丹国儒学传播中的民族思想》,《贵州民族研究》2016 年第 2 期。

114. 王贺:《从现存辽代佛教古迹看辽代佛教信仰》,《辽宁工程技术大学学报》2016 年第 5 期。

115. 孙凌晨、罗丹丹:《辽代伦理教化的方式及作用探析》,《学术交流》2016 年第 11 期。

116. 王凯:《华风与夷俗:辽朝吉礼初探》,《史学集刊》2017 年第 1 期。

117. 周国琴:《论辽金与宋对峙时期是中国历史上的第二次南北朝》,《黑龙江民族丛刊》2017 年第 1 期。

118. 姚庆:《辽代射柳活动考述》,《宁波大学学报》2017 年第 6 期。

119. 桑东辉:《辽代契丹人的忠德观》,《赤峰学院学报》2017 年第 7 期。

120. 关树东:《辽道宗时期汉族士大夫官僚群体的崛起》,《隋唐辽宋金元史论丛》(第七辑),上海古籍出版社 2017 年版。

121. 于博:《从真容偶像看佛教对辽代丧葬习俗的影响》,《北方文物》2018 年第 2 期。

122. 张景明、马宏滨:《契丹族源与木叶山方位的考古学考辨》,《青海民族研究》2018 年第 3 期。

123. 李彩英、高永利:《契丹族墓室壁画中的儒家文化研究》,《贵州民族研究》2018 年第 4 期。

后　记

　　我有幸步入辽金史研究领域，主要得益于武玉环师的教诲。1987年，从东北师范大学地理系毕业后，我被分配到长春师范学院历史系（现更名为长春师范大学历史文化学院）从事中国历史地理学的教学工作。因此我便与历史打上交道，努力学习与掌握历史基础知识，心愿就是做个合格的中国历史地理学的"教书匠"。20世纪末，随着高校掀起学位热，学位成为晋升职称的必须条件之一，我加入考取学位的大潮，如愿以偿。1999年，我获得东北师范大学历史系在职研究生的资格，学习秦汉史。在王彦辉师指引下，我步入中国古代史的学术殿堂，深深感受到"外面"的世界很精彩，于是有了对未来之期许。硕士毕业后，王彦辉师教导我说：你本科、硕士都是在师范大学读的，你应该到研究型大学去读博士，既可了解师范型大学的治学之术，又可把握研究型大学之钥。在王彦辉师的循循善诱下，我与武玉环师结下一生的师生缘。

　　武玉环师为辽金史著名专家，以实学的特色赢得中外辽金史学界的广泛赞誉，能投身武玉环师门下是我今生今世最大的幸福与造化。在读博之前，我更多关注的是东北民族与疆域问题，尤其是高句丽族的历史，是我用功最勤、认知较深的领域，但跟随武玉环师攻读博士学位后，开始转向辽金史的学习。于是，我又闯入中国北疆民族世界。辽金史是一个充满生机和活力的研究领域，更是一个充满机遇与挑战的研究方向。辽金政权是以中国北方边疆民族为核心建立的政权，占据古代中国的半壁江山。契丹、女真的政治制度、经济类型、文化背景，虽然与中原农耕民族存在明显差异，但当契丹、女真成为中国统一王朝的主宰者后，又不约而同地适时调整固有的统治策略，以儒家思想作为治国安邦的主体思想，以"尊孔崇儒"作为提高臣民文化素养的文教政策，政治体制上仍承继古代中国统一王朝的固有统治模式以应"五方之民"。辽金统治者睿智地将契丹、女真固有的国俗与古代中国统一王朝固有的传统政治体制有机地融合在一起，予古代中国统一王朝政治制度体系以新的文化内涵，这是辽金政权对中国历史发展的重大贡献，客观上促进了中华民族的大融合、大发展，为中华民族多元一体格局的形成起到巨大的推动作用。正因受此"诱惑"，我毫不犹豫地闯进我较为陌生的辽金史研究领域，开始实践自己的美好愿景。

读博期间，我选择"辽朝科举制度"作为研究对象，目的是从科举这个侧面窥视古代中国统一王朝的科举制度与契丹社会生活如何互动，以及契丹人建立起怎么样的科举制度。因教育与科举的关联性，在全面研习辽代科举史料的同时，也关注辽代教育史料。随着对辽代教育认知的不断加深，探析辽代官学、私学教育的静态问题的同时，还更多的关注于教育与辽代社会生活的互动关系。于是，我研究的兴趣点转由从对辽代官学、私学的静态描述向对教育与辽代社会生活的动态把握上，更多关注于儒学教育的社会化、忠君观念与行为规范教育、孝道观念与行为规范教育、佛学教育、道学教育、医学教育、天文历法教育、女性教育、尚武骑射教育等，与辽代社会生活密切相关的教育与教化问题。经过长期对辽代教育社会化功能的思考，确实收到一些始料未及的研究体会与心得，觅得一些相关议题，撰写出一系列粗浅的关于辽代教育及其与辽朝社会生活互动的学术论文，陆续在《黑龙江民族丛刊》《学习与探索》《社会科学战线》《黑龙江社会科学》《史学月刊》《求是学刊》《中国边疆史地研究》等学术刊物上发表。2010 年，在前期研究成果的基础上，以"辽朝教育及其社会影响研究"为课题，申报教育部人文社会科学研究项目，获得立项（10YJA770012）。于是，我进一步系统地收集、整理辽代教育史料，展开更加全面的论述，以期顺利完成课题所规定的任务。现在呈现于大家面前的"教育与辽代社会"拙稿，就是在此课题研究成果基础上逐渐修改而成。虽然我尽了很大努力，但舛误与疏漏之处在所难免，敬请专家学者批评指正。

拙稿即将付梓之际，令我最感念的学者当为孟广耀（孟古托力）先生。记得当年他在获知我博士学位研究方向为辽金史时，颇为高兴，惠寄大作《儒家文化：辽皇朝之魂》予我，且附书信一封，还特赋诗一首，鼓励并希望我能在辽金契丹女真史上有所收获，但遗憾的是，孟先生早已驾鹤西去，令人悲伤。拙稿之出版，总算是对孟先生的一个交待，权作对天堂里的孟先生之慰藉与纪念吧！

拙稿在撰写过程中，得到许许多多的前辈与同仁的热心帮助。在此，特别感谢王彦辉师带我步入中国古代史的学术殿堂，破茧羽化；特别感谢武玉环师带我闯入中国北疆民族世界，倾力不已；特别感谢杨军、程妮娜、赵永春等诸先生春风般的点化，拓宽我的知识视野，成就我今天的一点点成绩；特别感谢人民出版社贺畅女士提供这么好的学术平台，她的敬业精神令我终生难忘；特别感谢我的妻子丛文英女士，百忙中承担家务，令我翱翔于中国北疆的游牧世界里。

更要感谢的人，是我最伟大的母亲与父亲，他们虽不识一文，却是我永不放弃、勇于登攀的动力与源泉。

最后，请允许我用初稿完成时即兴所作的一首打油诗，作为后记的结束语吧。

窗外雨敲椋，
灯下字前行。
问君几时否，
拂晓若三更。

高福顺　谨识
2018 年 12 月 18 日

责任编辑:贺　畅
文字编辑:卓　然

图书在版编目(CIP)数据

教育与辽代社会/高福顺 著. —北京:人民出版社,2019.10
ISBN 978 - 7 - 01 - 020711 - 7

Ⅰ.①教…　Ⅱ.①高…　Ⅲ.①教育史-研究-中国-辽代
　Ⅳ.①G529.461

中国版本图书馆 CIP 数据核字(2019)第 076589 号

教育与辽代社会

JIAOYU YU LIAODAI SHEHUI

高福顺　著

人 民 大 版 社 出版发行
(100706　北京市东城区隆福寺街 99 号)

北京盛通印刷股份有限公司印刷　新华书店经销

2019 年 10 月第 1 版　2019 年 10 月北京第 1 次印刷
开本:710 毫米×1000 毫米 1/16　印张:29
字数:378 千字

ISBN 978 - 7 - 01 - 020711 - 7　定价:97.00 元

邮购地址 100706　北京市东城区隆福寺街 99 号
人民东方图书销售中心　电话 (010)65250042　65289539